装备零部件包装防护技术

ZHUANGBEI LINGBUJIAN
BAOZHUANG FANGHU JISHU

孟令东 张 庆 臧 艳 赵海朝………… 著

国防工业出版社

·北京·

内容简介

本书共分为8章,主要内容为:第1章,包装防护技术现状及发展趋势;第2章,装备零部件质量失效基本理论;第3章,装备零部件包装防护技术;第4章,装备零部件包装防护材料;第5章,装备零部件包装防护容器;第6章,装备零部件包装防护设备;第7章,装备零部件包装防护质量检测技术;第8章,装备零部件包装防护技术标准研究。

本书可供装备零部件承研承制单位及仓储物流单位的工程技术人员使用,也可作为相关院校及业务人才培训的参考书。

图书在版编目(CIP)数据

装备零部件包装防护技术/孟令东等著. —北京:国防工业出版社,2024.3
ISBN 978-7-118-13261-8

Ⅰ.①装… Ⅱ.①孟… Ⅲ.①零部件-运输包装 Ⅳ.①U294.8

中国国家版本馆 CIP 数据核字(2024)第 074999 号

※

国防工业出版社出版发行

(北京市海淀区紫竹院南路23号 邮政编码100048)
北京虎彩文化传播有限公司印刷
新华书店经售

*

开本 710×1000 1/16 印张 29¾ 字数 548千字
2024年3月第1版第1次印刷 印数 1—1300册 定价 198.00元

(本书如有印装错误,我社负责调换)

国防书店:(010)88540777 书店传真:(010)88540776
发行业务:(010)88540717 发行传真:(010)88540762

前　言

装备零部件是大型装备维修保障的重要物质基础，装备零部件因维修保障需要，大量处于长期储存状态，需要不断进行运输周转，包装防护工作作为确保装备零部件储存可靠的"承受体"、物流便捷的"承载体"和供应有力的"连接体"，贯穿于生产、运输、储存、供应及管理的全过程，影响着装备零部件供应保障的质量、效能和水平。

为了有效指导国防领域、工业领域装备零部件包装防护材料、容器和设备的选用，有效规范装备零部件包装防护的工艺、方法和程序，需要一部能够系统反映当前包装防护新技术、新理论的专业书籍，满足装备零部件包装防护业务工作需要。

本书在总结多年来包装防护工作先进成熟经验，充分融合实用有效科研成果的基础上，较为系统地论述了包装防护的基础理论知识、先进技术手段和实用工艺标准，注重理论和实践相结合，突出实用性、先进性和规范性，力求反映装备零部件包装防护的最新水平，满足装备零部件包装防护的发展需要。

本书共8章，围绕装备零部件仓储运输过程中的包装防护工作实际需求，分析了国内外的包装技术现状及发展趋势，以及装备零部件储存失效的基础理论，有针对性地论述了装备零部件包装防护技术、材料、容器和设备，总结梳理了相关质量检测技术，综合研究了包装防护技术标准，能够为装备零部件包装防护的实践工作提供技术指导。

本书由孟令东、臧艳、张庆、赵海朝担任主编，底月兰、石瑞栋担任副主编，参与编写的人员还有姚巨坤、刘贵民、李奇、杨红军、汪笑鹤、韩小平、闫宗群、田洪刚、赵春峰、徐瑶瑶、杜守信、张勇、付伟阳、黄克宁。

  由于编者水平所限，书中难免有疏漏之处，恳请读者批评指正，以便日后修订完善。

编 者
2023 年 12 月

目 录

第1章 包装防护技术现状及发展趋势 001

1.1 国外包装技术现状及发展趋势 001
    1.1.1 包装组织领导逐步加强 001
    1.1.2 包装技术标准持续完善 003
    1.1.3 包装技术方法不断创新 005
1.2 国内包装技术现状及发展趋势 007
    1.2.1 包装组织结构协同发展 007
    1.2.2 包装技术标准发展现状 010
    1.2.3 包装技术方法发展趋势 012

第2章 装备零部件质量失效基本理论 027

2.1 零部件失效的基本原理与形式 027
    2.1.1 金属器材失效特征与原理 027
    2.1.2 橡胶和塑料制品的老化 042
    2.1.3 帆布、毛毡和皮革制品的霉变 049
    2.1.4 光学仪器的生霉和起雾 054
    2.1.5 电子元器件的失效 057
2.2 影响零部件质量的主要因素 070
    2.2.1 储存环境对器材质量的影响 070
    2.2.2 运输条件对器材质量的影响 089

2.2.3 储存时限对器材质量的影响 091
 2.2.4 仓库地理位置的影响 093
 2.2.5 库房条件对器材质量的影响 096
 2.2.6 保养封存包装对器材质量的影响 098
 2.2.7 保养封存质量控制对器材质量的影响 102
 2.2.8 生产工艺对器材质量的影响 105
2.3 器材失效鉴别方法 106
 2.3.1 金属类器材失效鉴别方法 106
 2.3.2 非金属类器材质量失效鉴别方法 108
 2.3.3 光学仪器类器材质量失效鉴别方法 111
 2.3.4 电子类器材质量失效鉴别方法 113

第3章 装备零部件包装防护技术 121

3.1 防锈油封存技术 121
 3.1.1 概述 121
 3.1.2 油溶性缓蚀剂 122
 3.1.3 防锈油封存原理 124
 3.1.4 主要防锈油品种 125
 3.1.5 防锈油的封存方法 131
3.2 气相封存技术 133
 3.2.1 概述 133
 3.2.2 气相封存基本原理 133
 3.2.3 主要气相防锈材料 134
 3.2.4 气相封存方法 138
3.3 除氧封存技术 141
 3.3.1 概述 141
 3.3.2 通用型除氧剂的性能 142
 3.3.3 除氧封存原理 143
 3.3.4 除氧封存方法 143
3.4 防霉封存技术 145
 3.4.1 概述 145
 3.4.2 常用的防霉剂 146
 3.4.3 防霉封存基本原理 148

3.4.4 常用的防霉封存方法 ... 149
3.5 防潮封存技术 ... 150
 3.5.1 概述 ... 150
 3.5.2 常用干燥剂与干燥指示剂 ... 151
 3.5.3 防潮封存基本原理 ... 154
 3.5.4 防潮封存方法 ... 154
3.6 真空封存技术 ... 158
 3.6.1 概述 ... 158
 3.6.2 真空封存基本原理 ... 159
 3.6.3 真空封存方法 ... 159
3.7 防老化封存技术 ... 160
 3.7.1 概述 ... 160
 3.7.2 防老化封存基本原理 ... 160
 3.7.3 防老化封存方法 ... 160
3.8 防辐射封存技术 ... 161
 3.8.1 概述 ... 161
 3.8.2 防辐射封存基本原理 ... 162
 3.8.3 防辐射封存方法 ... 164
3.9 充氮封存技术 ... 165
 3.9.1 概述 ... 165
 3.9.2 充氮封存包装原理 ... 165
 3.9.3 制充氮封存包装材料 ... 166
 3.9.4 制充氮封存方法 ... 169
 3.9.5 光电器材充氮 ... 170

第4章 装备零部件包装防护材料   172

4.1 纸质包装材料 ... 172
 4.1.1 牛皮纸 ... 174
 4.1.2 沥青防潮纸 ... 175
 4.1.3 条纹柏油纸 ... 176
 4.1.4 中性石蜡纸 ... 177
 4.1.5 中性包装纸 ... 178
4.2 塑料包装材料 ... 179

  4.2.1 塑料包装材料性能 180
  4.2.2 聚乙烯薄膜 180
  4.2.3 聚丙烯薄膜 183
  4.2.4 聚氯乙烯薄膜 185
  4.2.5 聚酯薄膜 186
  4.2.6 常用塑料的简易鉴别方法 188
 4.3 复合薄膜 189
  4.3.1 聚酯/铝箔/聚丙烯复合膜 190
  4.3.2 铝塑布复合膜 192
 4.4 包装封套 193
  4.4.1 常用的封套材料 193
  4.4.2 封存方法 193
 4.5 铝箔包装材料 194
 4.6 金属包装材料 195
  4.6.1 金属包装材料的特点 195
  4.6.2 金属包装材料的分类 196
  4.6.3 包装常用钢铁材料 196
 4.7 缓冲辅助材料 199
  4.7.1 泡沫塑料 199
  4.7.2 气垫薄膜 204

第5章 装备零部件包装防护容器 205

 5.1 木质包装箱 205
  5.1.1 性能特点 205
  5.1.2 材料要求 206
  5.1.3 制作要求 213
 5.2 竹制品包装箱 214
  5.2.1 性能特点 214
  5.2.2 材料要求 215
  5.2.3 制作要求 218
 5.3 胶合板包装箱 219
  5.3.1 性能特点 219
  5.3.2 材料要求 220

  5.3.3 制作要求 223
 5.4 集装框架 224
  5.4.1 设计原则 224
  5.4.2 结构形式 225
  5.4.3 尺寸系列 227
  5.4.4 制作要求 228
 5.5 集装箱 234
  5.5.1 集装箱类别 234
  5.5.2 结构形式 237
  5.5.3 尺寸系列 239
  5.5.4 制作要求 243
 5.6 塑料包装容器 245
  5.6.1 性能特点 245
  5.6.2 结构形式 245
  5.6.3 尺寸系列 248
  5.6.4 制作要求 248

第6章 装备零部件包装防护设备 249

 6.1 器材专用除油保养设备 A 型 249
  6.1.1 总体要求 249
  6.1.2 技术性能指标 249
  6.1.3 结构要求 250
  6.1.4 通用质量特性要求 251
 6.2 器材专用除油保养设备 B 型 252
  6.2.1 总体要求 252
  6.2.2 技术性能指标 252
  6.2.3 结构要求 253
  6.2.4 通用质量特性要求 254
 6.3 器材多功能快速除锈保养设备 255
  6.3.1 总体要求 255
  6.3.2 技术性能指标 255
  6.3.3 结构要求 256
  6.3.4 通用质量特性要求 257

6.4 制氮充氮机 ... 258
 6.4.1 总体要求 ... 258
 6.4.2 技术性能指标 ... 259
 6.4.3 结构要求 ... 259
 6.4.4 通用质量特性要求 ... 259

6.5 霉菌检测与防控专用设备 ... 261
 6.5.1 总体要求 ... 261
 6.5.2 技术性能指标 ... 261
 6.5.3 结构要求 ... 262
 6.5.4 通用质量特性要求 ... 262

6.6 器材多功能封存包装设备 ... 263
 6.6.1 总体要求 ... 264
 6.6.2 技术性能指标 ... 264
 6.6.3 结构要求 ... 265
 6.6.4 通用质量特性要求 ... 265

6.7 外抽式真空包装机 ... 266
 6.7.1 总体要求 ... 266
 6.7.2 技术性能指标 ... 267
 6.7.3 结构要求 ... 268
 6.7.4 通用质量特性要求 ... 268

6.8 双室真空包装机 ... 269
 6.8.1 总体要求 ... 269
 6.8.2 技术性能指标 ... 269
 6.8.3 结构要求 ... 270
 6.8.4 通用质量特性要求 ... 270

6.9 全电动高位拣料设备 ... 271
 6.9.1 总体要求 ... 271
 6.9.2 技术性能指标 ... 272
 6.9.3 结构要求 ... 273
 6.9.4 通用质量特性要求 ... 273

6.10 手动液压搬运车 ... 274
 6.10.1 总体要求 ... 274
 6.10.2 技术性能指标 ... 274
 6.10.3 结构要求 ... 275

6.10.4　通用质量特性要求　275
　6.11　装备器材集成保养箱组　276
　　　6.11.1　总体要求　276
　　　6.11.2　技术性能指标　276
　　　6.11.3　结构要求　278
　　　6.11.4　通用质量特性要求　279
　6.12　光电器材储运箱组　279
　　　6.12.1　总体要求　280
　　　6.12.2　技术性能指标　280
　　　6.12.3　结构要求　281
　　　6.12.4　通用质量特性要求　281

第7章　装备零部件包装防护质量检测技术　283

　7.1　概述　283
　　　7.1.1　质量检测作用　283
　　　7.1.2　质量检测内容　284
　　　7.1.3　质量检测步骤　284
　　　7.1.4　质量检测方法　285
　7.2　检验仪器设备　286
　　　7.2.1　玻璃仪器　286
　　　7.2.2　分析天平　294
　　　7.2.3　酸度计　300
　　　7.2.4　电磁搅拌器　302
　　　7.2.5　器材质量可视化监控设备　302
　　　7.2.6　高低温湿热试验箱　304
　　　7.2.7　盐雾试验箱　308
　　　7.2.8　电热恒温干燥箱　313
　7.3　常用检测溶液配制　316
　　　7.3.1　化学试剂与试液　316
　　　7.3.2　常用溶液的配制　325
　　　7.3.3　化验检测安全常识　332
　7.4　保养包装材料检测方法　337
　　　7.4.1　检测材料取样　337

  7.4.2 防锈油的检测 338
  7.4.3 气相防锈材料的检测 369
  7.4.4 包装材料的检验 379
 7.5 器材保养封存质量检测 382
  7.5.1 器材除油质量检验 382
  7.5.2 器材除锈质量检验 386
  7.5.3 器材封存质量检测 390
 7.6 包装防护容器质量检测技术 402
  7.6.1 包装件标示方法 402
  7.6.2 堆码试验 404
  7.6.3 垂直冲击跌落试验 411
  7.6.4 水平冲击试验 417
  7.6.5 正弦振动试验 422
  7.6.6 喷淋试验 428
  7.6.7 滚动试验 431

第8章 装备零部件包装防护技术标准研究 434

 8.1 合理划分零部件分类 434
 8.2 系统明确总体要求 435
  8.2.1 包装环境要求 435
  8.2.2 包装作业要求 435
  8.2.3 包装技术要求 436
  8.2.4 包装标志要求 439
 8.3 科学制定技术标准 440
  8.3.1 内包装技术标准 440
  8.3.2 中间包装技术标准 443
  8.3.3 外包装技术标准 444
  8.3.4 包装标志技术标准 450

参考文献 461

第 1 章

包装防护技术现状及发展趋势

1.1 国外包装技术现状及发展趋势

以美国为代表的世界发达国家十分重视装备零部件包装工作,强调在装备全寿命周期内的各个环节中,最大限度地发挥包装的防护作用和保障功能,把包装工作纳入整个保障大系统筹划安排,应用系统工程理论,统筹兼顾地开展包装工作。美国一直倡导"包装防护为主,仓库储存为辅"的理念,通过加强组织领导、完善标准体系、创新技术方法、配套包装手段、培养包装人才、注重质量检测等系统工作,提高装备、器材和物资包装的可靠性。

1.1.1 包装组织领导逐步加强

从 1942 年夏天美国成立编码标识政策委员会(the Code Marking Policy Committee),陆军、海军包装委员会,到陆军海军联合包装委员会等几经调整,再到 1991 年联合包装协调小组改组为国防包装政策组,基本上完成了军品包装工作从分散到集中、从单一到全面、从各自为战到联合协调的转变。一是积极制订和执行包装计划,美国陆军颁布的军用装备预防和控制腐蚀计划,即"AR750-59 计划",规定由后勤副参谋长负责领导,陆军器材司令部官员负责计划的实施,该司令部下属材料技术研究所的防腐研究中心负责防腐包装工作。二是积极制定包装法规制度,国防部为了既避免过度包装,又能适应不同要求的需要,并降低成本,下令各军种为包装制定不同的保护层级,以满足不同船运和储存情况。A 级最高、B 级其次、C 级最低,制定形成《700-15 号陆军规范》。

1. 初始阶段

第二次世界大战期间,针对在物资供应中因包装材料破损而造成的损失问题,当时的美国陆军部运输局局长格罗斯将军倡议,在补给勤务部采购配送部门成立一个包装装箱单位,即后来的陆军勤务部队采购部包装科,而该机构的成立代表美军军品包装机构的正式诞生。1945年初,美国陆军和海军都分别成立了各自的包装委员会。同时,为了协调陆军和海军的军品包装工作,这两个军种成立了陆军海军联合包装委员会,制定物资包装的统一规定和方法,联合包装委员会领导陆军部和海军部制定了大批通用包装规范。

2. 调整阶段

陆军海军联合包装委员会在1947年美国国防部和空军成立后撤销。1966年设立联合后勤指挥官,负责后勤政策和执行的高级军事后勤指挥官委员会,由来自陆军器材司令部、海军器材司令部、空军系统司令部和空军后勤司令部的指挥官组成。1976年1月9日,联合后勤指挥官建议成立包装联合协调小组,联合后勤指挥官赋予包装联合协调小组的职责是"监督、评价包装要求并对包装管理、包装技术、包装标准化提出建议"。该组织于1981年12月28日撤销。

3. 成熟阶段

1982年1月14—15日,联合包装协调小组(Joint Packaging Coordination Group,JPCG)宣告成立。联合包装协调小组很快就发展成为国防包装政策组(Defense Packaging Poliey Group,DPPG),1991年11月4—8日,在堪萨斯州艾奇逊召开的会议上完成相关章程框架的制定,并且得到国防部副部长帮办(后勤)的认可,其在1992年1月28日签署了章程,批准国防包装政策组成立。

20世纪90年代,除美国空军外,国防后勤局和各军种都有自己的包装委员会。国防后勤局包装委员会发展迅速,从一个拥有6个补给仓库提供消耗品的供应者,一个有限的合同管理者,转变为一个世界级的商品和服务供应者,这些商品和服务是由承包商和一个拥有世界范围的分发网络的仓库所提供的。

2001年,陆军器材司令部 LOGSA 建议陆军后勤副参谋长(G-4)将前陆军包装委员会恢复为陆军包装政策工作组。这个工作组已经拥有国防部各直属局批准的一个临时宪章,这个宪章并入由后勤综合局提供的一个陆军特种手册。

4. 现行阶段

根据美军2013年2月22日颁布的陆军条令700-37《后勤-陆军物资的包装》明确,美军包装工作组织架构基本不变,仍由一名国防部副部长负责,相关军种参加,下设国防包装政策组,吸纳各军种相关机构和专家参加。

美国陆军包装工作更加完善一些,由一名后勤副参谋长负责,其下属机构主要有:陆军物资司令部,陆军设施管理司令部,直接报告分队,陆军物资司令部,全寿命管理司令部,研究发展工程中心,运输机构与仓储机构,美国陆军后勤保障活动包装、仓储、集装化中心,陆军国民警卫队等。其下设陆军包装政策工作组,有主席(由陆军后勤副参谋长任命)、副主席(由美国陆军后勤保障活动包装、仓储、集装化中心主管推荐)各一名,成员来自以上各单位的代表。陆军物资司令部专门有一支力量强大的包装专家和技术人员队伍,共规定了9个方面机构或人员的职责。

1.1.2 包装技术标准持续完善

美军军品包装技术标准建设,从最初的各军种分别制定到权威部门统一发布并形成体系,有一个相当长的时间,并且随着美国包装工作的不断发展和包装标准的逐步完善,其技术标准的制定和颁发逐步形成体系。其主要有4种做法:一是国家包装标准适合军品包装的,就直接采用国家标准;二是由国防部和参谋长联席会议发布通用技术标准,规范三军共性问题;三是各军种、国防后勤局从各系统实际需要出发,制定颁发本系统、本部门、本军兵种更加详细和特殊的包装标准,形成了美国政府、国防部、军种(国防后勤局)三位一体的美军军品包装技术标准体系;四是公开性和可操作性。国家和军队制定一些宏观指导性文件,供所有供应商参考,且都在其网站上公布,并详细列出各类军品包装应进一步参考的文件规范,对于一些特殊的包装规范,都有明确标注,若需深度开发和应用,则可按提供的相关参考文件执行。美军军品包装技术标准中各类规范非常细致明确,操作性很强。

据现有资料分析,目前,美军军品包装技术标准共有3808条,按其应用状况可分为现行(Active)与废止(Inactive)两大类,其中现行2035条、废止1773条;按其军种及部门可大致分为陆军(Army)、海军(Navy)、空军(Air Force)、国防后勤局(Defense Logistics Agency,DLA)、总务管理局(General Service Administration,GSA)、国防部(Department of Defense,DoD)、负责采办的国防部副部长(Deputy Assistant Secretary of Defense,DASD)及其他标准八大类。

从规范的内容上看,包装技术标准可分为:一是管理标准,主要对包装流程各环节的动作要求进行规范,即如何进行包装、标记,以及关于军品包装质量的相关要求等,如 MIL-STD-129P,美军军用包装标记;二是通用基础标准,主要是对军品包装尺寸具体要求进行明确的规范,如陆军规定700-15后勤物资包装;三是专业包装通用标准,如军械、食品等专业包装等相关标准。

1. 军品包装技术标准制定起步早

1942年12月2日制定发布包装箱材料(V板)技术标准,标志美军军品包装技术标准建设开始起步。随着武器装备建设的不断发展,各种新标准和规定相继出台。他们在武器装备设计时同步考虑包装要求,如1958年6月2日出版的MIL-P-9024A(USAF),规范了武器系统供应商从开发到列装全过程的包装设计及要求。形成了统分结合的标准制定体系,从陆军、海军分别制定军品包装技术标准到由国防部统一协调、分军种组织制定,形成了相对系统配套的军品包装技术标准体系。各军种可在国防部军品包装指南下,根据特点对包装技术标准进一步细化,陆军军械部队制定了定义储存地面设备、补给和备件过程的JAN-P-116,陆航部队和海军航空部队制定了定义储存航空设备过程的JAN-P-13,空军制定了与航空相关专业包装的规定系统,海军制定了MIL-P-116等。

2. 及时更新和废止包装技术标准

自美军制定第一个军品包装技术标准以来,通过不断战争实践和军品装备器材升级换代,及时对一些不适用的技术标准进行修订和废止。目前,共废止了1800余条,其中陆军1247条、海军202条、空军130条、国防后勤局等部门200余条。包装标准制定更新程序更加规范,一个标准制定后,先以通知的形式试行,成熟后再正式发布。例如,美国军标2073也经历了一个不断完善的过程,从2073A到B、C等,现在已经发展到美国军标2073-1E。

3. 注重包装技术标准的军民融合

积极参与政府包装标准制定,20世纪50年代美国国防部首次派人参与D-10美国包装委员会测试和材料协会(现在的美国ASTM-国际)的工作,并制定商业包装检测与共识标准。70年代中期参与制定《联邦参与发展和自愿共识标准的使用》文件,规范了军方参与民品包装标准制定的相关机制、民品包装贯彻军方要求等。充分利用商业包装标准,通过与供应商的密切合作,以获得优惠的采购价格,从而大大提高军费使用效益。例如,国防采办管理委员会将2001-H013文件作为美国国防部的包装标准。

4. 注重包装技术标准的贯彻落实

以多种形式发布军品包装技术标准。各军兵种可以根据自身的特点要求,发布本系统的技术标准;适用范围更广的标准,一般由国防部牵头,以联合出版物和命令的形式发布;适宜军民两用,且民品占大部分的包装标准,美国国防部一般发布通用标准,在其网站上公开发布,军民都可以下载执行。开设培训课程宣传技术标准。美军于1950年10月2日在Rossford军械仓库开设"军械包装训练课程",1951年7月24日,国防部长宣布开设联合军事包装培训课,并使其成为所有军种的包装培训课程。1953年7月,联合包装课(Joint Military Packaging Coures,JMPC)成为永久性的陆军学院课程并为各军种以及企业提供军事包装培训。加强部队包装训练落实标准。美军于1943年6月设立流动军品包装中队专门训练部队,使其在很短的时间内迅速掌握军品包装的基本技能及要求,对提高包装质量和水平起到了很大的作用。

1.1.3 包装技术方法不断创新

1. 包装技术方面

一是积极改进包装结构设计,如美国陆军军械研究、发展和工程中心试验鉴定了包装120mm坦克弹的金属筒结构、包装7.62mm弹药的金属箱+丝捆木箱结构以及包装7.62mm枪弹WC750发射药的纸桶结构,改进后可燃药筒经受住模拟粗暴搬运的7英尺/46rad(1英尺=0.3048m)跌落试验,大大提高了防护性能。

二是军用包装向功能化发展,主要发展智能型高密封性包装、隐身包装,包括目视隐身、雷达隐身、红外隐身、可隐身武器装备及军用设施,野战食品长效高保质包装、静电屏蔽、防静电包装、防电磁包装、防辐射包装等,在包装结构设计及防护包装技术方面都有质的飞跃。

三是信息技术得到广泛应用,由国防后勤局牵头,条形码、射频识别标签、灵巧卡、激光记忆卡、物联网等信息技术在军品包装领域得到广泛应用,大大提高了包装的透明性。

2. 包装方法方面

一是发展封套包装,软封套包装封存具有能在库房以外的空地灵活储存各种军用装备的优点,美军发展了许多品种的软包装封套。它们从单一的塑料封套发展到复合材料封套,从防水、防潮和密封的基本功能发展到具有"三防"能力和防红外线摄像等特殊功能(即隐身包装),受到部队欢迎。

二是发展干燥包装,温湿度是造成军用产品腐蚀、降解、变质、破坏和丧失使用功能的主要原因,美军认为军用器材包装储存的最佳相对湿度大约为45%。美军将干燥空气包装封存方法广泛运用于封存舰艇、坦克火炮和飞机等。

三是发展集装箱运输,具有安全迅速、防护性能高、可简化包装、节省包装费用等优点,近年来,美军采用集装箱的数量逐步增多,正在发展和采购可从顶部和侧面打开的新式集装箱,美军运往欧洲的弹药80%都采用军用集装箱运输。

3. 材料容器方面

一是塑料包装容器逐渐增多。如一种包装M16步枪的塑料箱,由箱体和箱盖两部分组成,上下两部分可分别容纳6支步枪,共可包装12支步枪,且能重复使用,符合环境法规要求。

二是采用新型包装材料。如"防殉爆包装"复合材料和黏结剂混合在一起,可进行铸塑,重量轻、多孔、吸收动力冲击波和减震。

三是开发其他新型包装涂料。军品包装长期储存的传统方法是在枪械表面涂防锈油脂,美军开发一种把防腐和润滑功能有机结合在一起、以二硫化钼和钼酸钠为主的双功能涂料。该涂料涂覆到弹丸以及枪、炮身管内,既克服了传统方法的缺点,又具有防腐和润滑功能,使弹丸和身管减少摩擦,提高了弹道速度与射击精度。

4. 机械设备方面

美军充分利用民用包装机械和资源,努力提高军品包装的质量和效益。美军包装机械基本做到了机电结合、主辅机结合、成套连线、工作高速化、包装产品规格多样化、食品和药品包装机械无菌化。经过50多年的发展,军品包装机械工业依托国家经济发展已经形成了独立完整的体系,成为机械制造的一个重要分支。美军军品包装机械按不同标准有多种分类方法。

按自动化程度分类:一是全自动包装机,自动供送包装材料和内装物,并能自动完成其他包装工序的机器;二是半自动包装机,由人工供送包装材料和内装物,但能自动完成其他包装工序的机器。

按包装的产品分类:一是专用包装机,专门用于包装某一种产品的机器;二是多用包装机,通过调整或更换有关工作部件,可以包装两种或两种以上产品的机器;三是通用包装机,是指定范围内适用于包装两种或两种以上不同类型产品的机械。

按机械的功能分类:主要有充填、灌装、裹包、封口、贴标、清洗、干燥、杀菌、捆扎、集装机械,以及包装材料制造机械、包装容器制造机械等。

5. 人才培养方面

美军注重在军事院校培养包装人才。军事空运准备危险品规范,规定了80h的基础训练课,且需要每两年重复一次40h。联合军种条例(Joint Services Regulation,JSR)确定由军事包装技术学校、陆军弹药学校、海军运输学校和空军技术训练学校共同提供特定课程,既有基础训练课,又有进修课,形成了相对系统的军事院校包装人才培养模式。积极开发多种教学方式,如以计算机为基础的训练、卫星训练和电视远程教学。军事包装技术学校于 2000 年开设"国防危险品运输包装"课程,落实"基于危险品的运输"要求;并积极利用地方包装院校联合培养军品包装人才,以弥补军品包装培训的不足。

1.2 国内包装技术现状及发展趋势

我国包装行业兴起于 20 世纪 80 年代,逐渐从单一的低端制造业转型为向下游客户提供包装产品的生产、储藏、运输服务甚至品牌定位、渠道营销等多元化服务性行业,成为中国制造领域重要的组成部分。差异化、个性化的包装解决方案会成为发展的趋势,包装行业将向整体性、系统性方向发展。

1.2.1 包装组织结构协同发展

包装组织结构主要包括包装的行政管理和包装的技术管理。包装的行政管理一般是指对产品的包装进行计划、组织、指挥、监督和协调工作,它是企业管理的重要组成部分。包装的技术管理主要是产品包装的标准化管理,是指在生产技术活动中,对所有制作的运输包装和销售包装的品种、规格、尺寸、参数、性能等所做的统一规定,并且按照统一的技术标准对包装过程进行管理。

1. 包装的行政管理

包装是商品经济的必要环节,包装工业是国民经济的配套行业。中国的包装工业伴随着改革开放和市场经济体制的建立而迅速发展起来。在改革开放以前,中国的包装企业分散在各个行业,依附在各个部门,没有形成一个独立的行业。在改革开放初期,先后于 1980 年和 1981 年分别成立中国包装技术协会、中国包装总公司,对我国的包装工业进行行业管理。经过长期努力,包装逐步形成一个行业,并越来越重视产品包装的标准和技术创新,包装企业的面貌也发生了巨大的变化。

(1)中国包装联合会。中国包装联合会是经国务院批准成立的国家级行业协会之一,其前身中国包装技术协会成立于 1980 年,经民政部批准于 2004 年 9 月 2 日正式更名为"中国包装联合会"。联合会下设 20 个专业委员会,在全国各省、自治区、直辖市、计划单列市和中心城市均设有地方的包协组织,拥有近

6000个各级会员。中国包装联合会与世界上20多个国家和地区的包装组织建立了联系与合作关系,并代表我国参加了世界包装组织、国际瓦楞纸箱协会、亚洲包装联合会、亚洲瓦楞纸箱协会、欧洲气雾剂联盟等国际包装组织。

(2)国家级包装检测机构。国家级包装检测机构推进了我国包装标准化水平和检测能力的提升,通过引入现代质量管理理念,促进了管理科学的质量管理体系和运行机制的构建,全面提升包装质量安全水平。

① 国家包装产品监督检验中心(天津):以运输包装检测为主,食品包装与运输包装全面发展的综合性包装检测机构。

② 国家包装产品监督检验中心(广州):以危险品包装、金属包装检测为主的综合性包装检测机构。

③ 国家包装产品监督检验中心(大连):以塑料包装、纸包装检测为主的综合性包装检测机构。

④ 国家包装产品监督检验中心(济南):以塑料包装检测为主的综合性包装检测机构。

⑤ 国家包装产品监督检验中心(成都):食品包装和代木包装检测为主的综合性包装检测机构。

⑥ 国家包装产品监督检验中心(兰州):以玻璃包装检测为主的国家级综合包装检测机构。

(3)绿色包装产业技术创新战略联盟。为贯彻科技部等六部委《关于推动产业技术创新战略联盟构建的指导意见》精神,由中国包装总公司牵头,组织全国科技领军企业、高等院校、科研单位组建了"绿色包装产业技术创新战略联盟"。该联盟坚持"面向市场、平等自愿、优势互补、风险共担、利益共享"的原则,力求统一协调和充分利用优势科技资源,建立产学研技术创新机制,突破产业共性关键技术和重大产品技术,解决行业技术瓶颈。

2. 包装的技术管理

产品包装标准是包装设计、生产、制造和检验包装产品质量的技术依据。目前,我国的产品包装标准涉及建材、机械、电工、轻工、医疗器械、仪器仪表、中西药、食品、农畜水产、邮电、军工等14大类500多项。

(1)综合包装:全国包装标准化技术委员会TC49,对口国际标准化组织ISO/TC122,承担单位是中国包装联合会。全国包装标准化技术委员会负责全国包装专业的基础标准、方法标准、包装容器和包装材料的综合标准等专业领域标准化工作。下设分技术委员会:

① TC49/SC2,包装/袋 分技术委员会,负责全国包装袋等专业领域标准化

工作,秘书处所在单位为国家建材局标准化研究所。

② TC49/SC7,包装/机械 分技术委员会,负责全国包装机械等专业领域标准化工作,秘书处所在单位为合肥通用机械研究所。

③ TC49/SC8,包装/金属容器 分技术委员会,负责全国金属容器产品、试验方法等专业领域标准化工作,秘书处所在单位为国家包装产品质量监督检验中心。

④ TC49/SC9,包装/玻璃容器 分技术委员会,负责全国玻璃容器等专业领域标准化工作,秘书处所在单位为北京市药品包装材料检验所。

⑤ TC49/SC10,包装与环境分技术委员会,负责全国包装与环境领域标准化工作,秘书处所在单位为中国出口商品包装研究所。

(2)塑料制品包装:全国塑料制品标准化技术委员会 TC48,对口国际标准化组织 ISO/TC61,负责塑料制品的标准化工作,涉及塑料部分包装材料、容器的试验方法和产品标准。

(3)托盘:物流与采购托盘标准化技术委员会 SAC/TC269/SC2,对口国际标准化组织 ISO/TC51。全国物流标准化技术委员会托盘分技术委员会主要负责物流系统中货物搬运用托盘等领域的国家标准制修订工作。与国际标准化组织单件货物搬运用托盘技术委员会 ISO/TC51 相关联。

(4)包装机械:全国包装机械标准化技术委员会 SAC/TC436。秘书处承担单位为合肥通用机械研究院,主要负责包装机械及配套设备的基础、产品、方法(不含直接与食品接触的包装机械)等领域的国家标准制修订工作。秘书处所在单位为合肥通用机械研究院。下设分技术委员会:①TC436/SC1,包装机械/成型装填封口集合机械分技术委员会,负责专业范围为成型、装填、封口、集合包装机械,秘书处所在单位为杭州永创机械有限公司。②TC494,全国食品包装机械分技术委员会,秘书处所在单位为合肥通用机械研究院。

(5)纸及纸板:全国造纸工业标准化技术委员会包装用纸和纸板分技术委员会 TC141/SC3,负责全国包装用纸和纸板等专业领域标准化工作。

(6)玻璃制品:全国玻璃仪器标准化技术委员会 SAC/TC178,全国包装标准化技术委员玻璃容器分技术委员会 SAC/TC49/SC9。

(7)印刷装潢:全国印刷标准化技术委员会 SAC/TC170,对口国际标准化组织 ISO/TC130。SAC/TC170 是 1991 年由国家技术监督总局正式批复成立的。秘书处挂靠单位是中国印刷技术协会。SAC/TC170 是在新闻出版总署、国家标准化管理委员会领导下从事全国性印刷技术标准化的工作组织,负责全国印刷技术领域的标准化归口管理。

(8)金属:全国有色金属标准化技术委员会 SAC/TC243,负责全国金属容器产品、试验方法等专业领域标准化工作。

(9)包装与环境：对口国际标准化组织 ISO/TC122/SC4。秘书处承担单位为中国出口商品包装研究所,负责包装材料和容器回收利用、包装废弃物处理与利用、包装材料有害物质检测、包装与环境评价。

1.2.2 包装技术标准发展现状

我国包装标准化工作始于20世纪80年代初。经过近30年的发展,包装标准体系已逐步完善。目前,我国现行的包装标准体系表是2009年修订的,分为三层：

第一层为包装基础标准,包括工作导则、包装标志、包装尺寸、包装术语、包装件环境条件、运输包装件试验方法、包装技术与方法、包装设计、包装质量保证、包装管理、包装回收利用等。由于运载工具如车尺寸等方面的标准与包装关系密切,作为包装标准体系的相关标准也列入第一层。第一层的标准适用于整个包装行业。

第二层为包装专业标准,包括包装材料、包装容器、集装容器、包装装潢印刷、包装机械、包装设备。这一层标准只适用于包装行业的某一专业。

第三层为产品包装标准,原则上按产品分类,结合我国当时的体制情况,分为机械、电子、轻工、邮电、纺织、化工、建材、医药、食品、水产、农业、冶金、交通、铁道、商业、能源、兵器、航空航天、物资、危险品等。

该体系在当时对于编制包装标准制修订规划和计划、分析研究包装标准项目和组织协调,以及包装标准化工作的科学管理起到了重要的指导作用。但是随着我国经济体制、市场和贸易的发展与变化,该标准体系可能不能满足现阶段国民经济的需求,2009年起,国标委下发了《关于实施国家标准化体系建设工程的通知》(国标委综合2009〔40号〕),要求从2009年起3年内进一步构建和完善各领域的标准体系框架和体系表。体系表涉及TC49直接归口标准399项,增加了很多国际及国外先进标准的转化计划。

目前,包装标准体系有所扩展,增加了包装和环境包装环境与包装废弃物处理标准、包装安全标准、防儿童开启、包装技术(射频识别技术)等新的领域。进而派生出绿色包装及限制商品过度包装体系、节材代木、防护包装等标准体系也在逐步完善。

1. 国家包装标准的现状及特点

我国现有各类包装国家标准(国家包装标准汇编)包括包装术语标准、包装尺寸标准、包装标志标准、包装技术与管理标准、包装材料标准、运输包装件基本试验标准、包装材料试验方法标准、包装容器标准、包装机械标准、包装装潢标准、产品包装及其标志、运输与储存标准、以及其他相关标准。

这些标准构成了包装标准体系的基本框架,从这些标准的覆盖面来看,基本满足了包装及相关行业对标准的需求,形成了比较完善的标准化体系。从标准的水平来看,一些标准达到了国际先进水平,但大部分标准与发达国家标准还有相当的差距,标准老化,可操作性差,相关标准不配套,不能完全适应市场的需求。

从包装标准的采标率来看,采标率约为50%,与一些行业相比还有相当的差距。从采标类别来看,试验方法标准采标率最高,达到85%左右,基础标准采标率达到55%左右,产品标准采标率最低,仅为40%左右。可以看出,试验方法标准由于更为通用,试验手段更易与国际接轨,而产品标准由于国际标准没有完全对应的,所以采标率相对较低,但一些涉及危险货物包装的产品,如钢桶、木箱等产品都是采用国际标准的。

2. 包装行业标准的现状

包装是一个特殊的行业,几乎90%以上的产品都需要包装,只要有产品,基本上就需要包装。由于包装行业的特点,包装标准几乎渗透到了各个行业中,在各部门的行业标准中都涉及包装。目前,包装行业标准(代号为BB),还有商检SN、轻工QB等行业标准,基本是一些行业急需的产品标准,从标准的文本水平来看,都是按照国家标准的编写要求制定的,并不低于国家标准。

3. 其他主要行业相关包装标准的现状

对于包装行业影响较大的主要是轻工和机械行业,这两个行业的行业标准中涉及包装的也最多,轻工行业标准(QB)中与包装有关的约100项,机械行业标准(JB)中涉及包装机械的约53项。在2002年以前,行业标准都是由各部门批准发布,由于部门间没有协调,往往出现同一标准在不同的部门都立项,名称大同小异,内容、要求不完全一致甚至矛盾的现象。

4. 我国包装标准存在的主要问题

仅从包装标准数量上看,我国包装标准具有一定的数量,且涵盖了各个行业。但就包装标准的质量而言,还存在一定的问题。

一是包装标准体系不够健全,据统计包装标准只占国标总数的2.47%。因此,随着包装新产品、新材料的开发,以及对食品药品包装的重视,这方面的材料及试验方法标准将会大大增加。

二是缺乏标准化的深入研究,生产实践中难以贯彻实施和进行监督检验,不能满足包装产业结构调整和优化提升的需要。

三是有些标准"老化",同时,采用国际标准和国外先进标准比例偏低,尤其是ISO之外先进国家及组织的标准较少,国际竞争力差,不能满足扩大包装产品出口的需要。

5. 目前包装标准化工作情况及重点

国家标准化管理委员会发布的《标准化事业发展"十二五"规划》，根据国家标准化"十二五"规划和国家产业政策发展重点，正在梳理现有包装标准体系，按照发展需要对体系进行调整，提出继续有效、修订、整合和废止的标准建议，以提高包装标准的统一协调性、科学合理性和先进适用性，使包装体系更加健全、完善。同时，根据我国包装产业和相关行业的发展现状、特点及发展趋势，提出急需制定的标准目录，制定一批填补领域空白的包装标准。力争实现结构合理、层次清晰、科学实用、指导性强的包装标准体系。

包装标准化的重点将围绕资源节约型、环境友好型社会建设的要求，重点研制一批涉及包装与环境、节材代木包装、限制商品过度包装和关键技术标准，其中包括：

(1) 包装与环境标准：包括包装与环境术语标准、环保包装标签相关标准、包装资源化和废弃物再利用标准、包装与环境评价标准、包装与环境方法标准（如包装生命周期分析的准则和方法、重复使用系统性能评估方法、包装和材料循环再生方法与过程）、包装中有害物质控制和验证标准化研究及标准、包装材料和容器重复使用、循环利用等技术要求和方法标准等。

(2) 节材代木包装标准：为节约材料，代替木材，保护森林资源和生态环境，制定一批节材和代木包装标准。例如，《代木包装材料通用要求》《蜂窝纸板箱》《包装用竹胶合板》《包装用单板层积材》《单板层积材包装箱》，加大标准制定的研究工作，包括标准的前期研究、国家急需标准的研究、与产业发展及人民生活息息相关标准的研究，保证标准工作紧跟国家、产业发展步伐，为国家法律、法规及相关决策提供依据或标准化需求。

1.2.3 包装技术方法发展趋势

随着国民经济的快速发展和包装需求的日趋多样化，我国包装工业从20世纪80年代初期的门类短缺、分散经营、产品单一、质量低下、供给不足、制约国民经济发展的瓶颈产业，以平均高于18%的年增长率迅速发展，目前已形成以纸、塑料、金属、玻璃、印刷和包装机械为主要构成，拥有一定现代化装备，门类齐全的工业体系。目前，包装已经成为我国经济发展的重要产业之一，我国也逐渐成为"包装大国"。近年来，民品包装技术、材料和机械设备取得了较大突破，一些主要技术和产品已达到发达国家先进水平，促进了包装工业生产技术水平的提高和产品的更新换代。包装机械设备制造水平也正在逐步适应包装工业的发展和技术改造的要求。

国家包装工业的快速发展，包装新材料新技术的不断应用，为军品器材封存包装工作提供了良好的基础。器材包装必须充分利用先进成熟的民用包装技术，广泛采用新材料新工艺，坚持走一体化国家战略体系发展的路子。

1. 防潮包装技术

防潮包装是通过采用具有一定隔绝水蒸气能力的包装材料，隔绝包装容器内物品与外界环境的联系，同时施加相应的其他技术措施，稳定物品中含水量，防止因环境湿度或水侵入包装容器内，或是防止包装容器内水分逸出包装外而影响包装容器内物品质量采用的包装技术。目前，防潮包装的应用非常广泛，在药品、化妆品、大多数加工食品、化工产品、武器装备等方面均有重大作用。在对金属制品、武器装备、精密仪器等设计防潮包装时，需要根据流通环境的湿度条件以及产品自身的特性，选择合适的包装材料和合理的防潮包装结构，或者采取附加物来达到防潮包装的目的。

军用食品、药品、精密仪器、武器弹药等物资都要考虑防潮包装。火药、炸药、起爆药等敏感材料及由其组合而成的弹药极易受潮变质；电子仪器及芯板、精密枪械、仪器仪表等受潮易生锈或发生霉菌侵蚀现象。

军品包装可参考使用的相关标准为 GB/T 5048—2017《防潮包装》，其规定了包装的防潮等级、要求、包装方法、试验方法和标志，适用于机械、电子等工业产品，其他产品也可参照使用。

2. 防水包装技术

防水包装的一般方法包括防浸水的防水包装、防喷淋的防水包装、包装箱内壁铺垫方法、用纸箱作防水包装、软包装容器的防水包装，以及其他防水包装方法。

近年来，聚乙烯薄膜多层叠合袋、聚丙烯（纸布塑）三合一复合包装袋等新型防水加工包装袋的生产和使用有很大改善。防水性材料结构制造的集装箱，如涂以防水涂料的木制集装箱，用强化塑料制造的集装箱，以及收缩货架式集装包装等，都可以起到防水包装的作用。另外，托盘线性低密度聚乙烯（LLDPE）冷收缩膜防水包装技术已在欧美国家使用，包装成本、包装速度和防水效果都具极大优越性。澳大利亚研发了防水包装纸盒，瑞士研制出防水又能溶于水的塑料包装容器。新型防水包装纸和纸板已在国内开发出来，新型的聚丙烯三合一复合包装袋已在国内市场投放。

相关国家标准为 GB/T 7350—1999《防水包装》，规定了包装的防水等级、要求、包装方法、试验方法和标志。其适用于机械、电子等工业产品，其他产品也可参照使用，如行业标准：BB/T 0011—1997《聚乙烯低发泡防水阻隔薄膜》。

3. 防霉包装技术

防霉包装技术分为密封性包装和非密封性包装。要根据不同菌种对环境温度、湿度、养分等的不同生长要求有针对性地控制。例如,保持包装内相对湿度小于65%来抑制霉菌生长;通过充氧密封包装抑制厌氧菌生长;采用真空、充惰性气体、特殊处理等包装方式对其他菌种投其所恶,抑制其生长。

防霉包装新技术和材料不断涌现,其中防霉高分子复合包装材料广泛用于军工产品的包装,日本已研发出有聚烯烃树脂构成的饲料防霉包装袋。

军品包装可参考使用的相关标准:GB/T 4768—2008《防霉包装》,规定了防霉包装的等级、技术要求、试验方法、检验规则;GB/T 12339—2008《防护用内包装材料》,规定了防护包装用内包装材料的分类、技术要求和试验方法等内容,适用于防潮、防锈、防霉等防护用内包装材料。

4. 防虫害包装技术

粮食及其加工品、干果、药品、毛皮、布匹、纸张、木材等除易生霉外,还易遭虫害而影响其品质,使其失去使用价值,为使军用食品、军用服装等物资在储运过程中避免遭受虫害以及全面保护产品,就需采用防虫害包装。

防虫害包装是以用包装容器将易遭虫害的产品密封起来为主要手段,并以防虫、驱虫或杀虫为辅助手段,从而达到使产品免遭虫害的目的。防虫害包装可分为充气包装、真空包装、收缩包装、拉伸包装、脱氧包装。

5. 防锈包装技术

按腐蚀介质,锈蚀可分为大气锈蚀、海水腐蚀、地下锈蚀、细菌锈蚀等。在包装工程中遇到最多的是大气锈蚀。锈蚀对于金属材料和制品有严重的破坏作用。据试验,钢材如果锈蚀1%,其强度就要降低5%～10%,薄钢板更容易因锈蚀穿孔而失去使用价值。金属制品因锈蚀而造成的损失远远超过所用材料的价值。所以,为了减轻因金属锈蚀带来的损失,对金属制品采用适宜的防锈材料和包装方法,以防止其在储运过程中发生锈蚀而进行的技术处理,就是防锈包装技术。

1)防锈油防锈蚀包装技术

大气锈蚀是空气中的氧、水蒸气及其他有害气体等作用于金属表面引起电化学作用的结果。如果使金属表面与引起大气锈蚀的各种因素隔绝(即将金属表面保护起来),就可以达到防止金属大气锈蚀的目的。防锈油包装技术就是根据这一原理将金属涂封防止锈蚀的。

用防锈油封装金属制品,要求油层有一定厚度,油层的连续性好,涂层完整。不同类型的防锈油要采用不同的方法进行涂覆。

2)气相防锈包装技术

气相防锈包装技术是用气相缓蚀剂(挥发性缓蚀剂)在密封包装容器中对金属制品进行防锈处理的技术。气相缓蚀剂是一种能减慢或完全停止金属在侵蚀性介质中破坏过程的物质,它在常温下即具有挥发性,在密封包装容器中,在很短的时间内挥发或升华出的缓蚀气体就能充满整个包装容器内的每个角落和缝隙,同时吸附在金属制品的表面上,从而起到抑制大气对金属锈蚀的作用。

气相防锈产品的高效能、低成本,使其获得了越来越广泛的应用。在德国,广泛使用的气相防锈包装产品是防锈纸和防锈膜,主要应用于机电产品和汽车零部件的包装。在军用产品包装使用方面,气相防锈产品和干燥剂的应用非常普遍,如轻武器、重武器、坦克引擎及配件、子弹、导弹等。美国、英国、法国、意大利等国家都采用气相防锈和干燥控湿相结合的办法封存飞机和军用系统。

气相防锈一般要求存储的环境湿度应不高于85%;环境温度应不高于65℃,同时应避免日光长期直射,最好存储在阴凉通风的地方;气相防锈材料在运输、存储过程中,应注意保持包装的完整;储运过程中避免接触酸、碱、盐及其他污物;在有强气流的场合,包装除密封外还应加屏蔽;不能储存在含有 HCl、H_2S、SO_2 或其他酸性蒸汽的工业烟气中。

防锈包装主要应用于机械制品、冶金、有色、军工、装备制造业、汽车等重点行业用户。

3)相关标准

(1)相关国家标准:

GB/T 11372—1989《防锈术语》,规定了金属制品防锈专业在科研生产中常用的定义和术语。本标准适用于金属制品在加工过程、储存运输中的防锈。

GB/T 13384—2008《机电产品包装通用技术条件》,规定了机械、电工、仪器仪表等产品的运输包装方式、技术要求和试验方法等。其中也规定了防锈包装的技术条件。

GB/T 4879—2016《防锈包装》,规定了包装的防锈等级、要求、包装方法、试验方法和标志。本标准适用于产品的金属表面在流通过程中为防锈蚀而进行的包装。

GB/T 13384—2008《机电产品包装通用技术条件》,规定了仪器仪表的包装形式、防护包装类型、技术要求、试验方法、检验规则、包装标志和随机文件。本标准适用于仪器仪表产品的包装,也规定了防锈包装技术条件。

GB 9174—2008《一般货物运输包装通用技术条件》,规定了对一般货物运输包装的总要求、类型、技术要求和鉴定检查的性能试验以及防锈包装技术条件。

GB/T 19532—2018《包装材料 气相防锈塑料薄膜》,规定了气相防锈塑料薄膜(Volatile Corrosion Inhibiting Film, VCIF)的分类、技术要求、试验方法、检验规则、标志、包装、运输与储存。本标准适用于气相防锈塑料薄膜的生产、检测及使用。

GB/T 19142—2016《出口商品包装通则》,规定了出口商品包装的要求、分类、包装材料、包装设计、包装尺寸与标志、包装检验等技术条件。本标准适用于出口商品(不包括危险品)的运输包装和销售包装,也规定了防锈包装的技术条件。

GB/T 14188—2008《气相防锈包装材料选用通则》,规定了气相防锈包装材料的选用要求、应用和质量检验。本标准适用于金属材料及其制品按 GB/T 13384、GB/T 4879—2016、GJB 145 A—93 要求进行防锈包装时,选用气相缓蚀剂及其处理过的气相防锈包装材料。

GB/T 16267—2008《包装材料试验方法 气相缓蚀能力》,规定了载有气相防锈剂的包装材料在正常环境下或在引起加速消耗后,测定对金属的缓蚀能力。本标准适用于测定气相防锈纸、气相防锈薄膜及载有气相防锈剂的单层、多层复合包装材料。

(2)机械行业标准:

JB/T 6067—1992《气相防锈塑料薄膜 技术条件》,规定了气相防锈塑料薄膜的产品分类、技术要求、试验方法、检验规则、标志、包装、运输、储存。本标准适用于金属材料及其制品防锈包装用气相防锈塑料薄膜。

JB/T 4051.1—1999《气相防锈纸技术条件》,规定了气相防锈纸的产品分类、技术要求、试验方法、检验规则、标志、包装、运输、储存。本标准适用于金属材料及其制品作防锈包装用的气相防锈纸。

JB/T 4050.1—1999《气相防锈油 技术条件》,规定了气相防锈油的产品分类、技术要求、试验方法、检验规则、标志、包装、运输、储存。本标准适用于密封系统内腔金属表面封存防锈用的气相防锈油。

JB/T 6977—1993《机械产品防锈前处理 清净技术条件》,是关于防锈工艺的标准,规定了防锈前处理的清净技术要求、清洗方法及清净度的检验方法。本标准适用于钢铁机械产品工序间防锈、中间库防锈及成品封存防锈前处理的清净,也适用于钢铁金属制品表面处理前的清净。

JB/T 3576—2010《凿岩机械与气动工具 防锈通用技术条件》,规定了凿岩机械与气动工具产品在设计、制造、使用和维护中的防锈通用技术条件。本标准适用于凿岩机械与气动工具产品及有关制品的防锈。

JB/T 3625—2019《组合夹具元件 防锈包装技术条件》,规定了组合夹具元件的包装要求、方法、储存、外包装箱和装箱。本标准适用于组合夹具元件生产过程中的防锈与成品包装。

JB/T 8356—2016《机床包装 技术条件》,规定了机床产品包装材料要求、包装箱、包装技术要求、标志、试验、检验规则。本标准适用于机床及其部件的包装。

JB/T 4051.2—1999《气相防锈纸 试验方法》,本试验方法用于金属材料及其制品作防锈包装用的气相防锈纸。

(3)轻工行业标准

QB 1319—2010《气相防锈纸》,规定了气相防锈纸的产品分类、技术要求、试验方法、检验规则和标志、包装、运输、储存。本标准适用于金属材料及其制品作防锈包装用的气相防锈纸。

(4) 石油化工行业标准

SH/T 0692—2000《防锈油》，规定了以石油溶剂、润滑油基础油等为基础原料，加入多种添加剂调制而成的防锈油的技术条件。本标准适用于以钢铁为主的金属材料及其制品的暂时防腐保护。

SH/T 0660—1998《气相防锈油试验方法》。

6. 防震包装技术

防震包装方法分为全面防震包装、局部防震包装、悬浮式防震包装和联合式防震包装。相关国家标准及军用标准如下：

GB/T 8167—2008《包装用缓冲材料动态压缩试验方法》

GB/T 8168—2017《包装用缓冲材料静态压缩试验方法》

GB/T 8169—2008《包装用缓冲材料振动传递特性试验方法》

GB/T 12339—2008《防护用内包装材料》

GB/T 14745—2017《包装用缓冲材料蠕变特性试验方法》

GJB/Z 85—97《缓冲包装设计手册》

国际认可的几种环保型缓冲包装材料一般采用蜂窝纸板、瓦楞纸板、纸浆模塑和发泡植物纤维等缓冲材料。

1) 蜂窝纸板

蜂窝纸板由于符合环保要求，很快在包装领域得到广泛应用。现在这种材料可以代替木材，制造运输托盘、包装箱等；利用其良好的缓冲、避振性能，可以代替泡沫塑料，作为家电、仪器仪表、陶瓷制品、玻璃制品等商品的缓冲材料。1998年，美国、加拿大及欧盟等国家限制我国木质包装进口，提出了严格的熏蒸检疫等既烦琐又增加成本的难题，从而限制了木质包装的使用。这样的背景下，代木产品蜂窝纸板得到快速发展。欧盟2003年出台的《报废电子电气设备指令》和《关于在电子电气设备中禁止使用某些有害物质指令》加快了全球电子产品使用环保型包装的进程，同时也促使我国电子产品包装尽快驶入环保的轨道。蜂窝纸板的生产设备现在已经国产化，并达到20世纪90年代的国外水平，制芯速度达到20~50m/min，制板速度5~8m/min。

但目前蜂窝纸板制品使用量并不理想，主要原因有：生产自动化程度低，难以达到纸蜂窝制品的标准化、系列化，纸蜂窝设备及制品在技术、工艺等方面有待进一步改进、提高和完善；目前，纸蜂窝制品不仅表面粗糙，而且印刷色彩不佳，尤其是防水、防潮问题还没有得到很好解决；纸蜂窝制品的价格用户难以接受。

(1) 国家标准：

GB/T 19788—2015《蜂窝纸板箱检测规程》

(2)行业标准：

BB/T 0016—2018《包装材料 蜂窝纸板》

SN/T 0806—1999《出口商品运输包装 蜂窝纸板托盘包装检验规程》

2)瓦楞纸板

国内瓦楞纸板应用市场巨大，但是本土技术有很大的提升需要和空间。降低成本和降低定量仍然是瓦楞纸板的发展趋势。基于环保和成本方面的要求，瓦楞纸板平均定量，包括箱纸板和瓦楞原纸的定量都必须降低。我国生产的瓦楞原纸普遍定量高，且强度能达到国家产品标准 A 级的不多，因此每年不得不进口相当数量的高强瓦楞原纸。瓦楞纸板表面较硬，在包装高级商品时不能直接接触内装物的表面，使内装物与缓冲纸板之间出现相对移动而易损坏内装物表面；耐潮湿性能差；复原性小等。这些缺点无疑在一定程度上限制了瓦楞纸板的发展。

(1)相关国家标准：

GB/T 2679.17—1997《瓦楞纸板边压强度的测定（边缘补强法）》

GB/T 6545—1998《瓦楞纸板耐破强度的测定法》

GB/T 6546—2021《瓦楞纸板 边压强度的测定》

GB/T 6547—1998《瓦楞纸板厚度的测定法》

GB/T 6544—2008《瓦楞纸板》

GB/T 6543—2008《瓦楞纸箱》

GB/T 16717—2013《包装容器 重型瓦楞纸箱》

(2)相关行业标准：

BB/T 0022—2017《瓦楞纸板传送带》

SN/T 0262—93《出口商品运输包装瓦楞纸箱检验规程》

SN/T 1025—2011《出口商品运输包装瓦楞纸箱用纸检验规程》

(3)相关国家军用标准：

GJB 1109A—1999《军用瓦楞纸箱》

GJB 1110A—1999《军用瓦楞纸板》

3)纸浆模塑

纸浆模塑制品起始于 20 世纪 60 年代，丹麦、瑞典等国家相继推广该项环保的绿色包装技术。我国 1984 年湖南湘潭纸浆模塑总厂从法国埃尔公司引进国内第一条纸浆模塑生产线——转鼓式生产线，生产鸡蛋托盘、水果托盘等，解决了当时急需的农副产品出口的运输包装问题。20 世纪 90 年代中期开始研制国产设备，并在 21 世纪初取得有效成果。随着人们环保意识的日益提高，现在纸浆模塑制品已经广泛用在啤酒托盘、玻璃制品托盘，以及陶瓷、搪瓷、仪器仪表、炊具、工艺品、硬塑料、医疗器械、家用电器、玩具等商品的包装。

特别是在军事工业中,军火要求防冲撞、防静电、防潮湿、防锈蚀,在这个领域,纸浆模塑也大有用武之地。现在,国产纸浆模塑生产线不仅满足国内所需,而且每年都有出口。制模成型机是生产线中主要设备,转鼓式(旋转式)效率最高,适于生产蛋托、果托等批量大、深度小的定型制品;注浆式主要用于生产餐具、喇叭、纸盒等形状简单、重量轻的制品;压铸成型主要用于承重力大、以定位功能为主的制品。往复式和返转式是目前缓冲防震包装材料的主要生产机型。目前,发达国家采用压力干燥技术直接热压成型,无需烘箱,节约能源,且自动化水平较高,废品率极低。国外设备的价格比国产设备高 2~3 倍。

相关的行业标准为《BB/T 0015—2021 纸浆模塑蛋托》。

4)发泡植物纤维

近年来,发泡植物纤维的研究也是一个热点。发泡植物纤维是以植物纤维(废旧报纸、纸箱纸和其他植物纤维材料等)以及淀粉添加助剂材料为原料制作而成。国内外都在进行发泡植物纤维缓冲包装材料的制作及机理方面的研究,已取得了不同程度的阶段性成果。目前,国外植物纤维发泡制品所采用的工艺方法主要集中在不添加化学发泡剂,该制品工艺比采用添加化学发泡剂的工艺方法难度大,但该植物纤维发泡制品的生产和使用有利于环保。

国内、外对植物纤维发泡包装制品的研究基本上还处在实验阶段,我国淀粉与植物纤维发泡包装产品在发泡机理的研究开发上与国际水平有较大差距,还未达到工业化生产的要求。同时,目前对植物纤维发泡包装制品性能特点的研究主要集中在单件和实验性,而对于多件或实际应用的性能参数还未获得验证,还未发现有相关的标准。

对于军品包装材料,必须具有足够的机械强度才能保证军品在堆码、装卸、运输、存储过程中发生挤压、摩擦、撞击、震动、跌落而不致损伤。故在军品包装的设计过程中,要根据军品的特殊要求,选用机械强度好的多层材料优化组合,增强包装材料的机械物理性能,如断裂力、直角撕裂力、耐摩擦、耐戳穿和缓冲性能等,才能保护军品不受损伤,利于长储。

缓冲包装、防震包装等防护包装可以降低或减少冲击、振动的危害,延长军用物资抗击振动、冲击的时间,提高军用物资的抗震能力,满足军事力量运输要求;标准化、系列化包装提高了军用物资标准化水平,增强军用物资与各种运输工具的适应能力,最大限度地利用运输工具的载重率,从而进一步提高运输效率,节约军事力量运输费用。

7. 防静电包装技术

国外工业发达国家在 20 世纪 60 年代对静电危害已有充分认识,相继制定了大量的防静电包装标准,防静电包装材料也随之迅速发展,有效地控制了静电的危害。表现在工业上,电子产品质量可靠性不断提高,电子器件的使用寿命大幅增长,军事上的易燃易爆品燃爆事故大为减少。

国内近年来对静电的危害也有了认识,生产过程中已普遍注意到静电的防护,但缺乏对防静电包装技术的深入研究。防静电包装材料的研究也缺乏系统性,可供选择的包装材料十分有限。通过加快研究,目前已初步形成防静电包装的系列材料,主要包括防静电包装用塑料薄膜、缓冲泡沫、注塑成形和挤出成形用防静电塑料。这些材料的电性能和力学性能可满足不同产品静电防护的需要,初步满足了目前国内部分市场的需求。

相关标准为 GJB 2605—1996《可热封柔韧性防静电阻隔材料规范》。

8. 防伪包装技术

常用的防伪技术有防伪油墨、防伪纸张、防伪不干胶、微缩文字印刷、票据特种防伪印刷、安全线、加密技术、激光全息转移纸技术、定位烫印、电话电码防伪、原子核双卡防伪技术、纹理防伪标识技术、包装印刷品制版防伪技术及手工雕刻凹版印刷等。

随着科技的发展,伪造技术的高明与广泛性对防伪技术提出了更新的要求,考虑防伪包装具有较高的技术含量和对包装传统功能的扩展,故可划入"智能型包装"。从总体分析,防伪包装技术集中于防伪标识、特种材料工艺、印刷工艺、包装结构和其他方法等方面。以下几种技术手段居主流地位。

1)激光全息图像

利用全息印刷技术做出防伪标识附于包装物表面是当前最为流行的防伪手段。全息图像综合了激光、精密机械和物理化学等学科的最新成果,技术含量高。对多数小批量伪造者而言,全套制造技术的掌握和制造设备的购置是难以做到的。因此,此种技术的效果是显著的。但是,模压全息防伪标识并没有完全达到其应有的功能,甚至出现了伪造标志。

接踵而至的是经激光全息技术处理的具有防伪功能的新型包装材料和更高技术层次的全息图像标识技术。具有更好防伪功能的全息图像技术有高质量全色真三维全息技术、复杂动态全息图技术、加密全息技术、数字全息技术、特殊全息图载体技术(如全息图特殊压印材料)。

2)隐形标志系统

美国生物码公司(BioCode)成功地开发了一种全新的隐形标识系统——将抗体作为制造防伪标识的新材料。此系统包括两个物体:加入产品中的标志化合物和用于识别标志存在与否,必要时作定量分析的抗体。标志化合物可选择日用化学品,但必须是持久的、惰性的和易与产品混合的,并符合卫生、法规要求的。这些标志通常以百分之几的微量混入产品中。抗体是特定的生物识别分子,每种抗体只认识或结合一种特定化合物。标志物识别操作分为：现场测试和实验室测试两种，可测试标志物存在与否精确含量，被替代或被稀释的产品皆可测出。

产品外部隐形标识技术已较多应用于药品、化妆品及其他方面。利用抗体的隐形商标适用范围广泛，从牛仔裤到汽车燃油等。含有抗体的食品添加剂已得到美国食品药品监督管理局（Food and Drug Administration，FDA）的批准。

3）激光编码

激光编码主要用于包装的生产日期、产品批号的打印，防伪并非是其首要功能。由于激光编码机造价昂贵，只在大批量生产或其他印刷方法不能实现的场合使用，使其能在防伪包装方面发挥作用。

激光编码封口技术是一种较好的容器防伪技术。在产品被充填完并封口加盖后，在盖与容器接缝处进行激光印字，使字形的上半部分印在盖上，下半部分印在容器上。

激光编码技术的防伪作用在于包装容器不能复用。新盖与旧容器相配字迹很难对齐；激光器价格昂贵，且在生产线上编码印字。一般制假者难于投巨资购买此设备；厂家可任意更换印字模板，不同日期用不同模板，更换细节仅少数人知晓，外人较难破解。

从防伪效果看，激光编码技术不比激光全息图像技术差。激光全息标识是由印刷厂印刷，使用标识的厂家不能确保该母版不从印刷环节外流或非法复制。激光编码机价格贵，且必须在线使用，加上字形模板的更换变型的隐秘性，使那些分散的中小型工厂难以制假。

相关标准：

GB/T 19425—2003《防伪技术产品通用技术条件》

GB/T 18733—2002《防伪全息纸》

9. 裹包与装袋技术

1）裹包技术

裹包是用较薄的柔性材料将产品或经过原包装的产品全部或大部分包起来的包装方法，主要包装材料有纸、塑料以及它们的复合材料。

2）装袋技术

根据承重，装袋可分为普通袋（重型袋）和集装袋两种。小袋分为枕型袋、三面封口袋、四面封口袋、直立袋。在化学工业、药品生产企业和食品生产企业中，符合更高卫生要求的无粉尘装袋机械有着很好的发展前景。

相关标准：

GB/T 17448—1998《集装袋运输包装尺寸系列》

GB/T 18928—2002《托盘缠绕裹包机》

10. 收缩与拉伸包装技术

1)收缩包装技术

收缩包装也用于销售包装或运输包,可单件也可多件集合包装,还可用于收缩套筒标签,国内目前已广泛使用。常用的收缩薄膜有聚氯乙烯、聚乙烯、聚丙烯及聚偏二氯乙烯等。

LLDPE 冷收缩膜包装技术已在欧美的饮料企业广泛使用,一种全新的全自动收缩膜套标签机已经应用。

相关国家标准:

GB/T 13519—2016《包装用聚乙烯热收缩薄膜》

GB/T 19787—2005《包装材料 聚烯烃热收缩薄膜》

2)拉伸包装技术

拉伸包装技术主要是薄膜双向拉伸技术。塑料薄膜通过拉伸,可以提高其机械强度、挺度、透明性、光泽度、耐寒度、防潮性等多种性能。拉伸包装的货物应用范围较广,如袋、箱、瓶、罐、整齐排列的货物。包装上经常使用的双向拉伸薄膜有聚丙烯(BOPP)薄膜、聚酯(BOPET)薄膜、尼龙(BOPA)薄膜。

BOPA 薄膜是一种性能优越的高档包装基材,主要用于食品和药品的包装,如鲜肉、奶酪、香味食品、冷冻食品真空包装,还可以生产软罐头——蒸煮袋。BOPP 薄膜除了用于生产电容器,主要用来作为包装材料。它的应用范围很广泛:包装食品、香烟、日用化学品、药品,还可以生产胶黏带以及与其他薄膜复合制袋等。BOPET 薄膜大部分都用作食品和药品的包装。

(1)相关国家标准:

GB/T 10003—2008《普通用途双向拉伸聚丙烯(BOPP)薄膜》

GB/T 16958—2008《包装用双向拉伸聚酯薄膜》

(2)相关行业标准:

BB/T 0002—2008《双向拉伸聚丙烯珠光薄膜》

BB/T 0024—2018《运输包装用拉伸缠绕膜》

11. 集合包装技术

集合包装极大地降低了物流的成本,在现代物流过程中越来越显示其优越性。集装器具把物料集装成一个完整、统一的体积单元并在结构上使其便于机械搬运和储存。集装器具可分为托盘、集装箱、集装袋、其他包装容器 4 类。

1)托盘集装

托盘是为了使物品能有效地装卸、运输、保管,将其按一定数量组合放置于一定形状的台面上。这种台面有供叉车从下部叉入并将台板托起的叉入口。

按材质托盘可分为木托盘、塑料托盘、金属托盘、塑钢托盘、纸托盘等,其中木托盘最为常用。

（1）相关国家标准：

GB/T 16470—2008《托盘单元货载》

GB/T 18832—2002《箱式、立柱式托盘》

GB/T 4995—2014《联运通用平托盘　性能要求和试验选择》

GB/T 4996—2014《联运通用平托盘　试验方法》

（2）相关国军标：

GJB 183A—1999《军用平托盘基本尺寸和额定载重量》

GJB 184A—1999《军用立柱式托盘和箱式托盘基本尺寸和额定载重量》

GJB 830—90《钢制平托盘技术条件》

GJB 1918—1994《托盘单元货载》

2) 集装箱运输

集装箱使一定数量商品或包装件集成为一个更大的包装搬运单元，并把包装、运输、储藏功能一体化，大大简化了传统物流过程中的许多环节，特别是对件杂货物流通的方式作了重大改进，在适应现代物流方面，它具有很多优越性。

我国集装箱标准，其重量系列采用 5T、10T、20T、30T，4 种相应的型号为 5D、10D、1CC、1AA。5T、10T 主要用于国内运输，20T、30T 主要用于国际运输，即为目前我国出口贸易通常采用的 20 英尺（标准箱 TEU）和 40 英尺两种集装箱，其国家标准与国际标准是相同的。

（1）集装箱运输相关国家标准：

GB/T 1836—2017《集装箱　代码、识别和标记》

GB/T 1835—2006《系列 1 集装箱　角件》

GB/T 15419—2008《国际集装箱货运交接方式代码》

GB/T 16299—1996《飞机底舱集装箱技术条件和试验方法》

GB/T 16563—2017《系列 1 集装箱　技术要求和试验方法　液体、气体及加压干散货罐式集装箱》

GB/T 16564—96《系列平台式、台架式集装箱　技术要求和试验方法》

GB/T 17272.1—2023《集装箱在船舶上的信息　第 1 部分：箱位坐标代码》

GB/T 17272.2—2023《集装箱在船舶上的信息　第 2 部分：电传数据代码》

GB/T 17273—2006《集装箱　设备数据交换（CEDEX）　一般通信代码》

GB/T 17382—2008《系列 1 集装箱 装卸和拴固》

GB/T 17423—1998《系列 1 集装箱 罐式集装箱的接口》

GB/T 17274—1998《系列 1 无压干散货集装箱技术要求和试验方法》

GB/T 17770—1999《集装箱　空/陆/水（联运）通用集装箱技术要求和试验方法》

GB/T 1413—2023《系列 1 集装箱　分类、尺寸和额定质量》
GB/T 4171—2008《耐候结构钢》
GB/T 5338—2002《系列 1 集装箱　技术要求和试验方法　第 1 部分:通用集装箱》
GB/T 16561—2023《集装箱设备交接单》
GB/T 7392—1998《系列 1 集装箱技术要求和试验方法 保温集装箱》
GB/T 17271—2023《集装箱运输术语》

(2) 集装箱运输相关行业标准:
SN/T 0981.2—2012《出口商品运载工具安全卫生适载鉴定规程 第 2 部分:冷藏集装箱鉴定》
SN/T 0981.1—2012《出口商品运载工具安全卫生适载鉴定规程 第 1 部分:干货集装箱鉴定》
BB/T 0020—2017《组合型塑木平托盘》
JB/T 9017—1999《气垫托盘》
TB/T 2687—2020《铁路危险货物运输包装》
TB/T 1698—93《铁路 1t 通用集装箱技术条件和试验方法》
TB/T 2113—1990《铁路 10t 集装箱箱门密封条技术条件》
TB/T 2114—1990《铁路 10t 通用集装箱型式尺寸和技术条件》
TB/T 2115—90《铁路 10t 通用集装箱角件技术条件》
TB/T 2618—95《集装箱在铁路国境站的检查交接》
TB/T 2941—1999《铁路集装箱验收标准》

(3) 集装袋类相关的标准:
SN/T 0893—2000《海运出口危险货物塑编集装袋性能检验规程》

(4) 其他包装容器相关的国家标准:
GB/T 7284—2016《框架木箱》
GB/T 10819—2005《木制底盘》
GB/T 18924—2018《钢丝捆扎箱》
GB/T 18925—2016《滑木箱》
GB/T 12464—2016《普通木箱》
GB/T 13144—2008《包装容器　竹胶合板箱》
GB/T 13041—2005《包装容器菱镁砼箱》
GJB 1764—93《军用木箱通用规范》

12. 封合与捆扎技术

封合技术多种多样,常用的有黏合、热封合、用封闭物封合等技术。

1）捆扎技术

捆扎是用挠性带状材料将产品或包装件扎紧、固定或增强的操作，适用于松泡产品、线状或细长产品，以及包装箱货物、托盘货物、货板货物等。捆扎材料有金属捆扎带、塑料捆扎带（聚丙烯捆扎带、聚酯捆扎带、尼龙捆扎带）。捆扎操作基本相似，有热熔搭接、铁扣搭接等连接方式。

2）捆扎设备

捆扎设备按捆扎材料分为塑料带捆扎机和钢带捆扎机；按连接方式分为熔接式捆扎机和扣接式捆扎机；按结构特点分为普通型捆扎机、侧封型捆扎机、顶封型捆扎机、压力捆扎机、水平轨道捆扎机和手提捆扎机；按自动化程度分为手动、半自动、自动、全自动捆扎机和钢带捆扎机。

3）相关标准

JB/T 3790—2015《机械式自动捆扎机》

JB/T 3790.2—94《机械式半自动捆扎机》

JB/T 3790.3—94《液压式自动捆扎机》

13. 充填技术

真空与充气包装在食品包装中应用十分广泛，发展潜力巨大，在日常和军队生活中都经常见到。例如，腊肉食品、熟食品、酱菜制品、方便食品等大多采用真空包装的形式，而新鲜水果、脱水蔬菜、鲜肉等多采用充气包装的形式。

相关国家标准为 GB/T 9177—2004《真空、真空充气包装机通用技术条件》。

相关机械行业标准为 JB/T 6130—92《工业称重式充填机 型式和基本》。

14. 无菌包装技术

随着环保、绿色呼声的日益高涨，无菌包装技术不但成为食品工业中一项高新技术，也成为全包装行业瞩目的新兴产业。包装材料包括金属罐、玻璃、纸、复合材料等。无菌加工及包装技术将成为21世纪包装行业中的重头戏。

1）无菌包装技术

砖型包和枕式包一般采用纸、铝箔、聚乙烯（PE）、沙林树脂等多层复合材料，用于包装超高温灭菌的鲜奶、乳酸菌饮料等液体食品，并使其保质期大为延长，可以进行产品的远程销售。无菌包装技术有力地促进了我国乳品行业、果汁行业的发展，造就了伊利、蒙牛、光明、三元、汇源等全国名牌企业。

相关标准：

GB 18454—2019《液体食品无菌包装用复合袋》

GB 18192—2008《液体食品无菌包装用纸基复合材料》

2）PET 瓶无菌灌装技术

成型容器饮料无菌灌装技术的研究始于20世纪80年代末，直到21世纪初首先在 PET 容器中得到推广应用，其适用于各类饮料的制造，尤其适用于 pH>4.5 的低酸饮料和对热敏感的产品，如奶制品、蛋白饮料、咖啡饮料和纯茶饮料等。其能最大限度地确保产品的卫生安全，节省瓶器材料及其制造费用。

我国自行开发的果汁自动灌装系统和果酱生产、灌装系统，代表了箱中衬袋无菌包装技术目前在国内的应用情况。

第 2 章
装备零部件质量失效基本理论

2.1 零部件失效的基本原理与形式

金属腐蚀造成的损失是巨大的。曾有人估计,10t 钢铁中约有 3t 因腐蚀而报废,其中 1t 变成了完全无用的铁锈。直接损失除材料本身的价值外,还包括设备的造价,为控制腐蚀而采用的合金元素、防腐涂层、镀层、衬里;为调整环境而加入的缓蚀剂、中和剂;进行电化学保护;监测试验费用等。

2.1.1 金属器材失效特征与原理

2.1.1.1 金属类器材质量失效特征

1. 锈蚀

锈蚀是指金属器材和它所处的环境介质之间发生化学或电化学作用而引起的变质和破坏,其中也包括与机械因素或生物因素共同作用。库存金属类器材的锈蚀主要表现为局部锈蚀。

1) 钢和铸铁的质量变化(锈蚀)特征

钢和铸铁(俗称黑色金属)锈蚀开始时表面发暗,轻锈呈暗灰色;中度锈蚀时表面会变成褐色或棕黄色;严重锈蚀时表面呈棕色或褐色疤痕,甚至产生锈坑。

其锈蚀产物及色泽如下:

Fe(OH)$_3$—红棕色

FeO·Fe$_3$O$_4$ 和 FeS—暗黑色

Fe$_2$O$_3$—红色、褐色或黑色

钢铁的氧化皮为其氧化物的多层组成,最内层为 FeO,其中间层主要为

Fe_3O_4,最外层为 Fe_2O_3 如图 2-1 所示。经过氧化和磷化的钢铁零件表面上,锈蚀呈棕黄色或呈点状、斑状锈。

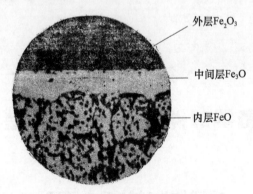

图 2-1 锈蚀表面的基本组成

2)铜和铜合金的质量变化(锈蚀)特征

铜的锈蚀产物呈绿色,也有的呈红棕色或黑色。铝青铜表面的锈蚀产物呈白色、暗绿色及黑色。铅青铜的锈蚀产物有时呈白色。一般允许铜及其合金有轻微且均匀的变色。其锈蚀产物及色泽如下:

CuO、Cu_2O—棕红色

CuS—黑色

$Cu(OH)_2$、$CuCO_3$—绿色

3)铝合金和镁合金的质量变化(锈蚀)特征

初期锈蚀表面呈白色或暗灰色的斑点,后期锈蚀则有白色或灰白色粉末状的锈蚀产物充满锈坑。特别是镁合金的锈蚀,其锈坑深度可达几毫米,呈深孔交错状。两种合金锈蚀产物及色泽如下:

$Al(OH)_3$、Al_2O_3、$AlCl_3$—白色

$Mg(OH)_2$、MgO、$MgCO_3$—白色

4)锌、镉、锡及其镀层的质量变化(锈蚀)特征

这些金属的氧化物、氢氧化物和碳酸盐均呈白色。腐蚀初期表面呈灰白色斑点,后期锈蚀后变成黑色、灰白色点蚀和白色粉末。

5)喷、涂油漆制件的质量变化(锈蚀)特征

该类锈蚀通常是由于腐蚀介质通过漆膜气孔进入内部而造成的。开始锈蚀时,会引起漆层膨胀鼓泡,然后剥落,露出锈斑。

2. 变形、开裂

变形、开裂也是金属零件常见的失效形式,会造成零件的尺寸超差和破坏

材料的整体性能的不良影响。轻微变形的零件可以通过矫正继续使用,而严重变形和开裂的零件一般均作报废处理。零件的变形和开裂都与应力作用有关,包括零件的内部应力和外加应力。此外,开裂还与零件自身存在可以形成裂纹源的缺陷有关。虽然变形和开裂多发生在零件的服役过程中,但在库存金属器材的存储过程中,也会出现该失效形式,如开焊,特别是对于一些大件器材。对于库存金属器材,导致其变形、开裂的因素主要有以下几方面。

(1)零件存在可形成裂纹源的缺陷,如加工刀痕,零件表面存在加杂、微孔等缺陷。

(2)零件加工(包括冷加工和热加工)过程中产生的应力处理不善,零件内部存在较大的内应力,会导致零件的后期变形和开裂,特别是对于焊接件器材。

(3)出厂零件自身存在微裂纹,而未被检测出来,在库存期间裂纹扩展。

(4)零件的局部腐蚀等因素也会促进零件的开裂。

(5)总成类等器材中,零部件间的相互作用力也会促进裂纹的扩展。

(6)运输、装卸和搬运不当而使器材变形,如箱体、管类器材的变形。

2.1.1.2 金属腐蚀的基本原理

1. 腐蚀分类

金属腐蚀的现象与腐蚀机理是比较复杂的,因此金属腐蚀的分类方法也是多种多样的,至今尚未统一。一般按照金属腐蚀的历程、温度、环境和破坏形式,有四大分类体系,且它们又往往是互相联系着的。

1)根据腐蚀的历程分类

根据腐蚀过程的历程特点,可将金属腐蚀分为化学腐蚀与电化学腐蚀两类。具体的金属材料是按哪一种机理进行腐蚀,主要取决于金属所接触的介质种类(是非电解质,还是电解质溶液)。

(1)化学腐蚀。化学腐蚀是指金属表面与非电解质介质直接发生纯化学反应而引起的破坏。其腐蚀的特点是在反应过程中没有电流产生。化学腐蚀服从多相反应的纯化学动力学的基本规律。

非电解质通常是指干燥气体、高温气体、非电解质溶液,所以化学腐蚀又可分为气体腐蚀和金属在非电解质溶液中的腐蚀。

① 气体腐蚀。气体腐蚀是指金属在干燥气体中(表面上没有湿气冷凝)或高温气体作用下的腐蚀。例如,金属在干燥大气中的腐蚀、轧钢时生成厚的氧化皮、内燃机的活塞烧坏、坦克发动机燃烧室内壁接触的燃气腐蚀等。

② 金属在非电解质溶液中的腐蚀。该腐蚀是指金属在不导电的液体中发生的腐蚀。例如,金属在有机物液体(酒精、石油)中的腐蚀,铝在四氯化碳、三

氯甲烷或乙醇中的腐蚀,镁或钛在甲醇中的腐蚀等。

(2)电化学腐蚀。电化学腐蚀是指金属表面与电解质溶液发生电化学反应而引起的破坏。其腐蚀的特点是在反应过程中有电流产生。电化学腐蚀服从电化学动力学的基本规律。

电化学腐蚀是最普遍、最常见的腐蚀形式。例如,金属在各种电解质溶液中的腐蚀,在大气、淡水、海水、土壤、介质中的腐蚀,以及化工、冶金生产中金属结构在绝大数介质中的腐蚀等。

2)根据腐蚀的温度分类

金属在相同的环境介质条件下,由于环境温度不同,其腐蚀反应类型和腐蚀速度可以大不相同,通常高温环境能加速腐蚀的过程。所以根据腐蚀环境温度,可把金属腐蚀分成,常温腐蚀与高温腐蚀两大类。

(1)常温腐蚀。常温腐蚀是指在常温条件下,金属与环境介质发生化学或电化学反应引起的破坏。常温腐蚀到处可见,金属在干燥的大气中腐蚀是一种化学反应,金属在潮湿大气或常温下的酸、碱、盐等化工产品中的腐蚀,则是一种电化学反应的破坏(也可称为湿腐蚀)。

(2)高温腐蚀。高温腐蚀是指在高温条件下,金属与环境介质发生化学或电化学反应引起的破坏。高温腐蚀的主要特征是温度高。通常,在腐蚀过程中把温度超过100℃的腐蚀规定为高温腐蚀范畴。例如,金属在高温下混合气体中的腐蚀(也可称为干腐蚀),枪、炮身管的烧蚀,液态金属腐蚀,熔盐腐蚀,燃气腐蚀等。

3)根据腐蚀的环境分类

根据产生腐蚀的环境状态,可将腐蚀分为金属在自然环境介质中的腐蚀和工业环境介质中的腐蚀。

在自然环境介质中的腐蚀可分为:

(1)大气腐蚀。大气腐蚀是指金属在大气环境条件下发生的腐蚀。例如,金属原材料及其制成品在生产、运输、使用和储存过程中都会受到大气的作用发生腐蚀。

(2)海水腐蚀。海水腐蚀是指金属结构物在海洋环境中发生的腐蚀。例如,舰船、码头、海底管线都会受到海水的腐蚀。

(3)淡水腐蚀。淡水腐蚀是指金属在硬水或软水中的腐蚀。例如,河水、湖水、地下水等含盐量少的天然水中的金属腐蚀。

(4)土壤腐蚀。土壤腐蚀是指埋设在地下的金属构筑物(如石油管道、电缆等)在土壤作用下发生的腐蚀。例如,油、气、水管线长期埋在土壤中造成的腐蚀穿孔而漏油、漏气、漏水的现象等。

(5) 生物腐蚀。生物腐蚀是指金属表面在某些微生物生命代谢活动时会产生各种化学物质,而发生的腐蚀。例如,土壤中的硫酸盐还原菌可把 SO_4^{2-} 离子还原成 H_2S,从而大大加快了土壤中碳钢管道的腐蚀速度。而硫细菌在有氧条件下能使硫或硫化物氧化,反应最终生成硫酸。在有些矿区,这种细菌代谢活动产生的酸会造成水泵等机械设备的严重腐蚀。

在工业环境介质中的腐蚀可分为:

(1) 化工介质腐蚀。化工介质腐蚀是指金属在酸、碱、盐溶液,以及有机化合物、含水的有机溶剂介质中的腐蚀。

(2) 熔融介质腐蚀。熔融介质腐蚀是指金属在熔融盐、碱、高温液态金属中的腐蚀。

4) 根据腐蚀的破坏形式分类

金属腐蚀通常是从金属表面开始的,然后逐渐往金属内部发展使金属的外形或内部结构遭到破坏。金属腐蚀形态是研究腐蚀首先观察到的一些现象。因此,根据金属腐蚀破坏形态的基本特征,可将金属腐蚀分为全面腐蚀、局部腐蚀和应力与环境介质共同作用下的腐蚀。

金属的全面腐蚀与各种局部腐蚀的破坏形态如图 2-2 所示。图中(a)~(b)为全面腐蚀,(c)~(i)为局部腐蚀。

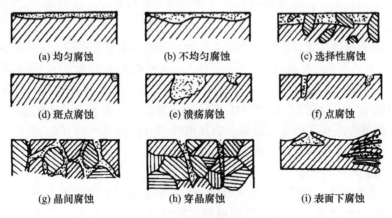

图 2-2 金属腐蚀破坏形式

(1) 全面腐蚀。全面腐蚀是指腐蚀作用遍布整个金属表面上和连成一片的腐蚀破坏。根据金属表面各部分金属腐蚀速度是否相同,全面腐蚀又可分为均匀腐蚀和不均匀腐蚀。

① 均匀腐蚀。均匀腐蚀是指腐蚀作用均匀地发生在整个金属表面上,金属表面上各部分的腐蚀速度基本相同。例如,碳钢在强酸、强碱中发生的腐蚀,钢

材在大气中的锈蚀、金属高温氧化等。

从质量上来看均匀腐蚀,损失质量的破坏最大。但从技术观点来看,均匀腐蚀的危险性最小,设计金属结构时也较易控制。因为根据比较简单的试验,测得某种材料在给定介质中的均匀腐蚀速度就可以计算相应的使用年限和该材料的设计安全系数。但实际上遇到更多的是不均匀腐蚀和局部腐蚀。

② 不均匀腐蚀。不均匀腐蚀是指腐蚀作用虽然发生在整个金属表面上,但各部分的腐蚀速度相差很大。例如,海船航行几年以后,在船体下部分的整个金属表面上,可观察到不均匀腐蚀。

(2)局部腐蚀。局部腐蚀是指腐蚀作用仅局限在金属表面的某一区域,而表面的其他部分几乎未被破坏。从腐蚀形态的性质上看,局部腐蚀比全面腐蚀有更大的危害性,而且更难以预测。由于无法或难以估计其腐蚀速度,常常引起设备、机器、工具等的意外或过早的损坏,甚至造成灾难性的事故。

金属结构工程材料,最常见和重要的局部腐蚀有以下几种基本类型。

① 选择性腐蚀。选择性腐蚀是指多元合金中某一活泼组分优先溶解到腐蚀介质中去,从而造成另一组分富集在合金的表面上。例如,黄铜脱锌,便是选择性腐蚀的典型例子。此时,黄铜的组分之一锌优先溶解到介质中去,合金表面上富集着多孔疏松的铜而呈红色。

② 斑点腐蚀。斑点腐蚀是指腐蚀像斑点一样分布在金属表面上,所占的面积较大,但不很深。

③ 溃疡腐蚀。溃疡腐蚀是指在有限的金属表面集中了比较大又比较深的损坏部分。有人形象地把这种腐蚀形态比作人身上长的脓疮,因此又称为脓疮腐蚀。

④ 点腐蚀(又称为孔蚀)。点腐蚀是指在金属表面上某些极为个别的区域被腐蚀成小而深的圆孔,犹如深沟,而且蚀孔的深度一般大于蚀孔的直径,严重的可将设备腐蚀穿孔而导致泄漏。蚀孔的分布有些是孤立存在的,而有些则紧凑在一起。在蚀孔的上部往往都有腐蚀产物覆盖。点蚀是铝合金、不锈钢在海水中腐蚀破坏的特征。

⑤ 晶间腐蚀。晶间腐蚀是指腐蚀破坏沿着金属晶粒的边界发展,使晶粒之间失去结合力,金属在外形上无明显变化时已严重丧失其力学性能,在极其严重时可使金属碎成粉末。

⑥ 穿晶腐蚀。穿晶腐蚀是指腐蚀破坏沿着金属受最大张应力线发展,可以穿过晶粒本体开裂。

晶间腐蚀和穿晶腐蚀是局部腐蚀危害最大的腐蚀类型,因为发生这类腐蚀后,一般肉眼不易在金属表面察觉,也没有预兆,具有突然破坏的性质。晶间腐蚀和穿晶腐蚀是奥氏体不锈钢、某些铝合金和铜合金的破坏特征。

⑦ 剥蚀（又称表面下腐蚀）。剥蚀是指金属在腐蚀介质中，腐蚀开始发生在金属表面的个别点上，以后在表面下进一步扩展，并沿着与表面平行的晶界进行发展。由于腐蚀产物的体积大于原金属体积，而使金属鼓胀挠起或分层形成片状，从金属表面脱落。例如，某些铝合金、不锈钢的型材或挤压板材以及质量不佳的轧制金属板在酸洗时，可发生这类剥蚀。

⑧ 电偶腐蚀（又称为接触腐蚀）。电偶腐蚀是指凡具有不同电极电位的异金属相互接触，并在一定介质中所发生的电化学腐蚀。例如，热交换器中的不锈钢和碳钢花板连接处，碳钢在水中作为阳极而被加速腐蚀等。

⑨ 缝隙腐蚀。缝隙腐蚀是指金属部件在腐蚀介质中，由于金属与金属或金属与非金属之间形成缝隙，其宽度足以使这些介质进入缝隙而又使这些介质处于停滞状态，使得缝隙内部金属腐蚀加剧的现象。例如，金属表面因铆接、焊接、螺纹连接、与非金属连接，或因表面落有灰尘、砂粒等固体物质时所形成的缝隙，当缝隙内存在腐蚀介质时就可发生此类腐蚀。

⑩ 丝状腐蚀。丝状腐蚀是指在一定条件下金属表面产生以线状的腐蚀迹线向外发展，形成细丝状的腐蚀现象。由于这种腐蚀常发生在有保护涂层的金属表面上，又称线状膜下腐蚀。例如，钢表面落有 $NaCl$ 或 $CaSO_4$ 的颗粒，在相对湿度90%的大气条件下可发展成丝状腐蚀。又如涂覆清漆、硝基漆、电泳漆涂层的钢铁、铝、镁等金属常出现这种特异的膜下丝状腐蚀。

（3）应力与环境介质共同作用下的腐蚀。金属在应力和环境介质共同作用下，还能加速破坏。其主要有以下几种：

① 应力腐蚀断裂。应力腐蚀断裂是指金属或合金在内外应力和特定的腐蚀环境介质共同作用下，产生腐蚀性裂纹扩展最后发生断裂的现象。断裂按裂纹形态有两种：一种是沿晶界发展，称为晶间型应力腐蚀断裂；另一种是穿过晶粒发展，称为穿晶型应力腐蚀断裂。当然，也有混合型应力腐蚀断裂，如主裂纹为晶间型的，支裂纹为穿晶型的。又如，碳钢、铜合金、镍合金、铅合金、铝合金等主要是晶间型应力腐蚀断裂；不锈钢通常是穿晶型应力腐蚀断裂；镁合金、钛合金则随条件不同可以是晶间型的或穿晶型的应力腐蚀断裂或两者兼有。

② 腐蚀疲劳。腐蚀疲劳是指金属在交变应力（循环应力或脉动应力）和腐蚀环境介质共同作用下产生的脆性断裂。例如，船用螺旋桨推进器、涡轮及涡轮叶片、内燃机连杆、汽车的弹簧和轴、矿山的钢丝绳、泵轴和泵杆等常出现此类破坏。

③ 氢损伤。氢损伤是指由于氢的存在或与氢发生反应而引起的金属机械性破坏。根据氢引起金属破坏的条件、机理和形态，可分为脱碳、氢蚀、氢鼓泡和氢脆。例如，碳钢在高温条件下与湿氢作用产生脱碳反应；含氧铜在高温下与氢反应的氢蚀；氢进入碳钢内部聚集氢分子导致压力增高金属发生鼓泡破

坏;高强度钢、钛合金由于氢扩散生成金属氢化物等导致氢脆断裂等。

④ 磨耗腐蚀(又称磨损腐蚀)。磨耗腐蚀是指由于腐蚀流体和金属表面相对运动而引起金属的加速破坏或腐蚀。它包括的范围较广,有几种特殊的腐蚀形态,如湍流腐蚀、空泡腐蚀和微(摩)振腐蚀等。例如,管道系统、离心机、推进器、叶轮、换热器管、蒸汽管线等,最易遭受磨损腐蚀。

以上4种大的体系分类法,是现代金属腐蚀学科比较全面的分类方法。

2. 化学腐蚀

化学腐蚀是金属与环境介质直接发生化学反应而产生的损坏。损坏的形式可以是化学变质,也可以是性能的降低或组织的破坏。

1) 化学腐蚀的机理

当金属与非电解质相接触时,介质中的分子(如 O_2、Cl_2 等)被金属表面所吸附,并分解为原子,然后与金属原子化合,生成腐蚀产物。反应式为

$$mMe + nX \longrightarrow Me_mX_n \qquad (2-1)$$

式中　Me——金属原子;

　　　X——介质原子。

如果腐蚀产物是挥发性的,则在金属表面形成不了保护性的膜,上述腐蚀反应将继续下去。

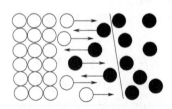

图2-3　金属与介质的原子通过膜进行双向扩散示意图

如果腐蚀的产物可以附着在金属表面上,在反应初始,所生成的膜还不足以把金属表面与介质完全隔离,则金属原子、离子或电子以及介质的原子将相向地通过膜进行扩散,并在已形成的膜中相遇,发生反应,使膜加厚,如图2-3所示。例如,铜在500~800℃空气中的氧化过程就是这样。这种过程要进行到膜足以阻止金属原子、离子、电子与介质原子的扩散,即形成完整的保护膜为止。

由这些简单的分析可见,化学腐蚀的基本过程是介质分子在金属表面吸附和分解;金属原子与介质原子化合;反应的产物或者挥发掉或者附在金属表面成膜。若属于前者,金属不断遭到腐蚀;若属于后者,则金属原子、离子、电子及介质原子通过膜扩散,继续生成化合物,直到膜足以阻止这种反应为止。

2) 常见的化学腐蚀

高温化学腐蚀是化学腐蚀的主要形式之一,它是研究金属材料与其接触的环境介质在高温条件下所发生的界面反应过程的腐蚀。高温化学腐蚀所涉及的范围很广,这是因为金属在高温时所处的环境是复杂多变的。环境的差异对

金属界面腐蚀机理、腐蚀产物以及反应速率有明显的影响。为了掌握各种环境对金属材料的腐蚀规律,经常按环境介质的状态将高温化学腐蚀分为高温气态介质腐蚀(高温氧化)和高温液态介质腐蚀。高温气态介质腐蚀是高温腐蚀学中研究历史最长且认识较深入的一类。气态介质通常包括单质气体分子、非金属化合物气体分子、金属氧化物气态分子和金属盐气态分子等,属典型的化学腐蚀;高温液态介质腐蚀既存在着化学腐蚀,也存在着电化学腐蚀。

(1)金属的高温气态介质腐蚀。这是一类主要的化学腐蚀,如金属在冶炼与轧制过程中的氧化剥落;化学工业中硫铁矿焙烧炉的腐蚀;石油工业中高温炉管及核工业设备的高温氧化等,这些都属于金属的高温气态腐蚀。在高温气态环境中的金属,不但要具有耐热性能、良好的力学性能,而且要有耐腐蚀性能,不受高温气态介质的氧化。

钢铁是用途广泛的金属材料,在高温气态环境中很容易被腐蚀。在生产实际中通常见到以下的腐蚀形式:

① 形成氧化皮。当碳钢在空气中被加热时,如果温度低于600℃,氧化速度较慢;但是当温度高于800℃时,氧化迅速加快。高温时所生成的氧化皮致密性不好,与金属基体的结合不牢,容易剥落,保护性很差。这层氧化膜是几层不同的化合物所构成的,如图2-4所示。

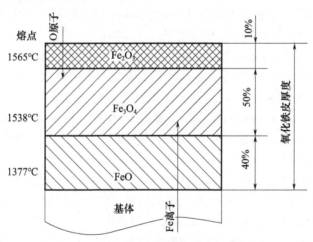

图2-4 高温时铁(碳钢)上氧化皮的结构

② 钢的脱碳。钢是铁碳合金,碳可以渗碳体的形式存在。钢的高温脱碳是指在高温气体的作用下,钢的表面在生成氧化皮的同时,与氧化膜相连接的金属表面层发生渗碳体减少的现象。因为当高温气体中含有 O_2、H_2O、CO_2、H_2 等成分时,钢中的渗碳体 Fe_3C 与这些气体发生下述反应:

$$Fe_3C + O_2 \longrightarrow 3Fe + CO_2 \qquad (2-2)$$
$$Fe_3C + H_2O \longrightarrow 3Fe + CO + H_2 \qquad (2-3)$$
$$Fe_3C + CO_2 \longrightarrow 3Fe + 2CO \qquad (2-4)$$
$$Fe_3C + 2H_2 \longrightarrow 3Fe + CH_4 \qquad (2-5)$$

因此碳的含量减少,金属的表面硬度和抗机械疲劳强度(疲劳极限)降低。同时,由于气体的析出,破坏了钢表面膜的完整性,使其耐蚀性进一步降低。

③ 氢蚀。在高温高压的氢气中,碳钢和氢气发生作用,致使其机械强度大大降低,甚至破裂即为氢蚀。例如,石油裂解中的加氢和脱氢装置,合成氨与合成苯的设备,由于与氢接触而发生氢蚀。氢蚀的发生是由于氢沿晶粒的边界向金属内部扩散(图2-5),并发生如下反应:

$$Fe_3C + 2H_2 \longrightarrow 3Fe + CH_4 \qquad (2-6)$$

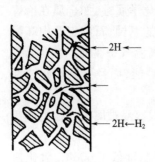

图2-5 氢沿晶界向金属内部扩散的示意图

其基本过程是氢分子向钢铁表面扩散,并被物理吸附;进而氢分子分解为氢原子并被钢表面化学吸附。由于氢原子很小,可穿过金属表面层并沿晶界向钢的内部扩散,其中的一部分发生上述的化学反应。由于甲烷的生成及聚集,在钢内形成局部高压和应力集中以致引起晶粒边缘的破坏。又由于Fe_3C向Fe的转变,其体积缩小0.7%,这样钢的强度大大降低。

④ 硫化。金属和高温含硫介质(如硫、二氧化硫、硫化氢的气体)作用生成金属硫化物,而变质的过程即为金属的高温硫化。高温硫化对炼油设备的破坏是很严重的。硫化作用比氧作用快,这是由于硫化所生成的硫化物不稳定,易于分解,易于剥落,晶格缺陷多,熔点、沸点低,保护性极差,因此许多金属都经受不住高温硫化氢的腐蚀。例如,不锈钢在600℃以上,低合金钢在300℃以上,以及高镍合金都不耐硫化氢的腐蚀。在采油、炼油和化工生产中,硫化氢对金属的腐蚀是严重的。但是,铬、高铬合金和铝的抗硫化性能很好。

⑤ 铸铁的"长大"。铸铁含有大量的石墨,当置于高温气体中时,由于腐蚀性气体(如SO_2)沿石墨夹杂物和微裂缝向铸铁内渗入,并在铸铁内部生成比所消耗的金属体积大的化合物,以致铸铁尺寸长大,工件的几何尺寸改变,机械强度降低,甚至于报废。

(2)阻止高温气体介质腐蚀的基本途径。添加合金元素以增强金属的抗氧化性。例如,添加铝、硅、铬可以改善钢的抗氧化性。因为这些元素的氧化物比铁的氧化物的保护性好得多。添加钛、钨、铬可提高钢的抗氢腐蚀的能力。

改变气体的成分,以减少气体的侵蚀作用。例如,为了减轻工件的高温氧化和脱碳,可以在进行热处理时充氮、氩和天然气。

采用金属镀层或非金属覆盖层,把金属与高温气体隔离。例如,采用耐高温涂料和陶瓷覆盖层,或在金属表面渗铝、渗硅、渗铬,使金属表面成为合金。表2-1是几种抗高温氧化的覆盖层。

表2-1 抗高温氧化的覆盖层

覆 盖 层	最高使用温度/℃	覆 盖 层	最高使用温度/℃
硅涂料	300	SiO_2	1710
含铝粉硅涂料	500	Cr_2O_3	1900
$Al-Al_2O_3$	900	Al_2O_3	2000
$Ni-Al_2O_3$	1800	ZrO_2	2700
$Ni-MgO$	1800		

3. 电化学腐蚀

金属在电解质中的腐蚀是一个电化学腐蚀过程,它具有一般电化学反应的特征,即金属与电解质之间存在着一个带电的界面层,与此界面层结构有关的因素,都会显著地影响腐蚀过程的进行。电解质的化学性质、环境因素(温度、压力、流速等)、金属的特性、表面状态及其组织结构和成分的不均匀性、腐蚀产物的物理化学性质等,都对腐蚀过程有很大的影响。因此,电化学腐蚀现象是相当普遍和复杂的。其实质就是浸入在电解质溶液中的金属表面上,形成了以金属为阳极的腐蚀电池。在绝大多数情况下,这种电池是短路的原电池。

1) 电化学腐蚀现象

电化学腐蚀比高温氧化更普遍。例如,在潮湿的大气中,桥梁、钢轨及各种钢结构的腐蚀;地下输油、气管道及电缆等土壤腐蚀;海水中采油平台、舰船壳体腐蚀;以及化工生产设备,如贮槽、泵、冷凝器等遭受的酸、碱、盐的腐蚀等,都属于电化学腐蚀。

2) 腐蚀原电池

对金属电化学腐蚀现象及原因如何解释呢?经过了100多年的研究,人们提出了"腐蚀原电池"模型,并用这一模型解释了金属发生电化学腐蚀的原因及电化学腐蚀过程。

图2-6是把大小相等的Zn片和Cu片同时置入盛有稀硫酸的同一容器里,并用导线通过毫安表连接起来的原电池装置。由此装置发现,毫安表的指针立即偏转,表明有电流通过。

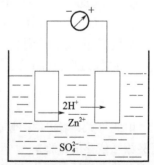

图2-6 锌-铜原电池示意图

物理学规定,电流方向是从电位高(正极)的一端沿导线流向电位低(负极)的一端。图 2-6 中,电流方向是从 Cu 片流向 Zn 片,而电子流动方向则相反。在腐蚀学里,通常规定电位较低的电极为阳极,电位较高的电极为阴极。因此,在(图 2-6)原电池中将发生如下电化学反应:

阳极反应:
$$Zn \longrightarrow Zn^{2+} + 2e \qquad (2-7)$$

阴极反应:
$$2H^+ + 2e \longrightarrow H_2 \qquad (2-8)$$

电池的总反应:
$$Zn + 2H^+ \longrightarrow Zn^{2+} + H_2 \qquad (2-9)$$

为了说明问题,将 Zn 片与 Cu 片直接接触,并同时浸入同一电解质溶液中,也观察到了类似(图 2-6)的原电池反应。

类似这样的电池在讨论腐蚀问题时称为腐蚀原电池,简称腐蚀电池。

把一块工业纯 Zn 浸入稀 H_2SO_4 溶液中,同样发生上述两种原电池反应。工业纯 Zn 中含有少量的杂质 Fe,以 $FeZn_7$ 形式存在,电位比 Zn 高,Zn 为阳极,杂质为阴极,Zn 被溶解了。由此可见,金属 Zn 在稀 H_2SO_4 中溶解也是由于形成腐蚀电池而引起的。

腐蚀电池与原电池的区别仅在于:原电池是能够把化学能转变为电能,做出有用功的装置。而腐蚀电池是只能导致金属破坏而不能对外做功的短路电池。

3)腐蚀原电池工作过程

腐蚀原电池工作的基本过程如下:

① 阳极过程:金属溶解,以离子形式迁移到溶液中同时把当量电子留在金属上。
$$[ne \cdot Me^{n+}] \longrightarrow [Me^{n+}] + [ne] \qquad (2-10)$$

② 电流通路:电流在阳极和阴极间的流动是通过电子导体和离子导体来实现的,电子通过电子导体(金属)从阳极迁移到阴极,溶液中的阳离子从阳极区移向阴极区,阴离子从阴极区向阳极区移动。

③ 阴极过程:从阳极迁移过来的电子被电解质溶液中能吸收电子的物质(D)接受。
$$D + [ne] \longrightarrow [D \cdot ne] \qquad (2-11)$$

由此可见,腐蚀原电池工作过程是阳极和阴极两个过程在相当程度上独立而又相互依存的过程。

电化学腐蚀过程中,由于阳极区附近金属离子的浓度高,阴极区 H^+ 离子放电或水中氧的还原反应,使溶液 pH 值升高。于是在电解质溶液中出现了金属离子浓度和 pH 值不同的区域。从阳极区扩散过来的金属离子和从阴极区迁移来的氢氧根离子相遇形成氢氧化物沉淀产物,称这种产物为次生产物,形成次生产物的过程为次生反应。例如,Fe 和 Cu 在 3% NaCl 溶液中构成腐蚀电池,Fe^{2+} 与 OH^- 形成 $Fe(OH)_2$ 的次生产物。次生产物主要沉积在槽底,由于对流仍有少量 $Fe(OH)_2$ 被带到电极上沉积形成难溶的氢氧化物膜,其保护性比在金属表面上发生的化学反应生成的初生膜要差得多。

4) 宏观与微观腐蚀电池

根据组成腐蚀电池的电极大小,可把腐蚀电池分成宏观电池与微观电池两大类。

(1) 宏观电池。肉眼可分辨出电极极性的电池为宏观电池,典型的宏观电池有三种:

① 不同的金属浸在不同的电解质溶液中,如丹聂尔电池(图2-7)。可简化表示成

$$Zn|ZnSO_4||CuSO_4|Cu$$

式中　Zn——阳极,发生氧化反应:

$$Zn \longrightarrow Zn^+ + 2e \tag{2-12}$$

Cu——阴极,发生还原反应:

$$Cu^{2+} + 2e \longrightarrow Cu \tag{2-13}$$

② 不同的金属与同一电解质溶液构成的腐蚀电池。如图2-8所示,舰船的推进器是用青铜制造的,由于青铜的电位较高,钢制船壳体成为阳极而遭到腐蚀。

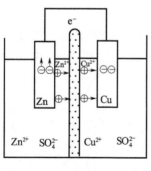

图2-7　丹聂尔电池示意图

1—船壳(钢板); 2—推进器(青铜)。

图2-8　轮船船尾部分结构

③ 同一种金属浸入同一种电解质溶液中,当局部的浓度(或温度)不同时,构成的腐蚀电池,通常称为浓差(或温差)电池。在浓差情况下,可用奈恩斯特

(Nernst)方程式计算,即

$$E = E_0 + \frac{RT}{NF}\ln C \qquad (2-14)$$

式中　C——金属离子在溶液中的浓度;

　　　E_0——标准电极电位;

　　　R——气体常数;

　　　F——法拉第常数;

　　　T——绝对温度;

　　　N——参加反应的金属离子价数或交换电子数。

由式(2-14)看出,金属的电位与金属的离子浓度有关,还与溶液的温度有关。实际中,最有意义的浓差电池是氧浓差电池,它是由金属与氧含量不同的环境相接触时形成的。例如,土壤中金属管道的锈蚀,海船的水线腐蚀等均属于氧浓差电池腐蚀。

(2) 微观电池。由于金属表面的电化学不均匀性,在金属表面上微小区域或局部区域存在电位差,如工业纯 Zn 在浓度低的 H_2SO_4 中形成的腐蚀电池即为微观电池。其特点是肉眼难于辨出电极的极性。微观电池主要有以下几种:

① 金属化学成分不均匀,如碳钢中的碳化物,工业纯 Zn 中的 Fe 杂质等。由于它们的电位都高于基体金属,因而构成微观电池。

② 金属组织的不均匀,如金属及合金的晶粒与晶界间存在着电位差异,一般晶粒是阴极,晶界能量高、不稳定为阳极;合金中第二相,多数情况,第二相是阴极相,基体为阳极相。但有些铝合金的第二相为阳极,如 Mg 质量分数大于 3% 的 Al-Mg 合金,Mg_5Al_8 相、Al_3Mg_2 及 Mg_2Si 相是阳极相。此外,合金凝固时引起成分偏析,也能形成微观电池。

③ 金属表面的物理状态不均匀,如金属的各部分变形、加工不均匀、晶粒畸变,都会导致形成微观电池。一般形变大、内应力大的部分为阳极区,易遭受腐蚀。此外,温差、光照等不均匀,也可形成微观电池。

▶ 2.1.1.3　金属腐蚀防护的基本方法

金属腐蚀防护主要是调节金属材料与环境之间的相互作用,使金属设备、结构或零部件保持其强度和功能,不致因发生腐蚀而劣化甚至损坏(失效),以实现长期安全运行,也是常说的做腐蚀控制。

1. 腐蚀防护的思路

1) 从腐蚀体系的构成分析

金属的腐蚀是金属材料和周围环境相互作用的结果,这种相互作用是从金属与环境的接触面(界面)上开始的。因此,腐蚀可从以下三个方面考虑。

(1)金属材料:为预定使用环境选择恰当的耐蚀材料(选材);研制在使用环境中具有更优良耐蚀性能的新材料。

(2)环境:降低环境对金属材料的腐蚀性。显然改变环境条件不能影响生产过程的正常进行。

(3)界面:避免设备暴露表面局部区域条件强化。设备结构设计和工艺操作必须考虑这方面的要求,可以采取的措施也是多种多样的。用覆盖层将金属材料与环境隔离,虽然覆盖层材料代替基底材料处于被腐蚀地位,因而也有选材问题,但复层材料选择范围比整体材料要宽。也可以使金属材料表面发生某种变化,生成耐蚀性良好的表面层。

2)从电化学腐蚀历程分析

从金属电化学腐蚀原理可知,腐蚀电流的大小取于腐蚀倾向 $E_{ec} - E_{ea}$ 和腐蚀过程的阻力 $P_c + P_a + R$。其中,P_c、P_a 和 R 分别是阴极反应、阳极反应的阻力和电流回路的电阻。由此可得出腐蚀控制的4条途径。

(1)热力学控制:降低体系的腐蚀倾向。

(2)阴极控制:增大阴极反应阻力。

(3)阳极控制:增大阳极反应阻力。

(4)欧姆电阻控制:增大电流回路的电阻。

2. 常用腐蚀防护方法

常用的腐蚀防护方法主要如下。

1)正确选材和合理设计

为了防止腐蚀发生,必须重视正确选材,可从材料的热力学稳定性和控制腐蚀动力学两个角度出发提高材料的耐蚀性。设计时做到材料匹配和结构合理、结构间连接应尽可能防止缝隙产生等。

2)改变环境

降低环境的腐蚀性,如除去大气中的 SO_2、在水溶液中除 O_2、改变溶液的 pH 值、在环境中加入缓蚀剂等。

3)采用表面防护

采用金属涂镀层、非金属涂层和改变材料的表面结构使材料表面具有耐蚀的特性。

4)采用电化学保护

对于金属的电化学腐蚀,可通过阴极极化降低氧化反应速度或通过实现阳极钝化以达到防腐的目的。

5)将材料与腐蚀介质隔开

将材料与腐蚀介质隔开可采用衬里、密封胶、防锈油、防锈纸等。

3. 腐蚀防护的环节

前面只就材料的腐蚀提出了控制措施,但材料是要制作成设备或结构件的。在设备或者结构件的制作过程中已增加了许多腐蚀因素。虽然腐蚀破坏发生在设备的使用过程中,但是发生腐蚀的原因却孕育于各个阶段。因此,腐蚀控制的要求应贯穿于设计、制造、储运安装、操作运行、维护全过程,腐蚀控制要通过选择恰当的耐蚀材料;设计合理的设备结构;使用正确的制造、储运和安装技术;采取有效的防护方法;制定合适的工艺操作条件;实行良好的维护管理等环节予以实现。

2.1.2 橡胶和塑料制品的老化

高分子材料是一种新型的化学材料。常用的高分子材料有塑料、橡胶、纤维、涂料、黏合剂等,无论哪种类型的高分子材料都是由成千上万个水分子化合物(单体)通过聚合反应形成的大分子化合物(高聚物或高分子化合物)。

高分子化合物具有优良的特性:比重小,一般在 1~2,纯塑料中最轻的是聚丙烯,比重只有 0.91;有较高的强度,有的工程塑料强度比钢铁都高,如有的玻璃钢的强度比合金钢高 1.7 倍,比钛钢高 1 倍;弹性好,特别是处于橡胶态的高分子表现出高弹性,是材料的可贵性能;绝缘性好和耐腐蚀等。

由于高分子材料有许多优点,加之合成高分子材料的原料如石油、天然气、煤等来源广泛,所以高分子材料在日常生活、工农业生产和国防建设中得到广泛的应用。在我军的武器装备中,也广泛使用高分子材料。例如,各种车辆轮胎,各种装备外壳都用涂料保护,各种电缆、现代电器产品都采用高分子材料绝缘,各种兵器产品的包装外壳广泛使用塑料薄膜封套,有机玻璃也广泛应用于车辆、舰艇、飞机。尤其在国防尖端技术中,高分子材料更是大显身手,如洲际导弹飞行时最高温度可达 7000℃,在这种苛刻条件下,金属材料已不能胜任,现在用合成高分子材料配制的隔热烧蚀涂料涂装于飞行器表面,保护了导弹的正常飞行;涂有微波吸收涂料的隐身飞机可使对方雷达失灵;如果没有防锈防污涂料的保护,舰艇很快就会被海水腐蚀而丧失战斗力等。可以想象,随着科学技术的发展,高分子材料应用更加广泛。

高分子材料也有其缺点,主要是长期使用时稳定性差,容易老化,尤其是在器材封存过程中,由于器材封存时间长,高分子材料容易受到环境的影响,产生严重老化,降低或丧失材料的原有性能,如车辆和橡胶轮胎老化龟裂,降低了轮胎使用年限以致需要更换;各种器材的表面涂料起泡剥落,严重锈蚀,降低了器材技术性能;各种电缆外壳及电子产品中的高分子材料发生老化后,会降低其绝缘性能;各种塑料袋套也会因老化而脆裂,影响其使用寿命,如此等,高分子材料的老化,影响装备的性能,造成很大的损失。因此,在装备封存过程中,必须采用适当的防老化措施,以减少不必要的损失。为此,必须厘清高分子材料老化及其特征,产生老化的原因和主要机理,采取相应的措施,以防止高分子材料的老化。

▶ 2.1.2.1 橡胶和塑料制品的老化及其特征

橡胶和塑料制品在加工、储存和使用过程中,由于受内外因素的综合作用,使性能逐渐变坏,以致最后丧失使用价值,这种现象称为老化。

有些高分子材料,当受到外界某种因素的影响时亦会出现类似于老化的现象。例如,某些绝缘材料,受潮后绝缘性能下降。但干燥后又恢复原有的绝缘性能,这类可逆性变化,实质上是一种物理过程,没有触及高分子化学结构的变化,因此不属于老化。

老化是一种不可逆的变化,或者说是不可逆的化学反应。老化是橡胶和塑料制品的一种通病,犹如岩石的风化、钢铁的锈蚀一样,反映了事物在一定条件下由量变到质变的过程。单体在一定条件下经过聚合或缩聚变成高聚物后,由于内外因素的作用发生老化,有的以降解为主,变成低分子聚合物或其他化合物;有的可以变回原来的单体,有的以交联为主;最后引起质的变化。人们通过对老化过程的研究,逐步认识和掌握橡胶与塑料制品老化的规律,并利用这种规律,采取恰当的防老化措施,以延缓其老化速度,提高材料耐老化性能,以达到延长使用寿命的目的。

橡胶和塑料制品发生老化时,由于材料和品种不同,储存和使用条件不同,因而有各种不同的老化破坏特征。例如,塑料薄膜经日晒雨淋,发生变色、变脆、透明度下降;电缆电线包皮日久会变硬、破裂;塑料封套或其他制品,用久了会发生变色、开裂、长霉。

橡胶制品储存久了,会发生龟裂、发黏,或者变硬脆裂。橡胶制品会出现弹性下降、变硬、开裂或者变软、发黏等。

▶ 2.1.2.2 橡胶和塑料制品老化的机理

橡胶和塑料制品老化的原因,不外乎有两个方面:一个是材料本身的组织结构的原因,高聚物的结构状态及其组成配方,在很大程度上决定着材料耐老化性能的优劣;一个是外部原因对它的影响,外部因素是指外界因素,有物理因素、化学因素和生物因素等。外界的环境主要是指阳光、氧、臭氧、热、水分、机械应力、高能辐射、腐蚀性气体（如 SO_2、NH_3、HCl 等）、海水、盐雾、霉菌、昆虫等。这些外部因素中阳光、氧、热等是引起橡胶和塑料制品老化的重要因素。有些试验表明，同一品种、同一材料配方的相同厚度的试样，由于环境条件不同，老化情况差异很大。例如，未经稳定处理的 0.3mm 厚的聚丙烯薄片，夏天在广州户外暴露 10 天就脆裂，而挂在室内墙上（受部分散光影响）一年半还未脆裂，藏在暗室里 5 年还未脆裂。这说明环境不同，聚丙烯的老化速度差异很大。如果能将光、氧、热隔绝，许多橡胶和塑料制品几乎可以长期稳定而不老化。但实际上很难做到，所以老化还会发生，只是速度极慢而已。总之，老化主要是橡胶和塑料制品内部存在着易于引起老化的弱点（如不饱和双键、支链、羰基、末端羟基等），外部因素正是通过它们促成或促进了老化的发生和发展。所以，老化往往是内外因素相互作用交替影响的结果。

橡胶和塑料制品老化后，其性能会破坏，以致完全丧失使用价值。这主要是由于高分子材料的基本原料高聚物发生了降解和交联两类不可逆的化学反应的结果。

降解反应大体上有两类：第一类是主链断裂反应。主链断裂，又可分为两种情况：一种是产生有若干个链节的小分子，如聚乙烯、聚丙烯等的氧化断链；另一种是产生单体，如聚甲醛、聚甲基丙烯酸甲酯的热解聚，这是聚合反应的逆反应，所以也称为解聚反应。第二类是聚合度不变，链节发生分解反应，如聚氯乙烯分解脱氯化氢的反应。

交联反应是大分子与大分子相联，产生网状结构或体型结构。

降解和交联反应往往可以在同一高分子材料的老化过程中发生，只不过是以哪一类反应为主而已。例如，聚乙烯、聚丙烯、聚氯乙烯、天然橡胶等的老化，一般以降解为主；而聚砜、聚苯醚、丁苯橡胶、顺丁橡胶则以交联为主。

尽管橡胶和塑料制品老化时所发生的反应主要只有这两大类，但因橡胶和塑料制品种类繁多，所受外因条件不尽相同，故其老化机理是不完全相同的。在大多数场合下，由于橡胶和塑料制品成型加工、储存、使用过程中不可避免地要与空气接触，所以其老化主要是氧化，而热与光则起加速老化的作用。但在某些情况下，氧化反应则居次要地位，如聚氯乙烯分解脱 HCl 和聚甲醛分解成甲醛的情况。有时，还有其他反应发生，如水解、氨解、酸解等反应。在户外使用的塑料，因受到光、热、氧、水分等外因的综合作用，其内部结构所发生的反应就更复杂，既有热氧老化，又有光氧老化，而且光氧老化是主要的。

1. 塑料老化

1)内部因素

塑料老化的内部因素来自以下几个方面:首先,高聚物本身分子结构上存在的一些弱点;其次,制造过程(包括聚合、成型加工)中引进高聚物中一些新弱点;最后,塑料中有微量杂质。

高聚物化学结构,通常是指高聚物的基本结构单元——链节的结构。高分子是由许许多多相同的链节,以化学键连接起来而形成的。高聚物的稳定性取决于链节结构,即化学结构,这是有的塑料容易老化、有的塑料不易老化的根本原因。

素有"塑料王子"之称的聚四氟乙烯,不仅耐化学腐蚀性首屈一指,而且耐老化性能也是卓越的,而聚乙烯就容易老化。其原因是,在聚四氟乙烯中,氟的电负性最大,即夺取其他元素的电子能力最强,氟原子一旦与碳原子结合,其他原子要把氟原子挤走,取而代之是很困难的。同时,氟原子的尺寸大小适中,一个紧挨一个,把碳链紧紧包围住,免受外部攻击作用。而聚乙烯的链节,其碳氢键(键能为 443.8kJ/mol)不如碳氟键(键能为 498.2kJ/mol)结合牢固,此外,氢原子的尺寸很小,它在聚乙烯中不像氟原子那样能把碳链包围住。因此,聚乙烯的耐老化性能比聚四氟乙烯差。

高聚物的物理结构主要是指高聚物的聚集态,包括结晶度、结晶构型、晶粒大小、取向度等。高聚物的物理结构与成型加工及其后处理工艺密切相关,对其老化性能的影响也很复杂。对于结晶性的高聚物,其结晶度不但会影响热稳定性,而且对氧化、水解以及其他化学试剂作用下的老化也有影响。例如,高压聚乙烯的耐光氧老化性能比低压聚乙烯好,其中一个原因就是高压聚乙烯的结晶比较小。

在聚合、后处理和成型加工过程中,高聚物因受到热、氧和机械力的作用,分子结构中还会产生一些容易氧化的结构(如羰基、过氧化物等)。它们是新的老化弱点,对高聚物的稳定性有严重影响。例如,在聚烯烃中引进的羰基和氢过氧化物,是聚烯烃光老化的重要原因。

总之,塑料的耐老化性能,除了取决于高聚物的分子结构,还与塑料的组成、配方、成型加工工艺及其内部所含的杂质等有关。

2)塑料老化的机理

这里以聚烯烃的氧化老化为例,简述塑料老化的机理。

纯粹的聚烯烃在隔绝氧气的条件下受热时是稳定的。例如,高压聚乙烯隔绝氧气受热到290℃仍未发生变化,但在有氧存在下,即使受热温度不高也很容易发生氧化作用。

高聚物的氧化老化有热氧老化、光氧老化,在室外大气环境下,主要是光氧老化。

2. 橡胶老化

同塑料一样,橡胶分子结构存在的某些弱点是引起橡胶老化的内因,不同的分子结构状态决定着橡胶耐老化的性能好坏。橡胶的老化破坏就其老化过程的机理来说,主要是热氧老化、光氧老化以及臭氧老化。不同品种的橡胶耐老化性能不同,其基本原因就在于橡胶本身的分子结构不同。例如,不饱和碳链的烯烃类橡胶(如异戊橡胶)比饱和碳链橡胶(如乙丙橡胶)较易于氧化老化,这是因为烯烃类橡胶的大分子链上存在着不饱和双键结构,因而极易与氧发生反应。饱和碳链橡胶则需要较高的能量(如较高的温度)才能引起氧化反应的进行,同不饱和碳链橡胶相比,它的氧化过程中没有明显的自动催化作用。这是因为饱和碳链橡胶的氧化必须在较高温度下进行,此时所生成的氢过氧化物很快分解,不能充分发挥催化作用;此外,氧对饱和橡胶的引发能力低,使其引发形成游离基的速度没有不饱和橡胶的速度快。

烯烃类橡胶中,双键结构含量越多,则越易发生氧化;若在结构中存在有斥电性取代基(如 CH_3),则更易于氧化,相反,存在有吸电发性取代基(如 Cl),则比较难于氧化。氯丁橡胶比丁二烯橡胶耐老化,这是一个重要原因。

橡胶是以产生弹性变形为主的制品,但它的骨架材料——生胶的弹性却比较低。生胶实质上是一种黏性很高的液体,它需要经过塑炼、混炼和混入各种配合剂,经硫化后才基本失去流动性,成为弹性材料。因此,在由生胶制成橡胶制品的过程中,添加了各种配合组分,各种配合剂对橡胶制品的耐老化性能具有很大的影响。

硫化剂和硫化促进剂对硫化胶老化性能有影响。硫黄是一般橡胶所用的硫化剂,单硫或双硫交联结构的硫化胶具有较好的耐用消费品氧化能力,而多硫交联结构的硫化胶则耐氧化能力相当差。这是因为多硫交联结构分裂出游离基能引发自动催化氧化过程,使橡胶加速老化。其次硫化过程中,硫的结合量对橡胶的老化性能亦有影响。

一般来说,低硫量的硫化胶比较耐老化。

配合剂组分对橡胶耐老化性能的影响是比较复杂的,因此,不但要对高聚物的结构状态进行分析,而且还必须根据配方,配合物的性质、用量及其加工条件等因素的影响结合考虑,才能厘清老化的原因。

橡胶老化的主要机理是热、光等因素参与下的氧化反应过程,这种反应机理同塑料氧化的反应机理基本上是相同的。橡胶制品多在应力状态下使用,它比较容易发生臭氧龟裂,因此,臭氧老化又是橡胶老化的重要方面。

对于不饱和碳链橡胶,如顺丁橡胶、天然橡胶和异戊橡胶,其基本上都是顺式 1,4 聚合,在主链上含有双键结构,因此,它们的老化机理本质上与聚烯烃塑料是相同的。其氧化过程是一个游离基链式反应机理。顺丁橡胶的顺式 $-1,4-$ 聚丁二烯结构,易于发生氧化作用。这种橡胶在热氧老化和光氧化老化的过程中,根据红外光谱研究表明,存在着降解与交联两个相互竞争的过程。老化初期,降解占优势,到达老化后期,交联反应占优势,不稳定的酶氧键是交联键之一。老化过程中伴随分子链断裂生成有羟基、羰基化合物,同时还有反式结构出现,表明老化过程中存在着异构化。试验的结果进一步证实了游离基链式反应机理的理论是正确的。

天然橡胶的氧化反应,主要是分子链的断裂,同时生成一系列含醛、酮、羟基基团的低分子量化合物。氧化后橡胶发黏,这表明是降解反应为主导。

▶ 2.1.2.3 橡胶和塑料制品的防老化

橡胶和塑料制品虽有许多宝贵性能,但也有老化等一些缺点,因而影响了它在各方面的应用。装甲装备中也大量应用了橡胶和塑料制品,因此在器材封存过程中要采取各种有效的防老化措施,以延缓橡胶和塑料制品老化速度,从而延长其使用寿命。前已述及,橡胶和塑料制品的老化有内外两种因素,那么它的防老化就可以从这两方面去着手。一方面,可用添加防老剂的方法来抑制光、热、氧等外因对橡胶和塑料制品的作用;也可用物理防护方法使橡胶和塑料制品避免受到外因的作用。另一方面,可以采用改进聚合和成型加工工艺或材料改性的方法,提高橡胶和塑料制品本身对外因作用的稳定性。

1. 改进橡胶和塑料制品的制造工艺(添加防老剂)

橡胶和塑料制品的制造工艺可分为聚合工艺、成型加工工艺和后处理工艺三种。高聚物中的老化弱点如不稳定结构、催化剂残留物等很多都是在聚合工艺过程中引入的。另外,橡胶和塑料制品必须经过成型加工过程制成成品,在这个过程中也会遭受高温、空气中氧、机械力和水分等外因的作用,发生不同程度的老化,影响制品的使用寿命。因此,改进聚合工艺及加工成型和后处理工艺,尽量减少高聚物中老化弱点,从而提高其对外因作用的稳定性,就能延缓橡胶和塑料制品的老化速度,延长其使用寿命。例如,在高分子聚合过程中,选择合适的聚合方法及引发剂用量,采用适当的聚合温度、聚合度、转化率等聚合条件。在成型加工过程中,进行适当的表面处理(如进行干燥后用表面处理剂处理等)、选择适当的加工温度及加工时间等。因橡胶和塑料制品制造和加工工艺是比较复杂的,应根据各种材料的老化机理,选择合适的制造工艺,以期达到防老化的效果。

添加防老剂也是橡胶和塑料制品防老化的重要途径。防老剂是一类能够防护、抑制光、热、气、臭氧、重金属离子等外因对于橡胶和塑料制品产生破坏作用的物质。依据防老剂的作用机理和功能,其可分为抗氧剂、光稳定剂、热稳定剂及防霉剂4种。

抗氧剂是为了抑制氧化反应,其主要作用有:捕获已产生的游离基,不致引发链式反应;分解已生成的氢过氧化物等。抗氧剂的种类比较多,常见的有胺类、酚类化合物。

光稳定剂是为了防止和抑制光氧老化的发生和发展,根据作用机理的不同,其可分为紫外光吸收剂、紫外光屏蔽剂、紫外光猝灭剂。紫外光吸收剂能选择性地强烈吸收紫外线,使材料免遭紫外光的破坏,常见的紫外光吸收剂有邻羟基二苯甲酮类、水杨酸酯类、邻羟基苯并三唑类。紫外光屏蔽剂主要起遮蔽紫外光的作用,阻止紫外光进入高聚物内部,人们所熟知的炭黑、二氧化钛、活性氧化锌等都是有效的光屏蔽剂。紫外光猝灭剂能够在瞬间把受到紫外光照射后处于激发态分子的激发能转移掉,使分子再回到稳定的基态,因而避免了高聚物的光氧老化。目前,应用较广的猝灭剂是二价镍的络合物或盐类。

热稳定剂能防止橡胶和塑料制品受热而发生降解和交联。例如,在聚氯乙烯中常使用的热稳定剂有铅盐稳定剂、金属皂类稳定剂及有机锡类稳定剂等。

防霉剂的作用在于破坏微生物的细胞结构或酶的活性,从而杀死或抑制霉菌的生长和繁殖。防霉剂的主要品种有酚类衍生物、有机硫、有机磷及有机锡化合物。

防老剂种类很多,在使用时必须正确选择。使用防老剂的方法,通常有两种:一是在橡胶和塑料制品聚合、成型加工或后处理时加入;二是可以如下面在物理防护中介绍的那样,把防老剂配成溶液,然后浸涂或刷涂在各种橡胶和塑料制品的表面上,并且这种方法在器材封存过程中最易实施。

2. 物理防护

外因对橡胶和塑料制品的作用,首先是从它的表面逐渐向内部深入的。采用涂料保护层、金属镀层、防老剂溶液浸涂等物理防护方法,可使橡胶和塑料制品表面附着一层防护层,起延缓甚至隔绝外因的作用,从而防止橡胶和塑料制品的老化(主要是大气老化)。

1)涂料保护层

许多塑料如ABS、聚氯乙烯、聚甲醛等,都可以采用涂料保护层来提高耐候性。例如,表面涂有军绿色防护漆的ABS制品(壁厚3mm),在广州户外暴露三年两个月后,从1.5m高处落到水泥地上还不会脆裂。在橡胶制品表面上涂油漆或涂耐老化性能较好的橡胶涂层,也广泛得到应用。目前,作为橡胶的防护涂层有改性天然橡胶、氯丁橡胶、聚氨酯、氯磺化聚乙烯、硅橡胶、氟橡胶等涂料。应当注意的是,由于橡胶是高弹性的材料,在选择防护涂层时,不宜采用那些缺乏弹性、硬度高、脆性大的涂料。因为硬质涂料将影响橡胶的弹性,而且一旦漆膜本身出现开裂,就会形成一个薄弱环节,造成应力集中,加速橡胶老化破坏。所以必须选择那些弹性较好的涂料。

库存橡胶器材储存时间长。在储存过程中,由于受到阳光照射和大气中氧、臭氧的侵蚀,易发生老化,尤其是轮胎胎侧老化较严重。胎侧是承受应力较大的部位,也是轮胎较为薄弱的部位。胎侧较严重老化裂口会使水和空气中的水蒸气进入帘线层,帘线层受腐蚀后将引起胎侧帘线层脱空,引起鼓泡,并导致轮胎爆破。后侧胶老化裂口也影响轮胎翻新。橡胶防老化涂层对延缓轮胎橡胶的老化效果明显。

2) 金属镀层

随着橡胶和塑料制品应用的日益广泛,在橡胶和塑料制品表面镀金属镀层越来越多。起初,橡胶和塑料制品镀金属的目的,几乎都是使其表面具有金属特性,从而扩大制品的应用范围。实际上,由于镀了一层金属保护层,对橡胶和塑料制品的老化起到良好的防护效果。在器材包装和封存中广泛使用了金属和塑料复合薄膜,这种复合材料物理性能好,光泽性强,对水蒸气、氧气、二氧化硫及紫外光有良好的阻隔性能,从而提高了塑料的耐老化性能。

3) 防老剂溶液的浸涂

将橡胶和塑料制品浸入含有防老剂的溶液中,或者将这些溶液涂刷在其制品上,使其能抑制外因作用的防老剂都集中在表面,形成防护膜,从而可起到显著的防护效果。例如,300mm×300mm×4mm 聚碳酸酯塑料板,在3.5%的 UV-9 溶液(其组成:47.5%重量的异丙烷、30%重量的1,2-二氯乙烷、22.5%水)中浸30min,然后经过干燥,使每平方米表面上含有6~20g 的 UV-9。这种经防老剂溶液浸涂的聚碳酸酯塑料板,在高压水银灯下照射5000h(相对湿度65%)后不变黄,并能保持原有的光泽和冲击强度。

由于橡胶和塑料制品品种繁多,老化机理又不尽相同,应根据具体情况,采取有效措施,才能取得防老化的效果。

2.1.3 帆布、毛毡和皮革制品的霉变

众所周知,微生物与人们的日常生活有着密切关系,它在国民经济中发挥

巨大的作用。例如，利用微生物制造酶制剂、生产抗菌素、维生素以及生产饲料等。但是，微生物也给人们带来很大危害，它使工业材料或制品、仪器设备遭到霉变、腐蚀和破坏。通常把霉菌引起的破坏作用称为霉变，而把防止霉变的工作称为防霉。霉菌等微生物具有分布广泛、繁殖迅速、代谢旺盛、易于变迁和适应等特点，因此，只要环境条件适宜，它就会在各种材料或制品上繁殖，产生出水解酶、有机酸、氨基酸和一些有害的毒素，这不仅会影响材料或制品的外观或质量，还会污染环境，必须引起足够的重视，并切实做好防霉工作。

▶ 2.1.3.1 帆布、毛毡和皮革制品的霉变及其特征

霉菌对于纤维帆布、毛毡和皮革制品会造成霉变，使之霉烂变质，丧失使用价值。在我军的武器装备中，也大量用到纤维帆布、毛毡和皮革制品，例如，各种枪械的外套、各种车辆中的坐垫、许多密封圈等。这些纤维、毛毡和皮革制品，有的是装备中的一部分，有的是用作包装容器。在霉菌的侵蚀下，这些帆布、毛毡和皮革制品也易发霉腐烂。

皮革的表面修饰剂黑色染料膏主要成分是乳酪素，一旦温度和湿度适宜，许多曲霉、木霉、青霉、毛霉及细菌等就在上面繁殖，从而对皮革产生严重的破坏作用。用皮革做成的制品，如皮圈、枪背带坐垫等，在春夏季节（特别是南方的黄梅季节）就会严重发霉，皮革的面上会出现霉斑，这不仅有损于外观，而且影响了皮革质量，使得皮面易产生龟裂和毛糙，严重时会变烂。

毛毡制品是由动物的毛加工制成，含有丰富的霉菌生长的营养，在一定的温度和湿度下，霉菌很容易生长繁殖，致使毛毡制品霉变、腐烂。

纤维帆布，特别是棉织品和丝织品，在一定的温度和湿度下，很容易生长木霉、曲霉和细菌等。当微生物在纤维帆布（棉布、绒布、线带、漆布、帆布等）上繁殖以后，对纤维的色泽、拉力、强度等均产生坏的影响。一般棉布在生产过程中都用淀粉浆料上浆，淀粉和纤维素则是许多微生物的营养料。有些精密仪器包装用到绒布，都有可能生霉。帆布做的帐篷、炮衣等遮盖品，日晒夜露、雨淋、污染脏物，微生物就在上面繁殖，对帆布造成破坏。化纤帆布也会长菌，致使黏度增高，并有结块现象。

由以上可知，霉菌对帆布、毛毡和皮革制品会造成腐烂变质，在器材封存过程中，重视金属防锈的同时，不可忽视非金属材料如帆布、毛毡和皮革的防霉变问题。为此，必须认识帆布、毛毡和皮革制品的霉变原因，以便采取相应的防霉措施。

▶ 2.1.3.2 帆布、毛毡和皮革制品霉变的机理

帆布、毛毡和皮革制品的霉变主要是由霉菌引起的。霉菌等微生物在一定

条件下,旺盛地繁殖,在生长繁殖过程中,除直接破坏这些材料的内部结构和性能之外,它们的代谢产物如有机酸、水解酶等还会加速纺织品、毛毡和皮革制品的腐烂变质,使防锈包装用的防锈剂、黏合剂发生霉烂,失去原有性能。

帆布、毛毡和皮革制品生霉必须具备下列4个条件:

1. 霉菌孢子

霉菌孢子很小,直径只有0.1mm左右,可随空气到处飘扬。因此,这些霉菌孢子能侵入各种产品中,在不采取消毒杀菌措施时,包装材料及包装的产品上都带有一定量的霉菌孢子。

在棉麻、羊毛、化纤品中常见的微生物如下。

(1)棉织品:纤维杆菌、棒状杆菌、绿色木霉、烟曲霉、土曲霉、球毛壳霉、淡黄青霉等。

(2)麻织品:黄曲霉、烟曲霉、黑曲霉、土曲霉、木霉等。

(3)羊毛织品:铜绿色极毛杆菌、普通变形杆菌、产碱杆菌、变色曲霉、黄曲霉、烟曲霉、土曲霉、青霉、镰刀菌等。

(4)纤维尼龙织品:球毛壳霉、出芽短梗霉。

(5)尼龙织品:红曲霉、羊端孢霉等。

2. 温度

霉菌生长期的温度为25~35℃,温度在12℃以下菌丝几乎停止生长,高于40℃亦停止生长或死亡。表2-2列出了霉菌生长与温度的关系,有的霉菌孢子在-150℃仍能生存,高温170℃干热或110℃湿热才能将它杀死。

表2-2 霉菌生长与温度的关系

菌 名	生长温度/℃		
	最 低	适 宜	最 高
黑曲霉	14	30~35	40
葡萄曲霉	-6	30	
刺孢曲霉		20	
灰绿青霉	1	25~27	31~35
青 霉		17~19	30
黄萎轮枝孢	10	22.5	30
分枝毛霉	4	20~25	31
尖镰霉	5	30	
深蓝镰孢	5	25	35

(续表)

菌 名	生长温度/℃		
	最 低	适 宜	最 高
立枯丝核菌	2	23	34.5
围小丛壳		27~29	37.5
光亮卷钩丝壳	5	32	43
篱边草裥菌	5	32~35	45
多孢菌	0	27~32	40
拟茎点菌	8.7	26.5	31.9

3. 湿度

相对湿度在80%以上适宜霉菌的生长,相对湿度85%~95%最适宜于它们的生长,在相对湿度60%以下时,霉菌生长就停止了。

水分对微生物来说具有非常重要的意义,各种营养成分必须先溶解于水,才能被细胞利用。空气中相对湿度低,则基质表层含水量也低,就会抑制微生物的生长。图2-9表示了普通霉菌在一定的温度区域和湿度区域生长的范围。

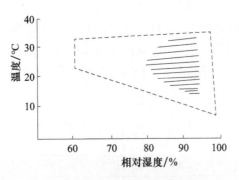

图2-9 普通霉菌生长范围

4. 营养物

生长繁殖的营养物质来自材料本身和一些脏物。一些材料如木材、纸、塑料、纤维帆布、毛毡和皮革等都含有微生物所需要的营养。金属材料虽然其本身没有微生物生长繁殖的养分,但用于防锈的防锈油脂及涂料中亦含有微生物所需的营养,因此在金属材料上也会生霉。

综上所述,霉菌的生长和繁殖需要一定的营养条件和生理条件,而且各种微生物都有自己最适宜的生长条件。因此,只要有目的地控制这些条件,破坏霉菌最适宜的生长条件,就可以防止微生物的污染。

2.1.3.3 帆布、毛毡和皮革制品的防霉变

霉菌对帆布、毛毡和皮革制品危害是严重的,在封存包装中,国内研究较多的是对光电仪器的防霉防雾,对于帆布、毛毡和皮革制品的防霉变还研究得不多。由于霉菌孢子随着空气的流动而四处飘扬,一旦有合适生长繁殖的条件,就会迅速繁殖。而帆布、毛毡和皮革制品有的作为装备的一种组成材料,有的作为包装材料,随时会和空气接触,会污染上霉菌,这对防霉工作带来困难。

帆布、毛毡和皮革制品的防霉变,主要是从破坏霉菌生长繁殖的四大条件入手,抑制霉菌的繁殖,以达到防霉变的目的。通常采用的方法有防霉封存包装、材料的防霉处理。

1. 防霉封存包装

帆布、毛毡和皮革制品的防霉包装方法离不开破坏霉菌生长的四大条件。在霉菌生长的四大条件中,有两个条件(霉菌孢子、营养物)几乎是不可能人为控制的,因为即使产品本身不含任何有机物,也很难做到不沾染一小点灰尘或一丁点手汗,因此霉菌孢子和营养物的存在是可避免的,只要温、湿度适宜,霉菌就会繁殖。而对于器材的长期封存,温度也难于人为控制,唯有湿度可以人为控制。根据霉菌生长规律,相对湿度在60%以下,霉菌生长繁殖就受到抑制。基于这一认识,采用干燥空气密封封存的方法,将相对湿度控制在一定范围内,破坏霉菌生长繁殖的必要条件之一,可以达到抑制霉菌生长繁殖的目的。

2. 材料的防霉处理

纤维帆布、毛毡和皮革制品可以用作武器装备的材料,因此对于帆布、毛毡和皮革制品的防霉处理,提高本身抗霉能力就显得尤为重要。

(1)改进生产工艺,提高产品自身抗霉菌侵蚀能力。皮革的加工工艺,大体上分为植鞣和铬鞣两大类。植鞣以大考胶为原料,并有加脂(萘油)工序,这样皮革较易生霉。铬鞣是以铬酸为主要原料鞣制的皮革,一般是软革,这种皮革不易生霉。但这两种皮革在最后喷光涂饰时,都要用黑色涂饰剂,这种涂饰剂的主要成分是乳酪素,正是微生物滋长的营养物,因此不论是软革还是硬革,都易生霉。工业上为了提高皮革抗霉性,在作为涂饰剂的黑色染料膏中加入苯酚,或加入防霉剂BCM(又名多菌灵)与纹枯剂混合使用,制得的皮革制品防霉效果甚佳。作为纤维织物的帆布,在制造过程中添加适当的防水剂及防霉剂,使其本身具有一定的防霉性能。

(2)对材料进行防霉处理。对于纤维帆布、毛毡和皮革制品等通常采用接触型防霉剂或薰蒸型防霉剂进行处理,使其具有防霉能力。用接触型防霉剂处

理,主要是喷洒防霉剂。常用的接触型防霉剂品种很多,多菌灵(苯骈咪唑氨基甲酸甲酯)简称 BCM,是杀死霉菌能力最佳的药品之一,它能杀死或抑制大部分霉菌生长,但对相对湿度大的情况下生长的毛霉、交链孢霉、根毒等无效。至于用薰蒸型防霉剂处理,由于薰蒸型防霉剂如甲醛、乙酸等对皮肤、黏膜有一定的刺激性,污染环境,一般较少用。

(3)使用防霉剂。防霉剂是指产品在生产、加工、储存等过程中所加入或使用的少量化学物质,这些物质能杀死或抑制微生物的生长,防止产品霉变、腐败。防霉剂的作用机理在于:破坏微生物的细胞构造或酶的活性,从而起到杀死或抑制霉菌的生长和繁殖作用。因为霉菌和细菌都是生物,都要进行新陈代谢。它们都是由细胞组成的,细胞由蛋白质组成,酶也是蛋白质,当蛋白质酶受到防霉剂的毒害时,就会引起新陈代谢的停止或菌体的死亡,或者受到抑制。例如,含汞的化合物,尤其有机汞化合物具有良好的渗透性,汞对蛋白质有凝固作用,它能与蛋白质、氨基酸的氨基、硫醇基结合成盐或复盐,这样使微生物失去活性而死亡。

防霉剂品种很多。通常把它分为三类:一是接触型防霉剂,如多菌灵(BCM)、五氯苯酚汞、二甲噻二嗪水杨酰苯胺,此种防霉剂通常是喷洒于材料表面防霉;二是薰蒸型防霉剂,如甲醛、乙酸、对二甲酚、水杨酸甲酯、对苯基苯甲醛等,这是用薰蒸方法杀死材料表面及周围空间中的霉菌;三是挥发性防霉剂,如对硝基苯甲醛(SF501)等,这种防霉剂在空气中会缓慢地挥发,以致能杀死空气中及材料表面的霉菌,达到防止霉变的目的。在器材封存过程中,采用干燥空气密封包装,可在封套中加入挥发性的防霉剂,让防霉剂在这些材料或容器中缓慢地释放出防霉气氛,以达到防霉目的。

另外,各种防霉剂都有其各自作用的范围,在某些情况下,两种或两种以上的防霉剂并用,往往可起到协同作用而比单独使用一种药剂更为有效。例如,单独使用多菌灵作为防霉剂,就不能抑制毛霉、根霉。但如果再加入水杨酰苯胺混合使用,则效果就非常完美了。所以,防霉剂混合使用,可使活性范围扩大;配用时,防霉剂可用较低浓度,从而降低毒性。

2.1.4 光学仪器的生霉和起雾

光学仪器中光学零件表面的附着物可区分为生物性的霉、水湿性的雾、油脂性的薄斑和其他各种脏污。这些附着物,都在不同程度上影响光学零件表面的反光率和透光率,降低光学仪器的能见度;有的甚至产生有机酸类物质,与镜头玻璃成分里的某种物质发生化学反应,从而使玻璃遭到腐蚀,影响其性能。

为了使储存的光学仪器不产生各种附着物,首先要知道各种附着物的产生和发展的规律,以及在储存中如何防止附着物的产生和发展。

2.1.4.1 光学仪器起雾

光学零件上的雾滴,首先是水、碱或盐类的溶液;其次是油脂蒸发后的凝聚物;或者是以上几种物质的混合物。

1. 雾滴的形成

光学零件上雾滴的形成过程,其本质与自然界中雾的形成过程是一样的。空气中所含的水蒸气量多于一定温度下的饱和水蒸气量时,多余的水蒸气就会凝结出来。起初,水蒸气分子聚集在空气中的微尘上,然后越集越大,渐渐地变成了可以看得见的雾滴。这种凝结水蒸气的微尘称为凝结核心,最易凝结水蒸气的核心是氨、食盐的微粒和带电的离子。光学零件上的雾有两个明显的特点:一是沿擦拭痕迹生雾的比较多,如圆形零件上的雾是环状,棱镜的雾是直线状;二是分划板刻线周围生雾比较多。这两个事实说明,光学零件在擦拭或加工时残留的某些微小杂质,是潜在的凝结核心。

仪器受潮后,当气温下降到露点以下时,多余的水蒸气凝结出来,便在镜片上生成雾滴。当然,水蒸气的凝结不仅在光学零件上发生,更多的是发生在镜筒的内壁上。受潮严重的仪器,镜筒内壁有很多水滴,温度升高后,水滴又会蒸发,以致整个镜筒便会充满雾滴,而使仪器什么也看不清。

雾滴长期(数月以上)附在光学零件上,或者光学零件上虽无雾滴,但仪器内部的空气长期处于比较潮湿的情况下,还会使光学零件腐蚀,这是雾和潮气对仪器的主要危害。其腐蚀的过程是:玻璃吸水后,产生化学变化而析出氢氧化钠,氢氧化钠吸收空气中的二氧化碳而生成碳酸钠,氢氧化钠和碳酸钠都具有吸湿性,于是它们就吸收空气中的水分,而形成浓碱液和碱性碳酸钠溶液的小滴。这种溶液的小滴在相对湿度为70%以上时,就不能蒸发,因此,很难用一般的方法来消除这些溶液的小滴,此种液滴继续附着在玻璃上,将导致玻璃的进一步破坏,使玻璃表面变成粗糙不平,失去光泽,以致完全不能用于观察。在比较干燥(相对湿度在60%以下)的条件下,浓碱液和碱性碳酸钠溶液的小滴可以变干,其痕迹是白色的灰点。另外,如光学仪器受到暴晒或火烤会加速镜筒内润滑脂的某些成分的蒸发,气温降低后,就可能在光学零件上生成油性雾。

综上所述,光学零件上生雾是空气中的水蒸气在玻璃表面上凝结,并与玻璃中某些化学成分起作用的结果,可见雾的形成与玻璃成分、凝结核心,尤其是潮湿的空气有密切的关系。也就是在同样气温条件下,往往是以下情况的光学零件表面最易生雾:

(1) 光学零件所采用的玻璃,含碱性氧化物较多,吸湿能力较强,化学稳定性不高,因此容易生雾。
(2) 仪器内部空气的绝对湿度较大,气温下降时,容易达到露点。
(3) 有灰尘和脏污的表面,具有吸湿性。
(4) 靠近金属和有气流通过的光学零件表面,容易形成温差,所以容易生雾。

光学零件生雾现象如图 2-10 所示。

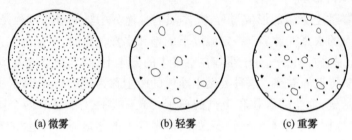

图 2-10 光学零件生雾

光学零件生雾疵病分级标准见表 2-3。

表 2-3 光学零件生雾疵病分级标准

疵病		现 象
程度	代号	
轻微	+	少量雾点,在斜射光线下才能检查出来
中等	+ +	雾点较多,在斜射光线下十分明显,在透射光线下也能检查出来
严重	+ + +	雾点密集或有大水珠和油点,在透射光线下十分明显

2. 仪器受潮的原因和凝结核心的来源

仪器受潮的原因是:仪器在受潮环境下储存,又没有采取适当的措施,特别是仪器密封破坏时,便会受潮;仪器淋了雨或浸了水则更易受潮。

光学零件上的凝结核心,有的是在制造和修理仪器时遗留下来的;有的则是由于仪器密封破坏后,在不清洁的环境下使用和保管时,尘土、脏物侵入仪器内部。实践证明,保持仪器的清洁,杜绝凝结核心的来源;防止潮湿空气侵入仪器内部,也是行之有效的防雾方法。

▶ **2.1.4.2 光学仪器的防霉和防雾**

根据光学仪器生霉、生雾的条件,防止光学仪器生霉、生雾应注意以下几点:
(1) 要保持光学仪器表面的清洁干燥,不要赤手触摸光学器材,不用手或布片擦拭光学玻璃,防止灰尘落在光学仪器上。

(2) 光学仪器不要存放在室外或敞棚里,应放在恒温库房,温度应在 8～20℃,注意控制昼夜温差不大于 6℃,相对湿度不大于 60%,防止气温突升突降。

(3) 对光学仪器的镜片做防霉处理,可在玻璃镜片上涂上防霉防雾剂,使玻璃镜片表面形成一层憎水性的膜,防止霉菌对光学仪器的侵蚀和水雾的生成。

(4) 采取良好的封存技术,防止外界环境的影响和霉菌的侵入。制造霉菌不易生存的环境条件。光学仪器常用的封存方法有:

① 利用干燥空气封存防霉。把光学仪器放入专用的容器或封套内,其内放置干燥剂,使之吸收容器或封套内的水分,造成一个空气相对干燥的环境,使霉菌失去生存的条件,达到防潮防霉的目的,包装后定期检查更换干燥剂。此种方法方便有效。

② 利用充氮封存防霉。在专门的容器内装入器材后,把容器内抽成真空,然后充入氮气,使内部生物窒息死亡,并防止器材的腐蚀氧化。

③ 利用真空封存防霉。在封套内装入器材后,把容器或封套抽成真空,实现防霉防雾,此种方法使容器或封套内形成真空,使霉菌窒息,但对一些厌氧菌效果不好。

④ 利用除氧封存防霉。在封套内放入器材后,再放入适量的除氧剂和氧指示剂,除氧剂可把容器内的氧气浓度降至 0.1% 以下,此时氧浓度指示剂呈红色。利用除氧封存防止氧化生霉。

2.1.5 电子元器件的失效

现代电子技术的迅猛发展,尤其是电子计算机的发展,使电子产品渗透到各个科学领域。在国防科学领域中,为尖端装备、常规装备配套用的军用电子产品应用越来越普遍,将渗透到各种各样的装备中。可以说现代战争的成败,在很大程度上取决于电子产品的水平和可靠性。众所周知,电子产品在使用、运输和储存中,环境条件都直接或间接地影响产品的性能和工作可靠性。例如,有些产品起初技术性能很好,可是承受不了储存、运输的恶劣环境,工作不久即因出现故障或损坏等原因而失效。因而在封存装备时,研讨电子器件失效的特征和机理,对电子产品的储存环境提出一个合适的要求,防止其储存中失效是十分必要的。虽然目前装备的封存中,电子元器件占的比例还较小,精密高级的电子产品封存更是少见,但是其价格昂贵,故仍应引起重视。从长远、发展的观点来看,更不应忽视。

2.1.5.1 电子元器件失效的特征

电子器件主要由电子元件组成,因而电子元器件的失效特征也就是电子器件的失效特征,它主要是指电子元件的失效规律和失效形式。

1. 电子元件的失效规律

电子元件的失效规律,明显地表现为图2-11所示的曲线特征。这一曲线称为"浴盆曲线",分为早期失效期、稳定工作期和衰老期三个部分。这种失效规律,也适用于一般的装备。

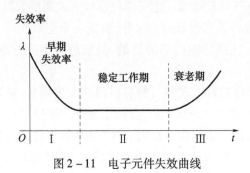

图2-11 电子元件失效曲线

1) 早期失效期

早期失效期发生在元件制造和电子器件刚安装运行的几个月内,一般为几百小时。元件早期失效的原因有:

(1) 元件本身的缺陷,如龟裂、漏气、焊接不良。

(2) 环境条件的变化,加速了元件、组件失效。

(3) 工艺问题,如焊接不牢,绝缘层或保护层里有杂质、空隙、裂缝和气孔,筛选不严等因素。

早期失效大多数是系统性地发生的,如把这些全部计为失效,作为整体来讲失效率很高,一般从产品生产出来,通过老化试验,使故障率逐渐降低,直到判断为对实际使用没有影响时才称为早期故障期,根据经验一般为几小时至几百小时。早期故障主要是由人为差错的各种原因造成的,不易查出。

2) 稳定工作期(又称正常寿命期)

元件在这一期间,突然失效较少,而暂时性故障较多。这时,应力引起失效是暂时性故障的主要原因。当元器件工作中瞬时应力(如电压过高或电流过大等)超过元件的强度时,便产生暂时性故障,使机器不能正常工作。

稳定工作期的持续时间是从早期失效期的结束时间至衰老期的开始时间。

3) 衰老期(又称耗损期)

元件到了这一时期,失效率大大增加,可靠性急剧下降,接近报废。形成这一阶段的主要原因是机械磨损、热和化学变化产生的物质损耗或疲劳特性退化而引起的失效性。随着时间的增长,失效率增加。例如,灯泡、电池、电动机的电刷等都属于这类。计算机到了这个时期,就应进行大修,更换一批失效的元器件,使机器能继续使用,但当大多数元器件已达到衰老期时,应当停止使用该机器。

由失效规律可见,对于处于稳定工作期的电子元器件有存储的意义;对处于早期失效期或衰老期的电子元器件,均要进行老化试验或更换元器件,当确认有存储价值时再封存,对于经老化试验筛选出来的不合格产品和没有使用价值的衰老期电子元器件,则应不予封存。

2. 电子元件的失效形式

电子元件的失效可分为突然失效、退化失效、局部失效和整体失效 4 种形式。

(1) 突然失效(又称灾难性失效)。这是元件参数急剧变化而造成的。这一失效形式通常表现为短路或开路状态。例如,器件因压焊不牢造成开路,或因尘埃使器件管脚短路;电容器因电解质击穿造成短路等。

(2) 退化失效(又称衰变失效)。这是元件参数逐渐变坏,使其性能变差而造成的。

(3) 局部失效和整体失效。一个退化失效会使一个系统性能变化,使局部功能失效,因此也称局部失效。而一个突然失效会使整个系统失效,这种失效称为整体失效。

3. 电子元件的失效特征

1) 机械损伤

机械损伤在电子元器件制备电极及电极系统工艺中经常出现,如果在元器件的成品中,存在金属膜的划伤缺陷而未被剔除,则划伤缺陷将是元器件潜在失效的因素,必将影响元器件的长期可靠性。

2) 腐蚀失效

在电子元器件中,外引线及封装壳内的金属与干燥气体或无导电性的非水溶液接触,会发生化学作用而引起化学腐蚀;与电解质溶液接触,会发生电化学作用而引起电化学腐蚀。化学腐蚀或电化学腐蚀都能引起电子元器件的电性能恶化直至失效。

3) 金铝化合物失效

金和铝两种金属,在长期储存后,因它们的化学势不同,它们之间能产生金属间化合物,生成紫斑或白斑,严重影响和恶化键合界面状态,使键合强度降低、变脆开裂、接触电阻增大等,因而使元器件出现时好时坏的不稳定现象,甚至表现为性能退化或引线从键合界面处脱落导致开路。

4) 银迁移

在电子元器件的储存及使用中,由于存在湿气、水分,使其中相对活泼的金属银离子发生迁移,导致电子设备中出现短路、耐压劣化及绝缘性能变坏等。银迁移基本上是一种电化学现象,当具备水分和电压条件时,必定会发生。空气中的水分附着在电极的表面,如果加上电压,银就会在阳极处氧化成为带有正电荷的银离子,这些银离子在电场作用下向阴极移动,在银离子穿过介质的途中,被存在的湿气和离子沾污加速,通常在银离子和水中的氢氧银离子间发生化学反应,形成氢氧化银,在导体之间出现乳白色的污迹,最后在阴极银离子还原析出,形成指向阳极的细丝。

5) 集成电路的失效模式

大多数集成电路由于其物理特性相同,会经历同样的异常变化,典型变化有:主体材料的扩散、金属涂层、氧化层、玻璃钝化层、芯片固定材料、连接线及封装外壳的变化,加速这种变化的环境因素包括机械应力、高温、热循环、潮湿、冲击、振动。

集成电路的失效模式有开路、短路(漏电)、参数漂移、功能失效等。

集成电路的失效机理主要有:

(1) 静电放电(Electrostatic Discharge, ESD):处于不同静电电位的两个物体间的静电电荷的转移就是静电放电。静电电荷的转移方式有多种,如接触放电、空气放电。静电放电一般是指静电的快速转移或泄放。

(2) 辐射损失:在自然和人造辐射环境中,各种带电或不带电的高能粒子(如质子、电子、中子)以及各种高能射线(如 X 射线、γ 射线等)对集成电路造成的损伤。

(3) 键合失效:一般是指金丝和铝互连之间的键合失效。由于金-铝之间的化学势的不同,经 200℃以上高温储存后,会产生多种金属间化合物,如紫斑、白斑等。结果使铝层变薄,黏附性下降,造成半断线状态,接触电阻增加,最后导致开路失效。

微波分立器件的失效模式为漏电或短路时,失效机理可能为管壳内部水汽含量大(气密器件)、管壳内部沾污或有导电性多余物、塑封料水汽含量大、管脚之间金属迁移短路、静电损伤导致电极间融通。

微波分立器件的失效模式为高阻或开路时,失效机理可能为芯片黏接缺陷和退化,接触电阻增加甚至掉片;管脚腐蚀或折断、金属化腐蚀导致电阻增大或开路、静电导致通道开路。

微波分立器件的失效模式为饱和压降增大时,失效机理可能为芯片黏接缺陷或退化、引线键合缺陷或退化、芯片与焊料或键合点之间的电化学腐蚀、电极接触电阻退化、功率管镇流电阻设计或工艺缺陷。

微波分立器件的失效模式为击穿特性退化时,失效机理可能为芯片表面沾污或金属沾污、气密管壳内或塑封料水汽含量大、气密管壳漏气。

微波分立器件的失效模式为电流或功率增益退化时,失效机理可能为引线键合退化、匹配电容的退化、芯片裂纹、电极接触电阻退化、发射极注入效率的退化等。

半导体器件储存中失效的直接因素是制造时的材料缺陷和制造工艺不完善,尽管半导体器件比微电路中的接点要少得多,但高温潮湿、振动和冲击则是加速其失效的重要因素。表2-4为半导体器件与时间有关的失效机理及其影响因素。表2-5为不同储存条件下,半导体器件的失效模式或原因。

表2-4 半导体器件与时间有关的失效机理及其影响因素

与器件有关部分	失效机理	相关因素	加速因子
氧化硅 硅与氧化硅界面	表面电荷积累	可动离子、电场、温度	温度
	介质击穿	电场、温度	电场
	电荷注入	电场、温度	电场、温度
金属化	电迁移	结温、面积,温度和电流密度梯度,晶粒尺寸	结温
	腐蚀:化学腐蚀、电化学腐蚀、电解腐蚀	沾污、湿度、电压、温度	湿度 电压 温度
	接触退化	温度、金属杂质	可变
键合及其他机械界面	金属间化合物	温度、杂质、键合强度	温度
气密性	封装泄漏	压力差、气氛	压力

表2-5 不同储存条件下,半导体器件的失效模式或原因

储存条件	失效模式或原因
高温储存	金属-半导体接触的Al-Si互溶,欧姆接触退化,PN结漏电,Au-Al键合失效
低温储存	芯片断裂
高湿、盐雾	外引线腐蚀、金属化腐蚀、电参数漂移
X射线辐射、中子辐射	电参数变化、软错误
振动、冲击、加速度	芯片断裂、引线断裂

电子管在储存中的问题是管内的真空损失,占总失效数的40%以上,空气的进入造成电路短路、灯丝变脆、腐蚀引起的断路等。

电阻器储存中失效的主要因素是潮湿,潮湿引起其阻值的显著变化,储存中的电阻器吸湿性比较强,污染性气体形成的表面腐蚀,使薄膜电阻器断路,线绕电阻器绝缘破坏导致短路。表2-6为常见电阻器的主要失效模式和原因。

表2-6 常见电阻器的主要失效模式和原因

电阻器类别	失效模式	失效原因
金属膜电阻器	开路	电阻膜腐蚀、接触不良
	短路	金属迁移
	阻值漂移	电阻膜腐蚀、膜层的刻槽间有导电沾污物、膜层与帽盖接触不良
碳膜电阻器	开路	电阻膜腐蚀、接触不良
	阻值漂移	膜层的刻槽间有导电沾污物、膜层与帽盖接触不良
线绕电阻器	开路	引线接合不牢、焊点接触不良

电容器和电阻器一样对潮湿非常敏感,潮湿的空气能使电容器中的双电金属变质,制造中的密封不良及冲击、振动中产生的微小裂纹,都加速了变质的进程,使电容值上升,其性能超出技术要求。表2-7为常见电容器的主要失效模式和原因。表2-8为密封继电器常见的失效模式和原因。表2-9为连接器常见的失效模式和原因。

表2-7 常见电容器的主要失效模式和原因

电容器类别	失效模式	失效原因
铝电解电容器	漏液	橡胶老化龟裂
	开路	电化学腐蚀、阳极引出箔片和焊片的铆接部分氧化
	短路	电解液老化或干涸
液体钽电解电容器	瞬时开路	电解液数量不足
	电参数变化	在储存条件下电解液中的水分通过密封橡胶向外扩散

表2-8 密封继电器常见的失效模式和原因

失效模式	失效原因
接触不良	有害气体污染膜、有机吸附膜及炭化膜
接点黏接	电腐蚀严重引起接点咬合锁紧
开路	电化学腐蚀

表 2-9 连接器常见的失效模式和原因

失效模式	失效原因
接触不良	尘埃沉积
绝缘不良	摩擦粉末堆积
接点熔融	电腐蚀
断簧	绝缘老化或受潮

电感器中总是短路和断路,潮湿的空气热循环加速了电感器件及材料的化学变化导致失效。

环境因素对传感器可靠性的影响最大。传感器的密封性能直接影响其可靠性,密封不好的传感器容易在潮湿的环境下由于粉尘、水汽的影响造成短路。在腐蚀性较高的环境下,如潮湿、酸性等会造成传感器弹性体受损或器件短路;电磁辐射也会干扰传感器的功能,甚至造成失效。

▶▶ 2.1.5.2 电子元器件失效机理

电子元器件的失效直接受温度、湿度、静电、氧气、尘埃、耗损、霉菌、气氛、电源和其他等因素影响。

1. 温度引起的失效

高温是降低电子及磁性元件可靠性的一种应力形式。热对产品的破坏作用,起初是缓慢的,但最后结果可能表现为突然失效。对热应力而言,它是材料的化学结构与温度随时间变化的一个复杂的相互作用过程。一般来说,产品失效率随温度上升而增大。失效率随温度上升而增加的原因,是产品所用材料(包括工艺材料)的化学、物理活性增大的结果。例如,在均匀受热的情况下,会引起老化(变色)、绝缘损坏、氧化、气体膨胀、润滑剂的黏度下降、结构上的物理性断裂、电解质干枯等。这些都会导致产品性能退化,致使最后发生退化失效。热循环能造成温度梯度,扩大收缩,致使产品结构发生变化和损伤。例如,微电路的芯片与基体分离。热冲击会产生高温和大的温度梯度,使产品受到破坏、断裂。电阻器在制造过程中的不规则和不均匀性将更容易产生有害的过热点。图 2-12 表示温度对 5 种电子元件失效率的影响。从图中可以看出这 5 种元件的失效率随温度上升而近似呈指数形式的增加。电子元器件在储存期间温度的调节,取决于设备中使用的电子元器件,以及设备设计的参数范围,一般为 (25 ± 5)℃,对于个别(如计算机)应控制在 (21 ± 2)℃为好。冬季可稍低些(取下限值),夏季可稍高些(取上限值)。

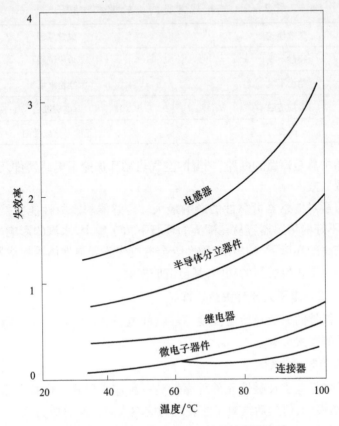

图 2-12 温度对 5 种电子元件失效率的影响

2. 湿度引起的失效

湿度过高会使封装不良、气容性较差的元件遭受腐蚀,造成退化失效。

电子产品自然环境试验结果表明,提高电子产品的防潮性能是提高可靠性的关键,因为电性能的变化和金属构件的腐蚀都是以水分浸透为基础的。

在电子产品自然环境试验中,对整机、电气功能部件、元器件、零部件和工艺材料五大类试样,进行了户外、棚内、库房三种环境条件的试验。共投试品种 2128 种,试样 8851 件。其中,江津 620 种,3265 件;海南 1030 种,3855 件;碾子山 478 种,1731 件。投试进行了电性能和外观性能检测。从电性能来分析,变化最大或已下降到超过技术指标,主要是绝缘电阻和接触电阻,其他电性能除个别试件外,一般变化符合指标要求。就绝缘电阻的变化,以梳形电极为例,大气环境和试验条件对它的影响见表 2-10。

第 2 章 装备零部件质量失效基本理论

表 2-10 各类梳形电极绝缘电阻变化情况

项 目		试验条件								
		江 津			海 南			碾 子 山		
		户外	棚内	库房	户外	棚内	库房	户外	棚内	库房
总数量/组		57	15	1	22	45	4	5	32	2
电性能稳定/组		20	14	1	15	1	3	5	32	2
$R_{绝}=0$（组）		30	0	1	0	18	0	0	0	0
失效率/%		65	7	1	31	98	25	0	0	0
总完好率/%		55			27			100		
相对湿度/%	最高平均	94.5	91.6	79.6	94.2	90.1	82.2			
	最低平均	62.1	63.2	69.6	74.1	67.0	75.3			
	平均	81.1	79.1	75.3	85.2	76.4	79.1	58.3	56	68
相对湿度天数	>80%	283	227	130	435	333	276	51	31	97
	70%~80%	194	217	288	92	164	166	78	76	165
	<70%	38	71	97	19	49	104	416	439	283

在试验期内，环境对外观性能影响较大，总失效率高达 51%，其中绝大多数失效原因，都是金属件受大气环境的影响，产生腐蚀。例如，海南 15 只三极管锈断 20 余只管脚，江津 4 只三极管断 7 只管脚，从而使管子失效。

从投试样品腐蚀状态及形貌来看，大致可归纳为 8 种腐蚀类型：
（1）电化学腐蚀：如各类镀层的大气腐蚀。
（2）有应力作用下的电化学腐蚀：如三极管管脚弯曲受力处的锈断。
（3）化学腐蚀：如银变色。
（4）缝隙腐蚀：如点焊锌板缝和机壳连接处的缝隙部位。
（5）电偶腐蚀：如铝波导的腐蚀。
（6）膜下腐蚀：如梳形电极、各种灌封材料、扁平电缆等的金属腐蚀。
（7）丝状腐蚀：如涂膜下产生的线状腐蚀纹。
（8）霉菌腐蚀：如涂层、各种电缆的长霉。

当然，引起电性能变差和金属构件的腐蚀并非就是湿度引起的，但主要是湿度过高；湿度过低对电子产品也是不利的，空气太干燥，容易产生静电，引起半导体元件的损坏、导致机器故障，因而一般要求电子元器件的封存环境保持相对湿度在 45%~75%。

3. 静电感应引起的失效

静电现象指的是在电荷产生和消失过程中所产生的电现象的总称。它的主要表现是带电体形成的电场作用(如库仑力、感应电荷、感应电位、电场强度、电位差等),以及带电体的放电作用(如电磁波辐射、磁场的产生、静电场的变化、电流、绝缘击穿等)。

物体之间互相摩擦或碰撞不但能产生热,而且能产生静电,这是由于物体摩擦或碰撞时,所接触的两个面挨得很近(距离小于 25×10^{-8} cm 时),致使一物体分子中的电子进入另一物体分子的引力范围内。如果物体摩擦或碰撞时的能量较大,就可能使其中比较容易失去电子的物体上的电子转移到比较容易接受电子的物体上,因而使物体带有静电。

静电的产生将会导致电子器件误动作、噪声、击穿等一系列危害事件的发生,从而降低元器件的可靠性,这就是电子仪器上产生静电危害的实质。随着微电器集成度越来越高,电路中导体间的绝缘层日益变薄,绝缘层容易带电而被击穿,再加上电子器件灵敏度提高,使潜在的静电危害还会进一步增加。

根据静电引起的现象,将足以造成电子仪器性能失调的危害列于表 2-11。

表 2-11 危害的种类

器件或仪器的种类	危 害 状 况
半导体器件	由于加上了超过其耐压能力的电场而导致器件击穿、半击穿、性能劣化
磁带录像机	由于静电力吸附灰尘,促使磁头磨损、磁带运转不良
计算机	静电放电引起的噪声使系统停机、记录错误、漏失信息
计算机外国设备	由于静电力使卡片难于整理、磁鼓不良、力学性能不稳定等
测量仪器类	零点变动、误信号

实践表明,静电是造成微型计算机等电子器件损坏的主要原因,对 MOS 器件的实验表明,170V 的静电电压会使氧化层击穿失效。而人体的静电电压范围从几百伏到数千伏。实验证明,人在地毯上行走时,人体静电一般为 12000V,最高达 39000V;人在乙烯塑料板上走动时,人体静电电位为 400V,最高达 1000V;在普通工作台旁,人体静电为 500V,最高达 3000V。当工作人员穿尼龙或丝绸工作服,穿橡胶拖鞋走动或长时间工作时,往往会因摩擦而产生静电。当带静电的工作人员接触或从有半导体集成电路元器件电子仪器通过时,就会向电子仪器放电,使其损坏或信息出错。据有关资料介绍,仅美国电子工业每年因静电造成的损失高达 100 亿美元以上,静电危害已经在一定程度上阻碍了电子工业的发展,迫使人们研究和采取必要的防护措施。例如,在产品包装和

储运过程中,使用导电性能好的防静电包装材料,是一项积极有效、切实可行的技术防护措施。

半导体器件的静电击穿是一种在极短时间内发生的现象,因此,无论是对器件和电子设备的故障原因进行分析,还是采取相应的防害措施,都必须具有关于击穿的机理和现象方面的知识。

器件的静电击穿,主要发生在结区或氧化膜中,有时也会发生焊线膜部分的熔断现象。

1) 结区的击穿

在室温附近,当在硅器件上通电时,器件的温度随之上升。如图 2-13 所示,硅的电阻值将会增加,所以限制了输入电流,因而从热性能上说是稳定的。

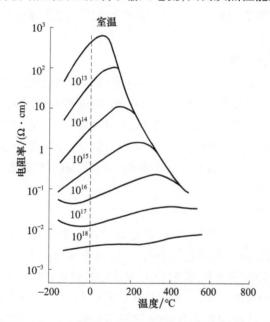

图 2-13 在杂质不同浓度下,硅的电阻与温度的关系

然而,当温度超过图 2-13 中电阻率值的峰值时,电阻率即随温度的增加而减小,即电阻率的温度系数变为负,从而又会导致输入电流的增加和温度的上升;进而使电阻率更降低,形成热散逸现象。这种现象在器件热击穿现象中是最基本的形态,与结区的存在没有关系。可以认为,在静电作用下产生的正向击穿属于这一类机理。

至于以高电压作为反向偏压加于结区上时,在极薄的结合面上几乎承受了全部的电压,因此,在结区的热耗变大,而在结区非匀质的地方(包括电场局部集中的影响),即由于热散逸,温度急剧上升,而形成所谓的热点,最后导致击穿,这就是二次击穿现象。静电击穿的情况与此颇类似,PN 结部分地发生熔解,其耐击穿的能力也显示出与晶体管的二次击穿相同的倾向。

2) 布线膜击穿

铝布线膜的击穿原因,有可能是放电,也可能是通电电流,或者是受到结区温度的影响。总的来说,都是由于热的因素。在热的作用下,铝线熔断而形成开路,或者由于熔融的铝而产生跨接现象。

3) 氧化膜的击穿

一般认为,硅表面氧化膜的耐压约在 $10^7 V/cm$ 以下。通常的保护膜厚度为 $10^4 Å(1\mu m)$ 左右,但对 MOS、IC 集成电路栅极氧化膜来说,其厚度仅有 $1000 Å$ ($0.1\mu m$),可以判断在 100V 左右就可能产生击穿。除了栅极氧化膜,MOS 电容器的氧化膜也会被击穿。

4. 氧气引起的失效

空气或水中的氧气是导致金属腐蚀的重要介质,它亦加速非金属材料的老化、变质。另外,电子设备中的开关、继电器、接插件及铁、锌、铜等金属和镀层若在储存中长时间与氧气及其他介质接触,则会产生氧化和锈蚀,引起接触电阻增大,甚至开路、可焊性降低、卡滞,使设备失效,因此对于电子设备,要求其长期封存后立即可靠地工作是十分不利的。因而,氧气也是影响电子设备长期封存质量的重要环境因素。

5. 尘埃引起的失效

计算机系统中磁盘、磁带、磁鼓等存储器被广泛应用,在信息读出和写入时,磁头与磁表面之间的间隙是很小的,一般只有几个微米,并且不允许较大的间隙存在。但在实际使用中,经常会出现较大的间隙,使读出或写入的信息不正常。产生间隙的原因很多,主要是外来的灰尘和微粒散落在磁头和磁存储器表面之间造成的。这些尘埃不仅会使读写信号幅度衰减、波形畸变,而且还会划伤磁表面,沾污磁头,使其失效。

为了防止尘埃的影响,要保持磁性存储器储存空间空气的洁净度。储存空间应采用净化室隔开,以防灰尘,但也要考虑散热。空调设备应定期更换过滤器,并在多风季节增加更换过滤器的次数。尽量减少人员的出入,进入储存空间的人员要更衣换鞋。

6. 耗损引起的失效

耗损一般由机械磨损、化学损耗和热老化三种基本因素组成。对储存中电子元器件主要考虑化学损耗,如长期储存过程中,由于沾污而引起的化学反应,这些会使材料的绝缘或介电性能变坏。同样,金属部件也可能会受化学腐蚀而损坏。化学耗损中最容易识别的例子是干电池的损坏。电解电容器由于电解液干枯而使容量丧失也是典型的化学耗损。

7. 霉菌引起的失效

霉菌对电子设备可产生以下影响,严重的可引起器材的性能失效。

(1)大多数霉菌是潮湿的,当它跨过绝缘表面时引起短路、绝缘下降和介质损耗增大。

(2)霉菌在代谢过程中产生的酶和各种有机酸,不仅使塑料、皮革、木材、油漆等非金属材料产生电解、老化、龟裂等损坏,而且还会加速金属及镀层的腐蚀,如黑曲霉对钢、铜、铝具有明显的腐蚀作用。

(3)霉菌生长形成的扩展性堆积物使保护层破坏、松动、裂缝和起泡。

(4)霉菌细胞内含水量为84%~90%,若电子设备内部长霉,因菌丝保持高湿状态,会使金属接插件引脚间通路、改变高频电路的阻抗特性、元器件的劣变和失效,从而使设备的可靠性降低。

可见霉菌影响不能忽视。最适宜霉菌生长的材料有布、麻、纸、木材、皮革、棉花、毛织品、人造革及部分塑料制品等。要消除电子设备封存中的霉变,必须严格控制封存环境内的氧气、水分及易霉变材料的使用。

8. 气氛腐蚀引起的失效

腐蚀气氛源产生于多种非金属材料。由它们挥发出来的微量有害气体,如甲酸、乙酸、甲醛、硫化氢、氯化氢、氨等,都会加速器材中金属材料及镀层的腐蚀。这种由有机材料挥发气氛对金属和镀层的腐蚀就是气氛腐蚀。为了防止气氛腐蚀对电子设备封存的影响,必须避免选用挥发腐蚀气氛强的有机材料,更不能用未固化好的有机材料和新鲜木材作为包装材料,还要控制封套内的相对湿度小于60%。

9. 电源波动引起的失效

封存中电子设备通电时,一定要注意该电子设备对电源电压的要求。电源电压不应过高、过低,也不允许电压忽高忽低的波动太大,因为这样会加速电子元器件的失效损坏。为此,要求配置交流稳压器,保持交流电压稳定。为了防止因某些原因出现过压或过流和短路等故障使电子设备失效,应设置过压、过流保护装置。计算机通电时突然断电,也会引起其失效,为此在计算机的电源系统中还应增加不间断电源设备。

10. 其他因素引起的失效

电子元器件失效还受到电气干扰影响通过对电压、电流、电阻等参数影响使微处理器芯片因热击穿失效,或使存储的信息遭到破坏;振动、冲击会使一些内部有缺陷的元件加速失效,造成灾难性失效;辐射会使橡胶变质、铝塑布复合薄膜逐渐变质,使其强度和韧性降低等。从大量的失效分析中发现,失效往往是综合因素的结果,如在高温和潮湿的空气中,磁带磁盘上的磁粉剥落,影响记录数据的可靠性和存储设备的正常使用。因此,在电子元器件和设备的储存中,要综合考虑各种因素对电子元器件和设备失效的影响,并采取切实有效的措施。

2.1.5.3 电子元器件的失效防护

避免电子元器件发生失效,包装防护可采用以下几种方法:

(1)可利用干燥空气封存技术防护。在专用的容器或封套内封存电子元器件,其内放置干燥剂,达到防锈防霉的目的。

(2)可采用充氮封存技术防护。在专用的容器或封套内封存电子元器件,把容器内抽成真空,然后充入氮气,达到防锈防霉的目的。

(3)可采用除氧封存技术防护。在专用的容器或封套内封存电子元器件,放入适量的除氧剂和氧指示剂,达到防锈防霉的目的。

电子元器件属于精密器材,包装要采取缓冲措施,有效防止振动,避免电子元器件管脚震开,防止印制电路板开路短路。电子元器件储存一般应放在恒温库房,温度控制在 8~20℃,相对湿度不大于60%,注意昼夜温差不大于6℃,防止气温突升突降。

2.2 影响零部件质量的主要因素

装甲装备器材出厂前的包装,既可对器材质量起到防护作用,又可对器材的使用价值起到保护作用。但是,在整个军事器材物流过程中,由于受到各种因素的影响,装甲装备器材的质量还会发生变化。分析器材质量变化发生的原因,开展有针对性的防护,对于维护器材质量非常重要。而在实际工作中,影响装甲装备器材质量的因素很多,如储存环境、包装材料、周转速度、库房管理等。而不同的装甲装备器材,对于不同影响因素的敏感性也不尽相同。

2.2.1 储存环境对器材质量的影响

储存环境是指装甲装备器材在储存过程中影响器材理化、力学及生物等的外界环境,可分为自然环境和诱发环境。

自然环境是指自然形成的,非人为因素造成的环境,主要包括温度、湿度、氧气、臭氧、太阳辐射、雷电、雨、雪、雾、大气压力、风及沙尘等。

诱发环境是指由人类活动引起的环境,如大气污染、沙尘、振动、冲击、静电、电磁辐射等。诱发环境虽然是由人类活动引起的,但它受自然环境因素的影响很大,雨可以净化空气,风可以将局部产生的有害气体吹散或扩散到更广泛的区域,雨雪雾使空气中的含尘量减小,温度和湿度也会影响其他的诱发环境因素。

一般情况下,自然环境和诱发环境可以进行明确的区分,但个别情况下也难以区分。例如,一般来讲,空气污染是人类活动造成的,属于诱发环境因素,但植物和有机物腐烂产生的烃类也会造成空气污染;沙尘可以是自然形成的,也可以是人类活动形成的等。当然,这种区分对于器材质量的防护研究,在本质上的差别并不大。在任何情况下,自然环境因素及诱发环境因素都不是以单个环境因素孤立存在的,常常是多种环境因素同时发生作用,而且随着时间、区域的不同,影响因素也在不断地发生变化。研究环境因素对装甲装备器材的影响,需要结合实际情况,以便于指导防护工作为原则,分析主要因素。

▶ **2.2.1.1 环境温度**

气象台站观测的温度,为距地面 1.5~2m 处无阳光直射,且空气流通的百叶箱内的空气温度。非封闭结构的仓库,如果空气流通便利,通常与气象台站的观测温度相接近。

地面温度主要是由太阳辐射、地面及大气环流相互作用决定的。地理纬度决定太阳辐射量值的多少,在低纬度地区,太阳辐射量大,且随昼夜时间的变化较小。在高纬度地区,夏季白天时间较长,白天太阳辐射量与低纬度地区相比并不少,但在冬季,黑夜长,白天太阳辐射量与低纬度地区相比大大减少。

炎热的夏季,仓库内温度一般比室外低 5℃ 左右,而在冬季,仓库内温度则与室外温度差别很小。在运输过程中,汽车、火车、飞机货仓内的温度一般要比周围大气温度高一些。铁路的棚车,由于车箱吸热,以及太阳的强烈辐射,棚车内的温度比室外高 15~20℃。

装甲装备器材往往要在寒区干冷和高温湿热地区使用,所以要承受宽温度范围的影响。温度既影响器材包装防护材料的物理、化学性质,还对其他环境因素的性质和作用有很大影响。全国各大城市温度变化情况见表 2-12。

表 2-12 全国部分大城市温度值

地名	温度 /℃		
	最高温度	最低温度	平均温度
北京	40.6	-27.4	11.6
上海	38.9	-9.1	15.7
石家庄	42.7	-26.5	12.8
太原	39.4	-25.5	9.3
呼和浩特	37.3	-32.8	5.6
哈尔滨	36.4	-38.1	3.6
长春	38	-36.5	4.8
沈阳	38.3	-30.6	7.7
南京	40.7	-14.0	15.4
合肥	41.0	-20.6	15.7
杭州	39.7	-9.6	16.1
南昌	40.6	-7.7	17.5
福州	39.3	-1.2	19.6
郑州	43	-17.9	14.2
汉口	39.4	-17.3	16.3
长沙	40.6	-9.6	17.2
广州	38.7	0.0	21.8
海口	38.9	2.8	23.8
西沙	34.9	15.3	26.4
南宁	40.4	-2.1	21.6
贵阳	37.5	-7.8	15.3
成都	37.5	-4.6	16.3
昆明	31.5	-5.4	14.8
拉萨	29.4	-16.5	7.5
济南	42.5	-19.7	14.2
乌鲁木齐	30.5	-30.2	2.0
西宁	32.4	-26	5.5
兰州	39.1	-21.7	9.1
银川	39.1	-21.7	9.1
西安	41.7	-20.6	13.3

1. 对金属类器材的影响

高温会引起金属器材使用的防锈剂黏度降低、流失、分解氧化,使防护作用降低。由于化学反应随温度的升高,而促使腐蚀反应速度增加。金属在大气环境腐蚀中,当相对湿度处于临界状态以上时,通常温度每提高10℃,金属的腐蚀速度将增加1倍。

温差变化可引起水分的凝露,为金属电化学腐蚀中的电解液形成创造条件。在临界湿度附近能否结露与气温变化有关,这意味着当湿度一定时,温度的高低具有很大的影响。利用图2-14露点湿度表,可通过气温和相对湿度求出结露的温度(露点)。图中斜线为环境相对湿度。

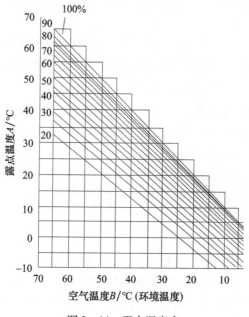

图2-14 露点湿度表

统计结果表明,在其他条件相同时,平均气温高的地区,大气腐蚀速度较大。气温的剧烈变化也会影响大气腐蚀速度。当温度降低时,相对湿度大大增加,以至产生凝露。例如,夜间气温下降,金属表面温度低于周围大气温度,大气中的水蒸气便凝结在金属表面上,从而加速了金属的腐蚀。

2. 对光学仪器的影响

生霉和起雾是影响光学仪器的两个主要现象。在引起生霉和起雾的不利因素中,温度的影响仅次于湿度。温度的骤然降低,会使光学仪器内部产生冷凝,引起生霉或起雾。因此,光学仪器的储存温度应尽可能稳定在一定范围内或缓慢变化，防止骤升或骤降。

一般来说，玻璃的强度随温度的升高而降低，原因是随着温度的升高，出现了一些表面损伤和热起伏现象，使应力在缺陷处易于集中，增加了破裂的概率。在温度低时，因为反应速度过小，玻璃一般不出现疲劳，温度升高，玻璃疲劳度增加。

3. 对电子元器件的影响

温度对电子光电类器材的影响，突出表现在因热胀冷缩造成复合材料相对位置的变化，产生内应力，当内应力增大到一定程度时，会引发裂纹和断裂、密封处漏气等，造成电子光电类器材的永久性损坏。当温度迅速降低时，器材周围热空气中的水分会冷凝在器材表面，加速器材的腐蚀速度，造成内部电路的短路等。温度的骤然变化，还会使器材变形、破裂，使包装材料破损泄漏、表面开裂，玻璃容器碎裂等。

对于电子设备和电子元器件，温度上升，会引起电子元器件材质的老化、绝缘损坏、氧化、气体膨胀、润滑剂的黏度下降、结构上的物理性断裂、电解质干枯等。波动的热循环，使微电路的芯片与基体分离。

4. 对橡胶类器材的影响

橡胶在低温下会失去柔性和变脆。因此，在低温下载荷的变化更易引起橡胶材料的震裂破坏，但有些变化是可逆的，如果这种材料在低温下没有机械损伤，则一旦温度恢复到正常时就会恢复其原来的特性。在高温下，天然和合成橡胶会发生降解和交联反应，导致橡胶材料的老化、永久变形、拉伸强度降低、弹性下降等。

5. 对塑料的影响

高温是引起塑料老化的一个主要因素。当然，温度对于塑料的影响，常常与其他因素共同作用。引起塑料老化的主要因素是光、氧、热和化学溶剂。由于作为包装材料的塑料，经常直接受到光照，加上与氧气直接接触，在温度稍高的情况下，塑料的防护作用大为减弱。尤其是在高温的情况下，加上光照与氧气的作用，塑料会产生脆化、龟裂、强度降低等。在低温情况下，大多数塑料的脆性会增加，强度降低，但使用很广泛的聚乙烯薄膜，低温时却有较好的柔性和韧性。

6. 对木制品的影响

高温是引起木制品质量下降的一个主要因素。木制品长时间处在高温环境中强度会逐渐下降，其降低的速率随温度升高而增大。半成品木材长期受日晒、风吹、雨淋也会产生类似的结果。交替的阴雨和干热天气会使木材产生龟裂与裂缝和综合腐蚀，最后丧失其使用特性。

2.2.1.2 环境湿度

1. 湿度对金属类器材的影响

1) 大气腐蚀

金属表面的潮湿程度通常是决定大气腐蚀速度的主要因素,据此,将大气腐蚀分为以下三类:

(1) 干大气腐蚀。干大气腐蚀是指在非常干燥的空气中,金属表面完全没有水分膜层的大气腐蚀。在洁净的大气中,所有普通金属在室温下都可生成肉眼看不见的氧化物保护膜。在有微量气体污染物(如硫化物)存在的情况下,钢、铁和某些其他非铁金属,即使在常温下也会生成一层可见的膜,这种膜的生成,使金属失去光泽。在同样的条件下,当大气的湿度没有超过临界温度时,铁和钢的表面将保持光亮。

(2) 潮大气腐蚀。当相对湿度足够高时(相对湿度大于70%),在金属表面存在着肉眼看不见的水膜时所产生的腐蚀,如铁在没有被雨雪淋到时的生锈。

(3) 湿大气腐蚀。在金属表面存在着肉眼可见的凝结水膜时的腐蚀。当空气中的相对湿度接近100%,或当雨、雪、水沫直接落在金属表面上时,便发生这类腐蚀。

2) 金属表面的凝露

大气腐蚀除干大气腐蚀外,其他两类都是在金属表面一层很薄的水膜中进行的。在一定温度下,当空气中的水蒸气超过饱和含量时,水蒸气就会凝结,沉积在金属表面上,形成水膜。温度越低,空气中饱和水蒸气的含量也越低。例如,将水蒸气未饱和的空气冷却到一定的温度,水蒸气就会达到饱和而冷凝出来。晚上气温下降,出现露水就是这个缘故。

空气的相对湿度达到100%时形成的水膜,其厚度一般在20~300μm,肉眼可以看见。雨水或水沫直接落在金属表面上形成水膜更厚,可达1mm以上。当金属表面粗糙或表面上有灰尘、碳粒或腐蚀产物时,即使空气的相对湿度低于100%,水蒸气也会凝结在低凹的地方,或固体颗粒之间的缝隙处,形成很薄的、肉眼看不见的水膜,其厚度小于1μm。

相对湿度低于100%也会发生水蒸气的凝聚,主要有以下原因:

(1) 毛细凝聚。气相中的水蒸气的饱和压力与水蒸气压平衡的弯液面的曲率有关。在凹的弯液面上的平衡饱和蒸汽压比平液面上的要小,因此,当平液面上的水蒸气还未达到饱和(相对湿度小于100%)时,在很细的毛细管中,水蒸气优先凝聚是可能的。凹弯液面的半径越小,在毛细管内发生冷凝的相对温度就越低。表2-13列出了两者相应的数据。

表2-13 毛细管半径及相应的水蒸气冷凝时的相对湿度

毛细管半径/Å	冷凝时相对湿度/%	毛细管半径/Å	冷凝时相对湿度/%
360	98	30	70
94	90	21	60
47	80	15	50

由表2-13可知,当毛细管的半径很小时,如94Å,相对湿度为90%时,就会发生毛细凝聚作用。由于结构零件之间的狭缝,金属表面上的灰尘、氧化膜或腐蚀产物中的小孔等具有毛细管的特性,所以在大气条件下,都能促进水分在相对湿度低于100%时发生凝聚。在大气腐蚀时,往往可以观察到隙缝中,在有灰尘或锈层的表面上,其锈蚀过程特别快,这是毛细凝聚作用的结果。

(2) 化学凝聚。金属表面若存在着能同水结合的盐类或可溶的腐蚀产物,在相对湿度远远低于100%时也会引发化学凝聚。由于盐溶液上的蒸汽压低于纯溶剂上的蒸汽压,盐溶液在金属表面上的存在,会使水汽的凝聚变得更加容易。表2-14列出了20℃时一些饱和盐溶液相平衡的空气中的相对湿度。

表2-14 20℃时与饱和盐溶液平衡的空气中的相对湿度

溶液中的盐	相对湿度/%	溶液中的盐	相对湿度/%
五水硫酸铜($CuSO_4 \cdot 5H_2O$)	98	氯化钠 $NaCl$	76
硫酸钾(K_2SO_4)	98	二水氯化铜($CuCl_2 \cdot 2H_2O$)	68
硫酸钠(Na_2SO_4)	93	氯化亚铁($FeCl_2$)	56
十水硫酸钠($Na_2SO_4 \cdot 10H_2O$)	92	氯化镍($NiCl_2$)	54
七水硫酸亚铁($FeSO_4 \cdot 7H_2O$)	92	二水碳酸钾($K_2CO_3 \cdot 2H_2O$)	44
七水硫酸锌($ZnSO_4 \cdot 7H_2O$)	90	六水氯化镁($MgCl_2 \cdot 6H_2O$)	34
八水硫酸镉($CdSO_4 \cdot 8H_2O$)	89	六水氯化钙($CaCl_2 \cdot 6H_2O$)	32
氯化钾 KCl	86	一水氯化锌($ZnCl_2 \cdot H_2O$)	10
硫酸铵($NH_4)_2SO_4$	81	氯化铵(NH_4Cl)	80

(3) 吸附凝聚。水分子与邻接的金属表面之间存在相互吸引力(范德华力),水蒸气凝聚的可能性增大,并可在相对湿度低于100%时发生凝聚,实验证明,在洁净的细磨过的铁表面上的水层,其厚度从相对湿度为55%时的15个分子层,增长到相对湿度约100%时的90~100个分子层(假定铁的真实表面积

为其几何表面的两倍),如图2-15所示。据研究,这样的水膜能够维持电化学腐蚀过程。

应当指出,在金属表面凝结的水膜,并不纯净。空气中含有氮、氧、二氧化碳等气体、工业大气中所含有的SO_2、NH_3、HCl和氮的氧化物等气体杂质,都会溶解在金属表面的水膜中,形成电解质溶液。

3)大气腐蚀的特点

大气腐蚀的三种类型在腐蚀历程上是不同的,并各有其特点。

干大气腐蚀比较简单,腐蚀速度慢,其机理主要是纯化学作用。暴露在清洁、干燥空气中的所有金属几乎都能产生一层氧化膜,这层膜能阻止金属进一步的氧化。银和铂系金属

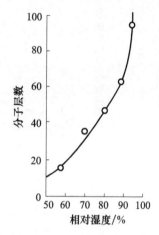

图2-15 洁净的细磨过的表面上吸附水膜的厚度变化与空气中相对湿度的关系

暴露在特别潮湿的环境中,只有轻微氧化的趋势,由于具有这种良好的防锈性能,其广泛地应用于电接触器的触点上,同时成为一种高级镀覆材料。

湿大气腐蚀是在金属表面电解液膜下进行的腐蚀,按其历程而言,与金属全浸在电解液中的电化学腐蚀相似。但由于电解液层薄,微电池工作特性又与全浸在电解液中时有差别,这种差别在潮大气腐蚀时表现得最为明显。潮大气腐蚀在相对湿度低于100%时发生。由于腐蚀表面上存在极薄的水膜,因而腐蚀过程仍然是在水分-电解液膜下发生。但空气中的氧,通过金属表面水膜比通过全浸的液层要容易得多。所以大气腐蚀时,阴极去极化过程主要是通过氧的去极化作用,即使是电位极负的金属,如镁及其合金,当从全浸于电解液的腐蚀转变为大气腐蚀时,阴极去极化由氢去极化为主,转变为氧去极化为主,如图2-16所示。又如在强酸性溶液中,铁、锌、铝等在全浸时主要依靠氢去极化进行腐蚀,但是在城市工业大气下所形成的酸性水膜下,这些金属的腐蚀却主要是依靠氧的去极化作用。大气腐蚀的阳极过程在薄液膜下会受到较大的阻力,这也是因为在这种条件下,氧易扩散而使阳极钝化,给阳极离子化(溶解)过程造成困难。可以得出结论,一般随着金属表面电解液层变薄,大气腐蚀的阴极过程更容易进行,而阳极过程则相反,变得较为困难。湿大气腐蚀主要受阴极过程控制,而潮大气腐蚀则主要受阳极过程控制。由此可见,随着水膜厚度的变化,不仅表面潮湿度不同,而且腐蚀的电极过程控制特征也不同。

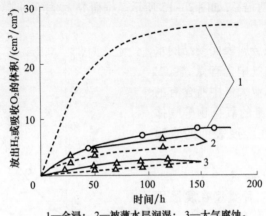

1—全浸；2—被薄水层润湿；3—大气腐蚀。
实线—氧去极化；　虚线—氢去极化。

图 2-16　镁全浸于蒸馏水中及在洁净的大气条件下
腐蚀时的氢去极化和氧去极化

在一定条件下，腐蚀产物还会影响大气腐蚀的电极反应。例如，铁和钢的锈层处在湿润条件下，当氧的通路受限制时，铁锈可以作为氧化剂，即发生阴极去极化反应，反应式如下：

$$4Fe_2O_3 + Fe^{2+} + 2e \rightleftharpoons 3Fe_3O_4 \tag{2-15}$$

而当锈层干燥时，是透氧的，黑色 Fe_3O_4 又被渗入锈层的氧重新氧化，变成 Fe_2O_3，即

$$4Fe_3O_4 + O_2 \rightleftharpoons 6Fe_2O_3 \tag{2-16}$$

可见，在干湿交替的条件下，带有锈层的钢，能加速腐蚀的进行。

金属表面的水膜厚度与腐蚀速度的关系如图 2-17 所示。

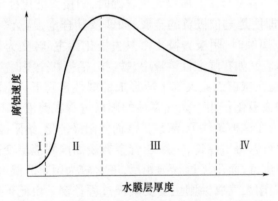

图 2-17　大气腐蚀与金属表面水膜厚度之间的关系

区域Ⅰ,金属表面只有一层薄薄的吸附水膜,几个水分子厚(10～100Å),电解液是连续的,相当于干大气腐蚀,腐蚀速度很慢。

区域Ⅱ,由于金属表面液膜厚度增加,水膜厚度为几十到几百个分子层,形成连续电解液薄层,开始电化学过程,相当于潮大气腐蚀,腐蚀速度急剧增加。

区域Ⅲ,当金属表面水膜继续增厚(几十到几百微米),进入湿大气腐蚀区,氧通过液膜扩散到金属表面比较困难,所以腐蚀速度有所下降。

区域Ⅳ,金属表面的水膜变得更厚(大于1mm),已相当于全浸在电解液中的情况,腐蚀速度基本上不变。

应当指出,在实际大气腐蚀情况下,由于环境条件变化,各种腐蚀形式可以互相转换。例如,在空气中,起初以干大气腐蚀进行的腐蚀,当湿度增大或由于生成吸水性的腐蚀产物时,可能会开始按照潮大气腐蚀进行。当雨水直接落到金属表面上时,潮大气腐蚀又转变为湿大气腐蚀。而当表面干燥以后,又会重新按潮大气腐蚀形式进行腐蚀。通常所说的大气腐蚀是指在常温下潮湿空气中的腐蚀,也就是只考虑潮和湿大气腐蚀这两种主要的腐蚀形式。潮湿的条件下,在周围的空气达到饱和以前,金属材料已吸附了一层水膜。大多数金属会在潮湿情况下腐蚀。

腐蚀速度受潮湿作用的方式影响。潮湿和干燥的交替作用会引起很快的腐蚀,而浸没在冷凝后形成的水膜中更具有破坏性。相对湿度在80%时,会造成钢的腐蚀速度加快,锌的腐蚀速度显著加快。除通过单纯的化学氧化作用造成腐蚀之外,潮湿还会通过电化学作用造成腐蚀。

湿度随季节变化,且昼夜间的湿度变化也很大,由于干湿交替、雾化、冷凝和浸渍,金属的腐蚀速度将会更快。

4)金属腐蚀的临界相对湿度

湿度表示大气中水蒸气的含量,相对湿度表示空气中水蒸气含量与同一温度下空气饱和水蒸气含量的比值。当空气中水蒸气含量达到饱和含量时,水分开始凝结出来称为凝露。当温度降低时,在水蒸气质量不变的情况下,相对湿度不断增高,相对湿度增加到100%时,开始凝露,此时的温度称为露点。露点反映了空气中水蒸气含量的多少(即绝对湿度),露点越低表示空气中所含水蒸气量越少。空气中的相对湿度和露点,决定了在金属表面上是否形成水膜和水膜形成的厚度。

理论上讲,当空气中相对湿度达到100%时,金属表面开始形成水膜,实际上,由于金属表面对水的吸附、金属表面不平整等,在相对湿度还相当低时,金属表面就已吸附了水膜,但太薄的水膜还不足以使金属表面的电化学腐蚀顺利进行,因为此时还难以形成有效的离子传递,当空气中相对湿度达到一定值时,使金属表面上形成一定厚度的水膜,电化学腐蚀速度突然上升,此时的相对湿度对某种金属而言,为其临界相对湿度,钢铁的临界相对湿度为70%。

对于大部分金属来说,都有一个临界的相对湿度值,超过这一临界值,腐蚀速度会成倍增加。不同的金属和合金,这一临界值是不同的:铁为70%~75%,锌为65%,铝为60%~65%。当然金属的腐蚀程度和速度也与空气中的有害气体,如二氧化硫的量有关。由湿度产生的溶液为腐蚀过程提供了电解液,腐蚀一旦产生,即便将其放入良好的环境中,腐蚀也将会继续下去。

不同电位的金属连接在一起,是电子类、电器类器材的突出特点,由潮湿形成的电解液而产生的电化学腐蚀,会加剧这类器材的腐蚀。

2. 湿度对非金属类器材的影响

1)橡胶制品

引起橡胶制品变质的主要因素是臭氧、热、光、湿度与其他有害介质,以及它们的综合作用。

2)塑料

有机聚合物的物理变质通常表现为变形和变脆。由于水分子的介入和渗透,塑料会产生变形,造成增塑剂的损失,从而引起脆性增加。

3)光学仪器

在高湿和温度变化较大的地区,水汽会很快凝结到光学仪器的玻璃上,并渗透到密封的光学元件中去,使一部分水分留在光学仪器内部,产生雾珠吸附在玻璃内表面上,霉菌有了适宜生长的条件,长霉就不可避免了。

人们通常认为玻璃是不溶解的,其实玻璃在常温高湿条件下会产生侵蚀,只不过溶解产生的侵蚀速度较慢,一般为 0.0008mm/年,在潮湿空气中和水中,会降低玻璃的强度,这取决于水与玻璃的反应速度,在 SO_3、CO_2 等气体的作用下,可使玻璃表面的碱含量降低,减弱水对玻璃的作用,从而也可使玻璃的强度提高。当玻璃上凝露出水珠后,会溶解玻璃中析出的氢氧化钠,形成碱性溶液,侵蚀过程将加剧。

4)电子元器件类

湿度对电子元器件的影响是诸因素中最为普遍和重要的,湿度过大,在仪器及元器件的表面会形成水膜,在污染物的催化下,造成微电路及电子元器件的漏电、短路或断路。

湿度过低对电子产品也是不利的,空气太干燥,容易产生静电,引起半导体元件的损坏,因而要求电子元器件的封存环境保持相对湿度为45%~75%范围内。

5) 纺织品和纸张

纺织品和纸张中的天然纤维有很高的吸水性,湿度大时会引起由植物纤维基体构成的纤维素的光化学破坏,所有的纤维吸湿后膨胀,棉纤维、黄麻、亚麻纤维都有很高的吸水性,羊毛比任何纤维都更容易吸水,毛毡制品吸水后,其抗拉强度降低,失去弹性,重要的是纤维吸水后霉菌会旺盛地生长和繁殖,致使纤维制品腐烂变质。

▶ 2.2.1.3 太阳辐射

太阳辐射线包括太阳发射的任何射线,波长为 $0.1\sim100\mu m$ 的波谱占太阳全部辐射能量的 99.99%,包括红外线、可见光、紫外线。地球上接受的太阳辐射量受大气层的影响,同时受天顶角(地球表面法线与太阳光线组成的夹角)影响,约 35% 的太阳光线被大气层反射回宇宙空间,未被大气层反射的大部分太阳能则被地球表面吸收,而后通过较长波段的再辐射加热大气层,大气层再将能量辐射回宇宙空间。

太阳辐射对器材质量的影响主要有两个方面:一是材料的光化学损坏,二是材料和环境受热。这两种效应对各种材料的性能有着广泛影响。

1. 对橡胶制品的影响

橡胶的损坏主要是由氧和臭氧引起的氧化。影响氧化的主要因素依次为热、光、水蒸气和某些金属离子。太阳辐射引起橡胶的光氧化作用,可同时发生橡胶分子结构的交联和断链作用。交联作用表现为在橡胶表面逐渐产生很细裂缝的不规则花纹,断链作用则降低其延伸率和抗拉强度。在橡胶件受到应力时,更易受到光氧化的影响。一般情况下,合成橡胶的耐光氧化能力较天然橡胶好,如硅橡胶、氟化橡胶、聚酯橡胶等。

2. 对塑料的影响

太阳辐射对塑料的一般效应是产生光化学反应,这是塑料老化的主要原因之一。在有空气存在的情况下,太阳辐射使塑料氧化,改变分子结构,使其性能降低。光化学损坏的一般迹象是强度降低、脆化、产生裂纹、龟裂、脱色和性能降低。降低太阳光对塑料破坏作用的方法是在塑料制造过程中加入少量的添加剂,如苯并三唑或二苯酮。

3. 对纺织品的影响

太阳辐射的光化学作用是引起纺织品损坏的最主要因素。损坏通常表现为抗拉强度降低、弹性减弱和褪色,氧气的存在则加剧了损坏的进程。天然纤维耐光化学破坏的能力,以羊毛最佳,依次为棉花、黄麻和丝绸。

2.2.1.4 盐雾

大气中的盐主要来自海洋,每年从海洋转移到大气中的盐有 10 亿吨,约有 10% 被吹到陆地上空。盐在大气中存在有两种形式:一种是含盐液滴,另一种是固体的结晶盐颗粒,盐颗粒在大气中下降的平均速度为 1~2cm/s,盐颗粒绝大部分沉降在沿海陆地上。

盐雾是指含有大量悬浮的盐分并集聚成小水滴而形成的水汽。盐雾是沿海地区的特性,沿海雾中的含盐浓度可达 200mg/L,盐的沉降量高达 $40g/(m^2 \cdot 年)$。通常沿海地区盐的沉降量为 $20g/(m^2 \cdot 年)$。盐的沉降量随距海洋的距离增大呈递减趋势,内陆地区盐的沉降量为 $0.5~2g/(m^2 \cdot 年)$(工业区、盐湖地区除外)。

大气中的盐以结晶或液滴形式出现,因此,结晶盐微粒、沉降的雨水、含盐的雾等都会使器材受到盐的影响。

盐对器材的影响几乎都是和其他环境因素综合产生的,与盐相关联的主要因素是水和风。水和潮湿空气中的盐,会形成强电解质溶液,对器材具有腐蚀性,该电解质溶液会加速金属化学和电化学反应,从而加速金属的腐蚀。风可以把盐送到世界各地,对于世界各个地方的器材储存构成影响。

1. 对金属器材的影响

多种金属组合在一起,因为不同金属的电位不同,容易形成接触腐蚀和缝隙腐蚀,加速金属腐蚀。多种金属组合在一起,是绝大多数装甲装备器材的特点,这也是器材容易形成腐蚀的一个重要原因。

起腐蚀作用的盐主要有氯化物盐、硝酸盐、磷酸盐等。尤其在沿海大气中氯化物盐含量很高。盐可以水解形成酸和碱,构成电化学腐蚀中的电解质,含盐电解质溶液均能电离,通过电化学作用造成腐蚀。

金属与环境中化学物质反应所产生的腐蚀会发生在很多情况下,大多数化学作用依赖于水汽才能生效,空气中的污染物是腐蚀过程中的一个重要部分,特别是遇到雨、雾时,由水蒸气作为载体,使污染物与包装接触。空气中的盐、游离的酸和碱,将使其化学反应一直进行下去。化学腐蚀受温度的影响很大,在常温时化学腐蚀是缓慢的。

金属化学腐蚀的特点是在金属表面发生的,生成的腐蚀产物多紧密地附着于金属表面形成膜层,有时这种膜层是致密的,此后的腐蚀反应必须穿透膜层才能实现。

2. 对电子元器件类的影响

盐溶液会使绝缘体成为导体,容易导致电子、电气设备等器材失去电气性能,造成损坏或失效。

3. 对橡胶制品的影响

盐雾附着在橡胶表面,将会破坏橡胶制品的内部结构,导致橡胶网状结构断裂,使橡胶发黏,弹性下降。

4. 对塑料制品的影响

盐雾能够加速塑料制品的老化、脱色,使塑料制品变脆。

5. 对纺织品的影响

盐雾对纺织品影响很大,纺织品吸收了盐雾后出现褪色泛白,特别会使帆布制品发潮霉烂。

▶ 2.2.1.5 臭氧

臭氧分子式为 O_3,是氧的同素异形体,主要由光化学反应而自然产生,是一种诱发出来的大气成分。臭氧在地球表面呈线性分布,其浓度按体积计,但它的活性使其成为比分子氧更强的一种氧化剂,尽管分子氧的浓度要比臭氧高得多。

臭氧出现在较低的大气层中,浓度通常较低,而且活性大,会由于自然或人为的因素发生变化。大气中氧浓度随时间和空间变化,一般臭氧浓度春天最高,冬天最低,白天的浓度大于夜间,地球两极浓度大于低纬度地区。

臭氧将大气中的二氧化硫氧化成三氧化硫,三氧化硫溶于水中即为硫酸,将二氧化氮氧化成五氧化氮,导致产生硝酸。这两种酸都是强氧化剂,即通常所讲的强酸,能够腐蚀所有器材。

关于臭氧对装甲装备器材损坏的研究,目前主要集中在合成橡胶和纺织品方面。因为聚合物对大气中的臭氧比较敏感。当聚合物暴露于大气的臭氧中时,既会发生断链作用,又会发生交联作用。断链作用导致流动性增加,拉伸强度降低,交联作用增加聚合物的刚性,降低弹性,使材料变脆。显然,这两种作用是不利的,需要最大限度的防止或延缓。

几乎所有橡胶的化学结构均为双键。断键作用使得橡胶对臭氧侵蚀高度敏感。带有饱和结构的人造橡胶则具有较强的耐臭氧能力,如硅橡胶、含氟橡胶的耐臭氧能力就较强。

▶ 2.2.1.6 生物和微生物

生物主要包括动物和植物。对装甲装备器材质量影响较大的生物包括老鼠、白蚁、粉蠹虫类、毯甲虫、衣蛾、衣鱼等。这些生物分布广、危害大,如白蚁、粉蠹虫类主要损坏木质包装材料;毯甲虫、衣鱼、衣蛾主要损坏皮革、纤维、纸制品等含碳水化合物的制品,生物的尸体也为霉菌提供了营养物质。

微生物包括细菌、霉菌和其他菌类。影响器材质量的主要是霉菌,霉菌是没有叶子、杆或根的植物,对环境的适应能力强。因为微生物的普遍存在及对环境的高适应性,所以,它们对各类器材质量的影响不可忽视,包括电子和电气设备、光学设备、金属、润滑脂、橡胶、塑料、棉麻制品、纸制品等。

1. 对金属器材的影响

微生物腐蚀并不是微生物直接食取金属,而是微生物生命活动的结果直接或间接参与了腐蚀过程。它主要由以下4种方式影响着腐蚀过程:

(1) 微生物新陈代谢产物的腐蚀作用。微生物能产生一些具有腐蚀性的代谢产物,如无机酸、有机酸、硫化物、氨等,恶化了金属腐蚀的环境。

(2) 促进了腐蚀的电极反应动力学过程。例如,硫酸盐还原菌的存在能促进金属腐蚀的阴极去极化过程。

(3) 改变金属所处环境状况。例如,氧浓度、盐浓度、酸度等形成了氧浓差等的局部腐蚀电池。

(4) 破坏金属表面有保护性的非金属覆盖层或缓蚀剂的稳定性。

微生物腐蚀一个显著的特征是在金属表面伴随有黏泥的沉积。因为许多微生物都能分泌黏液,这些黏液与介质中的土粒、矿物质、死亡菌体、藻类和金属腐蚀产物混合在一起即形成黏泥。微生物腐蚀的程度往往和黏泥积聚的数量密切相关。例如,有人曾在冷却水中,用过滤的方法把黏泥除去,结果钢铁的腐蚀程度下降了6~7倍。微生物腐蚀的另一特征是腐蚀部位总带有孔蚀的迹象。这是因为在黏泥覆盖下,局部金属表面成为贫氧区,产生了氧浓差极化而引起的。

微生物腐蚀主要是由多种微生物共生、交互作用的结果。与腐蚀有关的微生物主要是细菌类,所以微生物腐蚀又称为细菌腐蚀。自然环境中的细菌成千上万,但参与金属腐蚀过程的菌种并不多,一般可把腐蚀性细菌分为嗜氧性菌(或称喜氧性菌)和厌氧性菌两大类。

微生物腐蚀往往是两种以上细菌相互共生。因为嗜氧性腐蚀造成了缺氧的局部环境,使厌氧性菌也得到了繁殖,两类细菌相辅相成加速了金属的腐蚀。

例如,水管内壁的锈瘤腐蚀,是以铁细菌腐蚀为先导而构成的一种腐蚀形态。铁细菌通常生活在溪流和泉水中,它们随水钻入水管内,把水管腐蚀溶解下来的亚铁离子(Fe^{2+})氧化成Fe^{3+}离子,并形成$Fe(OH)_3$沉淀,沉淀物附着在管道内侧表面,生成硬壳状锈瘤,如图2-18所示。锈瘤限制了氧的扩散,使瘤下的金属表面成为贫氧的阳极区,瘤外其余金属表面成为富氧的阴极区。这种局部氧浓差作用使瘤下金属形成蚀孔,而瘤下金属受到加速溶解。此时,若把锈瘤凿出,发现它与金属接触的部位含有丰富的硫化物,并分离出硫酸盐还原菌。在一些实例中,腐蚀产物含有 1.5%~2.5% 的硫化物,而每克腐蚀产物中含硫酸盐还原菌达到 1000 个。

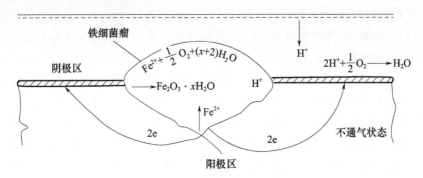

图 2-18　铁细菌在水管内壁形成氧浓差腐蚀电池示意图

细菌联合作用的现象很普遍。例如,在我国某炼油厂冷却装置的生物垢层中,就曾分离出铁细菌、硫杆菌、硫酸盐还原菌、原生动物及藻类等多种微生物。在船壳的藤壳状物的基部,也发现有硫酸盐还原菌的存在。在土壤中地下水位波动区域,由于水位升降造成无氧和缺氧条件,氧化菌和硫酸盐还原菌的活动也十分活跃。

2. 对电子元器件类的影响

霉菌与潮湿程度和温度有关,霉菌可造成电子设备及元器件的绝缘性能下降和介质的老化,霉菌代谢产生的各种有机酸会加速金属的腐蚀和非金属材料的老化变质。

3. 对光学仪器的影响

霉菌对光学仪器的影响最显著。在适宜的温度和湿度条件下,仪器内若有霉菌的养料储备,即使只有少量的几个孢子,也能使整个镜面为菌丝所布满,导致仪器报废而不能使用。

4. 对橡胶制品的影响

某些橡胶化合物易受微生物侵蚀而发霉老化。这种反应在温暖潮湿的环境下发展很快,使橡胶器材发硬失去弹性。

5. 对帆布、毛毡制品的影响

帆布、毛毡制品的基本构成材料为棉、麻、化纤、羊毛等。帆布制品、毛毡制品中含有大量的糖类、蛋白质、脂肪等营养物质,可为霉菌生长繁殖提供适宜的外界条件。当环境的温、湿度适宜时,帆布制品、毛毡制品就容易长霉,使帆布、毛毡制品外观和质量受到损害以致报废。霉菌中的曲霉、木霉和芽枝霉等均极易在帆布制品、毛毡制品中生长繁殖。

2.2.1.7 大气污染物

大气污染可以定义为大气中增加了足够数量的气态或固态悬浮物,从而使空气的物理、化学、生物特性产生了不良的变化。大气污染物主要包括硫化物、一氧化碳、碳氢化合物和颗粒物。

硫化物(含二氧化硫、三氧化硫、硫化氢等)的化学性质活泼,使得硫化物成为大气污染物中对器材产生影响的主要物质成分。大气中的硫化物主要来源于矿物燃料的燃烧,在城近郊区、工业区上空,大气中硫化物的含量一般较高。

在硫化物中,二氧化硫是主要污染物,排放到大气中的二氧化硫与三氧化硫的浓度比约为 100∶1,二氧化硫在空气中的浓度达到百万分之一时,大多数人能通过嗅觉感觉出来。二氧化硫在水中有着很高的溶解度,为 11.3g/100mL,溶于水中形成亚硫酸。在大气中,二氧化硫与其他污染物通过光化学反应或催化反应形成三氧化硫、硫酸或硫酸盐。大气中的三氧化硫几乎能立即形成硫酸,因此大气中的三氧化硫通常以粒状酸滴的形式存在;大气中的硫化氢能立即被臭氧氧化成二氧化硫。

碳氧化物和氮氧化物也是大气污染的重要指标,人为的氮氧化物主要来自矿物质的燃烧,氮氧化物如二氧化氮具有腐蚀性的氧化性,对器材有一定的不良影响,但它的危害主要体现在生理学方面,如产生具有损害健康的兴奋或毒害等。

大气中的颗粒污染物主要是由燃烧过程产生的,包括烟雾、灰尘、煤烟、纤维和液滴,每个颗粒物的大小、形状、组成各不相同,化学组成取决于排放污染源。颗粒污染物具有成核、吸附、运动、沉降的特征。

1. 对金属器材的影响

大气污染物对于金属器材的影响主要表现在腐蚀性方面。大气污染物主要来源于煤碳和石油等矿物质的燃烧,一般具有很强的酸性,主要成分是二氧化硫、硫化氢、二氧化碳等。其中,二氧化硫和二氧化碳溶于水气中即形成亚硫酸和碳酸,对金属具有很强的腐蚀性,同时硫化氢对钢铁也有腐蚀作用。

二氧化硫是对器材影响最大的一种污染物,大气中含有 0.01% 的二氧化硫时,可使金属腐蚀的临界相对湿度由 70% 下降到 50%。在潮湿大气中,一个二氧化硫分子可使几十个原子的铁变为氧化物,其反应为

$$2SO_2 + O_2 \longrightarrow 2SO_3 \tag{2-17}$$

$$SO_3 + H_2O \longrightarrow H_2SO_4 \tag{2-18}$$

$$H_2SO_4 + Fe \longrightarrow FeSO_4 + H_2 \tag{2-19}$$

$$4FeSO_4 + O_2 + 2H_2SO_4 \longrightarrow 2Fe_2(SO_4)_3 + 2H_2O \tag{2-20}$$

腐蚀产物硫酸铁水解后又生成硫酸,继续促进腐蚀。

$$Fe_2(SO_4)_3 + 6H_2O \longrightarrow 3H_2SO_4 + 2Fe(OH)_3 \tag{2-21}$$

大气污染物中的颗粒物,除具有化学特性的酸、碱粒子外,也有无化学活性但具有吸附性的物质,如碳粒本身并不具有化学活性,但可以吸附二氧化硫等有害气体,沉降在金属表面上时,使金属表面有害物质的浓度大于空气中的浓度,造成金属腐蚀。沙尘既无化学活性又无吸附活性,但沙尘沉降到金属表面上时,与金属表面形成缝隙,由于毛细管作用而吸收水分,促进形成并保持水膜,形成氧浓差电池而造成腐蚀。

2. 对电子元器件的影响

据有关部门对电子元器件生产厂家的全面调查,电子元器件的大多数损坏是由于空气中悬浮的颗粒物造成的,颗粒物引起电子元器材件损坏的形式有:

(1) 干扰许多元件制造中所采用的光蚀刻技术。

(2) 在半导体和集成电路中形成微观表面泄漏通路。

(3) 在所有电子设备中形成明显的漏电通路。

3. 对光学仪器的影响

大气中的水分、碱或盐类在玻璃上凝聚,可形成腐蚀性溶液,使玻璃镜片产生斑点、坑痕,遮挡光路,严重的可使光学仪器报废。

4. 对橡胶制品的影响

橡胶老化的最重要原因是大气中存在臭氧。臭氧引起橡胶变脆和表面产生裂纹,主要是氧化反应,生成臭氧化物和异臭氧化物,侵蚀的严重程度依橡胶的类型而大不一样。氧也有类似的影响,虽然氧气的浓度比臭氧高得多,但其影响较臭氧缓慢得多。

不同的材料对大气污染物的化学耐蚀性见表 2-15,大气污染对不同材料的损坏见表 2-16。

表 2-15 不同材料对大气污染物的化学耐蚀性

材料	污 染 物			
	氮氧化物	碳氧化物	硫化物	颗粒物
黑色金属	优	中	差	差
铜	优	差	差	差

（续表）

材料	污染物			
	氮氧化物	碳氧化物	硫化物	颗粒物
铝	优	良	中	良
银	优	中	差	中
木材	良	中	中	中
皮革	良	良	差	中
纸制品	优	良	差	中
橡胶	良	优	中	差
塑料	良	优	良	差
棉	良	中	差	差
人造纤维	良	良	差	差

表2-16 大气污染对不同材料的损坏

材料	主要污染物	主要表现形式	其他环境因素
金属	SO_2,酸性气体	表面损坏、锈蚀	湿度、温度
皮革	SO_2,酸性气体	表面粉化、强度减弱	湿度
纺织品	SO_2,酸性气体	出现斑点	湿度、日光、真菌
橡胶	O_3,氧化剂	脆化、松软	日光
纸张	O_3,氧化剂	脆裂、强度降低	

▶ 2.2.1.8 电磁辐射

电磁环境分自然电磁环境和诱发电磁环境两种。自然电磁环境是由于雷电放电和太阳辐射造成的。诱发电磁环境是由各种信号源产生的，主要包括无线电通信设备的近场发射、电视台及中继台天线等设备的近场发射、调频及调幅广播天线组成的电磁场、电子干扰装置、各类雷达需用的聚焦微波电子束、激光、X射线、原子核反应相关的电磁脉冲效应等。诱发电磁环境的频率为$2 \times 10^4 \sim 2 \times 10^9 Hz$。从$2 \times 10^8 Hz$开始直至高于$2 \times 10^{11} Hz$，这些波段通称为超高频，频率再高的为光谱占用范围，更高频率的是高能穿透辐射，包括X射线、γ射线、宇宙射线等。

由于低频辐射功率密度小，波长很长，器材吸收的能量可以忽略不计。在通信波段，电磁辐射主要是各种通信设备产生的，仅无线电广播产生的电场强度，在城市里就可达到120dB，在1m长的金属线上可以产生32mV的电压。电子和电气器件对电磁辐射的影响最为敏感，电磁辐射可引起电子设备内部局部过热,当射频场强很高时,介质材料会由于持续的高电压而击穿。

集成电路周围的互连线和结构所截收的射频能量增加,由于集成电路尺寸非常小,因而它不能像一般电路那样耗散那么多热量,所以集成电路特别容易因为吸收电磁能量而损坏。

分立元件电路中的元件也会因电磁辐射发生故障,引起故障的原因与元件的种类有关,如电解电容器对过压和反向电压非常敏感。电容器的额定电压随温度的升高而降低,温度升高使元件变得更容易发生故障。所以,当电磁辐射的频率高时,电容器的介质会吸收电磁能量产生热量,使本身温度升高,从而更容易发生故障。

雷电是一种强度很高的电磁辐射场。雷电天气在我国是常见现象。雷电发生时,会产生一个足以损坏电子元器件的电磁场,其损坏元器件的方式与其他形式的电磁辐射很相近,但产生的危害却比其他电磁场的危害大得多。尽管直接被雷电击中的现象在器材仓库储存中是绝少发生的,但在运输途中、野战条件、露天储存等情况下,预防雷击是非常重要的一项安全工作。尤其是电子系统,被雷电击后将会变成一堆废物,丧失应有的功能。

雷电对电子元器件的危害有4种情况:雷电发生前,存在的静电场;先导雷电发生时产生的动态电场和动态磁场;雷电在大地内建立的电场;雷电发生时产生的传导电流。

电磁辐射及静电感应的影响:静电产生于物体内的带电和物体间的摩擦,尼龙、丝绸与皮毛的摩擦静电尤其明显。随着微电路集成度的提高,电路中绝缘层日益变薄,绝缘层容易带电而被击穿,从而降低了电子元器件的可靠性。静电击穿主要发生在电子元器件的结区、布线膜和氧化层。

电磁辐射来源于使用日益广泛的辐射源,包括电视和调频与调幅的广播天线、雷达波束、微波电器、医疗设备的高压电源、工业中的无损探伤等。对电子设备和电子元器件的损坏主要表现在过热和电击穿。

2.2.2 运输条件对器材质量的影响

运输是器材保障过程中的一个重要环节,因此,研究运输条件对器材质量的影响非常必要。总体来讲,运输条件下器材主要受到振动和冲击两种形式的影响。

在实际运输过程中,作用在产品包装上的力是很复杂的,往往不是哪一个因素单独发生作用,而是几个因素同时起作用,如在汽车公路运输中,机械冲击、随机振动、稳态加速、静负载、正弦振动等都有可能同时起作用,而起主要作用的是振动和冲击。

2.2.2.1 振动

振动是机械系统相对平衡位置的振荡运动,包括周期振动和随机振动,振动的主要参数是振幅和频率。振动作为一种不可避免的非自然因素,对装甲装备器材在储运周期乃至整个寿命周期内都有着不可忽视的影响。

对器材影响最大的振动发生在器材的运输途中,运输系统是主要振源,包括公路运输、铁路运输、空中运输、水上运输,以及装卸搬运和生产制造等环境中的机械振动。

公路运输的振源:一是路面的凹凸,二是汽车发动机及传动系统。公路运输的振动频率一般为 $0\sim500Hz$,垂直振动加速度可达 $1.5G$,振动加速度随车速的提高而提高,随装载量的增加而下降。

铁路运输的振源包括轨道的不均匀和粗糙度、轨道接点的不连续,车轮的扁平部位及不平衡,都能引起垂直振动。横向振动由锥形车轮切轨面和车轮凸缘以及轨道与车轮的粗糙度引起。纵向振动由起车、停车及牵引钩间隙引起。铁路运输的振动频率范围一般为 $20\sim1000Hz$,在铁路运输中,垂直振动产生的影响是最严重的,特别是在低频范围内,但是垂直振动加速度一般小于公路运输所产生的加速度。

空运时的振动,比公路和铁路运输产生的振动要小,且空运的器材数量占器材运输总量的百分率很低,但空运器材一般是对振动敏感的器材,固定翼飞机振动最大值发生在起飞和降落期间,主要振源是发动机噪声和跑道的粗糙度,直升飞机的振动比固定翼飞机的振动要大些。

在器材设计制造时,通常会根据器材的性质及使用要求等作耐震设计,可以经受一定的振动应力。振动对器材的破坏主要是外部形变,一般情况下,金属器材造成破坏性的形变,要有很大的振动才能出现。但对于大多数电子设备和精密仪器等复杂的组件或部件,仍然很容易因受到振动而损坏。

振动对电气、电子设备造成的失效,主要是连接件的固定松动或结构的损伤;振动对于结构件的响应,不仅取决于振动的量值,也取决于结构本身的特性,值得注意的是,振动可以引起累积损伤,尤如金属材料的疲劳损坏。同时,振动还会引起密封件的失效,内外包装之间的摩擦使密封包装破裂导致功能包装材料的(如干燥剂、除氧剂、密封袋)失效损坏,而器材往往是在包装材料失效或损坏后,受环境影响而加速损坏的。

2.2.2.2 冲击

冲击是一种瞬态的力或运动,其时间变化非常迅速,引起被作用物体以其

固有频率做瞬态振动。加速度是冲击测量中最常用的参数,线性加速度的单位用符号 G 表示:

$$1G = 980.665 \text{cm/s}^2 \approx 10\text{m/s}^2$$

冲击可发生在运输(公路、铁路、空运、水运)、装卸及储存(跌落、撞击)中。在运输中,机械冲击对器材的影响大于机械振动所产生的影响。由于装甲装备器材流通范围广,运输条件差异也较大,公路路面条件一般较差,高等级铁路线较少,运输车辆的减震系统性能参差不齐,器材在流通过程中受冲击的影响较大。

公路运输的冲击力一般是由于道路表面不平、起车、停车、碰撞等产生的;铁路运输冲击的主要来源发生在驼峰溜放(按规定,军用物资铁路运输不允许驼峰溜放,但实际执行中仍存在溜放现象)、换轨、制动、车钩间隙消除等时机;空运产生的冲击力一般是由于跑道表面粗糙不平、着陆冲击等原因产生的;水运时产生的冲击加速度较其他三种运输产生的冲击加速度要小得多。

装卸冲击是在装、卸货及仓库中搬运作业等过程产生的,通常是由于货物平跌落在坚硬的地表面,以及大包装件在搬运中的旋转角跌落,对器材的影响是相当严重的。

运输中的冲击对器材和包装材料的危害是显而易见的,不但会造成很大的经济损失,还会造成军事上不可估量的损失。因此,必须重视器材在运输中的安全问题,加强包装设计和管理。

冲击对器材质量造成的影响是巨大的,因为瞬间的动能很大,它不但能够损坏精密器材,而且巨大的碰撞也会对一般的金属器材产生破坏性的形变,同时,冲击对于器材防护的内外包装,产生的破坏也不容忽视。

2.2.3 储存时限对器材质量的影响

库存器材的储存时限对器材的质量影响很大,通常来讲,库存时间越长,对器材质量影响越大,所以在器材管理中要建立合理的储存定额,实行现代的科学管理方法,尽量缩短器材的储存时间,维护器材固有的使用价值。在库房管理中,决定器材储存时限的方面很多,这里主要从库存器材轮换期限、库存器材封存期限和发陈储新制度几个方面对器材质量的影响进行分析。

2.2.3.1 库存器材轮换期限

轮换期限是指对随时间延长而发生不可逆转和修复的库存器材,在规定的时限内,对器材进行强制更换时间期限。储存期限是否合理,对器材质量、储备效益和轮换机制的科学性具有重要影响。必须合理确定储备物资轮换期限,并明确规定库存器材的期限,以确保轮换在储存有效期间内完成。

库存器材轮换期限的制定,要综合考虑各类器材的生产(采购)周期、寿命、部队需要、管理费用、无形损耗等因素,如将纤维混纺制品的储存期限定为8年,皮革、毛制品、塑料、橡胶制品的储存期限定为8~10年;电子元器件、夜视器材存放年限定为3~5年,化工产品存放年限定为2~4年。而这类产品一旦超过轮换期限,其质量就得不到保证。随着封存防护手段的提高,其器材的轮换期限也会延长,对于库存器材的轮换期限也要不断论证,做到在影响器材质量的前提下延长轮换期限。

2.2.3.2 库存器材封存期限

封存期限是指器材经保养封存后,在规定的库房条件下储存,能够可靠保护器材原有使用价值的时间。在这个时间期限内,器材的封存不受损坏,器材的质量通常不应发生破坏性的变化。一般认为,器材封存后能够达到的防护时间与器材封存期限是不同的。器材封存期限是在封存防护时间基础上加上安全系数后确定的,所以封存期限一般小于封存防护时间。

但装甲装备器材从封存储存到分发使用要经过相当长时间,在这段时间内器材的质量会发生变化。这主要有两个方面的原因:一是器材本身质量的变化,有些装甲装备器材制造材质随时间延长会产生质量下降,如橡胶制品、通信器材、变相管等,这类器材超过了储存时间应及时更换。二是器材封存材料的有效期限到期,装甲装备器材根据器材的材质、形状、表面处理方法等,采用不同的封存材料封存,这些封存材料都有一定的有效限期,超过这个封存期限后,库存器材的质量就不能得到保证,所以到期后,虽然封存材料还有防护作用,但器材的封存已经失去了防护的可靠功能,因此,在达到封存期限后,通常应重新保养封存。

2.2.3.3 发陈储新制度

发陈储新是指优先分发储存时间较长的器材,储存质量较好和入库时间较短的器材。对有储存期限要求的器材,应力争在规定的期限内发出使用。在发放时建立发陈储新轮换模式的目的,就是通过对库存器材的有序轮换,解决储备中产生老旧器材造成价值流失的问题。

老旧器材主要是储备器材因为部队已不列装、超过保质期或到了保质期而未轮换形成的。大量的老旧器材不仅占用了库容,增大了维护保养费用,而且使器材保障受到严重影响。就目前器材发陈储新制度的实际情况来看,尚未建立起系统、科学、合理的轮换方法,由于陈旧器材往往堆码在垛位的底部,分发时任务量大,时间紧,倒换工作量大,对发陈储新制度落实还不理想。这就造成了库存器材大量地超封存期、超轮换期,对器材质量影响极大。

2.2.4　仓库地理位置的影响

我国国土纬度从北纬 3°59′ 到 53°32′,南北纬度差 49°33′;经度从东经 135°10′ 到 73°40′,东西经度差达 61°30′。由于国土面积广阔,不同地域之间在温度、降雨和大气压力等方面有着很大的不同,对装甲装备器材质量的影响也有差异。

▶ 2.2.4.1　地理位置

我国南北气候相差十分悬殊,沿海与内陆有着很大的不同,尤其是温度分布相差明显。华南各地年平均温度在 20~23℃,长江流域在 16℃ 左右,黄河流域约为 12℃,黑龙江则在 2~-2℃。温度日变化幅值,以干热地区为最大,可达 30℃。

年极端最高空气温度是 47.6℃(新疆吐鲁番,1956 年)。最高温度超过 30℃ 的日数,长江以南一般 100~150 天,黄河流域约 75 天,东北地区 10 天左右。

我国最低温度一般出现在 1 月。黑龙江省平均温度为 -20~-28℃,长江以南在 0℃ 以上,全国出现的极端最低温度是 -52.3℃(黑龙江省漠河,1969 年 2 月)。

不同的地理位置,不仅年平均温度相差较大,而且日温差也有较大差别。

由于我国的地域广阔,地理环境差异大,对器材影响的主要因素也会不同。在我国南方区域,器材主要是受高温、高湿、多雨气候的影响,产生破坏形式主要是金属器材锈蚀和非金属器材的霉变;在北方区域,器材主要是受干寒、多雪、温差的影响,破坏形式主要是非金属器材的龟裂、防锈油的干固和金属器材的锈蚀;在东部沿海地区,主要受盐雾、高湿空气的影响,破坏形式主要是金属器材锈蚀、非金属器材霉变、变质、封存材料失效的影响;在西北地区,主要是受干燥、风暴气候的影响,破坏形式主要是防锈油的干固、封存材料的开裂、风沙对精密器材、相互啮合器材的侵害。

▶ 2.2.4.2　气候条件

降雨是最常见的自然现象,我国降雨量和降雨日(降水量大于 0.1mm 的天数)受纬度和地理位置的影响,基本上是从东南向西北递减。华南及沿海地区的年降雨日在 150 天左右,长江流域在 120 天左右,淮河一带为 75 天,华北为

50~70天，东北为75~100天，青藏高原为100天，新疆北部为80天，新疆南部仅为30天。

我国降雨日最多的地方是台湾地区和四川西部，分别为241.1天和218.3天；降雨日最少的是新疆南部，吐鲁番为9.1天，哈密为9天。

年降雨量，长江以南地区为1000~2000mm，黄河流域和东北地区为600mm，台湾降雨量为4000~6500mm。全国各大城市降雨量见表2-17。

表2-17 全国各大城市降雨量

地 名	降雨量/mg	雨季/月份
北京	682.9	7~8
上海	1128.5	6
石家庄	598.9	7~8
太原	466.9	7~8
呼和浩特	426.1	7~8
哈尔滨	553.2	7~8
长春	610.8	7~8
沈阳	755.4	7~8
南京	1026.1	7
合肥	969.5	7
杭州	1400.7	6
南昌	1598.0	6
福州	1328.2	5~6
郑州	635.9	7~8
汉口	1260.1	6
长沙	1422.4	6
广州	1680.5	7~8
海口	1689.6	8~9
西沙	1392.2	
南宁	1280.9	7~8
贵阳	1162.5	7~8

(续表)

地 名	降雨量/mg	雨季/月份
成都	976.0	7~8
昆明	991.7	7~8
拉萨	453.9	7~8
济南	672.2	7
乌鲁木齐	572.7	7~8
西宁	371.7	7~8
兰州	331.9	8
银川	331.9	8
西安	604.2	8~9
天津	559.1	7~8
台北	2047.8	6

雨水可以净化空气,使大气中的污染物浓度降低。正因为如此,雨水是含有多种有害物质的混合液。尤其是降雨的开始阶段,有害杂质的含量更大,随着降雨时间的增长,雨水中有害杂质的浓度逐渐降低。因此,降雨不仅增大了大气中的水蒸气含量,不利于器材的储存保管,而且雨水积聚和淋雨都会对器材造成严重的不良影响。

降雨引起的空气中的湿度增大,促进了霉菌的生长,加速了金属的腐蚀。电子、电气设备对淋雨及其环境是最敏感的,包装不好的电子、电气设备器材最易受淋雨的影响而失效。各种包装材料均会受到降雨的影响而降低强度,缩短使用寿命,最终导致包装设计性能的降低或失效。

所有装甲装备器材包装都应具有防水(防雨)功能,包括运输工具,应有可靠的防水(雨)措施。这样可以防止或降低雨水带来的不良影响。

2.2.4.3 大气压力

在地球表面围绕着一层厚厚的大气层,大气层的厚度从地面算起可以达到数十千米。地面上某点的大气压强是该点的单位面积上垂直于地面整个空气柱的重量(地球对空气柱的引力),单位一般用千帕(kPa)表示。

大气压具有各向同性,某点上的大气压不论在哪个方向测量,其数值总是相等的。

大气压随纬度的增加呈递减的趋势,范围在 $1\sim2.5$ kPa。大气压随着海拔的增加呈指数降低,在 5500m 的高空,大气压力减小到海平面气压值的一半;接近 16000m 时约为标准值的 1/10;在 31000m 的高空,大气压是海平面值的 1/100。大气压受季节的影响较小,一般同点上的大气压冬季比夏季略高 0.1~1kPa。

从地面到 9000m 的高空,除水蒸气量随高度增加而减少外,大气的各种成分比例保持不变。

不同地点、不同季节的大气压力微小的变化,对装甲装备器材包装基本无影响。但在海拔高度增大时,由于包装密封体内、外的压力差过大,会造成包装密封体的破裂。因此,对所有密封包装件,要求对密封体内相对抽空,不仅可以防止密封体在外界气压较低时破裂,同时也可以节约防护材料的使用量。

2.2.5 库房条件对器材质量的影响

地理位置决定了气候等外部条件对器材质量的影响,库房条件则基本上决定了储存环境的优劣。因此,要尽可能改善库房条件,避免不利因素对器材质量的影响。

▶ 2.2.5.1 库房类型

从储存装甲器材仓库的类型来分,主要有地面库、半地下库、洞库和露天棚布遮盖等,这些不同库房类型会对器材质量产生不同的效果。

1. 地面库对器材质量的影响

地面库是建筑在地面上的常见建筑,一般是指四周有墙、上有屋顶的封闭式库房结构,具有建造容易、适用性强、储存作业方便的特点,是当前应用广泛的主要建筑形式。地面库温湿度受天气影响变化较大,在南方高温高湿季节,地面库的温度可达 50℃以上,相对湿度往往超过 70%,有的甚至在 90%以上。而在北方严冬季节,库内温度可以达到 -30℃左右。在北方风季,地面库密闭不严,风沙可进入库内。

地面库条件适宜存放多数器材。但由于光线、温度、氧气的影响,可对橡胶器材老化起到加速作用;由于温度、湿度较高,对精密器材质量影响较大。

2. 半地下库对器材质量的影响

半地下库主要用于储存易燃易爆危险物或对温湿度要求较高、对光线敏感的器材。半地下库内气候条件由库房地下深度决定,一般和地面库相比,受室外的日光照射、温湿度变化影响较小,适合大多数器材储存,装甲装备器材中的橡胶类器材应储存在半地下库。半地下库自然通风条件差,应装有通风装置,对库内适时通风,保持空气的清洁。

3. 洞库对器材质量的影响

洞库主要分为人工开挖的和自然溶洞,主要建在山岩和黄土层中。洞库密闭性好,容易管理,维修费用低,适宜器材的储存。洞库的年平均温度一般低于25℃,最高月平均温差为2~5℃,日平均温度波动小,温度比较稳定。洞库还具有防震、防尘、防电磁波的特点,有利于器材的长期储存。有些洞库的不利条件主要是受地下水影响时比较潮湿,但采取建筑防水防潮处理,湿度还是容易控制的。

4. 露天棚布遮盖对器材质量的影响

露天棚布遮盖主要用于战时野战仓库的开设和平时器材分发、入库时的临时堆放。露天棚布遮盖环境条件比较恶劣,除了能简单遮阳避雨,其他和器材存放于野外环境中一样。这种储存条件对各类器材损坏很大,不适宜堆放时间过长,为了减少对器材的影响,堆码器材的下面要用条木或水泥方柱垫高,器材尽量用集装箱盛装,采用封套或密封袋封存。同时,要尽可能地缩短露天堆放时间,以减少对器材的损坏。

2.2.5.2 沙尘

空气中的沙尘现象是常见的,特别是淮河以北的广大地区,在华北、西北地区尤为明显。自然产生的沙尘对装甲装备器材有着明显的影响,但人类活动引起的沙尘有着更加严重的危害。

沙尘的环境参数包括浓度、颗粒大小、颗粒物的组成和硬度等。沙尘的主要成分是二氧化硅(SiO_2)。二氧化硅属于化学惰性颗粒,吸收性很弱,其破坏作用主要是物理性质的,但沙尘中含有大量的工业活性颗粒、硫酸盐、氯化物盐及硫酸烟雾颗粒,起到腐蚀核心的作用,甚至在相对湿度较低时,也会引起腐蚀。有关资料表明,由于工业化学活性物质的存在,低碳钢在工业区的腐蚀速度,是远离工业区农村的3倍。

沙尘的危害程度主要取决于沙尘的性质和器材的性质,沙尘不仅会擦伤金属表面、渗入缝隙、破坏润滑,重要的是沉积在器材表面和缝隙内的沙尘含有许多化学活性物质,在相对湿度增大时,会产生酸性反应或碱性反应,加速器材的腐蚀。

沙尘的破坏作用还表现在对电气、电子器材及电接触器的危害方面,它使绝缘性能降低,导致击穿,以及电接触器接触不良引起电弧现象,加速损坏接触器表面等。

因此,库房要加强密闭建设,以减少外界沙尘的进入与积累。不论库房地处南方还是北方,都要保持室内洁净,尽量避免人工作业的扬尘。

2.2.5.3 储存环境

库房条件的好坏对仓储器材有很大影响,条件良好的库房,可使器材长期存放不发生锈蚀,而条件达不到标准的库房会降低器材的封存期限,造成锈蚀,影响器材的质量。根据影响器材的主要因素,库房条件应主要控制以下几个方面:

1. 防止仓库的温湿度过高

库房的温度一般控制在30℃以下,相对湿度控制在70%以下,库内相对湿度过高,会加快金属器材产生锈蚀,非金属器材产生霉变。

2. 避免库内温差变化过大

库房温度变化不宜太大,昼夜温差应小于5℃。当昼夜温差大于5℃时,会造成器材表面产生凝露。

3. 避免库房内存放腐蚀性物质

库房内如存放酸、碱、盐等物质时,就会产生挥发性有害气体,对器材表面产生不利影响。

4. 避免库房内生煤炉取暖

在库房内生煤炉取暖时,会产生二氧化硫气体,它与空气中的水分发生化学反应,生成酸性介质。

5. 注意库房通风时机

在霉雨季节应选择晴朗天气,且库内外温差小于3℃,库外相对湿度低于库内时,打开库房门窗通风。如库房通风时机选择不当,就会产生凝露,发霉返潮。

2.2.6 保养封存包装对器材质量的影响

保养封存包装质量好坏对器材质量有着很大影响,在器材从出厂前和在仓库过程中,对器材进行科学的保养封存包装与正常的维护,器材完好率就高。本节从器材的保养封存包装方面论述对器材质量的影响。

2.2.6.1 保养工艺的选择

器材保养包含丰富的工作方法和工艺条件,在具体操作中,要根据器材的材质、结构、特点等选择不同的保养工艺。做到科学合理,要区分不同器材选择具体的保养工艺。确定器材保养工艺时应考虑以下几种情况:

1. 从器材原有封存方法选择不同的清洗工艺

器材保养前,要查看器材原来是油封、气相封存,还是干燥空气封存,确定怎样有效去除原来的封存材料,制定可行的清洗工艺。

2. 从器材材质制定不同的保养工艺

器材本身制造材质决定了器材的不同保养工艺。例如,金属器材与非金属器材;金属器材中的黑色金属与有色金属;非金属材料器材中的橡胶、塑料、毛毡等。对于不同材质要分别制定出不同的保养工艺,才能不损坏器材质量。

3. 从器材表面损坏程度确定不同的保养方法

器材表面损伤程度决定着保养工艺的不同,如金属器材的表面是否有镀层,是否有锈,是轻锈还是重锈,其保养方式是不同的。

4. 从器材的制造结构选择保养工艺

不同器材虽然有着相同材质,但制造结构不同其保养工艺也不相同,如器材本身是单一零件还是组合部件,是可分解还是不可分解器材,器材形状大小,外形特征的区别,这些都决定了器材保养工艺的选择。

▶ 2.2.6.2 封存材料

由于装甲装备器材品种繁多,决定了器材的封存要采用多种封存技术,每种封存技术都使用各自的封存材料,在器材封存过程中,使用封存材料质量的好坏,都直接影响装甲装备器材的保养质量,甚至会造成大批量保养器材报废,因此要足够重视封存材料的使用。

1. 封存防锈油(脂)的影响

当前使用的器材封存防锈油脂品种很多,如 YF-01 硬膜防锈油、RF-01 软膜防锈油、防锈润滑油和 901 置换型防锈油等。这些防锈油脂具有不同适用范围及特点,主要用于金属器材的防锈封存,不适用于橡胶、帆布、皮革、毛毡等非金属制品封存。目前,在装甲装备器材封存中,还应该注意下列几个问题。

(1)谨防错用防锈油。由于每种防锈油脂都具有一定的特点和使用范围,在使用时,必须根据其特点和适用范围选择。如果选用不当,轻则会造成器材保养没有效果,重则会造成危害而加速器材的锈蚀。例如,204-1 防锈油,对黑色金属的封存效果显著,但对有色金属的防锈封存效果较差。

(2)避免混用防锈油。防锈油中一般含有不同性能的添加剂,这些添加剂可能会发生化学反应,因而,一般不能混合使用。如混合使用,则有可能产生负面效果,使防锈能力下降。如需混合时,须经试验验证后方可使用。

(3)避免防锈油膜不完整。使用防锈油膜时,涂覆于器材表面的油膜应完整、均匀。如涂覆于器材表面的防锈油膜不完整,或涂覆防锈油时产生气泡,没有油膜处就会产生锈蚀,则达不到防锈目的。

(4)防止防锈油脂不合格。购买的防锈油脂如不合格,或防锈油脂存放时间过长,就会失去防锈效果。使用这类防锈油脂,将会造成大批量装甲装备器材的锈蚀。

2. 气相缓蚀剂的影响

气相缓蚀剂是依靠在常温挥发出的缓蚀剂基团在金属表面形成保护膜,从而抑制或延缓金属锈蚀的发生。其作用原理主要来源于气相防锈剂的防锈特性。在装甲装备器材保养中使用气相缓蚀剂应注意下列问题。

(1)防止使用不当。气相缓蚀剂都有一定的适用范围,往往对一种金属材质有防锈作用,而对另一种可能会加速腐蚀。所以,在使用前应弄清气相缓蚀剂的性质,必要时应先做适应性试验。当器材上有非金属材料时,使用前也应对其做好适应性试验。例如,15#气相防锈纸对黑色金属的防锈效果好,但会加速有色金属的腐蚀。

(2)避免包装不严密。使用气相缓蚀剂包装时尽量严密封存,防止缓蚀气体泄漏,延长防锈时间。如包装不严密,则会泄漏缓蚀气体,缩短防锈时间,造成器材锈蚀。

(3)避免不同气相缓蚀剂的混装。不同的气相缓蚀剂封存的器材混装时,则可能会造成器材锈蚀,达不到防锈封存的效果。

(4)选择适当的距离。气相缓蚀剂的作用距离一般不超过 30cm,如超过,防锈效果就会降低。

3. 可剥性塑料的影响

可剥性塑料是一种新型的保养材料,但在使用可剥性塑料对装甲装备器材进行保养封存时,要注意其厚度的要求:热熔型可剥性塑料的厚度为 1~2mm,溶剂型可剥性塑料的厚度为 0.2~0.75mm。如厚度不均匀或厚度达不到使用要求,或产生气泡等缺陷,则会产生锈蚀。

4. 干燥剂的影响

在使用干燥剂对装甲装备器材进行保养时,要注意下列问题。

(1)使用前要进行干燥处理。干燥剂主要是通过吸附空气中的水分,从而降低湿度,来达到封存效果。如干燥剂在使用前没有进行干燥处理,则吸附空气中水分的能力较差,不能明显降低器材包装容器内的相对湿度,达不到封存的要求。如果硅胶吸湿达到饱和程度,不进行干燥处理就使用,不但达不到封存效果,还会起相反作用。

(2)干燥剂用量要足量。在使用干燥剂时,要根据包装容器的体积,选择适当的干燥剂用量。如用量过少,干燥剂不能使包装空间的相对湿度下降,从而达不到器材保养封存的要求。

5. 惰性气体的影响

在装甲装备器材封存过程中,一般使用纯度为 99.5% 以上的氮气作为惰性气体使用。如纯度达不到规定值,则惰性气体不能减缓非金属老化和防止生霉变质。

6. 除氧剂的影响

除氧剂的主要作用是除去相对密封容器中的氧气,使氧浓度降到 0.10% 以下,从而达到封存的目的。如用量过少,除氧剂不能使相应密封容器中氧的浓度降低到 0.10% 以下,因而达不到封存的目的。

在使用除氧剂时还要防止除氧能力的降低。单包除氧剂从外包装袋中一次取出后,在规定的使用条件下用于物品封存,其转包时间不得大于 3h。如转包时间超过 3h,则除氧剂的除氧能力会降低,无法达到封存要求。

7. 封存用纸张的影响

封存用纸张的氯离子和硫酸根离子的含量不能超过 0.50%。如内层包装材料含有过量的氯离子、硫酸根离子、游离酸等腐蚀物质,接触器材后将引起锈蚀。

8. 封存用各种软包装薄膜的影响

封存用各种软包装薄膜,如聚乙烯薄膜,铝塑薄膜,各种塑料复合薄膜的透湿率、透气率要符合标准,确保器材封存的密闭性,防止包装件内部氧气、湿度超标,引起器材锈蚀、霉烂、变质。

▶ 2.2.6.3 外包装容器

使用外包装容器对器材进行盛装,不但极大方便了器材的运输、储存、堆码和装卸,而且对内装器材能够进行重要防护。所以外包装容器对器材的影响同样不容忽视。外包装容器对器材的影响主要有以下几个方面。

1. 含水率过高

外包装箱含水率不得超过 20%。如外包装箱含水率超过 20%,则造成箱内湿度过大,达不到使用要求。

2. 防水、防潮性能差

器材在运输、储存和搬运过程中,遇到刮风、下雨、下雪等恶劣气候时,外包装容器缺乏防水、防潮基本功能,将直接危害器材质量。

3. 强度不够

器材在运输、储存、堆码和装卸过程中,遇到外包装容器强度不够时,会造成包装容器歪斜、倒塌,摔坏内部器材,甚至造成工作人员的伤害。

4. 内固定不牢

内装器材不固定或固定不牢,在运输、搬动作业中,器材在包装容器内晃动、撞击,造成器材损坏。

5. 制造粗糙

包装箱制造粗糙,钉子过长,扎坏内部器材。

2.2.7 保养封存质量控制对器材质量的影响

做好器材保养封存工作,除了技术上的因素,还应有完善的质量控制体系,质量控制体系是个大的系统,包含很多方面的内容,本节立足于装甲装备器材保养封存工作中,对器材质量影响较大的三个方面进行论述。

▶ 2.2.7.1 检测手段

检测手段是质量控制体系中的重要方面,先进科学的检测手段为质量控制体系提供准确的数据信息,能够使质量控制建立在正确的基础之上,而落后的检测手段,不能为质量控制系统提供可靠的信息依据。在器材保养封存过程中,要全方位进行器材质量、保养封存技术的检测。检测工作是器材保养封存工作中必要的组成部分,要使用科学的检测手段对保养封存工作进行质量监测和技术指导,这在器材保养封存中是必不可少的。检测手段应用是否先进合理,检测方法是否正确,在很大程度上影响着器材的保养封存质量。如果不能及时检测出保养封存中存在的错误,就会导致器材保养封存质量失效,造成大批量器材损坏报废。

1. 检测设备的影响

随着科学技术的发展,先进的检测手段不断在器材保养包装中得到应用。以前难以实现的检测项目,当配备了先进的检测工具后,就会方便准确的进行,如在保养发动机、变速箱等总成件器材时,内部器材质量很难检测,现在应用内窥镜,内部表面质量就很清楚地展现出来。要尽量选用先进的检测工具,避免因为缺乏检测工具造成质量损害。

2. 检测制度的影响

器材保养封存是一项严肃的技术工作,为了工作顺利开展,必须实行严格的与之配套的检测制度,以避免器材发生质量问题,在器材检测制度中,要规范专业的检测人员、检测设备和检测方法。要检测保养封存材料、工艺、技术质量和工作流程,消除每个工作环节质量隐患,把好器材质量关。

3. 检测方法的影响

如果没有科学的检测方法,就达不到检测的目的,在器材保养封存工作中,检测的内容很多,具体到每个检测项目都有不同的检测方法。现在的检测项目,大部分都有国标和国军标,检测人员进行检测时,要认真学习和正确执行标准,避免差错。对于还没有标准的项目,要集中技术人员,结合实际,确立科学的检测方法,制定新的行业或企业标准,使检测人员有标准可依。新标准实行前要检验其可靠性、科学性。

▶ 2.2.7.2 质量控制手段

现代管理技术为器材的保养封存提供了科学的质量控制手段,质量控制手段实行如何,同样直接关系着器材质量。从现在的保养封存技术应用情况看,质量控制手段的影响主要体现在以下几个方面。

1. 设备控制技术的影响

过去器材保养包装设备比较简陋,几乎没有现代控制技术,主要依靠操作人员的经验来控制设备使用的时间、温度等参数。现在保养包装设备向机械化自动化方面发展,设备大都采用PLC控制技术,把设备参数输入控制系统后自动完成控制。但是,控制中使用的各参数,都应该是使用前反复试用且经证明是可行的数值,因为各参数值的大小直接影响器材保养封存质量。例如,当前广泛使用的ZBY系列的装甲装备器材保养设备、充制氮设备、装甲装备通用发动机、变速箱保养设备等。为了减少设备控制技术对器材质量的不利影响,设备操作人员使用前要进行专业培训,掌握设备操作及控制技术,使现代化的设备发挥可靠作用。

2. 管理控制技术的影响

随着现代管理技术的发展,其在器材保养封存中得到广泛应用,在器材保养封存中要引入全面质量管理的概念,在工作方式上按计划(P)、执行(D)、检查(C)、处理(A)4个阶段的PDCA循环方式进行。管理控制已不是以前的开会布置、现场观察了。器材质量管理中心的管理数据应用计算机统计,数量也使用红外扫描计数,工作场所进行远程监控。这些管理控制技术的质量稳定情况对器材质量起着直接或间接的作用,对于先进的管理控制设备,同样要进行严格维护、正确使用,让先进的管理手段发挥应有的作用。

3. 器材质量控制的影响

器材质量是保养封存工作的生命,要做到全方位、全流程质量控制,对质量的检查控制是每个工作人员的责任,要对每个工作环节进行监控。器材进入保养场所后,开箱启封后首先就要检查器材质量,核对图号、名称、数量,对不合格的器材不要转入下道工序。在保养工序要随时监控器材质量,检测保养工艺中各溶液质量,及时调整溶液的时间、温度、成分,并观察器材表面保养质量变化情况,借以判断保养各环节正确与否。器材封存前要仔细检查器材质量,因为封存后器材大多处于密闭状态,本身质量已不能监控,所以要把好封存前质量检查关,不能把有质量问题的器材封存。对于封存后的器材要有抽查制度,防止因为保养封存中某个环节失误造成封存失效。总之,在整个保养封存过程中,一要防止不合格的器材进入保养封存工序中,二要防止器材在整个过程中发生质量变化,三要防止不同种类器材相混淆,避免封存后的器材发生图号和器材不符、品种和实际不符的差错。所以,在器材质量控制的每一个环节出现缺位,器材质量都得不到保证。

4. 器材数量控制的影响

器材保养封存中,很多过程都应用了红外扫描计数技术,如通过条形码扫描采集数据,保养设备中保养框计数,封口机封口数量计数,封存设备中的工作量计数,都为数据的自动采集处理提供了方便。但是,就目前数据采集准确性而言,还不够高,由于工作中器材数量变化的多样性和自动数据采集的机械性还不吻合。数量控制手段与实际应用还有差距,单独依靠自动计数、读数还不能作为器材保养封存数量的统计依据。人工计数仍然是数量统计的依据,这就不可避免地会出现差错。所以在数量控制方面要有专人负责,避免统计混乱,数据不准。

▶ 2.2.7.3 人员素质

器材保养封存是一项技术性工作,要胜任这项工作必须具有一支专业的技术队伍。器材保养及质量检验终归要由人来实现,人材队伍建设直接决定着器材保养封存任务能否完成,决定着器材保养封存质量的好坏。根据部队人材队伍的特殊性,人材队伍建设影响因素主要有以下两点:

1. 人材队伍不稳定

部队是执行特殊任务的武装集团,其本身具有人员流动性大的特点,对于保养封存方面的技术人员,本来担负这项工作的人员就少,加上流动性,使得保养封存技术人员很难留住。常常是负责这项工作的人,还没有完全具有独立工作能力时,就又换上了新人,这种局面影响着保养封存质量体系的完善,质量体系全方面建设总感觉缺少技术骨干。为此,要从部队实际出发,从人员队伍建设上下大气力,可在人员培养上增加培养数量,通过定期举办培训班,培养兼职人员。通过业务练兵,熟练业务知识。这样在负责该项工作的人员调离后,保证业务人员不断档,业务工作有人干。

2. 技术提高渠道少

目前,在人员队伍培养方面,主要有两种办法:一是从实际工作中边干边学,二是由上级业务机关举办培训班。这在一定程度上缓解了部队缺少技术人员的压力。但是,就专业队伍建设上,技术人员业务提高的渠道少,业务学习气氛不够,对专业技术信息缺乏来源,国内外同类技术发展方向了解甚少,满足不了技术人员进一步提高的需要。由于种种原因,从整体上来说,保养封存技术人员的业务素质还处于较低水平,不能满足高新器材保养封存包装质量的需要。

2.2.8 生产工艺对器材质量的影响

器材的生产工艺是由生产厂家来控制的,一种产品质量好坏与工厂的生产过程关系很大,器材的生产工艺关系到生产厂家的方方面面,本节就与器材质量相关紧密的材料结构和工艺过程两个方面论述其对器材质量的影响。

2.2.8.1 材料结构

器材制造选材非常重要,在能够满足器材使用特性前提下,考虑价格因素后,应优先选择耐腐蚀、耐老化、耐磨损等性能稳定的材料。例如,金属器材中不同的材料具有不同的电极电位,在金属的电动序中,电极电位正的不易被腐蚀,电极电位负的容易被腐蚀,如金、银、铂在大气环境中很稳定,钢、铜次之,镁、钠再次之。此外,有的金属电极电位较负,但在大气中易被氧化生成致密的钝化膜,隔绝氧的进一步腐蚀,具有相当大的耐蚀性,如铬、铝、铜、钼等。

在各类钢铁材料中,金属和非金属夹杂物的种类和数量的多少,也决定了各自的抗腐蚀性能,如不锈钢耐蚀性最好,低合金钢次之,碳素钢最差。

材料确定后,器材结构组织也是影响器材质量的因素,如金属的金相组织不同或不均匀,其耐腐蚀性也是不同的,同样化学成分的钢材,由于热处理过程不同,耐蚀性也不同。例如,轴承退火后的组织为珠光体,即铁素体与碳化物混合的面相组织,是不均匀的,耐腐蚀性差;经过淬火后,变成了马氏体组织,是碳化物在铁素体中的固溶体,组织较均匀,其耐腐蚀性增强。

2.2.8.2 工艺过程

器材生产工艺过程同样对器材质量产生很大影响,工艺过程中造成金属器材腐蚀主要体现在内部残余应力、表面残液、加工过程中的剩磁和汗液的影响。

1. 内部残余应力

金属材料在加工时,残留在器材内部的应力,使金属表面的自由能升高,使得电极电位降低。残存应力越大越不稳定,在腐蚀介质中越易腐蚀。金属材料在铸、锻、焊等热加工过程中,造成热应力不均匀,或热加工造成晶粒变形;由于拉、弯、压等变形冷加工过程引起应变力和应力不均匀,这些残留在金属器材中的内应力将引起内部电极电位的差异而加速腐蚀。

2. 表面残液

金属器材在加工处理、保养包装过程中工艺不严格,会在器材表面上留下一些酸、碱、盐类物质,这对器材质量将产生很大的影响,如器材在盐浴淬火处理后,其工作表面未清洗干净的残盐,经酸洗或酸印后中和不彻底的残酸,氧化处理后残留的碱液,启封除锈过程中留下的残碱、残酸都会引起电化学腐蚀。

3. 加工过程中的剩磁

器材在磨削加工过程中会产生剩磁,如果退磁不尽,将使器材极易吸附锈末、灰尘,又不易清洗干净,也可吸潮引起电化学腐蚀。

4. 汗液

汗液是由乳酸、氯化钠、尿素、水分等多种成分组成的,这些物质大都是强电解质,对金属腐蚀的影响很大。用赤手触摸过的器材,会引起"指纹锈蚀"。因此,在器材包装时必须洗掉器材表面的手汗;在器材保养、检查时,必须戴上手套;在戴手套工作不方便时,可在手上涂上液体手套,避免手汗对器材的腐蚀。

2.3 器材失效鉴别方法

2.3.1 金属类器材失效鉴别方法

2.3.1.1 目测法

用眼睛根据金属表面的光亮程度及锈蚀的外观、颜色及锈斑形状鉴别,必要时可用5~10倍放大镜观察。这种方法是库存金属器材检查的基本方法,但在实际应用中无严格标准加以度量,故误差较大。

1. 黑色金属类器材锈蚀鉴别

黑色金属类器材锈蚀程度鉴别见表2-18。

表2-18 黑色金属类器材锈蚀程度鉴别

分 类	特 征	形 貌
微锈 (初锈)	表面金属光泽消去,呈灰暗迹象	

(续表)

分类	特征	形貌
轻度锈蚀（浮锈）	表面呈现黄色、淡红色或细粉末状的锈迹，用布擦掉后表面呈现灰暗色	
中度锈蚀（迹锈）	表面呈现红褐色或淡褐色，成堆粉末状，去锈后表面粗糙甚至留存锈痕	
重度锈蚀（层锈）	表面呈现暗褐色或红黄色，锈层凸起呈片状，去锈后呈现麻坑	

2. 铜及铜合金类器材锈蚀鉴别

铜及铜合金类器材锈蚀程度鉴别见表 2-19。

表 2-19 铜及铜合金类器材锈蚀程度鉴别

分 类	特 征
水纹印	锈蚀表面生有褐色水纹暗印
迹 锈	锈蚀表面凸起水纹黑锈或呈淡绿色
绿 锈	锈蚀表面成斑点或层状深绿色凸起锈蚀，擦掉后呈现麻坑

3. 铝及铝合金类器材锈蚀鉴别

铝及铝合金类器材锈蚀程度鉴别见表 2-20。

表 2-20 铝及铝合金类器材锈蚀程度鉴别

分 类	特 征
白浮锈	锈蚀表面有一层白色细粉末，用布擦掉后呈现平滑暗灰色锈印
白迹锈	锈蚀表面呈斑点或水纹白锈，用布擦后仍留有白色锈迹，表面稍显粗糙
重白锈	锈蚀表面凸起白锈蚀，擦掉后呈现小坑

2.3.1.2 化学识别法

根据金属离子与某些化学试剂的反应呈现不同的颜色来确认锈蚀。例如,铁锈鉴别:在100mL蒸馏水中放入1.5~2mL亚铁氰化钾1g,亚砷酸钠0.5g,搅拌均匀,将溶液滴在金属表面,1min左右,如有锈蚀则由白色变为蓝色,若无锈蚀,则无此反应。该溶液与金属基体在10~20min内不起反应。反应原理为

$$4Fe^{3+} + 3[Fe(CN)_6]^{4-} \longrightarrow Fe_4[Fe(CN)_6]_3\downarrow \quad 蓝色 \quad (2-22)$$

2.3.1.3 金相等物理测试方法

根据金属制件缺陷产生的环境条件、外观特征、分布情况等因素,采用客观检查方法,如显微镜检查、电子探针检查、对试样进行试验以测试其力学性能等不同方法来判断金属锈蚀。

2.3.2 非金属类器材质量失效鉴别方法

在各种不同照明条件下,用肉眼、放大镜或低倍显微镜直接观察分析器材表面(裸露面)的光泽程度及制品外观、颜色及形状变化,这是库存非金属材料类器材检查的基本方法。下面列出了装甲装备非金属器材质量失效鉴定方法。

2.3.2.1 非金属材料类器材老化鉴别

(1)橡胶类器材老化程度鉴别见表2-21。

表2-21 橡胶类器材老化程度鉴别

分　类	特　征
轻度老化	失去光泽或色泽黯淡,弹性变差(回弹率小于100%)
中度老化	失去光泽,变硬,出现龟裂
重度老化	失去光泽,表面发黏,变形,脆化,甚至出现裂纹

(2)塑料类器材老化程度鉴别见表2-22。

表2-22 塑料类器材老化程度鉴别

分　类	特　征
轻度老化	失去光泽或色泽黯淡,出现银裂
中度老化	失去光泽,脆化,出现龟裂
重度老化	变色,变形,粉化,甚至出现裂纹

(3)皮革类器材老化程度鉴别见表2-23。

表2-23　皮革类器材老化程度鉴别

分　类	特　征
轻度老化	失去光泽或色泽黯淡,柔软度变差
中度老化	失去光泽,变硬,出现龟裂
重度老化	变色,变形,脆化,甚至出现裂纹

▶ 2.3.2.2　非金属材料类器材霉变鉴别

(1)橡胶类器材霉变程度鉴别见表2-24。

表2-24　橡胶类器材霉变程度鉴别

分　类	特　征
轻度霉变	失去光泽或色泽黯淡,器材表面出现个别、非连续性的霉点
中度霉变	失去光泽,器材表面出现小面积霉点
重度霉变	失去光泽,器材表面出现大面积霉变

(2)纸制品霉变程度鉴别见表2-25。

表2-25　纸制品霉变程度鉴别

分　类	特　征
轻度霉变	失去光泽或色泽黯淡,表面出现沾污,个别、非连续性的霉斑
中度霉变	失去光泽,表面出现小面积霉变,霉变处织物腐烂
重度霉变	失去光泽,表面出现大面积霉变、织物腐烂;化纤织物黏度增高,并有结块现象

(3)皮革类器材霉变程度鉴别见表2-26。

表2-26　皮革类器材霉变程度鉴别

分　类	特　征
轻度霉变	失去光泽或色泽黯淡,器材表面出现个别、非连续性的霉点
中度霉变	失去光泽,器材表面出现小面积霉点
重度霉变	失去光泽,器材表面出现大面积霉变

(4)帆布类器材霉变程度鉴别见表2-27。

表2-27 帆布类器材霉变程度鉴别

分 类	特 征
轻度霉变	失去光泽或色泽黯淡,表面出现个别、非连续性的霉斑
中度霉变	失去光泽,表面出现小面积霉变、霉变处织物腐烂
重度霉变	失去光泽,表面出现大面积霉变、织物腐烂;化纤织物黏度增高,并有结块现象

2.3.2.3 非金属材料类器材虫蛀鼠咬程度鉴别

(1)纸制品虫蛀鼠咬程度鉴别见表2-28。

表2-28 纸制品虫蛀鼠咬程度鉴别

分 类	特 征
轻度虫蛀鼠咬	表面出现个别、非连续性的虫蛀鼠咬痕迹
中度虫蛀鼠咬	表面出现小面积虫蛀鼠咬痕迹
重度虫蛀鼠咬	表面出现大面积虫蛀鼠咬痕迹

(2)皮革类器材虫蛀鼠咬程度鉴别见表2-29。

表2-29 皮革类器材虫蛀鼠咬程度鉴别

分 类	特 征
轻度虫蛀鼠咬	器材表面出现个别、非连续性的虫蛀鼠咬痕迹
中度虫蛀鼠咬	失去光泽,器材表面出现小面积虫蛀鼠咬痕迹
重度虫蛀鼠咬	失去光泽,器材表面出现大面积虫蛀鼠咬痕迹

(3)帆布类器材虫蛀鼠咬程度鉴别见表2-30

表2-30 帆布类器材虫蛀鼠咬程度鉴别

分 类	特 征
轻度虫蛀鼠咬	表面出现个别、非连续性的虫蛀鼠咬痕迹
中度虫蛀鼠咬	表面出现小面积虫蛀鼠咬痕迹
重度虫蛀鼠咬	表面出现大面积虫蛀鼠咬痕迹

2.3.3　光学仪器类器材质量失效鉴别方法

▶ 2.3.3.1　常规检查方法

（1）外观是否完好无损，包括仪器的清洁、漆层完好性，金属表面有无锈斑，仪器及连接件接口螺钉是否松动或脱落，开关旋钮或操纵手柄（轮）及目镜视度调节是否灵活，有无卡死现象，电缆（导线）有无损坏或接头松动。

（2）使用光学仪器观察远方目标，效果是否正常，系统内有无凝结物，变倍机构、调焦机构能否正常工作。在直射光和斜射光下，从目镜方向和物镜方向不允许看到光学零件上有凝聚物、润滑脂、密封蜡、手印、混合液印、霉雾及其影响观察瞄准的脏点。

（3）各分划刻线和数字，应均匀清晰，无明显的断线，刻线中的填料应密实均匀。胶合光学零件，不应有开胶、变黄等现象，用甲醇胶胶合的光学零件在工作区域内，允许有单个或群集气泡状的开胶，其尺寸不应超过该零件材料气泡度所规定的最大气泡直径。胶合层上的脏点及开胶的总面积不应超过有效直径面积的 0.2%。光学零件透光膜的脱落，不应超过有效面积的 20%。

（4）检查车长镜、炮长镜的护额垫、护眼圈是否齐全，鼓轮表尺、校炮手轮、视度调整旋钮、物距调整旋钮、光栏开关是否能正常工作。

（5）定期（光学仪器检查周期为每月一次、每三个月一次和每年一次）按操作规程检查光学仪器的功能，如打开电源开关检查相应的指示灯及受控件（防霜镜加湿、分划照明）性能是否正常（夜视仪器在白天或强光下，无保护措施时，不得打开电源开关，长期存放的夜视仪每隔三个月进行一次通电检查）。

（6）夜视仪电池盒及盖应保持清洁，无污物和锈斑，盖上尼龙绳损坏后应及时更换。

（7）检查光学仪器镜片上有无霉变，干燥器是否变为红色并更换已变色的干燥器。

（8）对有氮保护的仪器定期充氮（一般充氮周期为三个月，终止压力 28.7kPa），并检查其密封性能（每年进行一次，在充氮清洗前进行。将被检仪器充以 28.7kPa 的纯净干燥氮气。2h 后仪器内气压下降量不大于 1.4kPa，则认为合格）。

（9）检查光学仪器密封性能。

（10）采用 100W 乳白灯泡照明，检查光学零件表面是否有疵病。

（11）存放光学仪器要避免沙尘加大和温度较高。

2.3.3.2 光学零件表面上的霉雾斑允许值

装甲装备器材中光学器材质量发生变化,宏观表现主要是生霉和起雾,影响光学玻璃的质量。表2-31列出光学零件表面上的霉雾斑允许值。

表2-31 光学零件表面上的霉雾斑允许值

光学零件		目镜外表面	目镜、场镜、滤光镜、聚光镜、WG700左、右下反射棱镜	物镜棱镜平面镜	物镜端外表面、WG700上反射棱镜外表面、保护玻璃、转向棱镜	观察镜的棱镜各表面
直径/mm	中心圆	0.05~0.1				
	中央区	0.05~0.3	0.05~0.5	0.06~0.6	0.3~1	0.3~1.5
	边缘区	0.1~0.6				
	其中大面积霉雾斑	0.15~0.5	0.1~0.5	0.3~0.6	0.6~1	1~1.5
数量/个	总数量	0.3D	0.2D	0.5D	0.5D	1D
	其中大面积霉雾斑	0.1D	0.1D	0.1D	0.2D	0.2D

注:1. 中心圆—直径等于仪器出射瞳孔直径,且位于中心的圆;
2. 中央区—零件有效直径的2/3以内的区域,其余为边缘区;
3. D—零件的有效直径,以毫米为单位,观察棱镜按有效入射孔长、宽之和的一半计算;
4. 长圆形霉雾斑的直径以此霉雾斑最大轴线和最小轴线之长度的算术平均值来计算;
5. 霉雾斑不得密集或成网状,不得防碍观察测量,不降低像质。

2.3.3.3 典型光学器材检查方法

典型光学器材检查方法见表2-32。

表2-32 典型光学器材检查方法

器材名称	检查方法
84式驾驶员观察镜	在电路中串表测量,当观察镜表面温度低于15℃时有升温现象,而高于25℃时,自动停止加温为正常
驾驶员夜视仪	将电池放入夜视仪电池室内接通电源开关,此时仪器面板上红色指示灯亮,打开车体配电盒板上夜视仪电源开关,夜视仪面板上红色指示灯熄灭,绿色指示灯亮点为正常
车长昼间观察镜	1. 检查1倍窗口及5倍目镜处观察图像是否模糊(可能原因:目镜上有雾气、上反射镜框昼视镜内部有雾气)。 2. 检查头部反射镜操纵机构工作是否正常。 3. 检查昼视镜的视度和瞳孔距调节功能是否正常

(续表)

器材名称	检查方法
车长夜间观察镜（肘形夜视仪）	1. 将电池装入夜视仪电池室内,接通电源开关,面板上红色指示灯亮,即应急供电系统工作正常。 2. 将夜视仪接通24V电源,面板上的红色指示灯熄灭,绿色指示灯亮,夜视仪供电系统自动转换工作正常。 3. 检查调焦和视度调节功能是否正常。 4. 检查图像是否模糊(可能原因:上反射镜、连接套窗口玻璃或目镜上有雾气)
71式坦克指挥观察镜	1. 检查保护玻璃观察区域的表面上是否有麻点、划痕。 2. 检查保护玻璃胶层是否有斑点
高射机枪瞄准镜	1. 检查上下反射镜是否有松动现象。 2. 检查分划板中心线与物像间的视差是否大于4′
炮长瞄准镜	常规检查方法与光学仪器相同 目标角速度传感器可进行精度检查
激光测距仪	除了光学仪器的一般性检查,还有: 1. 转动镜体总成上昼间分划亮度调节旋钮,检查分划的亮度是否随之变化。 2. 转动激光测距仪面板上亮度调节电位计,检查目镜内的数码管显示是否随之有明暗亮度变化。 3. 激光测距仪具有自检功能
微光夜视仪	与夜视仪相同
1倍潜望镜 坦克潜望镜	1. 在直射光下观察分划板,看其缺陷情况。 2. 当通过平面反射镜观察时,视准线应与上反射棱镜的垂直刻线相重合,不重合度应小于54′

2.3.4 电子类器材质量失效鉴别方法

通过立体显微镜检查,观察失效样品的外观标志是否完整,是否存在机械损伤,是否有腐蚀痕迹等;通过电特性测试,判断其电参数是否与原始数据相符,失效模式可以定位到电(如直流特性、漏电)或物理(如裂纹、侵蚀)失效特征,注意失效发生时的条件(如老化、静电放电、环境)。

失效模式是指失效表现形式和过程规律,通常是指测试或观察到的失效现象、失效形式,如开路、短路、参数漂移、功能失效等。

2.3.4.1 外观检查项目

1. 灰尘

元器件表面的灰尘可能造成元器件特性退化。

2. 沾污

任何小的水迹、油迹、焊料痕迹或溅射的其他液体(如绝缘材料)都会造成互连劣化或漏电。

3. 管脚变色

通常管脚结构的设计能够提高可焊性和防止腐蚀,管脚表面的变色通常表明基体材料被热氧化、硫化和有缺陷,预处理不完全或存在明显的缺陷。

4. 由压力引起的引线断裂

当铜-锌合金或许多其他以铜基为主的合金在外界压力或内部剩余压力的作用下,并处在氨、胺类、潮湿气体或高温环境中时,就会发生压力侵蚀现象。可以利用扫描电子显微镜,通过观察断层的外形及边界特征的分析发现这种现象。

5. 封装裂缝

封装裂缝会引起湿气进入元器件里面。密封包装中的玻璃裂缝容易被忽视,所以用渗入染料法检查小裂缝很有效。

6. 金属化迁移

高温及高湿度条件下施加电场,则绝缘材料中或其表面的金属离子将从阳极迁移到阴极并在该处堆积,最终会导致两极间的短路。可以用扫描电子显微镜观察这种现象。

7. 晶须

软金属,如锡的镀层表面上偶尔会形成针状单晶结构,它会引起引线间的短路。这种晶体通常称为晶须。

2.3.4.2 电特性测试

电特性测试是采用专用于评价设计的测试方案来详细地评价样品的电特性,测试的结果可用来确定失效模式,提高从失效环境中得到的失效机理估计的详细度和精确度。标准化的电参数测试目的是确定元器件是否满足预期的技术指标。对每种元器件,其测试仪器、测试步骤和测试参数的种类都有明确规定。测试结果需要与元器件的技术指标或技术规范进行比较,以确定该元器件合格与否。

(1)典型电气设备与检测仪表检测见表2-33。

表 2-33 典型电气设备与检测仪表检测

器材名称		检测内容
电源装置	蓄电池	检查电解液水平面高度、电解液比重、蓄电池放电程度和工作能力;单格电池用负荷电压差测量时指示为零,为蓄电池内部短路
	发电机	1. 检查后端盖部分电刷压簧是否有锈斑。 2. 电枢绕组是否有匝间短路或接铁现象。 3. 用万用表对发电机进行参数检测
发动机起动装置	电压调节器	1. 用万用表的欧姆挡测量电阻阻值变化。 2. 用万用表欧姆挡大致测量电容器好坏。 3. 用万用表 Ω×1 挡测量二极管和稳压管好坏。 4. 用万用表 Ω×100 挡测量三极管好坏。 5. 用万用表 Ω×10 或 Ω×1 挡测量可控硅好坏
	同轴式起动电动机	1. 检查机体和导线固定情况及接线柱上绝缘胶皮帽是否完好。 2. 检查换向器和电刷是否完好
	QKH-2B 起动电机控制盒	时间继电器为一次性使用组装件,损坏后只能更新
耗电装置	风扇电动机 机油泵电动机	目检:1. 轴承盖是否锈蚀。 2. 电枢线圈端接线与换向片是否脱焊。 3. 匝间是否短路或断路。 4. 定子部分机体是否有锈蚀。 5. 定子部分磁极是否松动
	加温器	允许通电 1~2min,检查加温器电路能否正常工作
	转弯灯、号码灯、前灯	目检:灯圈或灯壳是否有裂纹,或反射镜是否有划痕、暗斑或锈蚀
	空气滤清器阻力报警器	1. 检查保险丝、指示灯是否完好。 2. 电缆束插头是否松动
	电报警器	检查是否有触点烧蚀、间隙不合规定、电容器损坏、线圈烧坏或因焊接不牢而断脱等现象
	排温自动控制装置	检查是否有保险管或指示灯损坏、传感器及接线损坏、控制元件有故障、电磁铁不工作等现象
	热烟幕电源控制盒	1. 二极管是否有短路或断路现象。 2. 直流接触器线圈绝缘电阻是否小于 1.5MΩ
	防水电喇叭	1. 检查密封垫圈是否老化。 2. 激磁线圈是否断路或短路
辅助电气装置	电路旋转连接器	1. 检查其旋转是否灵活,有无卡滞现象。 2. 检查各连接支路的接通情况
	开关、按钮	1. 目检座板是否破裂。 2. 固定触点和活动触点面积是否小于 1/2。 3. 保护罩是否有裂纹

（续表）

器材名称		检测内容
供耗电电路	配电盒、开关板	1. 各继电器或接触器是否出现线圈断路或短路现象。 2. 电阻或电容器是否损坏。 3. 整流器是否老化。 4. 可变电阻的调整线夹是否折断
	接线盒、接线柱	1. 开关是否能可靠接通和断开。 2. 弹簧、卡簧、接触片等弹性零件是否失效
	车体插座、车外插座、炮塔插座	检查弹簧、卡簧、接触片等弹性零件是否失效
	导线	一般电路的主要检测手段及方法： 1. 各元器件和导线固定是否牢靠，外观是否完好无损，零件是否完整无缺。 2. 接线处的导线接头是否接触良好，有否脱落现象，插头是否拧紧，导线束是否错乱，导线上的号牌是否符合要求。 3. 导线的绝缘层及屏蔽层有无破裂和损伤，导线的芯部有无露出和搭铁现象，导线接头上的胶皮帽是否损失老化。 4. 主配电板上的保险丝是否齐全完好，额定容量是否符合电路的额定数值。 5. 配电板上的按钮、开关是否工作正常，有否阻滞和失灵现象。 6. 电气设备主要失效现象为断路、短路和接触不良。 断路检查：外露的断路部位可以通过观察直接寻找出断点。观察不到，难以判断的断路点用检查灯或万用表进行检查。 短路检查：可用检查灯检查。 接触不良检查：可用检查灯或电阻表进行检查
	电路连接元件	
	主配电板	
	车长开关盒	
检测仪表	车速里程表	1. 检查仪表表盘是否清洁，有无严重划痕、裂缝和缺口，插头有无损坏。 2. 检查是否有指示器损坏、指示器内附逆变器损坏、电光盘损坏、传感器损坏、信号线断路、电源线断路等现象
	转速指示器	
	转速传感器	
	滑油压力指示器	
	压力传感器	
	滑油温度指示器	
	水温表	
	油温表	
	电流电压荷电状态表	
	气压表	
	摩托小时计	1. 检查镀层是否锈蚀。 2. 检查电容、金属膜电阻、二极管是否损坏。 3. 检查触发线圈、驱动线圈、电磁离合器线圈是否短路或断路

(续表)

器材名称		检测内容
其他装置	电器配件	1. 检查开关是否能可靠接通和断开。 2. 检查板、盖体类金属制件是否有变形或裂纹。 3. 检查弹簧、卡簧、接触片等弹性零件是否失效
	炮击发电磁铁	检查线圈是否断路或短路
	机枪电发火机	检查线圈是否断路或短路
	手摇引爆机	1. 检查定子绕组是否断路或短路。 2. 检查电枢绕组是否断路或短路
	电发射装置	用击发电路检测板检查电发射装置的电路通断情况

(2)典型火控系统检测见表2-34。

表2-34 典型火控系统检测

器材名称		检测内容
计算机及传感器分系统	火控计算机	火控计算机自检。自检/战斗开关置于"自检",接通计算机电源开关。 1. CPU、内存的自检:检测开关装定"1",计算机开始循环自检。显示窗应循环显示"8086""2764""6264"。 2. 高低向综合修正开关的检查:检测开关装定"2",弹种选择开关分别指向"穿""榴""破""机""备1""备2",显示窗应显示装定值(单位:mil)。 3. 方位向综合修正开关的检查:检测开关装定"3",弹种选择开关分别指向"穿""榴""破""机""备1""备2",显示窗应显示装定值(单位:mil)。 4. 电缆的自检:检测开关装定"4",计算机开始对火控系统各电缆自检。显示窗应显示"0000"。 5. 电源的自检:检测开关装定"5",计算机开始对计算机±15V和+5V电源自检。显示窗应显示实测电压值。 6. 计算机I/O接口芯片和显示窗的自检:检测开关装定"8",计算机开始循环自检。显示窗应循环显示"8259""8255""8253""8251",码值灯和数码管应循环点亮。 7. 炮长镜光码信号的自检:检测开关装定"9",计算机开始自检。显示窗应显示"0000"。 8. 自动检测:检测开关装定"10",计算机将对所有自检内容进行循环自检
	控制盒	控制盒具有CPU自检、光码自检、射角自检、显示灯自检功能
	炮塔角速度传感器	启动火控系统成稳像工作状态,将工况选择开关置于"自检"位置,自检选择开关置于"ωβ"位置,其余开关、操作、计算、评估同方位向目标角速度传感器精度检查。检测开关装定"5",方位向平稳操纵炮长操纵台,计算机显示窗应显示角速度值(单位:mil/s),炮塔向右转动时,角速度为正值,炮塔向左转动时,角速度为负值

(续表)

器材名称		检测内容
炮控分系统	耳轴倾斜传感器	观察有无锈蚀、发霉、脱焊、紧固件松动等现象。稳像/装表开关置于"稳像",检测开关装定"6",炮长操作操纵台转动炮塔,计算机显示窗显示值应变化(单位:mil),炮塔左倾时为正值,右倾时为负值
	横风传感器	观察有无锈蚀、发霉、脱焊、紧固件松动等现象。检测开关装定"9",横风装定开关置于"A",显示窗应显示横风实测值(单位:m/s),且符号与风向相符;横风装定开关装定任一数值,显示窗应显示相应横风值
	操纵台	1. 检查操纵电位计电阻丝是否完好、电刷向任何一边转动一个工作角度时,不能与电阻丝和接触环连续接触。 2. 检查灯座接触片和接触环是否开焊。 3. 用操纵台检查电路进行通电检查
	炮控箱	炮控箱设有带电检测口,每个位号代表相应的信号点
	启动配电盒	1. 用复用表直接测量各线路、元件的通断路和其参数变化情况。 2. 用试验电路所制成的检查箱(稳定器电气部件综合检查箱)进行检查
	角度限制器	
	陀螺仪组	用陀螺仪组检查电路(稳定器电气部件综合检查箱)进行检查,接通电源开关 K_1,电压通过接点9和5分别加到变流机和电子管放大器的灯丝电路。经过1.5~2min,陀螺电动机达到稳定转速、灯丝加热完毕,即可进行检查
	电机扩大机控制盒	扩大机控制盒有检测口,每个位号代表相应的信号点
	线加速度传感器	观察有无锈蚀、发霉、脱焊、紧固件松动等现象
	车体陀螺仪	观察有无锈蚀、发霉、紧固件松动等现象
	炮塔方向机	1. 检查机体有无锈斑。 2. 检查激磁绕组绝缘层是否干裂。 3. 检查绕组匝间是否短路或断路。 4. 检查电刷压簧是否有锈斑

(3)典型通信系统检测见表2-35。

表2-35 典型通信系统检测

器材名称	检测内容
TCR-96A/B电台	1. 检查电台的机械和电气连接是否牢固、可靠,开关、旋钮转动是否灵活,定位是否准确,天线杆与天线基座接触是否良好等。 2. 储存时需要防潮、防尘,定期进行加电工作及功能检查。 3. 通电操作检查: (1)将MT-7088电源开关扳到左边"通"位置;

(续表)

器材名称	检测内容
TCR-96A/B 电台	(2) 置 RT-3088G 电源开关到"大"位； (3) 依次按下"上档"键和"BATT/2"键，收发显示数字应大于85； (4) 依次按下"上档"键和"TEST/1"键，接收或按下手机发时应能在手机中听到连续单音，否则故障灯亮表示有故障； (5) 电源功率开关扳到收位，电台只能接收； (6) 扳数字跳频保密单元方式开关在"明语"位，旋转波道开关至各个位置，检查全部预置波道频率是否正确； (7) 置工作方式开关在"SQ ON"时手机应无噪声，扳至"SQ OFF"时应有"哗哗"的噪声； (8) 旋转 VAU-6088G 面板上音量旋钮，听听音量是否有变化； (9) 扳数字跳频保密单元方式开关在"跳频"位，用键盘检查跳频信道参数和时标； (10) 关机停止检查
SEC-8088 保密单元	1. 长期不使用,需定期检查。 2. 可运用电台面板 TEST 键进行自测,可将有故障的代码记录下来,交专职人员进行修理
CPA-9088 跳频单元	1. 长期不使用时,应定期进行"ECC 通""ECC 断"的通话。 2. 通过打开电台,先按面板"黄色键"再按"TEST"键进行自检。显示器显示"d",表明电台和 CPA-9088 无故障。显示器显示 0100、0301、0704、1105、1300 等数字,表明参数加注器加注参数错误或 CPA-9088 机内有故障,待修
CYY-173 车内通话器	1. 检查外表面,观看金属表面是否无锈蚀。 2. 检查各连接电缆接触是否良好,各号盒固定是否牢靠,开关、旋钮是否松动。 3. 长期不使用时,要注意防潮、防尘,定期进行通电工作及功能检查
数据适配器 数据终端 加载器(856)	1. 检查各连接电缆接触是否良好,开关、旋钮是否松动。 2. 长期不使用时,要注意防潮、防尘,定期进行通电工作及功能检查
GPS 接收装置	1. 检查天线外壳是否完好无损。 2. 每隔两个月对机器进行加电工作。 3. 机器表面是否完好无损。 4. 检查天线电缆是否安好。 5. 检查天线是否被遮挡。 6. 检查航路点库中数据是否正常。 7. 检查主机到显示电缆是否接好。 8. 检查主机与显示之间通信是否正常

（续表）

器材名称	检测内容
车载计算机	静态检查：拔掉软驱接口的航空插头，再用万用表测量各种电源对地的阻值。其中，插座的壳体即为地，3、4 点分别对应的是 +12V 和 +5V。电源对地电阻检测值如下：+5V 对地电阻 > 20Ω，+12V 对地电阻 > 100Ω。 加电检查：将计算机的外接设备及电缆接好，并接通电源进行加电检测。待主机板自检通过后，开始引导操作系统。如果插板有故障，则显示器上会提示错误信息。 1. 检查加电后主机是否工作，电源指示灯是否点亮。 2. 检查自检通过后能否引导操作系统。 3. 检查进入操作系统后鼠标箭头能否正常移动。 4. 检查显示屏有背光时能否正常显示，键盘操作有无反应

第 3 章

装备零部件包装防护技术

3.1 防锈油封存技术

3.1.1 概述

防锈油由于取材简单、成本低廉、工艺方便、适应性广、防锈效果显著,在器材封存中得到广泛应用。随着新型缓蚀剂的开发,新的防锈油品种不断出现。防锈油主要由基础油(矿物油)、油溶性防锈缓蚀剂和辅助添加剂等组成。

1. 基础油

基础油在防锈油中是缓蚀添加剂和辅助添加剂的载体,是防锈油的成膜物质,主要有凡士林和润滑油。凡士林的化学成分是石蜡 15%、石油脂 45%、汽缸油 25%、机械油 15%。防锈油中常用的润滑油有机械油、锭子油和汽缸油等。其化学成分主要是烷烃和芳香烃以及少量的氧化物与硫化物。基础油的黏度决定了防锈油在器材涂覆后形成油膜的薄厚。

但防锈油层的厚度不是影响防锈效果的主要原因,并不是防锈油层越厚,防锈效果越好。例如,以水蒸气为例,它每昼夜能透过 2mm 的变压器油层,当油膜从 2mm 增加到 20mm 时,也无法消除水蒸气的危害。而选择极性很强的缓蚀剂作为薄层防锈油的添加剂,由于缓蚀剂分子与金属表面有较强的结合力,能够控制腐蚀的阳极过程,从而产生较好的防锈效果。所以,目前油层向着薄层、超薄层和极薄层方向发展。

2. 油溶性缓蚀剂

少量添加在矿物油中,能显著提高油脂防锈油性能的油溶性物质称为油溶性缓蚀剂。油溶性缓蚀剂的分子从其结构上讲都是由极性部分和非极性部分组成的。极性部分是与金属、水等极性物质有亲和力的,非极性部分(烃基)因与油的结构相似,因而有亲油、憎水的特点。当它以适当的浓度和形式存在于基础油中时,可以明显减缓金属腐蚀。

3. 辅助添加剂

为了改善防锈油的使用特性,使防锈油满足某些特定场合的应用,还应在防锈油中加入一些辅助添加剂。例如,为了提高防锈油的抗老化性能,可加入2,6-二叔丁基对甲酚(501);为了提高防锈油的极压抗磨性能,使防锈油应用于齿轮箱、蜗轮蜗杆、曲轴箱内的防锈润滑,可在防锈油中加入极压抗磨剂(T361);还可以根据防锈油不同用途添加降凝剂、清洗剂等。

3.1.2 油溶性缓蚀剂

3.1.2.1 常用的几种缓蚀剂

目前,防锈油的品种较多,其中主要差别在于使用添加剂的种类不同,下面介绍几种常用的油溶性缓蚀剂及其主要特性。

1. 石油磺酸钡(T701)

石油磺酸钡是石油产品提炼精制时的副产品,是目前在防锈油中用得最普遍也是最有效的防锈添加剂。其具有良好的抗盐雾、抗湿性及一定的中和置换汗液性,特别适合于沿海地区的装备封存。但纯度差的产品对黄铜、青铜有一定的影响。石油磺酸钡广泛用于防锈油中,并常与羊毛脂皂、司本-80等复合使用。一般用量为2%~8%,有的高达20%。

2. 石油磺酸钠(T702)

石油磺酸钠也是石油产品提炼精制时的副产品,防锈性能不如石油磺酸钡,但有较好的抗盐水能力。特别是它在油中有很大的溶解度,所以常作为助溶剂添加在防锈油中,还常用于乳化油和置换型防锈油中,用量一般为1%~5%。

3. 二壬基萘磺酸钡(T705)

二壬基萘磺酸钡是一种较好的合成磺酸盐,对黑色金属及黄铜有良好的防锈性,并有一定的抗盐雾能力,良好的油溶性及储存稳定性,常用于配制各种类型防锈油,一般用量为2%~6%。

4. 司本-80(Span-80)

司本-80对金属具有很大吸附性。对黑色金属抗盐水耐潮热性好,但对青铜腐蚀性较大,会使黄铜变色。应用时须注意,常与T701配合使用或作助溶剂、分散剂使用,如助溶苯并三氮唑、氧化石油脂等油溶性差的缓蚀剂,用量一般为2%左右。

5. 环烷酸锌(T704)

环烷酸锌也是石油产品加工中的副产品,它的油溶性很好,对黑色金属有良好的抗湿热性,对汗液有一定的置换性。高质量的环烷酸锌适用于钢、铜、铝多种金属,常与石油磺酸钡复合使用,用量一般为2%~3%。

6. 苯并三氮唑(T706)

苯并三氮唑是对铜具有特效的缓蚀剂,它能溶于油中,也能作气相防锈剂使用。用量常在0.1%~0.2%,能显著改善铜在湿热环境、百叶箱中的变色。使用时需同助溶剂配合。

7. N-油酰肌氨酸十八胺盐

N-油酰肌氨酸十八胺盐是合成的新型添加剂,具有良好的防锈性,抗盐水性及酸中和性,但在油中溶解度较小,应用时需添加助溶剂,用量一般在1%~2%。

8. 十二烯基丁二酸

十二烯基丁二酸有遇水不乳化的特点,对铸铁、钢有良好的抗湿热性。但抗盐雾性较差,十二烯基丁二酸适于配制有抗乳化要求的仪表油、齿轮传动和液压系统等油,用量为0.5%~2%。

9. 羊毛脂镁皂

羊毛脂镁皂是羊毛脂的皂类,是为提高羊毛脂的防锈能力和置换能力发展起来的新产品,添加到油中具有明显的稠化作用,对钢、铜、铝等多种金属均有良好的缓蚀性能,抗湿热、耐大气腐蚀性能好、抗盐雾性较差。其用于黑色、有色金属及镀层防锈,它与T701、T706配合使用效果很好,一般用量为3%~15%。

10. 氧化石油脂钡皂(T743钡皂)

T743钡皂在我国应用颇广,适用于钢铁、铜、铝等多种金属,具有良好的耐大气腐蚀性,常与T701配合用,一般用量为2%。

▶ 3.1.2.2 添加剂使用浓度

关于防锈油中添加剂的浓度,以前存在争议,有人认为,浓度比例越高,极性分子吸附在金属表面越多,防锈效果就越好。也有人认为,防锈效果的好坏不完全取决于添加剂的浓度,而主要取决于极性分子在金属表面定向吸附的强弱。譬如,研究者在M1超薄层防锈油的研制中发现,添加剂的量和防锈效果并不成正比。在A5钢基体上,涂覆浓度为3%的M1添加剂的防锈油,在相对湿度大于95%的条件下,在湿热箱里保持100h无锈。如把M1添加剂的浓度增大到4%,其他条件不变,也只能保持100h无锈。一般极薄层的防锈油,其中缓蚀剂含量只需10%左右。一旦使用后溶剂挥发,油膜中几乎具有100%的缓蚀剂。这一层高浓度缓蚀层必然产生两个结果:一是"单分子吸附层"厚度加强,缓蚀剂能力增加;二是薄层油膜比厚层油膜的防锈能力更强(主要是指水、杂质通过能力变小)。由此可见,在配制防锈油时,添加剂的量应有一定的限度,过高并不能提高防锈性能,反而是一种浪费。

▶ 3.1.2.3 缓蚀剂协同使用

缓蚀剂协同使用是指使用两种(或两种以上)的复合缓蚀剂,比其中任何一种缓蚀剂单独使用具有更为优良的效果,即一组缓蚀剂其总防锈效率经常是大于各缓蚀剂单独使用时的缓蚀效率。此时,协同缓蚀剂的综合作用,显然是一种缓蚀剂在抑制阳极过程的同时,而另一种缓蚀剂却有抑制阴极过程的作用;由于相反电荷离子的相互作用,某些缓蚀剂的阴离子被吸附在金属阳极表面上,而某些缓蚀剂的阳离子则吸附在金属阴极表面上,从而阻滞两个电极的反应。

▶ 3.1.2.4 影响油溶性缓蚀剂防锈性能的主要因素

影响油溶性缓蚀剂的因素很多,如分子中极性基团的种类、数量、极性强弱、极性基团的结构,缓蚀剂在介质中的溶解度、稳定性、基础油的种类,各种环境因素等。

缓蚀剂是防锈油防锈的主要成分,在油脂型防锈油中不可缺少。防锈油脂中常用的油溶性缓蚀剂主要有石油磺酸盐、硬脂酸铝、环烷酸锌、氧化石油脂、羊毛脂及衍生物等,对有色金属防锈常加入苯并三氮唑等。缓蚀剂的种类影响防锈油脂的性能,如加入硬脂酸铝的防锈油脂具有良好的抗盐水性能,但对金属的附着力较弱;添加石油磺酸钡的防锈油脂抗盐水性能更好,可用于海洋大气中的防锈;添加羊毛脂及皂类的防锈油脂对金属的附着力强,并对水有一定的乳化能力,防锈力强;环烷酸锌防锈油脂对金属的附着力强并有一定的抗盐水能力,但对铸铁的防锈能力差;而苯并三氮唑则对铜及合金有优良的防锈作用,在实践中,为了取得满意的效果,常采用几种缓蚀剂联合使用的配方。

3.1.3 防锈油封存原理

防锈油主要是靠油溶性缓蚀剂起防锈作用。防锈油作用机理目前有两种理论,即成膜理论和吸附理论。

(1)成膜理论:防锈油中的缓蚀剂分子吸附于金属表面后,即与表面金属发生作用,形成不溶性或难溶于水的钝化膜,从而阻滞金属的腐蚀过程。

(2)吸附理论:油溶性缓蚀剂分子结构具有不对称位,由极性部分和非极性部分组成,极性部分如—OH、—COOH、—SO_3^-、—NH_3^-等与金属、水等极性物质有亲和力,非极性部分(烃基)因与油的结构相似,从而有亲油、憎水的能力,这种双亲分子的极性端吸附在金属表面上,而非极性端溶于油中,共同形成一层排列紧密的吸附膜,含有 C—H 键的基础油分子,借助范德华力与油溶性缓蚀剂分子一起共同堵塞孔隙,组成了一种混合多分子层的保护膜,防止了腐蚀介质的侵蚀,同时也降低了金属离子脱离金属表面的离子化倾向,阻滞了电化学反应过程中的阳极过程和阴极过程。缓蚀剂极性分子在定向排列时,还能吸附汗液中的无机盐类,使盐类溶解,并扩散到油中去,防止金属生锈。

此外,由于缓蚀剂分子极性部分较水分子的极性更强,当把防锈油涂于金属表面时,缓蚀剂还能把金属表面吸附的水分子置换掉,油溶性缓蚀剂在防锈油中增加了油膜的分子活度,形成更加紧密的膜层,能增加与金属之间的吸附力,所以提高了油膜抗外部腐蚀介质侵蚀的能力。

3.1.4 主要防锈油品种

国内生产的防锈油品种很多,具体见表 3-1。

表 3-1 国内主要防锈油

序号	名称	主要成分		用途
1	F20-1 液体防锈油	石油磺酸钡 羊毛脂镁皂 二壬基萘磺酸钡 十二烯基丁二酸 苯并三氮唑 25#变压器油	10% 9% 5% 1% 0.3% 余量	用于黑色及有色金属长期封存,遇水易乳化
2	FY-5(901)防锈油	石油磺酸钡 羊毛脂镁皂 30#机械油 苯并三氮唑 司苯-80	25% 15% 余量 0.4% 0.8%	适用于黑色金属、有色金属长期封存,稀释后即为 FY-23,可作为工序间防锈
3	501 特种防锈油	石油磺酸钡 环烷酸锌 石油磺酸钠 15#车用机油	4% 2% 1% 93%	适用于黑色金属、铝、镁等长期封存,有一定水膜置换性能,对铜及铜合金适应性差

（续表）

序号	名称	主要成分		用途
4	72-1 防锈油	石油磺酸钡 羊毛脂镁皂 苯并三氮唑 邻苯二甲酸二丁酯 30#机械油	25% 15% 0.3% 2% 余量	用于钢、有色金属封存
5	72-2 防锈油	石油磺酸钡 羊毛脂镁皂 苯并三氮唑 邻苯二甲酸二丁酯 煤油 变压器油	4% 4% 0.1% 0.5% 2% 余量	用于钢、有色金属封存
6	BM-16 防锈油	25#变压器油 氧化蜡膏钡皂 石油磺酸钡 羊毛脂镁皂 80#地蜡 苯并三氮唑 N-油酰肌氨酸十八胺 聚异丁烯(M-2180) 2,6-二叔丁基对甲酚	100 份 30 份 20 份 10 份 3.5 份 0.5 份 1.5 份 2 份 0.3 份	适用黑色金属、有色金属长期封存，稀释后可用于工序间防锈
7	BM-7 防锈油	20#机油 合成馏分(300℃前) 氧化蜡膏钡皂 二壬基萘磺酸钡 聚异丁烯(M-2180) 2,6-二叔丁基对甲酚	90 份 10 份 30 份 20 份 2 份 0.3 份	长期封存
8	74-2 硬膜防锈油	叔丁酚甲醛树脂 羊毛酯 二壬基萘磺酸钡 苯并三氮唑 120#汽油	20% 10% 5% 0.3% 余量	
9	204-1 防锈油	磺化羊毛脂钙 磺化蓖麻油 苯并三氮唑 乙醇 高速机油	30% 5% 0.2% 2% 余量	适用于黑色金属长期封存
10	薄层脂	十二烯基丁二酸 石油磺酸钡 苯并三氮唑 聚异丁烯母液 地蜡(75#) 凡士林(医用)	2% 3% 0.3% 20% 3%~6% 余量	

（续表）

序号	名称	主要成分		用　途
11	905 防锈脂	石油磺酸钡 苯并三氮唑 司苯-80 凡士林（工业）	5% 0.1% 0.2% 余量	长期封存用油，用煤油稀释可作工序间封存
12	903 防锈脂	石油磺酸钡 司苯-80 凡士林（工业）	10% 0.3% 余量	长期封存用油，用煤油稀释可作工序间封存，对铜效果稍差
13	501 脂	石油磺酸钡 白地蜡 蜡膏	10% 4.5% 85.5%	零备件室内封存，稀释后可用作工序间防锈
14	2#石油脂型防锈脂	80#地蜡 30#机油 蜡膏 二壬基萘磺酸钡	3%~5% 1%~5% 83%~93% 3%~5%	黑色金属长期封存
15	3#石油脂型防锈脂	80#地蜡 30#机油 蜡膏 二壬基萘磺酸钡	3%~5% 21%~27% 65%~75% 3%~5%	黑色金属长期封存
16	石油脂型防锈脂	蜡膏 75#地蜡 11#汽缸油 石油磺酸钡 司苯-80	50% 7% 39.5% 3% 0.5%	黑色金属长期封存
17	沪石-201 防锈脂	精制磺酸钡 工业凡士林	5% 95%	成品长期封存
18	沪石-301 防锈脂	精制磺酸钙 工业凡士林	5% 95%	适用于医疗食品器械长期封存
19	量具脂	石腊 硬脂酸铝 氢氧化钠 工业凡士林 锭子油	10% 2%~3% 0.01% 2%~3% 40%~41%	适用于量具、刃具室内长期封存
20	73-1 防锈脂	石油磺酸钡 羊毛脂镁皂 苯并三氮唑 司苯-80 2,6-二叔丁基对甲酚 二苯胺 工业凡士林	5% 3% 0.1% 3% 0.3% 0.3% 余量	适用于黑色金属及有色金属长期封存

（续表）

序号	名称	主要成分		用途
21	F-41防锈油	石油磺酸钡 司苯-80 苯并三氮唑 2,6-二叔丁基对甲酚 变压器油	0.3%~0.4% 0.2%~0.3% 0.02%~0.03% 3%~5% 余量	适用于零件全浸状态下长期封存
22	101防锈油	石油磺酸钡 环烷酸锌 羊毛脂 苯并三氮唑 10#变压器油	0.5% 0.5% 0.3% 0.1% 余量	
23	53#防锈油	二壬基萘磺酸钡 743钡皂 烷基磷酸咪唑啉 十二烯基丁二酸 苯并三氮唑 聚异丁烯 HP-8滑油	7% 1% 2% 1% 0.2% 7.8% 余量	
24	CF-1防锈油	石油磺酸钡 石油磺酸钠 羊毛脂镁皂 703烯盐 苯并三氮唑 邻苯二甲酸二丁酯 25#变压器油	5% 9% 3% 2% 0.1% 2% 77.9%	
25	217防锈油	氧化石油脂锂皂 天然橡胶 烷基酚钡 变压器油	1.5 1% 2.5% 余量	适用于黑色金属、有色金属封存
26	TF-24防锈油	石油磺酸钡 环烷酸锌 羊毛脂 苯并三氮唑 磷酸三丁酯 22#透平油	5份 1份 2份 0.3份 2份 100份	适用于黑色金属、有色金属封存
27	100#(硬-1) 硬膜防锈油	叔丁酚甲醛树脂 氧化石油脂钡皂 环烷酸铅 十二烯基丁二酸咪唑啉 苯并三氮唑 邻苯二甲酸二丁酯 聚甲基丙烯酸十四酯 200#溶剂汽油	90份 10份 5份 3份 0.3份 5份 3份 200份	硬膜防锈油,适用于黑色金属,铜及铜合金防锈

(续表)

序号	名称	主要成分		用途
28	74A-2 硬膜防锈油	烷基酚氨基树脂 743 钡皂 二壬基萘磺酸钡 N,N-双苯并三氮唑 100#汽油	12% 20% 10% 0.5% 余量	黑色金属防锈,黄铜、紫铜轻微变色
29	无溶剂型薄层防锈油	改性醇酸树脂 10#变压器油 石油磺酸钡 环烷酸锌 司苯-80 苯并三氮唑 2,6-二叔丁基对甲酚 聚甲基丙烯酸十四酯 聚甲基丙烯酸十六酯	5 份 95 份 3 份 3 份 1.5 份 0.2 份 0.3 份 0.5 份 0.5 份	多种金属长期封存
30	胆固醇防锈油	胆固醇 聚异丁烯母液 凡士林 22#透平油	3% 33% 50% 14%	多种金属防锈
31	5#防锈油	羊毛脂镁皂 变压器油	5% 95%	适用于有色金属、黑色金属防锈、军械防锈
32	7#防锈油	羊毛脂镁皂 石油磺酸钡 变压器油	5% 5% 90%	适用于多种金属、军工器材
33	705 防锈油	蜡膏锌皂 二壬基萘磺酸钡 变压器油	2% 2% 96%	黑色金属长期防锈
34	1#石油脂型防锈脂	氧化蜡膏钡皂 75#地蜡 50#机油	100 份 500 份 500 份	黑色金属长期封存
35	发动机密封油 (Y-4)	石油磺酸钡 石油磺酸钠 环烷酸锌 苯并三氮唑 16#坦克机油	10% 2% 3% 0.2% 余量	坦克发动机、变速箱及一般零部件
36	4#防锈脂(217 脂)	氧化石油脂锂皂 天然橡胶 烷基酚钡 变压器油 20#航空润滑油	1.5% 1% 2.5% 20% 余量	适用于发动机封存,钢铜零部件长期封存

（续表）

序号	名称	主要成分		用途
37	柴F-18防锈油	石油磺酸钡 羊毛脂镁皂 车用机油	3%~5% 1%~2% 余量	柴油机、内燃机封存
38	86#防锈润滑油	10#车用机油 二壬基萘磺酸钡 石油磺酸钙 二烷基二硫代磷酸锌 抗凝剂 甲基硅油	100份 5份 2份 0.5份 0.3份 10PPm	适用于内燃机防锈封存及润滑
39	72#防锈润滑油	10#车用机油 二壬基萘磺酸钡 司苯-80 抗凝剂 甲基硅油 二烷基二硫代磷酸锌	100份 5份 0.3份 0.3份 10PPm 0.5份	
40	兰203防锈油	N-油酰肌氨酸十八胺 羊毛脂 烷基水扬酸钙 703烯盐 20#航空润滑油	2% 1% 2% 4% 余量	用于活塞或航空发动机长期封存
41	74-5硬膜防锈油	叔丁酚甲醛树脂 氧化石油脂钡皂 386-9醇酸树脂 二壬基萘磺酸钡 环烷酸铅 苯并三氮唑 3902油溶红 200#汽油	16% 10% 5% 4% 1% 0.2% 0.01% 63.79%	硬膜油
42	99#硬膜防锈油	叔丁酚甲醛树脂 醇酸树脂 三聚氰胺甲醛树脂 环烷酸铅 十二烯基丁二酸咪唑啉 石油磺酸钡 苯并三氮唑 邻苯二甲酸二丁酯 200#溶剂汽油	70份 24份 6份 8份 3份 3份 0.3份 2份 200份	硬膜防锈油，适用于枪炮封存、工具封存

(续表)

序号	名称	主要成分		用途
43	907防锈脂	石油磺酸钡 羊毛脂镁皂 二元乙丙橡胶 聚乙丁烯母液 地蜡 2,6-二叔丁基对甲酚 油溶性金红 凡士林	6% 6% 0.2% 27% 4% 0.25% 0.1% 余量	适用于有色金属、黑色金属防锈
44	201脂	石油磺酸钡 工业凡士林	4%~5% 余量	一般成品封存
45	WF-1防锈油	74-2硬膜防锈油 24#薄层防锈油	90% 10%	用于黑色金属长期封存
46	WF-1防锈油	74-2硬膜防锈油 901防锈油	80% 20%	用于黑色金属长期封存

3.1.5 防锈油的封存方法

3.1.5.1 防锈油的选择

选择防锈油时必须考虑器材制造材料,特别是所有金属与非金属材料的种类和性质,是否与所选防锈剂中各种成分相容。当金属没有镀层、涂层保护,都应涂覆防锈油保护。而对于纺织品、绳索、橡胶、塑料、云母、光学玻璃、皮革及皮革制品等,都不应涂覆防锈油,当这些部件与其组合的金属件需涂覆防锈油时,要采取屏蔽措施。某些类型的通信、电气和电子设备如电容器、配电盘、电机转子等,由于使用或除去防锈油而引起性能或结构受到损害或不安全工作状态的设备都不应使用防锈油。

用于器材封存的防锈油脂品种很多,每种油脂都有其适用范围,在实际工作中要根据具体器材的要求和条件,选择合适的防锈油。使用防锈油时要注意以下几个原则。

1. 器材防锈的目的

区别器材封存的目的,是要区分防锈油是用于工序间防锈、短期封存还是长期封存。

2. 器材材质特性

器材材质是黑色金属还是有色金属,是单一零件还是组合件,器材上是否带有其他非金属材料。

3. 器材使用要求

器材装车使用的功能要求也是选择防锈油的条件,如齿轮箱、变速箱、发动机内部封存,就应选择以润滑油为基础的防锈油,同时起到防锈润滑的作用,减少上车使用时启封带来的不便。

4. 启封难易程度

防锈油封存的器材一般上车使用前都要进行启封,有的对清洗的要求还比较高。所以选择封存的防锈油,必须考虑防锈油去除的难易,最好选择那些不用启封或启封工艺简单的防锈油,如没有特殊要求,一般不选择油膜较厚的防锈脂,以适应应急保障的需求。

3.1.5.2 防锈油使用方法

需要防锈油封存的器材,都必须经清洗和干燥处理,器材封存前要经过检查,表面不能有残存油污、灰尘、污垢及残液。不能有锈迹,除特殊要求外,允许表面有轻微发暗、变色。检查方法可用目测或 5 倍放大镜观察器材工作表面,对发动机、变速箱、传动箱等组件器材内腔表面,可用内窥镜检查。

检查合格的器材可选择如下一种或多种方法,均匀地涂上一层防锈油。器材的缝隙、凹坑或其他部位涂布的防锈油要均匀、完整。

1. 浸泡

将防锈油倒入盛有器材的容器中使之浸没,留出因环境温度变化可能引起防锈油体积变化的量,以免损坏容器。

2. 浸涂

将零件完全浸入防锈油中,轻轻摇动或上下抖动,使器材涂上防锈油。这是一般器材油封常用的方法。

3. 刷涂

用沾有防锈油的刷子或其他工具刷涂器材表面,使应该涂覆防锈油的部位都能均匀地涂上油膜,如负重轮、诱导轮、主动轮内轮毂以及大的组合部件外表面的油封。

4. 灌注

将防锈油注入需防护的器材中,并摇动或转动器材,使器材的内腔表面都能涂覆油膜,然后将多余的防锈油倒出,如变速箱、发动机等内腔的油封。

5. 充满

将所需防锈油充满或加注到器材的内腔,使所有内表面都能涂上防锈油,腔内留出因环境温度变化所需空间,同时密封器材上所有的孔和通道以防止防锈油流出,如喷油泵、调速器的内部封存。

6. 喷涂

用喷涂装置将防锈油喷涂于器材的内外表面,如采用喷雾罐或高压空气泵装置对器材做喷涂封存。

3.2 气相封存技术

3.2.1 概述

气相缓蚀剂(Vapor Phase Inhibitor,VPI),又称为挥发性缓蚀剂(Volatile Corrosion Inhibitor,VCI),是在常温下具有挥发性,且挥发出的气体能抑制或减缓金属大气腐蚀的物质。气相缓蚀剂可不需与金属接触,在常温常压下能不断缓慢地挥发出缓蚀气体,待缓蚀气体充满封存空间,甚至装备缝隙,便能有效抑制金属腐蚀。采用气相缓蚀剂封存器材的方法为气相封存,气相封存是目前金属类器材的一种有效防锈技术。

实际证明,气相封存具有以下特点。

(1)缓蚀气氛无孔不入,能适应结构复杂机件,防锈效果是其他防锈涂层不易达到的。

(2)防锈性能好,防锈期长,封存时间可达10年以上。

(3)适应战备需要,储存条件要求低,用气相缓蚀剂封存的装备启封后,不用处理,立即可以投入使用。

(4)工艺简单,操作方便,劳动强度低,容易掌握。

(5)经济性好,成本低,气相封存的成本只有油封的1/5~1/20。

3.2.2 气相封存基本原理

气相缓蚀剂显著的防锈效果被人们普遍认同,关于气相缓蚀剂的作用机理人们进行了多种探索,目前,已被大量证实和人们接受的观点是:气相缓蚀剂以分子形式直接挥发到空间,当它与潮湿空气吸附在金属表面后,水解生成能起缓蚀作用的缓蚀基团。以亚硝酸二环己胺为例,当它以分子形式挥发后,在金属表面立即与水蒸气作用,分解生成二环己胺碱基和亚硝酸两种过渡产物,然后又继续分解出有机阳离子、氢氧根离子、亚硝酸根和氢离子。有机阳离子能吸附在带负电荷的金属表面,能降低金属腐蚀;亚硝酸根是具有钝化作用的化学基团。由于这两个方面的联合作用,对金属起到了缓蚀作用。

3.2.3 主要气相防锈材料

目前,主要使用的气相防锈材料有气相防锈纸、气相防锈塑料薄膜、气相防锈油等。

3.2.3.1 气相防锈纸

将气相缓蚀剂溶于蒸馏水或有机溶剂,如乙醇等中,制成溶液。然后浸涂、刷涂或滚涂在防锈原纸的表面,干燥或稍干后即成为气相防锈纸。气相防锈纸的原料以前大都采用牛皮纸,因它具有一定的强度,对金属的腐蚀较低,为了提高防水、耐油等其他特性,最近已采用聚乙烯复合纸作为气相缓蚀剂的载体。

气相防锈纸目前仍是气相缓蚀剂使用的主要方法,常用的气相防锈纸见表3-2。

表3-2 常用的气相防锈纸

序号	名称	主要成分		用途
1	1#气相纸	亚硝酸二环己胺 聚乙二醇 蒸馏水	72份 3~28份 400~480份	黑色金属、法兰、在不接触条件下对铜及铜合金防锈
2	01#气相纸	亚硝酸钠 尿素 苯甲酸钠 蒸馏水	30份 20份 20份 160份	钢铁、法兰、铝合金
3	2#气相纸	亚硝酸钠 尿素	50% 50%	工具、量具等黑色金属
4	新2#气相纸	苯甲酸单乙醇胺 乌洛托品	50% 50%	用于黑色金属
5	新3#气相纸	苯甲酸钠 乌洛托品 苯甲酸单乙醇胺	15% 32% 53%	用于黑色金属
6	11#气相纸	亚硝酸钠 尿素 苯甲酸单乙醇胺 蒸馏水	11份 11份 22份 88份	黑色金属

(续表)

序号	名称	主要成分		用途
7	W12气相纸	亚硝酸二环己胺 亚硝酸钠 尿素 乌洛托品	21% 24% 24% 31%	用于黑色金属
8	15#气相纸(剂)	三乙醇胺 苯甲酸钠 二氧化碳 蒸馏水	40% 24% 1.5%~2% 余量	pH为8.5~9.2,用于黑色金属轴承、工具等
9	651气相纸	乌洛托品 亚硝酸钠 苯甲酸钠 蒸馏水	21% 21% 8% 50%	黑色金属
10	653气相纸	亚硝酸钠 尿素 乌洛托品	45.5% 45.5% 9%	黑色金属
11	06#气相纸	亚硝酸二环己胺 苯并三氮唑 乌洛托品	11.5% 54.5% 34%	钢、铜等金属
12	9#气相纸	苯甲酸胺 乌洛托品 苯并三氮唑	17% 33% 50%	用于钢、紫铜、黄铜、磷青铜、镍铬等多种金属
13	11#气相纸	2,4-二硝基苯酸胺 苯并三氮唑 苯甲酸胺	40% 30% 30%	用于钢、铜、镀锌、镉、铝阳极化等多种金属
14	16#气相纸	2,4-二硝基酚二环己胺 亚硝酸二环己胺 磷硝基酚钠	50% 20% 30%	用于钢、铸铁、黄铜、青铜、铝等多种金属,对镀锌、镀镉、钝化镀锡、铸镁也有一定适应性
15	18#气相纸	苯并三氮唑 亚硝酸钠 铬酸钠	11.8% 29.4% 58.8%	用于钢、黄铜、紫铜、镀锌、镀镉、铝阳极极化
16	19#气相纸	苯并三氮唑 苯甲酸胺 苯甲酸钠 亚硝酸钠	50% 16.7% 16.7% 余量	用于钢、黄铜、紫铜、镀锌、镀镉、铝阳极极化等多种金属,对一般非金属有较好适应性
17	W25气相纸	苯并三氮唑 亚硝酸二环己胺 十八烷胺	25% 25% 50%	用于钢、黄铜、紫铜、镀青铜等多种金属

(续表)

序号	名称	主要成分		用途
18	W41气相纸	苯并三氮唑 亚硝酸二环己胺 十八烷胺 乙醇	87.5 份 87.5 份 700 份 10500 份	用于钢、法兰、铜及铜合金、镀镉、镀锌等
19	8105气相纸	辛硝基酚四乙烯五胺 磷硝基酚三乙醇胺 苯并三氮唑 己二酸二丁酯	47% 4.8% 16.4% 31.8%	用于钢、黄铜、青铜、铝、铬、镍、镀镉、银、锡等多种金属
20	6901#气相纸	苯甲酸单乙醇胺 尿素 亚硝酸钠 蒸馏水	18% 8.25% 8.25% 65.5%	钢铁、法兰的防锈

3.2.3.2 气相防锈塑料薄膜

气相防锈塑料薄膜是将气相缓蚀剂与未成型的塑料混合,在挤压机上吹塑制成的透明塑料膜。其防锈原理是气相防锈剂在常温下直接从塑料薄膜中汽化,在密闭的环境中能达到饱和蒸汽状态,其分子吸附到器材表面,经复杂的物理化学变化形成仅几个分子厚的致密的透明保护膜,阻止器材被腐蚀。气相防锈剂分子升华后为气体,无孔不入,无论器材表面形状如何复杂,都能达到最佳的防锈效果。

近年来,气相防锈薄膜采用多种成分复配的气相防锈剂,具有挥发快、时效长、对多种金属防锈效果好的功能。塑料袋由 PVDC + PA + LDPE(含 VCI)组成,具有强度高、密封好、水蒸气透过量和氧气透过量极少的特点。目前,多种金属气相防锈复合塑料薄膜已成为气相防锈的一种趋势。部分气相防锈塑料薄膜见表3-3。

表3-3 部分气相防锈塑料薄膜

序号	名称	主要成分		用途
1	CF-4气相防锈薄膜	阿拉伯树胶 月桂酸环己胺 苯甲酸二乙醇胺 辛酸二环己胺 苯并三氮唑 抗氧剂 甲醛(40%) 乙醇 蒸馏水	5% ~ 10% 10% ~ 15% 1% ~ 2% 1% ~ 2% 0.5% ~ 1.0% 0.03% ~ 0.04% 0.03% ~ 0.04% 10% ~ 15% 余量	以高压聚乙烯薄膜为基体材料,在其表面涂覆含有气相缓蚀剂的阿拉伯树胶溶胶,经脱溶剂后固化而制成甲醛作为阿拉伯树胶的坚膜剂及防霉剂,月桂酸环己胺是缓蚀剂,又是表面活性剂。对聚乙烯薄膜有润湿性,并能降低阿拉伯树胶的表面张力,增加树胶与聚乙醇胺配合使用,能防止结晶析出,形成均匀涂层,对钢、铝及其合金、铜有良好的防锈能力

（续表）

序号	名称	主要成分		用途
2	CF-7气相防锈薄膜	辛酸二环己胺 癸酸二环己胺 磷酸环己胺 邻苯二甲酸二丁酯 抗氧剂 高压聚乙稀	1.0%~1.4% 1.0%~1.4% 0.5%~1.5% 0.2%~0.3% 0.1%~0.2% 余量	高压聚乙稀溶融指数为4~7，BF-7是在高压聚乙烯中掺和预定气相缓蚀剂后，投料于挤压机中，混合塑料受热，在压力作用下，流态塑料通过口模而制成管坯，由压缩空气吹塑成管中空薄膜，经过流空气冷却定型而制成。对钢、铝及其合金有良好防锈能力，对镀铬、镀锌钝化有一定的适用性

3.2.3.3 气相防锈油

常用部分气相防锈油见表3-4。

表3-4 常用部分气相防锈油

序号	名称	主要成分		用途
1	1#气相防锈油	辛酸三丁胺 苯三唑三丁胺 石油磺酸钠 石油磺酸钡 司本-80 20#机油	1% 1% 0.5% 0.5% 1% 余量	具有接触防锈和气相防锈能力，能适用于多种金属，主要用于与油接触且密封的体系，如齿轮箱等应注意油品对橡胶等非金属件的适用性，适用于钢、黄铜、紫铜、铝
2	2#气相防锈油	癸酸二环己胺 苯三唑三丁胺 石油磺酸钠 司本-80 20#机油	1% 1% 0.5% 2% 余量	对钢、黄铜、铝表铜、紫铜、铝均有一定气相防锈性和接触防锈性能
3	3#气相防锈油	石油磺酸钠 辛酸二环己胺 低黏度机械油	0.5%~1% 0.5%~1.0% 余量	对钢、铜、铸铁防锈性能较好
4	SYQ-10气相防锈油	脂肪酸 有机胺 醇溶剂 羊毛脂镁皂 苯三唑 基础油	5%~7% 4%~6% 1%~3% 3%~5% 0.3% 余量	具有气相防锈与接触防锈性能

3.2.4 气相封存方法

3.2.4.1 气相缓蚀剂的选择

器材气相封存中,要注意气相缓蚀剂的选择,主要应考虑以下几个方面。

1. 应用范围的选择

每种气相缓蚀剂都有一定的应用范围,在选用气相缓蚀剂时特别要注意性能、特点及使用方法。要认真查看说明书,避免用错气相封存材料,否则将造成大量器材锈蚀。在气相封存时要注意以下几点。

(1)除非另有说明和验证数据,气相缓蚀材料一般不能用于保护光学装置和高爆炸性物质以及与其相连的发射剂的产品上。

(2)对涂有防腐剂或润滑剂保护的精密活动部件的组合件,如用气相防锈包装材料包装储运后,影响制品性能及技术要求的不能使用。

(3)有色金属气相封存要选择对相关金属有效的气相封存材料。气相防缓蚀材料在同有色金属直接接触前,必须进行接触腐蚀性试验,合格方可使用。例如,含有锌、锌板、镉、镉板、锌基合金、铅基合金及其他含有大于30%的锌或大于9%铅的合金(包括焊料)及其制件,当这些材料在经过其他方法处理或屏蔽后,采用气相防锈包装材料包装前,必须进行适应性试验,合格方可使用。

(4)含有塑料、橡胶、油料、涂料等非金属材料的零部件、组合件,进行适应性试验合格后,方可用气相防锈材料封存。

2. 器材结构的选择

由多种材料制成的器材,应选用适应性广的多效能气相缓蚀剂。器材若是复杂的组合件,当含有黑色、有色金属,各种涂、镀层,塑料,橡胶等时,应选择适合这类器材的气相封存材料。如没有明确某类材质的气相封存性能,为确保气相封存质量,在进行首批气相防锈封存之前,应取产品上具有代表性的材料样品,连同封存材料、气相缓蚀剂、置换型防锈油,共同进行适应性试验,待得出相容性结论后,方可进行使用。

当器材带有封闭部位的产品时,应先把气相缓蚀剂放进封闭的空间内,再将封闭部位封好。对于深度大于150cm的盲孔,应将气相缓蚀剂放进孔穴内,在封闭系统和盲孔中使用气相缓蚀剂,应加标签或卡片说明,以使器材在加润滑油或进行其他操作之前取出气相缓蚀剂。

3. 根据防锈材料适应性选择

不同气相防锈材料混用时,应按一种新的气相防锈包装材料对待,必须进行气相缓蚀性能试验。

(1)气相缓蚀剂与置换型防锈油的适应性。除非在包装之前已有二者相容性的依据,否则也要进行适应性试验,待得出结论后,方可混用。

(2)气相缓蚀剂与内包装材料、缓冲隔离材料的适应性。除非在包装之前已有二者相容性依据,否则也应进行相容性试验,待得出结论后,方可一起应用于气相防锈封存。

4. 根据保养工艺选择

器材在封存前的预处理工艺要与气相防锈材料相匹配。例如,器材保养中的除锈、清洗、干燥等工艺,要与选用的气相封存材料进行相容性试验,得出结论后,方可执行。

3.2.4.2 气相缓蚀剂的应用

气相缓蚀剂的使用方法很多,可直接把粉剂用于气相封存,但更多的是把气相缓蚀剂附在各种载体上使用。不管哪种方法,总的原则都是便于气相缓蚀剂的挥发和封存密封。气相缓蚀剂应用的方法主要有以下几种。

1. 粉末法或气相防锈丸(片)法

将气相粉剂直接撒在器材表面或用纱布包成小包悬挂在器材周围或内腔。也可把气相缓蚀剂压制成块状或丸剂,放置在器材周围。例如,枪械的气相缓蚀剂封存中,采用粉末法,即把粉末放在小布袋中,分散挂在各处。

缓蚀剂距离金属器材不得超过其作用有效半径,一般不超过300mm。其用量主要根据缓蚀剂的种类、性质和包装条件及封存期的长短来确定。气相缓蚀剂包装要做好器材的密封,防止缓蚀剂气体外泄。

2. 气相防锈纸法

将气相缓蚀剂与胶黏剂一起溶于蒸馏水或有机溶剂(如乙醇)中,制成溶液。然后浸涂、刷涂或滚涂在防锈原纸表面,待干燥或稍干后即成为气相防锈纸。气相防锈纸的原纸以前大都采用牛皮纸,因其具有一定的强度,对金属的腐蚀较低,为了提高防水、耐油等其他特性,最近已广泛采用聚乙烯与牛皮纸的复合纸作为气相缓蚀剂的载体。制造气相纸时,应注意胶黏剂和原纸对气相缓蚀剂的影响,一般不应呈酸性,氯化物和硫酸盐含量不得超过标准。

气相防锈纸使用时,涂缓蚀剂的面向内包装金属器材,再包牛皮纸,外层再装塑料袋密封包装。如果包装空间较大,气相防锈纸与金属器材局部距离超过300mm时,可在包装内增加适量的防锈纸片或粉末。

3. 气相塑料法

将气相缓蚀剂加在塑料薄膜的吹塑成型过程中,或加工成薄膜后再将气相缓蚀剂热压喷涂于塑料薄膜表面,制成气相塑料薄膜。例如,以低压聚乙烯薄膜作为气相缓蚀剂的载体。加入胶黏剂后直接粘到低压聚乙烯原料上,用吹塑法将气相缓蚀剂与未成型的塑料混合,在挤压机上吹塑制成透明塑料膜。再和高阻隔的 PVDC 薄膜共挤成型,制成高阻隔性能的气相防锈塑料薄膜。气相防锈塑料薄膜具有挥发快、时效长、薄膜强度高、密封好、水蒸气透过量和氧气透过量极少的特点,具有防锈效果好的功能。

气相防锈塑料除具有一般气相防锈材料的性能外,还具有以下优点:①可焊性好;②透明,方便检查封存器材;③简化包装、提高工效、降低成本;④防锈期长,一般为 3~5 年,密封袋可达 10 年以上;⑤绿色环保,使用过程中不产生二次污染。

气相防锈塑料能适应严格的军工要求,应用于军事武器装备零备件、精密机械、医疗器件、五金工具、电工电子器材、仪器仪表等,主要用于钢、铝及其合金的防锈封存,对黄铜、镀锌钝化、镀镉钝化件也可适应。

使用时通常可直接用此薄膜包扎或做成塑料袋装器材制品,并热焊封袋口。

气相防锈塑料应在产品有效期内应用,超过有效期后,需逐项指标复检,合格的仍可使用。

4. 气相防锈硅胶

将气相缓蚀剂附载于具有高度吸附能力的硅胶中制成气相硅胶。气相硅胶综合了气相缓蚀剂与硅胶的优点,气相缓蚀剂与硅胶对金属防锈起协同效应。硅胶具有多孔结构和较大的比表面积,它能够吸收包装容器内的湿度,使容器内的湿度降到金属锈蚀临界相对湿度以下。气相缓蚀剂则在常温下就能够挥发出缓蚀性气体,起到防止金属锈蚀的作用。用气相硅胶封存器材,克服了其他封存方法中容器内湿度大,封存材料易受潮,表面容易黏附灰尘、茸毛的危害。所以,气相硅胶特别适用于电子仪器和精密设备的长期封存。

5. 气相泡沫载体

在缓冲材料(如海绵、泡沫塑料)中浸入缓蚀剂,再用于产品包装,这样既对产品储运起缓冲防震作用,又起缓蚀作用。

3.2.4.3 气相缓蚀剂的用量

气相缓蚀剂的用量一般与封存时间长短、外部封存材料的密封性,气相缓蚀剂蒸汽压力、存放环境等因素有关。但到目前为止,还没有合理的计算方法,一般都是根据经验估计或经验公式推算。

粉末剂、结晶状气相缓蚀剂包装用量为 $35g/m^3$ 以上。

含有气相缓蚀剂的多孔载体,如气相吸湿材料等类似物质,按其实际含有气相缓蚀剂量应不少于 35g/m³。

气相防锈纸用量可按国内经验公式计算：

$$M = K \cdot \frac{8.5TV}{G} \tag{3-1}$$

式中　M——气相防锈纸的用量(m^2)；

　　　K——安全系数，一般取 1.5，但不超过 2，视封存的密封程度及透气性而定；

　　　V——包装容积的体积(m^3)；

　　　8.5——表示 $1m^3$ 普通包装箱的年漏损量($g/m^3 \cdot$ 年)；

　　　G——每平方米气相防锈纸上气相缓蚀剂的实际含量(g)；

　　　T——封存年限(年)。

所能保证的封存年限除与使用的气相缓蚀剂材料和用量有关外，还与封存材料本身的透气率及封存环境有关。在实际工作中要根据具体情况经试验确定。

3.3　除氧封存技术

3.3.1　概述

1. 氧对金属器材的危害

一切金属材料的腐蚀均与空气中的氧有关，金属的锈蚀实际上是氧化生锈。其主要是由于空气中存在氧，在杂质(如二氧化硫、水蒸气、碳粒)催化作用下使金属较快地发生腐蚀。当空气中含有 0.01% 的 SO_2，在相对湿度超过 75% 时，钢铁的腐蚀速度就会成十倍、百倍地增加。这是由于 SO_2 在空气中 O_2 的作用下氧化成 SO_3，当湿度较大时 SO_3 与空气中的 H_2O 作用生成 H_2SO_4 而腐蚀金属，生成的硫酸铁可进一步氧化生成棕色铁锈和硫酸，而硫酸又重新与铁作用，如此形成恶性循环作用，使钢铁不断受到腐蚀。

另外，钢铁表面从空气中吸收 SO_2 后，也会发生化学反应而生成硫酸铁，硫酸铁再氧化生成铁锈和硫酸，进行以上的腐蚀循环。如能对部分高、精、密金属器材采用隔绝空气中的氧来包装储存，则减少腐蚀的损失将是十分巨大的。

2. 氧对高分子类器材的危害

塑料、橡胶等高分子聚合物的老化、变质，是在外界因素的长期作用下，发生裂解与交联反应，导致其物理、力学性能变坏，如发黏、脆裂、变色与各种力学性能指标降低等。高分子聚合物的老化与其本身的热稳定性有关,化学反应过程极其复杂。但是,氧的作用是最基本的,氧、臭氧通常在热、光、离子辐射等作用下与高分子聚合物发生氧化反应,导致高分子的氧化老化。

橡胶类器材大多数分子结构是不饱和的,极易与活性氧原子起化学反应,使橡胶原来的结构受到破坏。氧化反应使橡胶结构变化并导致其性能劣化的现象,称为橡胶的氧化老化。橡胶的氧化老化有两种主要形式:一是发生在天然橡胶与丁基橡胶等胶种中,其氧化反应使橡胶分子链断裂(即降解反应),使器材表面发黏,性能下降;另一种是发生在丁苯橡胶、丁腈橡胶、氯丁橡胶等胶种中,其氧化反应将使橡胶分子生成更多的交联,使器材硬脆、龟裂、性能下降。

氧对塑料类器材的影响与橡胶基本相同,但塑料的氧化反应速度比橡胶要缓慢得多,但对长期储存的塑料器材也要考虑防老化问题。

要减少氧对装甲装备器材的危害,就要设法除去包装容器内部的氧,除氧封存已是目前常用的包装方法,它广泛应用于各类器材的包装,常用的除氧剂多为通用型除氧剂。

3.3.2 通用型除氧剂的性能

通用型除氧剂是由特殊处理过的活性氧化铁压制而成的,现已研制出 100 型、200 型、300 型、500 型、1000 型 5 种规格的除氧剂。使用时,选用型号数字与除氧量相接近规格的除氧剂。若包装密封容积较大时,可以将几种型号、规格的除氧剂组合使用,以增强其除氧效果。

1. 除氧能力

通用Ⅰ型、Ⅱ型、Ⅲ型和速效型除氧剂的除氧能力为 150.5mL 氧气/g;高效型除氧剂的除氧能力为 225.75mL 氧气/g。

2. 除氧速度

除氧剂的除氧过程就是吸收空气中氧气的过程。例如,在完全密闭的容器中,投放标准剂量的除氧剂,速效型在 12h 内、其他型在 1~2 天以内,氧浓度从 20% 降至 0.1% 以下,11 天后下降至百万分之四点三,随着时间的延续氧浓度还将更低。除氧剂不仅能吸收密封空间的游离氧,也能通过浓差扩散的方式进行下步吸收溶解,或吸附被封存器材内部的氧和酸性气体。

3. 具有吸收氧和酸性气体的储备能力

按标准剂量或高于标准剂量投放除氧剂,除尽密封包装内的氧及酸性气体以后,除氧剂还保存有 2 倍以上的储备吸氧或酸性气体的能力,足以抵御容器的微小渗漏,长期维持无氧、无酸性气体状态,适当地增大除氧剂投放剂量便可维持长达数年甚至更长的有效期。

4. 对封存环境增湿

一般通用型除氧剂水分活性值高达 0.75,对某些较干燥的封存环境和被封存物有增加湿度的作用。因而对抑制金属锈蚀,对抑制厌氧微生物和兼性厌氧菌的生长繁殖,以及对抑制物品不稳定的化学成分之间的化学反应(如非酶褐变等)都有不利的影响。

5. 不畏光

光照会加速许多物品的氧化、老化,使之变质、变色、锈蚀。但光的作用前提是必须有氧和其他腐蚀性介质;在没有腐蚀性介质的条件下,这些现象就不会发生。除氧剂包装后的器材不再畏光。因此,除氧剂可以和透明的密封容器匹配封存包装器材,如采用透氧率低的某些塑料复合薄膜袋、玻璃包装容器等。

3.3.3 除氧封存原理

除氧封存的原理是利用还原物质在密封容器内发生快速的氧化反应,从而使容器内的氧含量迅速下降到 0.1% 以下,使器材处于缺氧的条件下,避免了氧对器材的危害,达到延长封存期限和保证安全的目的。

除氧封存是继真空封存和充气包装之后出现的一种新的包装方法,与前两种方法相比,有更多的优点和更广的应用范围。使用除氧剂可以不用抽真空或充气设备,不仅可以比较彻底除掉器材微孔中的氧气,而且还可以及时除掉包装作业完成后缓慢渗透进来的少量氧气。而真空封存和充气包装随时间的延长,缓慢渗透进来的少量氧气将会逐渐积累而损害器材。由于除氧的彻底性和使用方法的灵活性,除氧封存已由民用食品、药品、文物等发展到军用精密器材的防护包装。

除氧封存方法一般比较简单易行,就如采用加干燥剂的密封防潮方法一样,在包装容器密封前,将除氧剂如干燥剂一样放入容器内,然后密封容器即可。

3.3.4 除氧封存方法

▶ 3.3.4.1 除氧剂及氧指示剂的使用

除氧封存大都选用通用除氧剂,封存前应计算除氧剂的使用量,由于除氧剂的价格比较低廉,其用量的计算也比较粗糙,是按密封包装容器内剩余空气的 1/5(mL)来计算所需要的公称除氧量的,并以此来选择通用型除氧剂。通用型除氧剂的实际除氧能力一般为其公称值的 3~4 倍。这对采用透气率为零的刚性材料作为包装阻隔材料制作密封容器进行包装的情况,是足够安全的。

当采用透气率低的塑/铝复合膜,或涂聚偏二氯乙烯的塑/铝复合膜来制作容器进行包装时,上述计算通用型除氧剂的使用量也是安全的。只有当储运时间较长,又采用具有一定透气率的塑料薄膜制作密封包装容器时,才可根据薄膜透气率的大小,适当考虑将除氧剂的使用量作适当的增加,以保证储运期间的安全。

采用除氧剂的除氧封存,一般在密封包装后一两天时间内,就能把密封包装容器中的氧几乎全部吸收,实现除氧封存。因此,除氧封存能有效地防止内装器材的霉变、虫蛀、锈蚀及氧化变质,它适用于各种含水率低于 20% 的器材。

我国投入生产的 801 除氧剂,由除氧剂与氧指示剂两部分组成。除氧剂是用涂塑纸作包装袋,是封袋除氧剂。不使用时用复合材料包装好;氧指示剂是药片状,也用复合材料封装,当使用时,用针在薄膜上刺几个小孔即可。

对于一些精密器材的封存,为了提高器材的防护效果,在除氧封存的同时,可放入一定量的干燥剂,除氧封存干燥剂的使用量可参照防潮封存中干燥剂的计算公式进行计算。

氧指示剂是检查除氧封存容器内含氧量的片状药剂,在进行除氧封存时,可将氧指示剂一起放入容器内。从氧指示剂的不同颜色可显示密封包装容器内的氧气浓度。当包装容器内无氧时(氧气含量在 0.1% 以下),氧指示剂呈红色;当包装容器内氧气浓度达到 0.5% 以上时,氧指示剂显示为蓝色;当氧气浓度处于上述两者之间时,氧指示剂呈现紫色。为了能从包装容器外见到容器内氧指示剂的颜色,应采用透明的复合薄膜来制作除氧封存容器,并在包装时,将氧指示剂放在靠近容器壁的部位。当采用不透明的薄膜或刚性包装容器时,则应在容器壁某一部位开一小孔,外面再用透明材料密封,将氧指示剂放在其内,则从该处可见到氧指示剂所呈颜色,以掌握容器内氧气的含量。

▶ **3.3.4.2 除氧封存注意事项**

除氧封存要注意以下几点:

(1)使用除氧剂的包装容器应尽量减少预留空间,也可在封入除氧剂之前,先将包装容器抽真空,或与充氮包装配合使用。

(2)封入除氧剂的包装容器必须采用阻气性良好的包装材料。例如,金属、玻璃或复合材料。现在应用最多的是复合材料袋,使用除氧剂时要求复合材料在 1 个大气压(101.325kPa)下,温度为 25℃时,经过 24h,透气率小于 20mL/m^2。

(3) 对于长期封存的器材,在使用除氧剂时,可同时封入氧指示剂。使用氧指示剂时应该用透明包装容器或开窗式容器,以便观察氧指示剂颜色变化。当发现氧指示剂由红变蓝时,就应当更换除氧剂或检查容器是否漏气。

(4) 为有效除去氧和水分,保证封存的可靠性,可与干燥剂配合使用。干燥剂使用前必须烘干,具体使用方法参见3.5节"防潮封存技术"。

3.3.4.3 装甲装备器材的除氧封存

装甲装备器材中的精密器材、各类仪表、电路板、橡胶密封垫、橡胶管件等都可以采用除氧封存或除氧剂和干燥剂复合封存。其具体封存方法如下。

1. 光学、电器、通信等精密器材以及印制电路板、仪表的除氧干燥封存

(1) 清洁。对器材、各类仪表进行表面清洁处理,仪表应用无水酒精擦拭。对电气接插件要刷涂823保护剂,使各接插件得到可靠的保护,以提高其电气性能。

(2) 包裹。选用5~10cm厚的软泡沫塑料全面进行裹包衬垫,并用压敏胶带固定,尤其是棱角部位应加强衬垫,防止器材的棱角扎坏包装封套。

(3) 将器材放入铝塑复合封套内。

(4) 放入计算好的干燥剂、除氧剂及氧指示剂,干燥剂、除氧剂袋均不应与器材直接接触。

(5) 将封套内的多余空气抽出,进行热封。

2. 橡胶制品的除氧封存

(1) 清洁。对橡胶制品进行清洁处理。

(2) 装袋。将橡胶制品装入铝塑复合密封袋内,直径在30mm以下的橡胶密封垫10件装入1个塑料袋,可不封口密封。

(3) 封存。将除氧剂迅速装入铝塑复合膜封套内,小件器材可不放氧指示剂,抽出多余的空气后进行热封口。

3.4 防霉封存技术

3.4.1 概述

霉菌对器材的危害是巨大的,在电器、光学仪器、仪表器材上生长可引起生物腐蚀或产生霉斑,不但会影响器材的外观,还会影响电器器材的电气、力学性能,阻断光学仪器光路,严重的可使内装器材霉腐变质,影响使用价值,甚至完全报废。所以,对器材进行防霉封存是完全必要的,尤其是在南方湿热地区储运的器材显得尤为重要。

防霉封存是为防止器材霉变所采取的一定防护措施,通常是降低包装容器内的相对湿度和氧气,对内装器材和包装材料进行防霉处理等。

3.4.2 常用的防霉剂

工业防霉剂的品种很多,绝大多数是有机化合物,如有机酮、有机锌、有机汞、有机锡及酚类化合物。

从防霉剂的应用方法,一般可分为接触性防霉剂、熏蒸性防霉剂、挥发性防霉剂三大类。接触型防霉剂常作为浸渍或涂刷的防霉剂溶液使用;熏蒸型防霉剂常作为熏蒸剂使用;挥发型防霉剂常在包装产品时使用。

效果显著的防霉剂有接触型防霉剂和熏蒸型防霉剂两种。接触型防霉剂较好的有多菌灵(BCM);熏蒸型防霉剂有甲醛、乙酸等。由于熏蒸型防霉剂对人的皮肤、黏膜有一定刺激性,且污染环境,故在防霉封存中一般较少应用。

以下为几种主要防霉剂的性能及应用。

1. 百菌清

百菌清又名四氯间苯二甲腈,化学名称是 2,4,5,6 - 四氯 - 1,3 - 苯二甲腈。纯品为白色无味的结晶状物,工业品为淡黄色,并稍带刺激性气味。熔点 250~251℃,pH 值 6.0~10.0,沸点 350℃。主要用作皮革材料防腐,用量为 0.2%~0.3%,可加在皮革涂饰剂中使用。百菌清对一些霉菌的最低抑制浓度见表 3-5。

表 3-5 百菌清对一些霉菌的最低抑制浓度

霉菌种类	最低浓度/pm	霉菌种类	最低浓度/pm	霉菌种类	最低浓度/pm
黑曲霉	100	芽枝霉	10	黄曲霉	10
变色曲霉	10	木霉	100	交链孢霉	10
桔青霉	10	球毛壳霉	10	毛霉	50
拟青霉	50				

2. 多菌灵

多菌灵又名 BCM、棉萎灵,化学名称为苯并咪唑氨基甲酸甲酯。纯品为白色结晶粉末,熔点 306℃,工业品为淡褐色结晶粉末,熔点 290℃以上,能溶于无机酸及醋酸等有机酸,形成相应的盐。广泛应用于纺织物、纸张、漆布、皮革、塑料等材料的防霉。BCM耐碱性很强,甚至在pH值等于10的情况下,也不减退杀菌效果,单独使用时的使用量为0.1%左右。

3. 水杨酸苯胺

水杨酸苯胺为微黄色或粉红色粉末,或棱柱体或针状体,或鳞片状结晶,熔点133~135℃,含量95%~100%,不溶于水,溶于乙醇及其他有机溶剂,可用作油漆、塑料、橡胶、皮革和包装材料的防霉。单独使用时,用量较高,约0.3%以上。

4. 苯酚

苯酚又名石炭酚,无色状结晶,或白色结晶块状物,具有特殊的气味,见光和空气易变红,溶点41℃,易溶于乙醇、氯仿、乙醚等溶剂。广泛应用于胶卷、光学零件、纺织品、浆糊等工业材料与产品的防霉。

5. 五氯酚

五氯酚为白色粉末或针状结晶,工业品为红棕色絮片体。熔点191℃。随蒸汽挥发。溶于稀的醇溶液中,可用百里酚蓝作指示剂,用标准氢氧化钠溶液滴定。其适用于油漆涂料、木材、纸张、橡胶、浆糊等的防霉,价格便宜。

6. 二硫氰基甲烷

二硫氰基甲烷为浅黄色或无色的针状结晶,是一种广普、高效型的防霉剂。其精制品可直接溶于乙醇。对工业器材包装材料、纸、布、竹、橡胶、油漆、浆糊等均有较好的防霉效果。

但是,二硫氰基甲烷的杀菌效果与pH值关系十分密切,使用前应加以重视。若材料和制品呈碱性,则杀菌效果很差;相反,材料和制品成酸性时,则杀菌效果很好。

7. 防霉剂 – O

防霉剂 – O又称O氏防霉剂,化学名称为5,6 – 二氯苯并恶唑酮,简称恶唑酮。米黄色或淡米色粉末,无味。含氯量95%以上,熔点为170℃,pH值为5~7,能溶于香蕉水及乙醇中。此品种含氯量越高,杀菌效果越好。含氯量低于65%时,几乎无杀菌作用。防霉剂 – O是一种毒性较低的防霉剂。对电工产品用的绝缘覆盖漆、绝缘浸渍漆、金属表面保护瓷漆、聚氯乙烯电线、电缆、皮革、人造革和光学仪器等的防霉,均有良好的效果。

8. 对硝基苯甲醛

对硝基苯甲醛的商品名为SF501。从水中结晶是白色或淡黄色棱柱晶体,可升华,在蒸汽中挥发。可利用该药物的蒸汽来杀死霉菌或抑制其生长,故又称为挥发性防霉剂或熏蒸型防霉剂,可用于光学仪器、玻璃零部件及各类工业产品密封体内或包装容器内的防霉剂材料。对钢铁、铜、铝等金属材料与玻璃表面的保护膜层等均无腐蚀作用。

9. 纹枯利

纹枯利的化学名称是 N-(3,5-二氯苯基)丁二酰亚胺。纯品为白色鳞状结晶,精制品为紫灰色。熔点 136~138℃,在水中溶解度很小,在丙酮、环己酮、菜油中溶解度很大。对热与酸均较稳定,而在碱性中易分解失效。可用作皮革和包装材料的防霉。

10. 乙萘酚

乙萘酚为米黄色或白色结晶性粉末,在空气中长期储存时,颜色变深。熔点 122~123℃。能升华,能与蒸汽一同挥发。稍溶于水,能溶于乙醇、乙醚、氯仿。可用作皮革的防霉剂,或用作光学零件长期储存的防霉剂(利用其升华特性)。

11. 福美双

福美双又名秋兰姆、赛欧散、TMTD。化学名称为四甲基二硫化秋兰姆。纯品为无色无味结晶,工业品为无色或淡黄色粉末。熔点 155~156℃。不溶于水,可溶于氯仿、丙酮、苯、二硫化碳等。遇酸分解,遇碱稳定,但高温(80℃)易使键分裂。其主要用于漆布、皮革、黏合剂的防霉。

12. 防霉剂"19"

本品为绿色液体。pH 值为 3,能与水以任意比例相混。它能耐 200℃以上高温。其抗菌性能主要依赖 8-羟基喹啉铜的作用。主要用于棉织物及电工绝缘材料、电缆方面的防霉。

能升华、具有挥发性能的防霉剂,还有 2,4,6-三氯酚、醋酸间甲酚、多聚甲醛、糖醛、苯甲醛等,它们对霉菌均有良好的抑制和毒杀作用。

3.4.3 防霉封存基本原理

霉菌孢子极小,可随流动的空气传播,也会黏附在尘埃上,所以,大气中到处都有霉菌孢子,并随大气进入包装中或黏附在器材上。非金属材料中的有机物易为霉菌所侵蚀,如纺织制品、皮革制品、纸张、橡胶等制品,因其本身含有极为丰富的营养物质,附着于上的霉菌孢子,若碰到其适宜生长的湿度、温度条件,就会发育生长。非金属材料中的无机物,如玻璃、金属材料等,虽然其本身不具备霉菌生长所需的养料,但由于在生产、装配、运输、储运过程中,表面污染了有机物尘埃、油脂、汗水、昆虫尸体等污染物质,霉菌在适宜的温度、湿度条件下,就可能利用这些有机养料间接地生长在这些无机物上。

霉菌的繁殖与活动需要一定的营养条件和生理条件。与霉菌生长密切有关的任一因素的变化,均可对霉菌的生长发育产生重大的影响。条件适宜,可以促进霉菌的生长;条件改变到不适宜时,则可抑制霉菌的生长,甚至使之枯萎死亡。通过采取化学药剂杀灭器材和内包装材料上的霉菌后,有目的地控制内包装容器内的营养物质、温度、湿度等微生物赖以生存的环境条件,以达到防止霉菌污染的目的。

3.4.4 常用的防霉封存方法

常用的防霉封存方法如下。

1. 采取防潮封存防霉

霉菌孢子萌发生长的相对湿度均在70%以上,器材封存时,采用低透湿度为零的阻隔材料包装,内放干燥剂吸潮,使包装容器内相对湿度持续保持在60%以下,也就实现了防霉的目的。防潮封存方法参见3.5节"防潮封存技术"。

2. 采取真空封存防霉

将器材装入气密性包装容器中,抽去容器内部的空气达到规定的真空度后密封。残存在容器内的水分、氧气相对较少,一般微生物无法发育生长,可实现防霉的目的。但是,真空封存时,一些厌氧菌还具有生存的可能,特别是在封存毛毡、帆布制品时尤应注意。真空封存具体方法参见3.6节"真空封存技术"。

3. 采取充气封存防霉

充气封存是在抽真空的基础上,通常充入干燥的氮气或二氧化碳等气体,使容器内的氧气和水蒸气大大降低,同时保持容器内外的压力平衡,容器壁不会产生应力,封存比较安全。

采取充二氧化碳气体封存,利用二氧化碳气体窒息微生物,当容器内的二氧化碳浓度达到7%时,即使尚有2%的氧气存在,对防止器材的霉腐也能起到很大的作用;当二氧化碳的浓度达到10%时,效果将更显著;当二氧化碳浓度达到50%时,则对霉菌、微生物有强烈的抑制和杀灭作用。

采取充氮气气体封存,封存质量取决于所充氮气的纯度和露点。一般氮气纯度要大于99.5%,露点在-40℃以下,含水量应小于$1.4mg/m^3$。由于所制取的氮气中,通常多少含有一些水蒸气,故在封存前应进行干燥处理。充氮封存具体方法参见3.9节"充氮封存技术"。

4. 采取除氧封存防霉

利用除氧剂除去容器内的氧气,达到抑制霉菌生长的目的。这种封存适用于含水量低于 20% 的各种物品,如各种机械零件、电工、电子元器件、精密仪器、仪表、光学零件、橡胶、棉、毛、皮革等制品。除氧封存的具体方法参见 3.3 节"除氧封存技术"。

5. 采用防霉剂封存防霉

将挥发特性防霉剂与器材一起置入具有良好气体阻隔性的包装容器内密封起来,挥发性防霉剂释放出气体,使气体分子渗透到器材周围,从而抑制霉菌的生长。常用的气相防霉剂有多聚甲醛、甲醛、环氧乙烷、2,4,6 - 三氯酚、乙酸间甲酚、糖醛等。例如,多聚甲醛为甲醛的聚合物,在空气中能慢慢分解,放出具有防霉效果的甲醛气体。

另外,还可采用 SF501 防霉剂来防霉,其用量是 $50g/m^3$。SF501 是淡黄色的粉末,也可用其浓度为 0.5% 的苯溶液(乙醇溶液)浸泡包装纸,制成气相防霉纸。封存时将气相防霉纸夹在两层纸的中间,然后包装需要防霉的器材,如光学仪器或光学零部件等,包好后再用塑料薄膜密封包装起来即可防霉。

器材封存前可先进行防霉处理,杀灭霉菌孢子。防霉处理时要注意不同防霉剂的杀菌范围,由于许多药剂对不同微生物菌种所表现的杀菌力差别很大,故在防霉处理时,要根据器材的性质及其容易生长的优势菌种来选择杀菌力强的防霉剂。

3.5 防潮封存技术

3.5.1 概述

大气中含有水蒸气,在一定的温度下,水蒸气有一定的饱和含量,一超过此含量,它就会从大气中凝结出来,慢慢地积聚在器材表面,形成水膜。肉眼可见水膜厚度一般在 20~300μm。水膜溶解大气中的杂质,可对器材造成极大的危害。

1. 对金属器材的危害

潮湿气体可引起金属器材的腐蚀,当金属表面粗糙,或者金属表面上有灰尘、杂质或腐蚀产物时,即使空气中的相对湿度低于 100%,水蒸气也会凝聚在低凹的地方,形成很薄的、肉眼看不见的水膜,其厚度最小可达 $1\mu m$。空气中的气体(如 N_2、O_2 和 CO_2)、工业大气中的气体杂质(如 SO_2、NH_3、HCl 和氮的氧化物等)以及盐粒等会溶解在金属表面的水膜中。所以,金属表面的水膜不可能是纯净的水分,而是一种电解质溶液。

实践经验表明,空气中的湿度与金属腐蚀有着密切的关系,空气中相对湿度的大小,对金属在大气中腐蚀速度有较大的影响。一般金属腐蚀存在一个临界相对湿度,即金属腐蚀速度突然上升的相对湿度。当相对湿度大于 65% 时,物体表面上就会附着 $0.001\sim0.01\mu m$ 的水膜。金属则明显地表现为大气腐蚀。若水膜中溶解有酸、碱、盐,则会加速这种腐蚀。

理论上认为相对湿度等于或低于 65% 时,无论在什么温度下,金属都不会腐蚀,严格来讲,这是不符合实际的,因为空气中水蒸气并不是"纯净"的,而是受了污染,同时零件加工表面并不那么洁净,即使在相对湿度低于 65% 的情况下,也能发生腐蚀现象。实际上,当产品清洗干净的情况下,采用去湿措施把相对湿度控制在 50% 以下,可以避免金属腐蚀。

2. 对电子类器材的危害

潮湿对电子产品有很大危害,电子产品大多是由金属和有机物组成的,潮湿不仅是金属最普遍的腐蚀剂,而且许多有机材料吸潮后会失去机械强度,或吸潮后膨胀而变形。同时,潮湿还会降低某些有机材料(如绝缘材料等)的介电常数、点火电压、绝缘电压,增加能量损耗。对某些电气元件,如开关、继电器、变压器、电缆,因霉菌繁殖分解的有机酸等与潮湿一起构成漏电途径,降低介电强度和绝缘值,甚至引起电解或造成短路。此外,水蒸气本身对电气设备性能还有其他不利影响,如吸收电磁能量,使电气元件不稳定,或增加两电极之间的击穿电压。

3. 对非金属材料器材的危害

空气中的潮湿气体吸附在器材表面上,为各种霉菌生长繁殖提供了极好的条件。霉菌在生长繁殖过程中,产生出水解酶、有机酸、氨基酸,这些有害物质会使皮革制品、帆布制品、毛毡制品、光学仪器等产生霉变,这些非金属材料会因霉菌的侵蚀而腐烂变质,失去其使用价值。

3.5.2 常用干燥剂与干燥指示剂

由于干燥剂具有吸附特性,所以在器材封存中常使用干燥剂去吸收容器内的潮湿气体,使容器内的相对湿度降到安全值以下,以实现防锈、防潮、防霉、防虫蛀的目的。常用的干燥剂有硅胶、分子筛、活性氧化铝、无水氯化钙、蒙脱石等。

各种干燥剂在不同的相对湿度下具有不同的吸湿量,在进行器材封存时,要充分考虑环境的相对湿度来选择干燥剂。有时,为了在变化的相对湿度条件下,都能实现容器内干燥效果,可把两种干燥剂混用,使相对湿度较高或较低时都具有吸湿能力。硅胶、分子筛、铝凝胶三种干燥剂的特性与适用范围见表3–6。

表3–6 硅胶、分子筛、铝凝胶的特性与适用范围

干燥剂	性　能	用　途
硅胶	1. 硅胶是一种硅酸凝胶($SiO_2 \cdot XH_2O$),通常是硫酸处理水玻璃后胶凝而成的。 2. 硅胶是一种坚硬多孔的物质,粗孔硅胶表面积为 330~350m^2/g,最大吸湿率≥80%;细孔硅胶为 770~830m^2/g,最大吸湿率≤45%。 3. 表面附有许多羟基,有很好亲水性,对水有很好的吸附能力。 4. 根据其孔径大小,硅胶可分为粗孔型、细孔型及混合型;粗孔型,在低相对湿度下吸湿能力很差,只有在高相对湿度下(95%~100%)或直接放入溶液中才能大量吸湿。 细孔型,在低相对湿度下吸湿能力较高。 5. 硅胶吸湿速度很快,特别在相对湿度比较高时更为显著,在相对湿度70%左右的空间中 0.5h 能吸收 3%~6%的水。 6. 可以再生,温度 150~110℃,3~4h。 7. 价格便宜	粗孔硅胶由于低相对湿度下吸湿能力很差,不宜用来作为封存包装用干燥剂,可用于压缩空气的干燥和作高相对湿度下的干燥剂。 细孔硅胶由于在低的相对湿度下仍具有较高的吸湿能力,能满足封存包装要求,经常用作干燥空气封存的干燥剂
分子筛	1. 分子筛即合成泡沸石,工业上常用的为铝硅酸钠和铝硅酸钙。 2. 分子筛能选择性吸附气体和水分,即使被吸附物的浓度低时,其吸附容量也相当高,而且对于不饱和化合物以及极性化合物都具有特别高的亲和力。 3. 分子筛结构框架中,存在着密布的网络状连续细孔,表面积很大,700~800m^2/g的内表面积和 1~3m^2/g的外表面积,因此,与其他干燥剂相比,具有更好的干燥性能,尤其是在低湿度下具有良好的吸湿能力。 4. 不会被液态水损坏。 5. 可以再生,可加热到593℃而不损害,对于水的脱附,可根据具体情况在 200~300℃下烘数小时。 6. 机械强度较硅胶差。 7. 价格昂贵	分子筛可作充氮封存和干燥空气封存用干燥剂,但是由于机械强度较硅胶差和价格昂贵,使用得不广泛,用来干燥充氮用的氮气,以及干燥空气封存用的空气可以获得较低的露点

(续表)

干燥剂	性能	用途
铝凝胶	1. 铝凝胶又名活性氧化铝,是由氢氧化铝经热处理加工后所制取的活性水合物。 2. 结构疏松多孔,具有较大表面积,240~280m²/g。有强烈的吸湿性,可将气体干燥至含水量 0.003mg/L 气体,即露点 -10℃左右。 3. 不易溶解于水,吸水后体积不发生膨胀、粉碎,有一定的机械强度,但较硅胶差。 4. 化学成分:Al_2O_3 > 89%、NaOH < 10%,其余为 SiO_2、FeO、CaO 等,成品呈弱碱性,pH 为 9~10。 5. 可以再生,温度 180~320℃(不应超过400℃,否则使表面钝化)。 6. 价格较贵	铝凝胶是一种良好的干燥剂,可用来干燥气体,也可作封存干燥剂,但由于其机械强度较硅胶差、价格昂贵,在封存方面使用不广泛,最好与硅胶合同作封存干燥剂

作为防潮封存用的指示剂有变色硅胶和湿度指示纸。

1. 变色硅胶

变色硅胶为蓝色或浅蓝色玻璃状颗粒,是以细孔球形硅胶或细孔块状硅胶为原料,经浸染氯化钴而制得的。

变色硅胶的粒度规格,球形的包括 4.0~8.0mm、2.0~5.6mm、1.0~3.35mm,块状的包括 2.8~8.0mm、1.4~4.0mm、0.5~2.0mm。

变色硅胶吸收了潮湿空气后,具有改变自身颜色的特性,并且随着吸收潮湿空气量的不同而呈现不同的颜色。所以,根据其颜色不同来指示容器内的温度范围。烘干后的变色硅胶为蓝色,当容器内的相对湿度为 25% 时开始变色,相对湿度到 38% 时全部变为粉红色。变色范围所对应的含水量为 10%~16%,当所浸的氯化钴含量不同时,变色范围也有差异,所以硅胶指示剂必须与专用的湿度指示图联合使用。变色硅胶对金属有一定的腐蚀性,不可直接与金属接触。

器材封存中变色硅胶可以作指示剂使用,用变色硅胶和白色硅胶联合使用,当变色硅胶变为粉红色时,必须取出硅胶再生。变色硅胶也可作为干燥剂使用,即直接用变色硅胶作干燥剂封存使用。

变色硅胶可在 (120 ± 3)℃的温度下再生处理,再生时间为 1.5~2h,若温度过高会引起氯化钴氧化,从而改变原来的变色范围。

2. 湿度指示纸

湿度指示纸是以定性滤纸浸以不同含量氯化钴水溶液制成的。把定性滤纸不同区域浸入不同比例的氯化钴溶液,经干燥后作器材封存的湿度指示剂使用。湿度指示纸不同区域颜色变化指示容器内相对湿度值。

当湿度指示纸5%溶液区域内变为粉红色时,显示容器内相对湿度为50%;当湿度指示纸10%溶液区域内变为粉红色时,显示容器内相对湿度为40%;当湿度指示纸15%溶液区域内变为粉红色时,显示容器内相对湿度为30%;湿度指示纸使用方便,价格便宜,特别是在大型器材封存中,常被用来放在观察窗处指示容器内湿度。使用时,湿度指示纸不宜直接与金属接触,以免引起腐蚀。

3.5.3 防潮封存基本原理

硅胶是二氧化硅和水相结合的非结晶体物质,硅胶内有无数连通的孔隙,它构成吸附和容纳水分的巨大表面积,1g硅胶的全部表面积可达500m^2,其表面又覆盖着羟基,因此硅胶是一种亲水性很强的极性吸附剂,硅胶可吸收自重40%的水分。

防潮封存就是利用硅胶内部孔隙的吸潮特性,吸收容器中的水分,然后把吸收的水分凝缩成小球形状封存于细孔之中,从而降低了容器内的相对湿度,达到保护器材的目的。

3.5.4 防潮封存方法

3.5.4.1 防潮封存的设计

防潮封存设计时必须先了解和熟悉所要封存器材的性能、结构,流通储运环境及储运有效期限。要保证器材在储运有效期内不会发生受潮变质,通常要求在包装件内部始终能保持一个相对湿度较低的微气候环境。按照包装件内相对湿度60%以下进行设计,在预期的储运期限内,器材不因受潮而发生锈蚀、霉变、虫蛀、腐烂等变质现象。

在防潮封存设计时要考虑以下几点。

1. 选择合适的防潮封存类型和等级

根据器材的储运环境和储运期限,确定防潮封存等级和防潮封存的类型。

2. 确定干燥剂的种类和用量

防潮封存,一般选用硅胶作为封存用干燥剂,为实现器材长期封存,器材防潮封存要选用细孔硅胶,并计算硅胶干燥剂的用量。

3. 确立完善的封存方案

根据器材结构材质,设计出特定的封存方案,可与防锈油封存、气相封存等其他封存技术并用,以保证器材的质量。

4. 选择好封存容器材料

防潮封存容器材料透气性、透湿性大小是防潮封存成功的关键,器材封存一般使用柔性薄膜,主要选用铝塑薄膜和具有高阻隔特性的复合薄膜,并根据器材储存时间、环境条件设计出容器材料种类及厚度。

3.5.4.2 干燥剂用量计算

防潮封存所用干燥剂数量的计算分为两种情况:一是用低透湿度阻隔材料(如铝塑布或聚酯/铝箔/聚乙烯复合膜)制作内包装容器;二是用透湿度为零的金属材料或硬塑料盒制作内包装容器。

防潮封存所用干燥剂数量的计算,目前在国标和军标中计算公式较多,用军标公式计算的结果普遍比国标的量大,这主要是因为军用器材普遍储存期较长。装甲装备器材封存建议使用军标计算标准,同时军标计算公式一般比较简单,涉及因素较少。

根据 GB 5048—2017《防潮包装》干燥剂使用量的计算公式如下:

(1)采用低透湿度包装材料作包装容器时,干燥剂用量的计算公式为

$$W = 100AY + 0.5D \tag{3-2}$$

式中　W——干燥剂的使用量(g);
　　　A——包装材料总面积(m^2);
　　　Y——预定的储存时间(即下次更换干燥剂的时间)(年);
　　　D——包装袋内衬垫材料质量(g)。

(2)采用透湿度为零的刚性阻隔材料作包装容器时,干燥剂用量的计算公式为

$$W = 20 + V + 0.5D \tag{3-3}$$

式中　W——干燥剂的使用量(g);
　　　V——包装容器内部容积(L);
　　　D——包装衬垫材料质量(g)。

3.5.4.3 干燥剂的使用

使用干燥剂进行防潮封存时,干燥剂的含水率不应大于4%,否则应预先干燥。市购的硅胶,一般情况下不能直接用于防潮封存,需要进行烘干处理后才能使用。从旧包装中取出的硅胶经过再生后仍可用。装甲装备器材封存中常用的主要是细孔硅胶和变色硅胶。细孔硅胶和变色硅胶干燥再生的温度和时间见表3-7。

表3-7 硅胶干燥再生的温度和时间

干燥剂种类	烘干温度/℃	烘干时间/h	备注
细孔硅胶	150~170	3~4	温度应逐渐提高
变色硅胶	110~120	3~4	

硅胶再生处理后,要待烘箱冷却至60~70℃时,取出硅胶迅速放入密闭容器内备用。

用于防潮封存的干燥剂,不得直接与有关金属或油漆接触。需装入透气性能良好的细布袋、纤维纸(无纺布)袋、金属网袋内,在一个防潮封存容器内需放多个干燥剂袋时,应把干燥剂袋均匀地分布于容器中。为防止运输中发生颠震而使干燥剂袋挪位或摩擦、碰撞,应将其固定。

▶ **3.5.4.4 防潮封存的密封**

装甲装备器材防潮封存中常用的密封方法如下。

1. 热合密封

对热封性能良好的薄膜材料采用电加热的方法使之密封,使薄膜一侧的低密度聚乙烯或其他密封材料熔化后黏合起来,达到密封的目的。为封合牢固,要注意密封面的一侧薄膜表面清洁,密封时要选择性能优良的热合封口机,保证合适的封口温度、压力、封口宽度和热合时间。如果温度、压力不足,封口宽度过窄,就会导致封口在界面处分离,温度过高会使封口两侧薄膜变形、变薄强度降低,增加透湿度。

在装甲装备器材的防潮封存中选用的聚酯/铝箔/聚乙烯或铝塑料布等,其热封温度范围较宽,其温度均在其材膜的熔点之下。表3-8列出了常用的包装热封方法。

表3-8 常用包装热封方法

序号	热封种类	方法	适用材料举例	设备举例
1	加热板或烙铁焊封	用加热到一定温度的热板或电烙铁头使重叠的薄膜压合密封	聚乙烯、聚乙烯加工玻璃纸、聚乙烯复合膜	
2	热合焊封	用电加热夹板,配以加热时间控制器加热到一定温度,使叠合的薄膜熔合密封	聚乙烯、聚氯乙烯、聚丙烯	工频塑料热合机、热合包装机
3	脉冲焊封	将薄膜叠合压紧,将电阻短时通电,加热熔化冷却后移去,可得牢固的密封	聚乙烯、聚氯乙烯、聚丙烯等、聚乙烯的各种复合膜,热收缩膜	脉冲式封合机

（续表）

序号	热封种类	方法	适用材料举例	设备举例
4	超声焊封	用振荡超声波,使叠合的薄膜发热熔化焊接,在密封面容许存在少许水、油或粉末	聚乙烯、聚氯乙烯、聚丙烯等,聚乙烯加工玻璃纸及塑/塑、塑/铝等复合膜	
5	高频焊封	将叠合薄膜置于上下电极之间,利用高频电场使薄膜内部发热熔化焊接	聚氯乙烯、聚偏氯乙烯	高频塑料热合机
6	热辊焊封	用加热辊使薄膜连续加热熔化焊接	聚乙烯、聚乙烯玻璃纸、聚乙烯复合膜	
7	辊带焊封	将叠合薄膜夹在连续转动的链带之间,用接在链板上的加热板加热密封	乙聚烯、聚乙烯玻璃纸	链动式封口机
8	红外线焊封	将重合的薄膜接近红外线加热头或加热体进行熔合焊封	聚乙烯、聚丙烯	

2. 焊封

采用金属容器或硬质塑料容器包装时,可采用锡焊或热焊的方法进行。

3. 旋塞、旋盖封口

对刚性或半刚性带盖的容器,可用旋塞、旋盖密封,为提高密封性能,可在旋塞或旋盖处用橡胶密封垫圈加强密封效果。

4. 胶黏剂密封

选用防潮性能优良,对防潮阻隔性材料具有良好的黏接性能的材料(胶或胶条)将接口处黏接密封。

5. 热熔化合物封合

用热熔化合物(如石蜡)来涂覆密封包装盒体与盒盖之间的接合缝,有的器材也可以整体浸渍。

6. 牙型(或条型)塑料密封拉锁密封

将牙型(或条型)塑料密封拉锁与软包装容器封口处黏接,然后用拉锁封口,该密封方法适用于大型器材部件和装备防潮密封。

▶ **3.5.4.5 装甲装备器材的防潮封存**

装甲装备器材中的防潮封存主要适用于精密类器材,主要包括电器、电子类、光学类、通信类、火控系统、三防控制系统、检测仪表、夜视仪及其部件、零件和随机备品等。这些器材材质比较复杂,根据需要,有的在防潮封存的同时,还并用其他的防护方法。

器材防潮封存应尽量做到连续操作,一次完成。干燥剂密闭放置,随取随用。干燥剂在空中暴露的时间不宜过长,最好不超过 10min,如暴露时间过长,应烘干后再用。

器材防潮封存方法如下:

1. 器材清洁

精密器材表面可用毛刷将尘埃刷掉,仪表应使用无水酒精擦拭,也可以使用电子装备清洗剂喷在器材表面,然后用干燥空气吹干或晾干。

2. 防护处理

根据器材的技术标准要求,若在防潮封存的同时尚需采用其他保护措施,如防锈、防霉处理的,则应在封存前予以处理。如对金属部位涂覆防锈油,对光学镜片涂玻璃防雾剂,对电气接插件涂刷 823 保护剂,以使各部位得到可靠保护。

3. 器材裹包

用 5~10mm 厚的软泡沫塑料全面进行裹包衬垫,并用压敏胶带固定,尤其是棱角部位应加强衬垫,以防扎坏封套。

4. 装袋

将裹包好的器材放入封套内。

5. 放干燥剂及干燥指示剂

必要时可同时放入除氧剂,注意勿将干燥剂及干燥指示剂和器材直接接触。

6. 封口

对封套进行封口处理。

3.6 真空封存技术

3.6.1 概述

真空封存是将器材置入气密性包装容器,抽去容器内部的空气,使容器内达到预定真空度的一种包装方法。

真空封存使容器内处于无氧、无潮湿环境,可防止器材发生化学腐蚀和电化学腐蚀，阻止微生物的生存，达到防腐蚀、防霉、防虫蛀、防水雾等效果，这种封存方法适用于金属器材、光电器材、胶毡、帆布等器材的包装。

由于真空封存简便易行，无污染，无腐蚀，目前已经广泛应用于军品、民品及食物的封存。

3.6.2 真空封存基本原理

器材处于大气环境中，必然会受到温度、水汽和氧气的影响。真空封存可以除去容器内的氧气、水分等危害因素，形成相对真空的储运环境。

氧气在大气中含量约为21%，在正常的大气条件下，氧气足可使器材氧化、老化、变质。同时，细菌、霉菌和酵母菌这些微生物在一定的温度影响下，有氧气存在，生育繁殖很快，使器材霉变。

水分是金属发生电化学腐蚀、非金属材料老化的必要条件，缺少水分可阻止器材的腐蚀、老化。而水分又是微生物生命活动必需的条件，因为微生物如果缺水就会失去生存环境，不易繁殖，甚至死亡。

如果改变了大气条件，造成一个相对真空、缺少氧气、没有水分的环境，器材的氧化、老化、霉变就会停止或减缓。真空封存就是根据这样的原理，将器材放入特制的塑料袋中，用真空设备抽走袋中的气体，再将袋口加热封装。袋中气体被抽走后，在袋中形成了一个氧分压低、水汽含量低的环境，使器材得到防护。

3.6.3 真空封存方法

真空封存时，把器材置入包装袋内，在真空包装机上抽成真空后，热焊封口即可。

抽真空后，包装袋紧贴在器材表面，使袋内外产生一个压力差，为了维持袋内真空度，应注意以下几个问题。

(1) 要求真空封存材料强度高，透气率、透湿率低，热封性能好。

(2) 有尖、棱的器材应加衬垫材料，以防抽真空后，封套紧贴器材，扎破封套。

(3) 器材抽真空后，应检查包装袋、封口是否漏气，否则应重新封存。

(4) 对真空封存的器材，装箱时应固定牢靠，使器材不能碰撞、移动，以防破损。

3.7 防老化封存技术

3.7.1 概述

老化是高分子材料在长期储存和使用过程中,受氧、光、热、机械力、水蒸气及微生物等外因的作用,性能逐渐退化,直至丧失使用价值的现象。老化是一种不可逆的变化,或者说是不可逆的化学反应,对高分子材料影响很大。在装甲装备器材中,常用的高分子材料有塑料、橡胶、帆布、毛毡、涂料、胶黏剂等。这些制品在长期储存过程中都会发生老化,如电缆电线包皮变硬、破裂;橡胶制品发生龟裂、发黏,或者变硬脆裂,弹性下降,严重的还会报废。本节主要论述橡胶、塑料制品的防老化封存。

3.7.2 防老化封存基本原理

橡胶塑料制品老化的原因有两个:一个是材料本身组织结构上的原因。高聚物的结构状态及其组成配方,在很大程度上决定着材料耐老化性能的优劣。二是外部环境对它的影响。外界环境主要是指阳光、氧、臭氧、热、水分、机械应力、高能辐射、腐蚀性气体(如 SO_2、NH_3、HCl 等)、海水、盐雾、霉菌、昆虫等。这些外部因素中特别是阳光、氧、热等是引起橡胶和塑料制品老化的重要因素。如果能将阳光、氧、热隔绝,许多橡胶和塑料制品几乎可以长期稳定而不老化。但实际上很难做到,所以老化还会发生,只是速度极慢而已。总之,老化主要是橡胶和塑料制品内部存在着易于引起老化的弱点(如不饱和双键、支链、羰基、末端羟基等),外部因素正是通过它们促成或促进了老化的发生和发展。所以,老化往往是内外因素相互作用交替影响极为复杂的过程。

橡胶、塑料制品内部结构已不可改变,防老化的重点是控制外部因素,以防止热氧老化、光氧老化以及臭氧老化为主。这类器材应储存在地下仓库,保持相对较低温度和避开阳光辐射。同时,还要采取合理的封存技术,尽量隔离氧、臭氧、水分和腐蚀性气体。

3.7.3 防老化封存方法

装甲装备器材抗老化封存主要有以下几种方法。

1. 利用真空封存防老化

将器材装入铝塑薄膜和含有阻隔层的复合塑料薄膜制成的容器中,抽去容器内部的空气密封,隔离潮气、水分、氧气,同样能够有效减缓老化。真空封存具体方法参见3.6节"真空封存技术"。

2. 利用除氧封存防老化

用透氧率、透湿率低的铝塑薄膜和含有阻隔层的复合塑料薄膜制成的容器,放入除氧剂,除去容器内的氧气,可有效防止老化。除氧封存方法见3.3节"除氧封存技术"。

3. 表面涂覆防老化剂

橡胶抗老化剂是橡胶防护的一种新方法,橡胶抗老化涂层具有良好的耐臭氧老化和耐气候老化性能;具有良好的弹性变形,能与橡胶一起产生同步变形;具有耐水、耐油、耐碱及耐有害气体性能;操作工艺简单,既可喷涂也可刷涂。经橡胶抗老化剂处理后,可将橡胶防老化封存期限延长到10年以上。

3.8 防辐射封存技术

3.8.1 概述

防辐射封存是为防止外界辐射线通过包装容器损害内装器材质量而采取的防护措施,如将精密电子元件装在能阻止电磁波辐射的容器中。防辐射封存对于内装器材的保护是采用能够防止外界辐射线穿透的包装容器来实施的。

辐射可分为天然辐射和人工辐射两种,天然辐射包括宇宙射线、雷电射线和紫外射线等的辐射,人工辐射包括电磁辐射、微波辐射和核辐射等。电磁辐射由发射体作为信号源发出,电磁频谱的频带很宽,包含从 10^4 Hz 低频到超高频 $10^{22} \sim 10^{25}$ Hz 的范围。通常情况下,由于低频辐射功率较小,对物品的影响甚微。而在微波范围内,辐射是由人为和自然界产生的,在宇宙射线范围内,辐射是由自然界产生的。

有些电子装置对电磁辐射十分敏感,很小的电磁场作用即可造成其永久性损坏,电磁辐射还可能导致起爆装置的引信失效。固体电子器件对核辐射效应极其敏感,核辐射能使半导体中的原子电离或移位,影响该器件的工作特性。

对光敏感的光敏产品,在受到强光源辐射后将会损坏和失去使用价值。微波发生器和雷达会对附近与较远的物品产生不同程度的影响。电子设备的屏蔽可以防止外来电磁波的干扰,以确保设备正常工作。所以有必要对一些物品实施防辐射包装。

随着我军武器装备现代化的发展,装甲装备器材中的高精电子器材越来越多,如通信器材、火控器材、夜视、夜瞄器材、激光测距器材、弹道计算机等。在这类器材中,半导体装置、集成电路对电磁波辐射都十分敏感,容易受到损害。因此,根据未来现代化战争中电子战的特点,防辐射封存对于新装甲装备器材中的高精电子器材的防护是十分必要的。

3.8.2　防辐射封存基本原理

1. 辐射的性质及危害

1)电磁辐射

天然和人工这两类辐射都是以电磁波形式进行的,可统称为电磁辐射。人工电磁辐射是由发射源组成的电磁环境,是由各种信号源产生的。实际上,只有少数强信号源产生的足够强的辐射才会对微电子器材、集成电路构成危害,这类电磁辐射(信号源)主要有以下几种。

(1)战场上敌我双方为干扰对方无线电通信指挥、破坏导弹的精确制导系统、进行战场侦察、导弹防御、武器点火控制所施放的聚焦微波电子束。

(2)由通信设备(如调幅调频广播电台、电视台)等产生的近场发射。

(3)电热设备、微波烘箱和感应加热装置附近的辐射。

(4)医疗和工业用的 X 光射线装置、高压电源等。

(5)激光产生的相关光束,如激光、X 射线。

(6)与原子核反应相关的电磁脉冲效应。

(7)伴随雷电产生的电磁场。

电磁频谱覆盖的频率很宽,从低频、中频、高频、甚高频、超高频、特高频到极高频,电磁波种类有微波、激光、宇宙射线、雷电辐射、核辐射、红外线、紫外线、X 射线、γ 射线等。这些辐射通常对装备器材影响最大的是核爆炸引起的巨大能量或雷达和激光等高度集中的能量波束。其他的辐射只有在接近信号源的附近区域,才能产生足够强的明显影响。

2)微波辐射

随着科学技术的进步和工业的发展,微波发生器的应用越来越广,已广泛地应用于导航、跟踪、通信、侦察等方面。微波发生器不仅能产生微波,还能产生 X 射线和小量的紫外线辐射。这可能对附近的器材包装件构成局部的危害。而现代大功率雷达,则可能在距离发生源相当远的地方形成高的功率密度。微波范围的电磁频谱为 $0.1 \times 10^6 \sim 100 \times 10^9$ Hz。雷达系统几乎全部分配到这个频段的高端。

3) 光辐射

光学范围的电磁频谱包括红外线、可见光、紫外线,其频谱范围在 $10^{12} \sim 10^{18}$ Hz。在储运环境中,太阳光是最大的光源信号辐射体。此外,还有许多人造光信号源,如那些照明用的光,焊接时产生的非常亮的弧光,激光在一个小的区域内产生的非常强的能量密度,核爆炸产生的发射光是一种最危险的人造光信号源。

对光信号比较敏感的器材,主要是一些感光物质制成的器材,如夜视仪潜望镜及其他光敏材料,在受到太阳光照射及其他强光源辐射后将会加速老化、损坏,失去使用价值。

4) 核辐射

核辐射环境是由 γ 射线、X 射线和中子流构成的。X 射线是电磁辐射,它同可见光和紫外线光辐射相似,但波长要短得多。X 射线是伴随电子跃迁的电磁辐射,而 γ 射线是在原子核内跃迁中发生的电磁辐射。这两种形式核辐射的能谱是重叠的,但 X 射线能谱的中心在 10^{-4} μm 左右,而 γ 射线能谱的中心则在 10^{-6} μm 左右。

γ 射线的辐射量一般用伦琴(R)表示,X 射线的辐射量通常用 cal/cm^2 来表示($1R = 7.692 \times 10^{-3} cal/cm^2 = 0.258 \times 10^{-3} C/kg$(库仑/千克))。在一个物体中,X 射线是按指数吸收的,因此,射线在物体进入表面处的吸收剂量将比背面处的吸收剂量大得多。

固体电子器件对核辐射效应是极其敏感的,因核辐射影响会使半导体中的原子电离或移位,从而影响该物质制成器件的工作特性。

2. 防辐射原理

在防辐射封存中,由于核辐射能量比较大,其破坏性也大,因而在封存防护上来考虑完全防止核辐射的影响是不可能的。同时,平时器材在储运过程中碰到核辐射的机会近乎为零,故对核辐射影响的防护,这里不予论述。

1) 电磁辐射的防护

防电磁辐射封存的原理是采用能够对电磁波进行屏蔽的材料,将被包装器材包裹起来,或采用电磁屏蔽材料制成的容器将器材盛装起来,外界电磁辐射到达电磁屏蔽材料或容器后,利用电磁在金属表面的反射和金属内部的吸收,或利用电磁在屏蔽层中的涡流现象耗散其能量,从而达到保护内装器材不受电磁辐射的影响。

对电磁辐射特别敏感的电子元件或电子器材,在电子器材电路设计阶段就应综合考虑保护和屏蔽措施。同时,选择能对电磁起屏蔽作用的材料或包装容器来封存器材。

2) 光辐射的防护

对于光辐射的防护封存,一般是采用能防止光辐射射线通过的材料将器材密封起来,或将这种材料制成包装容器来盛装器材后封闭起来,通常采用对光线具有吸收能力的黑色材料来封存。

采用防止光线透过的黑色纸、炭黑型导电塑料膜、铁皮等制成容器,可有效防光辐射,同时配合其他密封与无漏光的措施,如导电性纸盒和导电性瓦楞纸箱、硬质密闭塑料盒、金属容器均可作光敏器材的封存容器。

凡具有高磁导率和高导电系数的材料都可作为防辐射屏蔽材料,如铜、铝、铁、铁镍合金等。防辐射屏蔽材料分为模压复合型材料、填料复合材料、表面导电性处理材料等。

防辐射封存的关键是选择合适的包装材料,电磁屏蔽以金属箔为最佳,现在已经实用的有锑箔、铁箔、铜箔、不锈钢箔以及导磁材料和它们的复合制品,常用的防辐射封存材料除金属屏蔽材料外,还有导电性复合塑料屏蔽材料。将特制的含金属细纤维的粒料加入热塑性塑料中进行注塑,可以形成各种屏蔽性包装材料和容器,如纤维增强导电复合薄膜。

采用金属箔、电镀层或蒸发镀膜膜层制成的复合屏蔽材料的最大优点是不论在什么频率范围内均有良好的屏蔽特性,而导电性涂层一般在低频区不易取得理想的磁屏蔽效果,且普通导电层(如炭黑涂层)仅对电场具有较大的衰减作用,磁场则依然会传播过去。所以,比较理想的防电磁辐射包装材料是一种由电铸法提炼的纯铁箔和电解铜箔与各种塑料薄膜复合起来的屏蔽材料。它在很宽的频率范围内都有极其出色的屏蔽效果。

3.8.3 防辐射封存方法

1. 防电磁辐射包装

电子元件、电气器件、电子精密仪器、计算机等对电磁辐射特别敏感,通常需要采用防电磁辐射包装来加以保护。防电磁辐射包装要根据实际情况选择合适的包装材料,在包装方法上与其他防护包装比较,并没有什么特殊要求。只是把清洁后的器材装入专用的防辐射屏蔽袋内密封即可。

2. 防光辐射包装

防光辐射包装主要用于感光材料的包装,如夜视潜望镜、瞄准镜、指挥镜等。凡能够防止透过可见光线的黑色的纸、炭黑型的导电塑料薄膜或铁皮制成的容器等均可作为防光辐射的包装材料。导电纸盒、导电瓦楞纸箱以及硬质塑料和金属容器等均可用作感光材料防光辐射的运输包装容器。对包装箱的要求是密封良好,不应有任何透光的缝隙,以防止外界光源光线(如日光)对内装器材的影响。

3.9 充氮封存技术

3.9.1 概述

装甲装备光电器材大多为贵重器材,具有技术含量高、价值高、储存管控难度大等特点,因此要十分注重其封存包装。

鉴于光电器材封存包装的难度大、要求高,军用标准中对光学仪器仪表等防护包装有效期也只能规定为:A级不少于5年,B级不少于3年,C级不少于1年。可见目前光电器材的包装封存方法、工艺等都无法满足现代战争对器材封存包装期限和质量要求。

为实现器材的自动化长效封存包装,充氮封存技术应向以下三个方面发展:一是封存包装过程的自动化;二是封存包装设备功能多;三是封存包装质量好,防护时间长。采用充氮封存包装是实现装甲装备光电器材长效封存的理想选择。目前国内外,生产、供氮方式主要有液氮和现场制氮供氮两种。

3.9.2 充氮封存包装原理

1. 氮气的防护效能

氮气是一种无色、无味的中性气体,当容器内的氮气纯度不低于99.5%,氮气含水量小于或等于$1.4mg/m^3$时,氮气可以有效抑制器材发生霉变和氧化,防止油脂氧化、变色、褪色和霉变、生虫。

充氮封存包装的基本原理是将密封包装体内的潮湿空气抽出,再充入干燥的氮气气体,从而使包装容器内的水汽分压和氧气分压大大降低,减少它们对器材的腐蚀作用。同时,阻止外界潮湿大气透过容器对器材产生影响,达到防止氧化和腐蚀的作用。

2. 充氮封存包装应用范围

充氮封存包装的原理众所周知,充氮封存包装效果更是被看好,但充氮封存包装技术并没有在武器装备上得到大规模应用,究其原因主要有以下几点。

(1)制氮困难,特别是现场制氮更为困难。

(2)氮气指标很难满足要求。氮气纯度不低于99.5%,氮气含水量小于或等于$1.4mg/m^3$,氮气露点在$-40℃$以下。

(3)充氮封存包装成本相对较高。

目前,我军主要将制氮充氮设备装备于空军、火箭军等部队,应用于武器装备的内腔充氮封存保护(定期补充氮气),以及对危险品、火工品的保护,达到对武器装备防护防燃防爆的目的。如果氮气指标符合要求,现场制氮更加方便,包装材料更加先进,封存工艺更加科学,充氮封存包装将是实现器材长效优质封存包装的重要手段和未来器材封存包装的重要发展方向。

要实现充氮封存包装在器材上的广泛应用,必须达到以下几个方面。

(1)集制氮充氮抽真空封存包装多功能于一体的设备。使设备制氮纯度高、成本低、功能齐全、操作简单、自动化程度高。

(2)具有与器材制充氮封存包装相适应的包装材料。要求该封存材料应具备优良的阻隔性能和防静电、抗电磁干扰衰减性能,以及极好的耐候性(-50~$+70℃$),能满足装甲装备光电器材对防静电、抗电磁干扰、高温、高湿、高盐等恶劣环境特殊防护包装要求。

(3)具有成熟的制充氮封存包装工艺。目前,陆军装甲兵学院研制开发"LJ-2型小型高纯低露点氮气制造充装机"和"ZDB-Ⅰ装甲装备器材自动化多功能长效封存包装设备"已具备了实际应用条件,为器材的制充氮封存提供了参考。

3.9.3 制充氮封存包装材料

1. 选用原则

为满足光电器材充氮封存包装工艺对封存材料的要求,在设计材料结构时,应将材料结构分为三部分,即表层满足强度、耐磨性、耐候性、耐戳穿性等要求;中间层为金属阻隔层,是由金属箔和其他阻隔性好的高分子材料组成的;内层为防静电热封层。将三部分采用先进的复合工艺复合而成,从而使材料具有优良的断裂力、直角撕裂力、耐磨耐戳穿和缓冲性能以及耐候性、抗老化性、阻隔性,起到防腐蚀、防老化、防静电、防射频、防电磁干扰等作用。材料表面颜色可根据需要设定,或透明或为军绿色或为军黄色,以满足隐蔽和伪装的需求。

2. 制充氮封存包装材料类别

装甲装备光电器材采取充氮封存包装材料与工艺可以实现长效优质封存,其他类器材,如金属、橡胶、毛毡、帆布等器材与制品,由于其使用量大,周转快,因此储存周期相对较短,往往采取自动化普通热封、抽真空封存包装即可,装甲装备器材封存包装材料可分为以下4类。

1) 防腐蚀封存包装材料(A类)

(1) 适用范围:该产品具有良好的阻隔性能,适用于需透明包装的金属类装甲装备器材的热封、抽真空等长效封存包装。

(2) 材料结构:PA15/PE50、PA15/PE60、PA15/PE70、PA15/CPP70、PA15/CPP85、PET12/CPP70。

(3) 技术指标:A类封存包装材料的技术指标见表3-9。

表3-9 A类材料主要技术指标

项目	单位	技术指标	项目	单位	技术指标
拉断力(纵横向)	N	≥40	热合强度	N	≥20
断裂伸长率(纵横向)	%	≥35	抗摆锤冲击能	J	≥0.6
撕裂力(纵横向)	N	≥3.5	水蒸气透过量	$g/(m^2 \cdot 24h)$	≤12
剥离力	N	≥2.5	氧气透过量	$cm^3/(m^2 \cdot 24h \cdot 0.1MPa)$	≤50

注:耐热、耐介质性:袋内、外无明显变形、分层、破损

2) 防腐蚀、防老化封存包装材料(B类)

(1) 适用范围:该产品具有良好的阻隔性能,适用于金属类和高分子类的装甲装备器材的热封、抽真空等长效封存包装。

(2) 材料结构:PET12/AL7/PE70、PET12/AL7/CPP70(高温)、PET12/AL7/CPP85(高温)。

(3) 技术指标:B类封存包装材料的技术指标见表3-10。

表3-10　B类材料主要技术指标

项目	单位	技术指标	项目	单位	技术指标
拉断力(纵横向)	N	≥50	热合强度	N	≥40
断裂伸长率(纵横向)	%	≥35	抗摆锤冲击能	J	≥0.6
撕裂力(纵横向)	N	≥8.0	水蒸气透过量	$g/(m^2 \cdot 24h)$	≤0.5
剥离力	N	≥3.5	氧气透过量	$cm^3/(m^2 \cdot 24h \cdot 0.1MPa)$	≤0.5

注:耐热、耐介质性:袋内、外无明显变形、分层、破损。

3)防腐蚀、防老化、防静电、防电磁封存包装材料(C、D类)

(1)适用范围:该产品具有优良的防静电、防射频、防水蒸气渗透、防盐雾等诸多功能。其适用于恶劣的电磁干扰和高温、高湿的环境下,装甲装备电子电气类器材的热封、抽真空等长效封存包装(白色的为C类,军绿色的为D类)。

(2)材料结构:PET12/AL7/PE70、PET12/AL7/CPP70(高温)、PET12/AL7/CPP85(高温)。

(3)技术指标:C、D类封存包装材料的技术指标见表3-11。

表3-11　C、D类材料主要技术指标

项目	单位	技术指标	项目	单位	技术指标
拉断力(纵横向)	N	≥50	热合强度	N	≥40
断裂伸长率(纵横向)	%	≥35	抗摆锤冲击能	J	≥0.6
撕裂力(纵横向)	N	≥8.0	水蒸气透过量	$g/(m^2 \cdot 24h)$	≤0.5
剥离力	N	≥3.5	氧气透过量	$cm^3/(m^2 \cdot 24h \cdot 0.1MPa)$	≤0.5
静电屏蔽	V	<30	表面电阻率(内表面)	Ω	$<10^9$

注:耐热、耐介质性:袋内、外无明显变形、分层、破损。

4)防静电、防电磁、防发霉充氮封存包装材料(E类)

该材料具有更优良的断裂力、直角撕裂力、耐磨耐戳穿和缓冲性能以及耐候性、抗老化性、阻隔性,光电器材起到防腐蚀、防老化、防霉变、防静电、防射频、防电磁干扰等防护作用,适用于以光学仪器仪表、镜片、镜头等为主的光电器材的充氮长效封存包装。其技术指标见表3-12。

表 3-12　E 类材料主要技术指标

项目	单位	技术指标	项目	单位	技术指标
拉断力	N/15mm	横向:131	抗摆锤冲击能	J	2
		纵向:121	耐戳穿	J	≥1.2
断裂伸长率	%	横向:143	水蒸气透过量	g/(m^2·30天)	0.3
		纵向:84	电磁干扰衰减	dB	≥36
直角撕裂力	N/15mm	横向:33	氧气透过量	cm^3/(m^2·24h·0.1MPa)	≤0.3
		纵向:42			
剥离力	N/15mm	无法剥离	静电屏蔽	V	<10
热合强度	N/15mm	底边:83	表面电阻率	Ω	外表面:10
		侧边:88			内表面:10^6

注:霉菌试验:包装材料及包装件均未发现霉菌生长,防霉包装等级为 1 级

3. 充氮封存材料的选择

(1)装甲装备中小件金属器材封存包装的主要目的是防止器材的锈蚀,解决中小件金属器材的长效防腐蚀问题。在选取封存包装材料时,在满足需求的前提下,尽可能选用质优价廉的材料,可选取 A、B 类材料。

(2)装甲装备中的橡胶、帆布、毛毡制品封存包装的主要目的是防老化、防生虫、防霉变,可选取 B 类材料。

(3)装甲装备电子电气及光学仪器的充氮封存包装应选取具备优良的阻隔性能和防静电、抗电磁干扰衰减性能,以及极好的耐候性(-50~+70℃),适用于对静电、电磁敏感器件及对高温、高湿、高盐等恶劣环境下有特殊防护包装材料,可选 E 类材料用于其充氮封存,选取 C、D 类用于其普通热封、抽真空封存。

3.9.4　制充氮封存方法

1. 内抽式封装

内抽式封装适用于中小件器材的充氮封装,可把器材装入包装袋内,在热合室内完成。

(1)封装前准备。在包装方式选择页面按下"内抽式封装"按钮,在数据库中查询器材操作要求。

(2)选择"抽真空充氮封口"方式,按下"启动"键,氮气压力大于 0.6MPa,封口温度达到设定值。

(3)将器材装入专用包装袋内,放入热合室平台上,将充气嘴套入包装袋内,将包装袋用固定卡条固定妥当,用力压下热合室上盖,设备自动完成抽真空、充氮、热合封口工序。

(4)包装完成后,热合室上盖自动打开,可重复器材的封装操作。

2. 外抽式封装

外抽式封装适用于大件器材的充氮封装,可把器材装入大的包装袋内,利用外抽式气嘴在设备配备的平台上进行。

(1)封装前准备。卸下外抽门板,在包装方式选择页面按下"外抽式封装"按钮,在数据库中查询器材操作要求。

(2)选择"抽真空充氮封口"方式,按下"启动"键,使氮气压力大于0.6MPa,封口温度达到设定值。

(3)将器材装入专用包装袋内,放入配备的平台上进行,将充气嘴套入包装袋内,将包装袋平放于热合座硅胶条上,按下"启动"按钮,设备自动完成抽真空、充氮、热合封口工序。

(4)充氮包装完成后,充气嘴自动抽回并开始热合,若要继续下一次包装,按下"复位"按钮,充气嘴推出,可继续进行包装。

3.9.5 光电器材充氮

光学仪器充氮保养采取整体保养,一般不分解。按照启封、检验、内部充氮、外部封存、封箱的工序进行。

1. 启封

打开包装箱,取出光学仪器,去掉包装,用干净软布擦拭外部;玻璃表面用干净仪器绒布或镜头纸擦拭,或用脱脂棉蘸无水乙醇擦拭,然后用干燥氮气(或干燥压缩空气)吹干或晾干。

2. 检验

检查光学仪器内部光路镜片,应无凝露、水雾、霉斑。检查时,应分别将仪器的物镜和目镜对向晴朗天空,或对向60~100W的乳白(或磨砂)灯泡,眼睛从另一端在透射、斜射和反射光线下仔细观察,必要时可借助放大镜、倍率镜等辅助器材进行检查;其他部件应无锈蚀、无油污。

3. 内部充氮

(1)管路连接:打开设备"充氮接口"门,将设备所配软管与设备的"充氮接口"连接,另一端与需充氮气的光学仪器充气口连接。

（2）充氮：按下触摸屏主页的"装备充氮气（开）"按钮，旋开"充氮接口"流量调节阀，使取样流量为300mL/min左右，观察氮、氧含量显示，使氮气氧含量参数达0.20%以下时，供气指示灯亮，氮气表压力上升到0.5MPa。

依次打开"充气开关"和"流量计开关"，向下拉"压力调节器"旋钮，然后旋转压力调节器旋钮，调节氮气压力到143.5kPa。

把氮气管充气嘴接入光学仪器上的充氮气阀，打开仪器上的氮气冲洗放气螺塞，以143.5kPa的压力对仪器内部冲洗约10min，然后拧紧放气螺塞。旋转调节器旋钮，调节氮气压力，等仪器内部氮气压力达到28.7kPa后，取下充气嘴，并作好记录。

4. 外部封存

用脱脂棉或软棉纸包裹镜片；外部未涂漆的金属表面以及连接螺钉、螺孔涂少量防锈脂，用塑料薄膜包裹。然后装入铝塑或其他高阻隔薄膜封套内，放入干燥的硅胶干燥剂、除氧剂和指示剂，迅速封口密闭。

5. 封箱

将仪器装入箱内，固定，放入保养卡片，粘贴外包装箱标志。

第4章 装备零部件包装防护材料

包装材料对实现包装的防护性能起着决定性的作用。例如，包装材料的强度、韧性、阻隔性、耐腐蚀性等均影响包装的防护性能。先进、优质的包装材料，可以提高装甲装备器材的防护性能和使用性能，延长其储存期限。

器材从生产领域转入流通领域的过程中，由于装卸、搬运、储存，可能造成破损、变形，由于外界温度、湿度、光线、气体等条件的变化，可能使器材产生霉烂、变质等，这就要求人们根据器材的特性和运输、储存条件，以及包装材料的理化性能和相关标准、规范的要求来选择合适的包装材料，对器材进行包装。

4.1 纸质包装材料

为保证包装的器材完好无损，包装所用纸张应具有强度高、含水率低、透气性小、防护性能好、不含对包装器材有腐蚀性的物质等性能。纸质包装材料只有具备以上性能，才能作为装甲装备器材的包装用纸。

纸质包装材料与其他材料复合，如铝箔、塑料、气相缓蚀剂、石蜡等，可以使其抗张强度增强，耐折度、撕裂度、吸收性和透气等性能大大提高。应根据装甲装备器材不同的理化性能来选用不同用途的包装用纸，如对一般金属零部件应以防止器材生锈为主，选用以防水、防潮为主的内包装用纸。

1. 紧度

紧度是指 $1cm^3$ 的纸或纸板的重量，用 g/cm^3 表示。紧度能影响纸张的各种物理性能和光学性能，如紧度低，则透气度高，挺度低；如紧度高，则纸的抗张强度高，撕裂度高，所以把紧度作为比较各类纸张强度和其他性能的基本指标。

2. 抗张强度

抗张强度（又称抗张力或拉力）是指单位长度的纸或纸板所能承受的最大

张力,用 kN/m 表示。

3. 耐折度

耐折度是指纸或纸板在一定的张力下所能经受 180°的折叠至断裂时的次数,它的单位是(双折)次。耐折度反映了纸张耐揉折和抵抗剪切力的能力。

4. 撕裂度

撕裂度是指撕裂预先切口的纸或纸板至一定长度所需的力,即内抗撕力,以 N 表示。

5. 施胶度与吸水性

施胶度表示纸或纸板抗水能力的大小,对包装用的纸和纸板,施胶度是重要的指标。测定施胶度的方法有以下三种。

(1)画线法。画线法是指墨水在纸面上渗透和扩散的程度,用标准墨水画线时不扩散也不渗透的线条的最大宽度(mm)表示。

(2)表面吸收重量法。以纸或纸板的一面与水接触,经一定的时间,表面吸收水后增加的重量,以 g/m^2 表示。

(3)表面吸收速度法。一定量的水或其他溶液滴到试样表面后,被试样吸收所需时间,以 s 表示。

6. 透气度

透气度是指在一定的面积、一定的真空度下,1min 透过纸张的空气量,或透过 100mL 空气所需的时间,以 mL/min 或 s/100mL 表示。透气度主要鉴别纸层中间的空隙程度,不同用途的纸要求不同,如防潮纸要求尽量隔绝空气,故要求透气度越小越好。

7. 水分

水分是指纸页中的纤维与纤维之间的空隙部分含有游离水,一般纸张含水分为 7%~8%。

8. 酸碱度(pH)值

纸与纸板的酸性主要来自硫酸铝(明矾),纸张酸性越高,其稳定性和耐久性越差,主要表现在颜色发黄,强度降低,影响纸的质量。

9. 孔眼和破洞

纸张上完全穿透的窟窿,小的称为孔眼,大的称为破洞,影响使用性能,如影响包装用纸的耐破度和防潮性能。有破洞的纸张不能作为装甲装备器材的包装用纸。

10. 褶子

纸张因受折产生的条痕,在张力作用下能伸开的称为活褶子,不能伸开的称为死褶子。

11. 皱纹

纸面上出现凹凸不平的曲皱,又称泡泡纱或鼓泡,它影响纸张的平滑度及伸缩性。

12. 透光点或透帘

把纸张迎光照看,见到纸页纤维层有些特别薄的部分而尚未穿破,小面积的称为透光点,大面积的称为透帘(又称云彩花、露底、压花等),对纸的强度影响较大。

4.1.1 牛皮纸

1. 性能特点

牛皮纸纸质坚韧结实,有良好的耐折度和纵向撕裂度,根据纸的外观,有单面光、双面光和条纹牛皮纸等品种。牛皮纸分为平板纸和卷筒纸,有 A、B、C 三个等级。牛皮纸还分为双面牛皮纸和单面牛皮纸,双面牛皮纸分压光和不压光两种。

2. 用途

牛皮纸广泛应用于装甲器材的内包装,如包装金属零部件,火炮及其零、部件,变速箱、传动箱、分动箱、水上推进器,轮式车辆的各驱动桥等组件、部件,主离合器、转向机、转向离合器,油管、油箱等。牛皮纸还可作为装甲装备器材包装容器的铺衬用纸。

3. 技术指标

牛皮纸的技术指标见表 4-1。

表 4-1 牛皮纸的技术指标

指标名称	单位	规定		
		A 级	B 级	C 级
定量	g/m^2		40±2.0	
			50±2.5	
			60±3.0	
			70±3.5	
			80±4.0	
			90±4.5	
			100±5.0	
			120±5.0	

(续表)

指标名称		单位	规定		
			A级	B级	C级
耐破度/ 不低于	40g/m²	kPa (kgf/cm²)	135(1.4)	120(1.2)	80(0.8)
	50g/m²		175(1.8)	155(1.6)	110(1.1)
	60g/m²		215(2.2)	185(1.9)	145(1.5)
	70g/m²		255(2.6)	225(2.3)	185(1.9)
	80g/m²		305(3.1)	265(2.7)	225(2.3)
	90g/m²		345(3.5)	305(3.1)	255(2.6)
	100g/m²		390(4.0)	345(3.5)	295(3.0)
	120g/m²		460(4.7)	410(4.2)	355(3.6)
撕裂强度 /纵向 不低于	40g/m²	mN (gf)	315(32)	265(27)	145(15)
	50g/m²		470(48)	410(42)	245(25)
	60g/m²		630(64)	540(55)	365(37)
	70g/m²		785(80)	660(67)	490(50)
	80g/m²		980(100)	765(78)	590(60)
	90g/m²		1180(120)	885(90)	705(72)
	100g/m²		1320(135)	980(100)	805(82)
	120g/m²		1470(150)	1230(125)	1030(105)
施胶度/不大于		g/m²	30.0	30.0	30.0
交货水分		%	6.0~10.0		

4.1.2 沥青防潮纸

1. 性能特点

沥青防潮纸是用沥青防潮原纸涂布一层熔化的石油沥青加工而成的。沥青防潮纸原纸则是用废纸浆为主要原料制成的。要求原纸强度大，定量一致，水分稳定，质量指标应符合QB/T 2091—95《沥青防潮原纸》的规定。

沥青防潮纸具有较好的耐热和透气性能。纸质不脆，有一定的拉伸强度，透气值较低，具有良好的耐水、防潮性能，但是不耐高温和低温，高温发黏，低温易碎。

2. 用途

沥青防潮纸用作防潮、防水包装用纸，常铺衬在装甲装备器材的外包装容器内，防止器材受潮。

3. 技术指标

沥青防潮纸技术指标见表4-2，沥青防潮纸原纸技术指标见表4-3。

表4-2 沥青防潮纸技术指标

指标名称	单位	规定
定量	g/m²	68.0±3.5
透湿度/不大于	g/(m²·24h)	200
耐破度/不小于	kPa	80
撕裂度/纵向不小于	mN	180
耐热度(不低于)	℃/30min	80

表4-3 沥青防潮纸原纸技术指标

指标名称	单位	规定	
		面纸	底纸
定量	g/m²	25.0±1.5	27.0±1.5
裂断长/纵向不小于	km	4.00	
撕裂度/纵向不小于	mN	80.0	
透气度/不大于	μm/(Pa·s)	13.0	
交货水分	%	5~8	

4.1.3 条纹柏油纸

1. 性能特点

条纹柏油纸又称沥青层合纸,是将两层薄原纸(原纸的技术指标应符合QB/T 2237—96《条纹柏油原纸》的规定)用沥青黏合在一起而形成的一种耐水纸。纸质不脆,表面光亮,纸面条纹清晰,透气值较低,纸张强度优于沥青防潮纸。其具有良好的耐水、防潮性能,但不耐热,不耐冷,高温发黏,低温易碎。

2. 用途

条纹柏油纸用作防潮、防水包装用纸,常铺衬在装甲装备器材的外包装容器内,防止器材受潮。

3. 技术指标

条纹柏油纸技术指标见表4-4,条纹柏油原纸技术指标见表4-5。

表4-4 条纹柏油纸技术指标

指标名称	单 位	规定	
		1#	2#
定量	g/m²	95±6	
透湿度/不大于	g/(m²·24h)	90	

（续表）

指标名称	单 位	规定	
		1#	2#
耐破度/不小于	kg/cm²	2.8	1.8
撕裂度/纵向不小于	g	60	40
耐热度/不低于	℃/30min	85	70

表4-5 条纹柏油原纸技术指标

指标名称	单位	规 定					
		B			C		
		32±1.6	36±1.8	40±2.0	32±1.6	36±1.8	40±2.0
定量	g/m²	32±1.6	36±1.8	40±2.0	32±1.6	36±1.8	40±2.0
撕裂度(不小于)	mN	180	214	250	112	150	184
耐破度(不小于)	kPa	82	104	128	54	77	100
透气度(不大于)	μm/(Pa·s)	4.08			5.95		
施胶度(不小于)	mm	0.5			0.5		
交货水分	%	6.0±2.0			6.0±2.0		

4.1.4 中性石蜡纸

石蜡纸是通过用石蜡或其他蜡类物质(黄蜡、白蜡等)对中性纸进行浸渍或表面处理而制成的,具有耐水、防潮性能,亦有绝缘性能。蜡纸的耐折性较差,折叠后有明显的折痕,易损伤防潮层。蜡纸易变干、发脆,故应密封保存。其耐寒、耐热性能良好,但用蜡纸包装黑色金属时,受空气湿度影响较大,在干燥条件下能够长时间保护金属不生锈,而在高温、高湿条件下则不能保护金属不发生锈蚀。此外,金属铜会加速石蜡氧化,使蜡纸失去疏水能力。

1. 性能特点

中性石蜡纸是用中性石蜡纸原纸(其技术指标应符合 QB/T 2235—96《中性石蜡原纸》的规定),浸渍石蜡加工制成的特殊用途的包装纸之一。中性石蜡原纸有较好的抗张强度和耐破度,两面涂有石蜡,纸质呈中性,不含氯化物等有害物质,能对包装器材起到防护作用。

2. 用途

中性石蜡纸,不吸油,对油有阻隔作用,广泛应用于装甲器材的内包装,主要用于防锈油防护器材的贴体包装。例如,包装金属零部件;火炮及其零部件;

变速箱、传动箱、分动箱、水上推进器,轮式车辆各驱动桥等组件、部件;主离合器、转向机、转向离合器;油管、油箱等。

3. 技术指标

中性石蜡纸技术指标见表4-6,中性石蜡原纸技术指标见表4-7。

表4-6 中性石蜡纸技术指标

指标名称	单位	规定			
定量	g/m²	40±2.0	52±2.5	60±3.0	85±4.3
耐破度/不小于	kPa	50	60	80	145
抗张强度/横向不小于	kN/m	0.490(0.460)	0.550(0.520)	0.830(0.780)	1.10(1.05)
裂断长/纵横向平均不小于	km	2.60(2.50)		2.80(2.70)	
水溶性氧化物/不大于	mg/kg	50			
水抽出物pH值		6.0~8.0			

表4-7 中性石蜡原纸技术指标

指标名称	单位	规 定			
定量	g/m²	30.0±1.5	35.0±1.8	40.0±2.0	60.0±3.3
耐破度/不小于	kPa	50	60	80	145
抗张强度/横向不小于	kN/m	0.490(0.460)	0.55(0.520)	0.830(0.780)	1.10(1.05)
裂断长/纵横向平均不小于	km	3.40(3.20)		3.80(3.60)	
水溶性氧化物/不大于	mg/kg	50			
水抽出物pH值		7.0±0.7			
水分	%	6.9~7.2			

4.1.5 中性包装纸

1. 性能特点

中性包装纸是一种酸碱度呈中性的防护用内包装专用纸。用100%中性硫酸盐本色木浆抄制而成,pH值为4~8,氯化物含量不大于0.003mg/kg。色泽较浅,有的经过漂白。纸面平滑,不腐蚀金属,但纸质较硬而脆。

中性包装纸纸质结实,纸面平整洁净,抗张强度及抗水性能均较高,纸张基本呈中性,水溶性氯化物的含量极微,对器材包装能起到防护作用,使器材不易被氧化及腐蚀。

2. 用途

中性包装纸主要作为器材的内包装材料,也可用于包装铝制品、仪器仪表、机械零部件。

3. 技术指标

中性包装纸的技术指标见表4-8。

表4-8 中性包装纸的技术指标

指标名称	单位	规定	
		B 等	C 等
厚度	μm	80±8,100±10,110±11	
耐破度/不小于	kPa	190	160
撕裂指数(纵)/不小于	mN·m²/g	7.50	6.50
抗张强度(横)/不小于	kN/m	2.00	1.90
吸水性/不大于	g/m²(60s)	30.00	30.0
水抽提液pH值		6.5~8.0	6.5~8.0
水溶性氯化物/不大于	mg/kg	30	30
交货水分	%	8.0±2.0	8.0±2.0

4.2 塑料包装材料

塑料是可塑造成型的材料,主要成分是树脂和添加剂。树脂决定各类塑料的物理和化学特性。树脂是塑料的基本成分,就像水泥能把沙子、石块等填料黏结成永久性的固体一样,塑料树脂是能够把填料或者有机和无机物黏结成一定形状的物品。塑料树脂是由许多重复单元或链节组成的大分子、高分子,也称聚合物、高聚物。目前,高分子化合物大多应用于生产塑料。

塑料薄膜是用量较大的塑料包装材料,目前塑料包装薄膜的消耗量约占塑料包装材料总消耗量的一半以上。塑料薄膜一般具有透明、柔韧、良好的耐水性、防潮性和阻气性,机械强度较好,化学性质稳定,耐油脂,可以热封制袋、制封套等优点,能满足装甲装备器材多种包装的要求。

塑料薄膜及其塑料复合薄膜材料在装甲装备器材包装中主要用来制作各类封套,对器材进行内包装使用。

4.2.1 塑料包装材料性能

1. 密度

塑料的密度是指在一定温度下,测试样品的重量与同体积的水(通常为蒸馏水)的重量的比值,常用液力浮力法和比重瓶法测定。

2. 吸水性

吸水性是指规定尺寸的塑料试样,浸入一定温度(25℃±2℃)的蒸馏水中,经过一定时间后(24h)所吸收的水量。吸水量与试样重量之比,称为吸水率,以%表示,试样的形状和尺寸是重要的影响因素。

3. 透气性

(1)透气量。透气量是指一定厚度的塑料薄膜,在一个大气压差下,$1m^2$的面积中,24h内所透过的气体在标准状况下的体积,以cm^3表示。

(2)透气系数。单位时间内,单位压差下,透过单位面积和厚度的塑料薄膜的标准状况下的气体体积。

4. 透湿性

透湿性是指水蒸气对塑料薄膜的透过情况,由透湿量和透湿系数两个物理量表示。其定义和原理与透气性相同。

5. 透水性

透水性是指液体分子在薄膜中的透过情况。用透水量和透水系数表示。

(1)透水量。透水量是指$1m^2$的塑料薄膜在24h内所透过水的质量,以g表示。

(2)透水系数。透水系数是指单位时间内,单位压差下,透过单位面积和厚度的塑料薄膜的水量。

4.2.2 聚乙烯薄膜

聚乙烯(PE)薄膜是包装用量最大的塑料薄膜,约占塑料包装薄膜总使用量的1/2以上,由于其具有良好的韧性、防潮性和热封性能,且加工成型方便,价格便宜,所以应用十分广泛。聚乙烯薄膜主要分为低密度聚乙烯(LDPE)薄膜和线性低密度聚乙烯(LLDPE)薄膜。

低密度聚乙烯薄膜是一种柔软而透明的薄膜,无毒,无味,厚度在0.02~0.1mm,具有良好的耐水性、防潮性、耐寒性和化学稳定性,可用于金属制品的一般防潮包装。低密度聚乙烯薄膜的热黏合性好,因此,可常用作复合薄膜的黏合层和热封层等。

线性低密度聚乙烯薄膜与低密度聚乙烯薄膜相比具有更高的抗拉、抗冲击、耐撕裂强度和耐穿刺性能。在与低密度聚乙烯薄膜具有同等强度和使用性能的情况下,线性低密度聚乙烯薄膜的厚度可减至低密度聚乙烯薄膜的20%~25%,因而成本大大降低。

装备器材包装对聚乙烯吹塑薄膜的宽度偏差要求见表4-9,厚度偏差要求见表4-10,每卷段数和每段长度要求见表4-11,物理力学性能要求见表4-12。

表4-9 宽度偏差要求

项目		偏差			项目		偏差		
		优等品	一等品	合格品			优等品	一等品	合格品
宽度(折径)	<70	±1	±2	±3	宽度(折径)	401~500	±6	±10	±12
	71~100	±2	±3	±4		501~800	±7	±12	±15
	101~200	±3	±4	±5		801~1000	±10	±15	±20
	201~300	±4	±5	±7		>1000	±1.2%	±1.5%	±2.0%
	301~400	±5	±8	±10					

表4-10 厚度偏差要求

项目		指标					
		厚度极限偏差/mm			厚度平均偏差/%		
		优等品	一等品	合格品	优等品	一等品	合格品
厚度/mm	0.010	+0.004 −0.003	±0.004	±0.005	+15 −10	+25 −15	+30 −15
	0.015	+0.005 −0.004	±0.005	±0.006	+15 −10	+20 −15	+25 −15
	0.02	±0.005	±0.008	±0.010			
	0.025						
	0.03	±0.006	±0.009	±0.012	±9	±12	±14
	0.035						
	0.04	±0.008	±0.010	±0.015			
	0.045						
	0.05	±0.009	±0.012	±0.017			
	0.06	±0.010	±0.015	±0.018			
	0.07	±0.011	±0.015	±0.020	±7	±10	±12
	0.08	±0.012	±0.015	±0.020			

(续表)

项 目		指标					
		厚度极限偏差/mm			厚度平均偏差/%		
		优等品	一等品	合格品	优等品	一等品	合格品
厚度/mm	0.09	±0.013	±0.018	±0.022	±7	±10	±12
	0.10	±0.015	±0.020	±0.025			
	0.12	±0.017	±0.020	±0.025			
	0.15	±0.020	±0.025	±0.030	±6	±8	±10
	0.18	±0.022	±0.025	±0.030			
	0.2	±0.025	±0.030	±0.035			
	>0.2	±0.030	±0.035	±0.040			

表 4-11 每卷段数和每段长度要求

项目	指标		
	优等品	一等品	合格品
每卷段数/段	≤2	≤3	≤4
每段长度/m	≥50	≥30	≥20

注：断头处应有标志。

表 4-12 物理力学性能要求

项目	指标											
	厚度<0.05mm						厚度≥0.05mm					
	A类		B类		C类		A类		B类		C类	
	优等品	一等合格品	优等品	一等合格品	优等品	一等合格品	优等品	一等合格品	优等品	一等合格品	优等品	一等合格品
拉伸强度(纵横向)/%	≥12	≥10	≥13	≥11	≥17	≥14	≥12	≥10	≥13	≥11	≥17	≥14
断裂伸长率(纵横向)/%	≥150	≥130	≥200	≥180	≥250	≥230	≥250	≥200	≥280	≥230	≥350	≥280
冲击强度/(kJ/m²)	不破裂样品≥5 为合格											

注：厚度<0.05mm 不考核冲击强度。

4.2.3 聚丙烯薄膜

聚丙烯(PP)薄膜分为未拉伸聚丙烯薄膜和双向拉伸聚丙烯(OBPP)薄膜,两种薄膜在性能上相差很大,故应作为不同的两种薄膜考虑。

未拉伸聚丙烯薄膜与聚乙烯薄膜相比具有更好的透明度、光泽度、防潮性、耐热性、耐油性,机械强度高,耐撕裂、耐穿刺和耐磨性好。

双向拉伸聚丙烯薄膜与未拉伸聚丙烯相比,有以下特点:

(1)透明度、光泽度提高。

(2)机械强度提高,但伸长率下降。

(3)耐寒性提高,在 -30 ~ -50℃使用不变脆。

(4)透湿率、透气率约降低 1/2。

(5)单层薄膜不能直接热封合,但可以通过涂布胶黏剂或与其他塑料薄膜复合来改善其热封合性能。

双向拉伸聚丙烯薄膜广泛用作复合薄膜的基材,它与铝箔等其他塑料薄膜等制成的复合薄膜能满足装甲装备器材的多种包装要求,所以在装甲装备器材包装中得到了广泛的应用。

装甲装备器材包装对通用型双向拉伸聚丙烯薄膜的厚度偏差标准见表4-13,平均厚度偏差标准见表4-14,每卷薄膜接头数及每段长度标准见表4-15,外观标准见表4-16,物理力学性能标准见表4-17。

表 4-13 厚度偏差标准

厚度/μm	允许偏差/%					
	优级品		一级品		合格品	
	A 类	B 类	A 类	B 类	A 类	B 类
12 ~ 15	±7	±10	±10	±15	±14	±18
16 ~ 19	±5	±8	±8	±13	±12	±16
20 ~ 30	±4	±7	±7	±10	±10	±14
31 ~ 60	±3.5	±6	±6	±9	±8	±12

表 4-14 平均厚度偏差标准

厚度/μm	允许偏差/%					
	优级品		一级品		合格品	
	A 类	B 类	A 类	B 类	A 类	B 类
12 ~ 15	±5	±7	±6	±8	±7	±10

（续表）

厚度/μm	允许偏差/%					
	优级品		一级品		合格品	
	A类	B类	A类	B类	A类	B类
16~19	±4	±6	±5	±7	±6	±9
20~30	±3	±5	±4	±6	±5	±8
31~60	±2.5	±4	±3	±5	±4	±7

表4-15 每卷薄膜接头数及每段长度标准

项目	级别		
	优级品	一级品	合格品
接头个数(个)/不大于	1	2	2
每段长度(m)/不小于	1000	500	500

表4-16 外观标准

项目	优级品和一级品	合格品
褶皱、颗粒、暴筋、气泡	不允许	
条纹	30μm以下厚度的薄膜,允许有轻微纵向条纹	
端面划痕	不允许	不允许
杂质污染	不允许	不允许
端面整齐度	≤2mm	≤4mm
膜卷管芯	不允许有凹陷和影响使用的崩口	

表4-17 物理力学性能标准

项目		指标	
		A类	B类
拉伸强度(MPa)/不小于	纵向	120	140
	横向	200	130
断裂伸长率(%)/不大于	纵向	180	120
	横向	65	120
热收缩率(%)/不大于	纵向	5	6
	横向	4	6
摩擦系数/不大于	静/μs	0.8	0.8
	动/μk	0.8	0.8
雾度(%)/不大于		1.5	2.5
透湿度(g/(m²·24h·0.1mm))/不大于		2	3

4.2.4 聚氯乙烯薄膜

软质聚氯乙烯(PVC)薄膜,因增塑剂含量较多(25%以上),所以薄膜的伸长率、抗撕裂强度高,透明性、耐寒性和机械适应性好,热收缩率高达70%以上,且成本低,因此大量用于装甲装备器材的热收缩包装。

装甲装备器材包装对软聚氯乙烯压延薄膜的厚度、宽度及极限偏差见表4-18,外观规定见表4-19,黑点和杂质的累计许可量及分散度规定见表4-20,工业用薄膜物理力学性能规定见表4-21。

表4-18 厚度、宽度及极限偏差　　　　单位:mm

分类	指标			
	厚度		宽度	
	公称尺寸	极限偏差	公称尺寸	极限偏差
薄膜	0.1~0.19	±0.02	<1000	±10
	0.2~0.24	±0.03		
片材	0.25~0.39	±0.03	≥1000	±25
	0.4~0.45	±0.04		

表4-19 外观规定

项目	指标		项目	指标	
	优等品、一等品	合格品		优等品、一等品	合格品
色泽	均匀	均匀	穿孔	不允许	不允许
花纹	清晰、均匀	清晰、均匀	永久性皱褶	不允许	不允许
发毛(包括冷疤)	不明显	轻微	卷端面错位	≤2mm	
气泡	不明显	轻微	卷曲	平整	
喷霜	不明显	轻微			

表4-20 黑点和杂质的累计许可量及分散度规定

项目			0.8mm以上的黑点、杂质	0.3~0.8mm的黑点、杂质许可量/(个/m²)	0.3~0.8mm的黑点、杂质分散度/(100mm×100mm)
指标	工业用薄膜	优等品一等品	不允许	35	7
		合格品		40	8

表4-21 工业用薄膜物理力学性能规定

项目	拉伸强度（纵横向）/MPa	断裂伸长率（纵横向）/%	低温伸长率（纵横向）/%	直角撕裂强度（纵横向）/（kN/m）	耐油性/h
指标	≥16	≥200	≥10	≥40	5

4.2.5 聚酯薄膜

聚酯（主要是PET）薄膜有双向拉伸薄膜或热收缩薄膜、单向拉伸薄膜。其中，以双向拉伸聚酯（BOPET）薄膜应用最广泛。

聚酯薄膜是一种性能较全面的包装薄膜，其透明性好，有光泽，具有良好的气密性。聚酯薄膜的力学性能优良，其韧性是所有热塑性塑料中最好的，抗张强度和冲击强度比一般薄膜高得多，且挺力好，尺寸稳定，适于制袋加工。聚酯薄膜还具有优良的耐热性、耐寒性以及良好的耐化学药品性和耐油性。但不耐强碱，聚酯薄膜的热封极难，所以很少单膜形式使用，大多与热封性好的聚乙烯薄膜或聚丙烯薄膜复合或采用聚偏二氯乙烯涂布。这种以聚酯薄膜为基材的复合薄膜是机械化包装操作最理想的材料。聚酯薄膜因强度高、耐热性好，还大量用作真空镀铝薄膜的基材。聚酯薄膜的性能见表4-22，常用塑料包装薄膜性能见表4-23。

表4-22 聚酯薄膜的性能

性能	条件	品种			
		双向拉伸	双向拉伸	双向拉伸	K型玻璃纸
厚度/μm		12	20	15	22
抗张强度/MPa	纵	220	145	240	110
	横	230	230	245	60
伸长率/%	纵	145	150	95	20
	横	140	50	100	60
热收缩率/%	纵	1.2	15	20	1.8
	横	0	55	1.9	21
吸湿率/%		<0.1	<0.1	3.5	12
透湿率/(g/(m²·24h))		55	8	250	15

表4-23a 常用塑料包装薄膜性能(聚乙烯、聚丙烯)

主要性能	名称及代号					
	聚乙烯				聚丙烯	
	低密度LDPE	未拉伸聚乙烯膜	拉伸聚乙烯膜	线性低密度聚乙烯	未拉伸聚丙烯膜	拉伸聚丙烯膜
透明性	从半透明到透明	透明			透明	
密度/(g/cm³)	0.910~0.925	0.88~0.90	0.905	0.915~0.925	0.88~0.90	0.905
每千克膜面积/m²（厚100μm）	110~108	108~106	106~104	109	114~111	110
抗张强度/(9.8N/cm²)	70~250	140~350	210~500	250~530	210~630	1750~2100
伸张率/%	200~600	200~500	100~500	500~700	400~800	60~100
冲击破裂强度/(9.8N·cm²)	7~11	4~6	1~3	8~13	1~3	5~15
撕裂强度/(g/25.4μm厚)	100~400	50~300	15300	80~80	40~330	4~6
热焊温度/℃	120~180	130~165	135~165	120~180	16~205	单膜不能焊接
透湿性/(g/(m²·24h),25μm)(30℃,90RH)	-19	7.8~16	4.7~10	-19	7.5~10	4~10
透氧性/(cm³/cm²·24h,25μm)/(23℃,0% RH)	3900~13000	2560~5200	510~3875	3875~13000	1000~1400	2400
耐油脂性	欠佳	良	良	良	良	良
最高使用温度/℃	65	80~105	120	15~85	160	160
最低使用温度/℃	-50	-50	50	-50	不同低温度用	-50
机械操作适应性	中	中	良	中~良	良	良
印刷性	处理后可印刷	处理后可印刷	处理后可印刷	处理后可印刷	处理后可印刷	60
热收缩性	有的会收缩	处理后可印刷	处理后可印刷	处理后可印刷	不收缩	有的会收缩
软化温度/℃	85~95	115~120	115~125	—		130~150
蒸煮温度/℃	<90	<110	<110	<110	<120	<120

表4-23b 常用塑料包装薄膜性能(聚氯乙烯、聚偏二氯乙烯)

主要性能	名称及代号	
	聚氯乙烯	聚偏二氯乙烯(PVDC)
透明性	透明到半透明	透明
密度/(g/cm^3)	1.23~1.5	1.59~1.71
每千克膜面积/m^2(厚100μm)	81~67	63~59
抗张强度/(9.8N/cm^2)	140~1100	560~1400
伸长率/%	5~500	40~100
冲击破裂强度/(9.8N·cm^2)	10~15	10~15
撕裂强度/(g/25.4μm厚)	变化幅度大	10~20
热焊温度/℃	100~180	
透湿性(g/(m^2·24h),25μm)(30℃,90%RH)	25~100	1.55~4.65
透氧性(cm^3/(m^2·24h),25μm)(23℃,0%RH)	78~23250	7.7~26.5
耐油脂性	良	良
最高使用温度/℃	<100	
最低使用温度/℃	决定于助剂	-20
机械操作适应性	中	中
印刷性	特种油墨	特种油墨
热收缩性	有的会收缩	有的会收缩
软化温度/℃	60~100	60~100
蒸煮温度/℃	<110	<110

4.2.6 常用塑料的简易鉴别方法

1. 外观鉴别法

外观鉴别法是根据塑料的色泽、手感、发声、气味和软硬程度等物理性质进行鉴别的方法,可单凭人的手、眼、耳、鼻对塑料品种得到初步鉴别的一种方法。常用塑料的外观鉴别法见表4-24。

表 4-24　常用塑料的外观鉴别法

塑料品种	塑料特点
聚氯乙烯	坚硬平滑,较沉,外观多为灰色或深色;软聚氯乙烯塑料类似橡胶,表面光滑,有增塑剂味
聚乙烯	乳白色半透明体,表面似蜡状,无气味,触摸有滑腻感,敲击发绵软声音;厚制品有韧性,软制品柔软
聚丙烯	乳白色半透明体,表面似蜡状,但硬度高,触摸有滑腻感,质轻,能耐沸水蒸煮而不软化
聚苯乙烯	无色透明体,易着色,制品坚而韧,表面有高度光泽

2. 燃烧鉴别法

由于塑料的化学组成和分子结构不同,它们在加热和燃烧时会产生种种不同的现象,据此可对塑料进行分类和鉴别。常用塑料的燃烧鉴别法见表 4-25。

表 4-25　常用塑料的燃烧鉴别法

塑料名称	燃烧难易	离火后是否燃烧	火焰状态	塑料变化状态	气味
聚乙烯	易	继续燃烧	上端黄色 下端蓝色	熔融、滴落 同时燃烧	石蜡燃烧气味
聚丙烯	易	继续燃烧	上端黄色 下端蓝色	熔融、滴落 同时燃烧	石蜡味, 比聚乙烯弱
聚氯乙烯	难	离火即灭	上端黄色 下端绿色	软化	刺激性酸味
聚苯乙烯	易	继续燃烧	橙黄色黑烟	熔融、滴落 同时燃烧	苯乙烯单体特有的气味
聚偏二氯乙烯	极度难	离火即灭	上端橙黄色火焰 下端绿色	软化	收缩而端部炭化、黑色
聚氨酯	较易	继续燃烧	底部蓝色黑烟	熔融、滴落 并燃烧	熔融物固化、黑色

4.3　复合薄膜

复合薄膜是指几种薄膜结合成为一体的多层薄膜材料。由于装甲装备器材是由发动机、车体器材、武器、精密器材、轴承、电气设备、工具及非金属制品八大类组成,对不同器材的包装要求各不相同,所以单一的塑料薄膜包装材料的性能不能满足装甲装备器材包装的不同需要。随着科学技术的发展,现已制造出强度好、透明、阻隔性能优良的复合材料,为装甲装备器材提供了高质量的包装材料。

4.3.1 聚酯/铝箔/聚丙烯复合膜

1. 性能与用途

聚酯/铝箔/聚丙烯复合膜(PET/铝箔/CPP)是由聚酯、铝箔、聚丙烯三层复合而成的,是塑料复合膜中透湿度最低、阻气性能最好的材料之一。它适合制作装甲装备精密器材及其组件、部件(A4类)、印制电路板等器材的内包装封套。

聚丙烯薄膜的透明度、光泽度、防潮性、耐热性、耐油性、耐撕裂、耐穿刺和耐磨性好,机械强度高。聚酯薄膜阻隔性能优良,且透湿度低,稳定性能好,耐用冲击强度是其他薄膜的3~5倍。聚酯薄膜拉伸强度很高,并且可以与铝箔相复合。铝箔是采用纯度在99.5%以上的电解铝经压延而成的,厚度在0.2mm以下。铝箔的阻隔性能极好,但透湿度与其厚度有关,铝箔厚度与透湿度的关系见表4-26。

表4-26 铝箔厚度与透湿度的关系

铝箔厚度/mm	透湿度/(g/(m²·24h))	铝箔厚度/mm	透湿度/(g/(m²·24h))
0.007~0.008	≤7	0.015~0.020	≤1.5
0.008~0.010	≤5	0.020~0.025	0
0.010~0.015	≤2.5		

经过反复试验:用聚酯/铝箔/聚丙烯复合膜制成的封套,其透湿度在0.2~0.26g/(m²·24h),是目前较优秀的内包装材料,能满足器材封存要求。

2. 质量要求

装甲装备器材封存用的聚酯/铝箔/聚丙烯复合膜,要求聚酯厚度为12μm,铝箔厚度为9~14μm,聚丙烯厚度为60~80μm。外观不允许有损伤、气泡、松弛、皱纹以及异物附着,不允许有粘连和复合层间的剥离现象。

聚酯/铝箔/聚丙烯复合膜的尺寸偏差应符合表4-27的规定,物理力学性能应符合表4-28的规定,封套的耐压性能应符合表4-29的规定,封套的跌落高度应符合表4-30的规定。

表4-27 尺寸偏差规定

膜或袋宽度/mm	偏差						
	膜的尺寸偏差			袋的尺寸偏差			
	宽度偏差/mm	厚度偏差/%	长度偏差/%	宽度偏差/mm	厚度偏差/%	长度偏差/%	封口宽度偏差/%
<100	±2	±10	+0.5	±2	±10	±2	±20
100~400	±4	±10	+0.5	±4	±10	±4	±20
401~960	±7	±10	+0.5	±7	±10	±7	±20

表4-28 物理力学性能规定

项目		指标	项目	指标
拉断力(纵、横向)/N		≥50	抗摆冲击性能/J	≥0.52
断裂伸长率(纵、横向)/%		≥15	水蒸气透过量/(g/(m²·24h))	≤0.5
撕裂力(纵、横向)/N		≥1.1	氧气透过量/(cm³/(m²·24h))	≤0.5
剥离力/N	PET/AL	≥3	耐油性 耐油度/%	≤15
	AL/CPP	≥4.5	耐油性 吸油度/%	≤1.5
封口剥离力/N		≥30	耐热性	无明显变形，热封部位无剥离现象

表4-29 封套的耐压性能规定

封套与内装物的总质量/g	负荷/N	要求
<100	200	无渗漏、无破裂
100~400	400	
401~2000	600	
>2000	800	

表4-30 封套的跌落高度规定

袋与内装物总质量/g	跌落高度/mm	要求
<100	80	无渗漏、无破裂
100~400	50	
401~2000	30	
>2000	25	

4.3.2 铝塑布复合膜

1. 性能与用途

铝塑布(铝箔/布/聚乙烯)是以棉布或纱布为基材,采用挤塑热合低密度聚乙烯、铝箔而制成的,因此具有布、塑料、铝箔三者的优越性能,复合后的铝塑布(铝箔/布/聚乙烯)其柔韧性、强度、耐折性、密闭性等优点都十分突出,用铝塑布(铝箔/布/聚乙烯)制成的封套适合于作为装甲装备精密器材及其组件、部件(A4 类)、印制电路板等器材的内包装。

2. 装甲装备器材包装对铝塑布复合膜的要求

铝塑布(铝箔/布/聚乙烯)材料表面应平整、清洁,不应有缺料、分层、孔眼和腐蚀。宽幅材料允许由两幅铝箔搭接而成,搭接处允许有长度不大于 10mm 的重叠,但不允许有搭接空白。作为装甲装备精密器材及其组件、部件、印制电路板等器材的内包装。其材料的物理、力学和化学性能应符合表 4-31 的规定。

表 4-31 精密器材内包装材料的物理、力学和化学性能

项 目		型号 A		型号 B	
		LJS-A 纱布基	LJM-A 本色棉维细布基	LJS-B 纱布基	LJM-B 本色棉维细布基
透湿量/(g/(m²·24h))		≤0.4			
折叠后的透湿量/(g/(m²·24h))		≤0.8			
断裂强度(纵、横向)/(N/m)		≥3900	≥5800	≥3900	≥5800
剥离强度(纵、横向)/(N/m)		≥200		≥250	
折破试验		见 GJB 756—89《铝塑布挤出复合材料》中 5.8.4 节			
抗穿刺性/N		≥60	≥70	≥60	≥70
气氛腐蚀	钢	0			
	铜	1			
	铝	0			
耐油性		不溶胀、分层或脆化			
耐水性		不分层			
低温对折试验		不破裂			

铝塑布(铝箔/布/聚乙烯)由于表层复合了低密度聚乙烯,因此具有良好的热封性能。由于聚乙烯和铝箔复合,增强了材料的防水性、防潮性、阻气性,纤维

增强了柔性、耐折性。经对该材料反复进行透湿度试验,其透湿度在 $1.5g/(m^2 \cdot 24h)$ 以下。因此,铝塑布(铝箔/布/聚乙烯)也是一种理想的内包装材料。

4.4 包装封套

把一些气密性好的材料做成专用的封套袋,作为器材封存的外层包装,人为地使封套内部形成适合器材长期封存的环境,避免遭受大气的影响。这种封存材料称为封套。封套是一种科学先进的封存材料,一般习惯上把小型的称为包装袋,把容积较大的称为封套。封套主要用在体积较大的部件或整车封存,封套封口可采用专用拉链或热焊封口。随着封套材料技术的发展,在器材封存上应用得越来越广泛。封套封存效果好、方便、美观,适用装甲器材的总成件封存和车辆整体封存。

4.4.1 常用的封套材料

封套材料一般选用透气度、透湿度小,无腐蚀,便于加工的材料,常用的封套材料如下:

1. 聚氯乙烯类

包括改性聚氯乙烯塑胶、改性聚氯乙烯增强塑膜、双面聚氯乙烯人造革等,该类材料的特点是强度大,耐老化性能好,但透湿度较大。

2. 聚乙烯类

聚乙烯编织复合膜,材质轻,气密性好,但耐老化性能较差。

3. 铝塑类

铝塑布复合材料,气密性优异,但耐老化性能较差,经加工折揉易出现沙眼。

4. 胶布类

氯丁/丁基双面胶布,耐老化性能优异,但封套制作工艺较复杂,成本较高。

4.4.2 封存方法

封套封存是一种科学的外层封存方法,在器材保养时一般不单独使用,与内部封存配合使用效果较理想。使用封套能大大延长器材的封存期限。在器

材封存时,利用封套技术配合常使用的封存方法如下:

(1) 与干燥剂配合使用,在封套内放置干燥剂,可有效控制封套内部的相对湿度。

(2) 与气相缓蚀剂配合使用,可减少气相缓蚀气体漏损。

(3) 与防锈油脂配合使用,可以延长防锈油脂老化变质时间,延长防锈油脂的寿命,增加防锈油作用时间。

(4) 与杀虫剂配合使用,可以延长杀虫剂的使用寿命,防止外部昆虫、虫卵进入封套内繁殖生长。

(5) 与防霉剂配合使用,可以严格控制封套内的相对湿度,防止防霉剂失效变质。

(6) 与几种封存方法同时配合使用,可以使几种封存方法各取所长、互相补充,延长封存期限。

4.5 铝箔包装材料

铝箔是采用纯度在99.5%以上的电解铝,经压延而成的,厚度在0.2mm以下。一般包装用的铝箔是铝箔和其他薄膜材料的复合材料,目的是提高包装材料的阻隔性能,多用于制作复合内包装及包装衬里,用于装甲装备器材的内包装。

1. 铝箔的性能

铝箔的力学性能及相对伸长率见表4-32。

表4-32 铝箔的力学性能及相对伸长率

厚度/mm	抗拉强度/MPa	伸长率/%
0.0075~0.011	29.4~98	1.5
0.012~0.010	29.4~98	0.5~2.0
0.050~0.200	29.4~98	0.5~3.0

2. 铝箔材料的规格

我国生产的铝箔有4种宽度范围,18种厚度,其系列如下。

铝箔宽度(mm):有10~39、39~130、130~220、220~600共4种规格。

铝箔的厚度(mm):有0.005、0.0075、0.010、0.012、0.014、0.016、0.020、0.025、0.030、0.040、0.050、0.060、0.070、0.080、0.100、0.120、0.150、0.200共18种规格。

用于包装的铝箔,在相同重量时,面积大小具有实际意义,不同重量的铝箔在相同重量时所得的面积见表4-33。

表4-33 铝箔的厚度与面积的关系(密度2.71g/cm³)

厚度/mm	1kg 相当面积/m²	1m² 的重量/g	厚度/mm	1kg 相当面积/m²	1m² 的重量/g
0.006	61.5	16.260	0.015	24.60	40.647
0.007	52.7	18.070	0.025	14.76	67.750
0.009	41.0	24.390	0.05	7.38	135.501
0.01	36.90	27.100	0.15	2.46	406.470
0.013	28.38	35.231			

3. 铝箔的透湿度

铝箔作为阻隔性材料,要达到完全隔绝水蒸气,需要一定厚度,过薄会产生小孔,铝箔厚度与透湿度的关系见表4-34。

表4-34 铝箔厚度与透湿度的关系

铝箔的厚度/mm	透湿度/(g/(cm²·24h))	铝箔的厚度/mm	透湿度/(g/(cm²·24h))
0.007~0.008	7以下	0.015~0.020	1.5以下
0.008~0.010	5以下	0.020~0.025	0以下
0.010~0.015	2.5以下		

4.6 金属包装材料

由于金属包装材料有着突出的性能和特点,所以在装甲装备器材包装中,常制作成金属桶、金属罐,广泛用于仪表等要求透湿率低、综合防护性能好的器材的包装。金属铝制成铝箔材料和塑料以及和其他包装材料复合制得的复合薄膜,也广泛用来作为装甲装备器材的内包装材料使用。

4.6.1 金属包装材料的特点

金属包装材料的特点如下:

(1)金属的水蒸气透过率极低,完全不透光。其阻气性、防潮性、遮光性远远超过了塑料、纸等其他类型的包装材料,因此,金属包装能长时间保证器材的性能不发生变化。

(2)金属包装材料的力学性能优良、强度高,因此,可以制成壁薄、重量轻的金属包装容器,不但耐压强度高、不易破损,也便于装卸、运输和储存,对器材具有良好的防护性。

(3)金属包装材料的加工性能优良,加工工艺成熟,能连续化、自动化地生产。其有良好的延展性和强度,可以轧成各种厚度的板材、箔材,板材可以进行冲压、轧制、拉伸、焊接制成形状大小不同的包装容器,箔材可以与塑料、纸等进行复合,因而金属包装材料能以多种形式充分发挥其优良的、综合的防护性能。

(4)金属包装材料虽然具有以上特性,但也有不足之处。主要是其化学稳定性较差,耐蚀性不如塑料,尤其是钢质包装材料容易锈蚀,因此,金属包装材料多在表面上再覆盖一层防锈物质,以防止来自外界和被包装物的腐蚀破坏作用。

4.6.2 金属包装材料的分类

1. 按材质分类

按照材质,常用金属包装材料可分为钢系和铝系两大类:钢系主要有镀锡薄钢板、无锡薄钢板、低碳薄钢板、镀锌薄钢板、镀铝薄钢板;铝系主要有铝合金薄板和铝箔。

2. 按材料厚度分类

按照材料厚度,常用金属包装材料可分为薄板材和箔材两种:薄板材主要用于制造金属桶、金属罐,箔材主要用于制造复合薄膜。

4.6.3 包装常用钢铁材料

1. 镀锡钢板

镀锡钢板简称镀锡板,俗称马口铁,是两面镀有纯锡的低碳薄钢板。马口铁是传统的制罐材料,它有光亮的外观,良好的耐蚀性和制罐工艺性能,易于焊接,但其冲拔性能不及铝板,因此大多制成以焊接和卷封工艺成型的三片罐结构,也可以做成冲拔罐。

镀锡钢板的结构,由里往外共5层:①钢基板:一般为低碳钢,其厚度为0.2~0.3mm;②锡铁合金层:为锡铁合金结构,电镀锡板含锡量小于$1g/m^2$,热浸镀锡板为$5g/m^2$;③锡层:纯锡层,电镀锡板镀锡量为5.6~$22.4g/m^2$,热浸镀锡板为

$22.4\sim44.8g/m^2$；④氧化膜层：主要是氧化亚锡、氧化锡等；⑤油膜层：为棉籽油。镀锡钢板各部分厚度、成分和性能特点见表4-35。

表4-35 镀锡钢板各部分厚度、成分和性能特点

结构名称	厚度		成分		性能特点
	热浸镀锡板	电镀锡板	热浸镀锡板	电镀锡板	
油膜	$20mg/m^2$	$2\sim5mg/m^2$	棕榈油	棉籽油	润滑和防锈
氧化膜	$3\sim5mg/m^2$（单面）	$1\sim3m/cm^2$（单面）	氧化亚锡	氧化亚锡 氧化锡 氧化铬	氧化膜以化学处理生成，具有防锈、防变色和防硫化斑作用
锡层	$22.4\sim44.8g/m^2$	$5.6\sim22.4g/m^2$	纯锡	纯锡	美观、易焊、耐腐蚀且无毒害
锡铁金层	$5g/m^2$	$<1g/m^2$	锡铁合金结晶	锡铁合金结晶	耐腐蚀，如过厚，可试性、可焊性不良
钢基板	$0.2\sim0.3mm$	$0.2\sim0.3mm$	低碳钢	低碳钢	加工性良好，制罐后具有必要的强度

2. 低碳薄钢板

根据装甲装备器材包装的特点，金属包装材料大多数制成桶、罐类等包装容器，其生产制作过程是将薄钢板以冲压成型或拉拔成型，这就要求金属包装材料具有一定的强度和足够的塑性和韧性，也就是要求钢中的组织大多数为铁素体。因此，装甲装备器材包装用的钢材主要是含碳量低于0.25%的低碳薄钢板，它是采用平炉或转炉生产的镀锌用原板和酸洗薄钢板。低碳薄钢板的厚度在0.25~2mm范围内，共有23个不同厚度，其厚度及厚度允许偏差见表4-36。

表4-36 低碳薄钢板规格　　　　　　　　单位：mm

钢板厚度	0.25	0.55	0.7	0.8	11.0	1.2	1.4	1.6	2.0
	0.27								
	0.30	0.60							
	0.35								
	0.40								
	0.45								
	0.50	0.65	0.75	0.90	1.1	1.3	1.5	1.8	
允许偏差	±0.05	±0.06	±0.07	±0.08	±0.09	±0.11	±0.12	±0.14	±0.15

钢板不同宽度和长度时的允许偏差为：宽度小于或等于(800+6)mm；宽度大于(800+10)mm；长度小于或等于(1500+10)mm；长度大于(1500+15)mm。

钢板四角应切成直角，切斜和镰刀弯不得超出钢板宽度和长度的允许偏差。

碳薄钢板机械强度高，加工性能良好，具有优良的综合防护性能，遮光性强，导热率高，耐热性和耐寒性优良，是制作金属罐的主要材料。

为了保证良好的制罐工艺性能，必须对低碳薄钢板原材料进行杯突试验和冷弯试验。钢板的杯突试验值，按钢板的不同厚度分为 S 和 P 两个级别。其试验值规定见表4-37。

表4-37 钢板的杯突试验值规定　　　　　　　　单位：mm

钢板厚度	深冲级别		钢板厚度	深冲级别	
	杯突深度不小于			杯突深度不小于	
	S	P		S	P
0.25	6.9	5.7	0.90	9.6	8.2
0.30~0.35	7.2	6.2	1.00	9.9	8.6
0.40~0.45	7.5	6.5	1.15	10.2	8.8
0.50~0.55	8.0	6.9	1.25	10.4	9.0
0.60~0.65	8.5	7.2	1.50	11.0	9.2
0.70~0.75	8.9	7.5	1.75	11.4	9.5
0.80	9.3	7.8	2.00	11.8	9.9

钢板在冷的状态下，垫以钢板厚度两倍的垫片进行弯曲180°的试验，弯曲后应能伸直到原来的状态即合格。

3. 镀锌薄钢板

镀锌薄钢板，俗称白铁皮(钢板的材料为低碳钢，常用 A3、A4)，它是在酸洗薄钢板后，经过热浸、镀锌处理，使钢板表面镀上厚度为 0.02mm 以上的锌保护层。因为锌的电极电位比铁低，化学性质比较活泼，在空气中能很快生成一层氧化锌薄膜，这层氧化锌薄膜非常致密，保护了里面的锌和钢板不受腐蚀，即使擦破了镀锌，由于锌先发生氧化而保护了铁，这样大大提高了钢板的耐腐蚀性能。用镀锌板制成包装容器后，就不必再进行表面防腐处理。镀锌薄钢板强度高、密度性能好，因此，镀锌薄钢板广泛用来制作装甲装备器材的包装容器。

将试件夹在钳口半径为 3mm 的虎钳中向两边弯曲90°至折断时，应经受的反复弯曲次数如下：

板厚 0.35～0.75mm,折断时,应经受 6 次;

板厚 0.75～0.80mm,折断时,应经受 5 次;

板厚 0.90～1.20mm,折断时,应经受 4 次;

板厚 1.30mm 以上,折断时,应经受 2 次。

厚度 0.35～0.80mm 的镀锌薄板应做镀锌层牢度试验。将试件放在与试件厚度相等的垫片上弯曲到 180°时,钢板表面的镀锌层不应脱落或出现裂缝。

4.7 缓冲辅助材料

4.7.1 泡沫塑料

泡沫塑料是内部含有大量微孔结构的塑料制品,又称多孔性塑料,它是以树脂为主体、加入发泡剂等其他助剂,经发泡成型制得的。泡沫塑料在装甲装备器材包装中主要用作装箱固定的缓冲材料。

泡沫塑料缓冲包装材料应具有尽可能小的密度,较好的温度适应性,较好的耐水性,优良的耐化学腐蚀性和抗霉变、耐油性,卓越的缓冲性能等。

1. 泡沫塑料的分类

(1)按照化学成分分类。按照化学成分,泡沫塑料可分为聚乙烯、聚苯乙烯、聚氯乙烯、聚氨酯、聚丙烯泡沫塑料等。

(2)按泡沫塑料密度分类。按照密度,泡沫塑料可分为低发泡、中发泡和高发泡三种。一般密度大于 $0.4g/cm^3$ 的称为低发泡泡沫塑料;密度在 $0.1\sim0.4g/cm^3$ 的称为中发泡泡沫塑料;密度小于 $0.1g/cm^3$ 的称为高发泡泡沫塑料。

(3)按泡沫塑料结构分类。按照结构,泡沫塑料可分为开孔型泡沫塑料和闭孔型泡沫塑料。泡沫塑料内各气孔是相互连通的称为开孔型泡沫塑料;各气孔是相互独立的称为闭孔型泡沫塑料。

(4)按力学性能分类。按照力学性能,泡沫塑料可分为软质、半硬质和硬质三种,这种软硬的划分是以泡沫塑料的弹性模量为标准的。在 23℃,相对湿度为 50% 时,弹性模量高于 68MPa 的称为硬质泡沫塑料;弹性模量为 68MPa 的称为半硬质泡沫塑料;弹性模量小于 68MPa 的称为软质泡沫塑料。

2. 聚乙烯泡沫塑料

聚乙烯泡沫塑料的压缩性能好,吸收冲击性能好,不吸湿,适合作为装甲装备精密器材防震包装。

装甲装备器材使用的高发泡聚乙烯挤出片材,使用低密度聚乙烯树脂为主要原料,添加物理发泡剂和其他助剂,经挤出成型制得。

高发泡聚乙烯挤出片材厚度应为以下5种规格:0.5~1.0mm;1.0~1.5mm;1.5~2.0mm;2.0~3.0mm;>3.0mm。片材外观应基本平整、清洁,不得有孔洞、裂口、僵块及影响使用的杂质。高发泡聚乙烯泡沫塑料挤出片材规格与极限偏差应符合表4-38中的规定,片材的发泡倍率应符合表4-39的规定,片材的力学性能应符合表4-40的规定。

表4-38 高发泡聚乙烯泡沫塑料挤出片材规格与极限偏差

项目指标		极限偏差/mm		
		优等品	一等品	合格品
厚度/mm	0.5~1.0	±0.10	±0.20	±0.30
	>1.0~1.5	±0.20	±0.30	±0.40
	>1.5~2.0	±0.30	±0.40	±0.60
	>2.0~3.0	±0.40	±0.50	±0.70
	>3.0	±0.50	±0.60	±0.80
宽度		±3%		
长度		每卷断头数≤2个,长度≥2m		

表4-39 片材的发泡倍率规定

厚度/mm	发泡倍率		
	优等品	一等品	合格品
0.5~1.0	≥20	≥15	≥12
>1.0	≥25	≥20	≥15

表4-40 片材的力学性能规定

项目	指标	项目	指标
拉伸强度(纵/横向)/MPa	≥0.20/0.10	撕裂强度(纵/横向)/(N/cm)	≥20/4.0
断裂强度(纵/横向)/%	≥80	热收缩率(纵/横向)/%(70℃)	≤2.5/2.0

3. 聚苯乙烯泡沫塑料

聚苯乙烯泡沫塑料通常为硬质、闭孔泡沫塑料结构,密度低,一般为0.015~0.7g/cm^3,它的缓冲性能好,有优良的防潮性、防霉性、隔热性和电绝缘性,吸水率低,易于成型加工且价格便宜。广泛应用于装甲装备器材的各种缓冲防震包装。聚苯乙烯泡沫塑料的主要缺点是韧性较差,燃烧时产生的苯乙烯气体会污染环境等。

装甲装备器材使用的聚苯乙烯泡沫塑料,按密度分为Ⅰ、Ⅱ、Ⅲ、Ⅳ4类,具体应符合表4-41的要求,长度、宽度、高度偏差应符合表4-42的要求,壁厚偏差应符合表4-43的要求,外观应符合表4-44的要求,力学性能应符合表4-45的要求。

表4-41 聚苯乙烯泡沫塑料的密度要求

类别	密度/(kg/cm^3)
Ⅰ	15.0~19.9
Ⅱ	20.0~24.9
Ⅲ	25.0~29.9
Ⅳ	30.0~34.9

表4-42 聚苯乙烯泡沫塑料长度、宽度、高度偏差要求

基本尺寸/mm	极限偏差/mm
<400	±2
400~600	±3
601~800	±4
801~1000	±5

表4-43 聚苯乙烯泡沫塑料壁厚偏差要求

基本尺寸/mm	极限偏差/mm
<25	±1.5
≥25	±2.0

表4-44 聚苯乙烯泡沫塑料外观要求

项目	要求
色泽	白色
外形	表面平整,无明显膨胀、收缩变形
熔结	熔结良好,无明显掉粒现象
杂质	无明显污渍和杂质

表4-45 聚苯乙烯泡沫塑料物理力学性能要求

项目	指标				项目	指标			
	Ⅰ	Ⅱ	Ⅲ	Ⅳ		Ⅰ	Ⅱ	Ⅲ	Ⅳ
表观密度偏差/(kg/m^3)	±2.5		±3.0		断裂弯曲负荷/N	≥11	≥15	≥21	≥27
压缩强度/kPa（相对变形10%时的压缩应力）	≥75	≥100	≥130	≥180	尺寸稳定性/%	≤2			
					含水量/%	≤4			

4. 聚氨酯泡沫塑料

聚氨酯泡沫塑料的最大特点是制品的适应性强，可通过改变原料的组成、配方等制得不同特性的泡沫塑料制品。聚氨酯泡沫塑料分为开孔型和闭孔型两种，开孔型的泡孔互相连通，开孔率高，泡体的压缩强度低，吸湿性稍大。闭孔型泡孔是互相孤立的，泡孔中气体不能相互流通，吸湿性小。开孔或闭孔结构是由制造方法原料配方决定的。

聚氨酯泡沫塑料按其密度大小可分为低发泡、中发泡、高发泡三种。密度为0.4g/cm^{3}以上为低发泡聚氨酯泡沫塑料；0.1~0.4g/cm^{3}为中发泡聚氨酯泡沫塑料；小于0.1g/cm^{3}为高发泡聚氨酯泡沫塑料。低发泡密度大，强度高，多用于包装箱体；高发泡密度小、组织松散、缓冲性能好，多用于包装缓冲减震材料。

聚氨酯泡沫塑料按其软硬程度可分为软质泡沫、半硬质泡沫和硬质泡沫三种。软质泡沫、半硬质泡沫多用于减震。

聚氨酯泡沫塑料具有卓越的缓冲性能，较好的能量吸收能力，不会因外来振动而把外力加大，相反能将振动衰减下来，有较好的回弹性及较小的压缩蠕变性。因此，能保护被包装物品不被强烈的颠震、冲击所损坏。

聚氨酯泡沫塑料有较好的温度适应性，特别是低湿时不易变脆，最低安全使用温度为-30℃。该材料是热的不良导体，热导率低，再加上气泡作用使热导率更低，因此，有很好的保温性。另外，该材料耐水性好、透湿度低、阻隔性能好，并且具有优良的耐化学腐蚀和抗霉、耐油性，不会因被包装物品的防锈层、油脂等表面处理剂而变质。

软质泡沫塑料制品柔软、回弹性好、压缩永久变形小，主要用作装甲装备精密器材的裹包衬垫。

装甲装备器材包装使用的软质聚氨酯泡沫塑料，其长度、宽度偏差应符合

表4-46的要求,厚度偏差应符合表4-47的要求,外观应符合表4-48的要求,力学性能应符合表4-49的要求。

表4-46 软质聚氨酯泡沫塑料长度、宽度偏差要求

长、宽基本尺寸/mm	尺寸偏差/mm		长、宽基本尺寸/mm	尺寸偏差/mm	
	优等品和一等品	合格品		优等品和一等品	合格品
≤1000	+20	+30	3001~4000	+40	+5550
1001~2000	+30	+40	>4000	+50	+70
2001~3000	+30	+40			

表4-47 软质聚氨酯泡沫塑料厚度偏差要求

厚度基本尺寸/mm	尺寸偏差/mm		厚度基本尺寸/mm	尺寸偏差/mm	
	优等品和一等品	合格品		优等品和一等品	合格品
4~6	±1.0	±1.5	50~79	±4.0	±6.0
7~19	±1.0	±2.0	80~149	±5.0	±8.0
20~29	±2.0	±3.0	150~249	±7.0	±10
30~49	±2.0	±4.0	≥250	±10	±15

表4-48 软质聚氨酯泡沫塑料外观要求

项目	要求	
	优等品和一等品	合格品
色泽	基本均匀、允许有轻度黄芯	允许有杂色、黄芯
气孔	不允许有尺寸大于3mm的对穿孔和大于6mm的气孔	不允许有尺寸大于6mm的对穿孔和大于10mm的气孔
裂缝	不允许有裂缝	每平方米内弥合裂缝总长小于200mm
两侧表皮	不允许有两侧表皮	片材两侧斜表皮宽度不超过厚度的1倍,并且最大不得超过40mm
污染	允许有轻微存在	不允许严重污染

表4-49 软质聚氨酯泡沫塑料的力学性能要求

项目	性能指标		
	优等品	一等品	合格品
回弹率(%)/不小于	35	35	35
75%压缩永久变形(%)/不大于	6	8	10

(续表)

项目	性能指标		
	优等品	一等品	合格品
恒定负荷反复压陷疲劳后的40%压陷硬度损失值(%)	0~12	12~32	32~45
拉伸强度(kPa)/不小于	100	90	80
断裂伸长率(%)/不小于	130	100	80
撕裂强度(N/cm)/不小于	2.0	1.8	1.6

4.7.2 气垫薄膜

气垫薄膜是另一种合成缓冲材料。在两层塑料薄膜之间采用特殊的方法封入空气,使薄膜之间连续均匀地形成气泡。气泡有圆形、半圆形、钟罩形等形状。两层薄膜中,制成凸起气泡的一层较薄,另一层基层较厚,呈平板状结构。一般来说,基层比成泡层厚1倍左右。根据缓冲要求不同,也可制成三层的气垫薄膜,它的缓冲效果比两层更佳。气垫薄膜形状尺寸要求见表4-50。

表4-50 气垫薄膜形状尺寸要求

气泡形状	直径/mm	高度/mm	1m² 气泡数/个
圆筒形	9.5	4.8	9700
半圆形	2.5	6	
钟罩形	31.5	13	990

这种气垫薄膜,由于封入了大量的空气,密度极小,一般在 $0.008~0.03g/cm^3$。质轻、减震作用良好,防腐、防潮。

在气垫薄膜中封入大量的空气,使得它能够有效吸收冲击能量,并且有良好的弹性和隔热性,气垫薄膜不吸潮,耐腐蚀,不腐蚀被包装器材,加工性好,能热封,可以制成袋套、垫、筒等各种形状的缓冲材料容器,广泛用于精密仪器、通信器材、玻璃器皿等易碎、易损器材的包装。气垫薄膜是目前唯一透明的缓冲包装材料,常用于缓冲包装。

气垫薄膜不适合包装质量较大、负荷集中及形状尖锐的器材,否则压破或刺破气泡会使其失去缓冲作用。

第 5 章

装备零部件包装防护容器

5.1 木质包装箱

5.1.1 性能特点

木质包装箱是传统的包装,现在仍然是物资包装的主要方式,木质包装箱具有以下突出特点:

（1）制作方便。木质包装箱取材于天然树木,资源分布广,取材方便。加工不需要复杂的机械设备,操作简单。尺寸便于掌握,外形美观。既能达到较好的空间利用率,又能达到外包装通用化、系列化的要求。

（2）防护性好。木质包装箱具有优良的强度/重量比,有一定的弹性,能承受冲击、振动、重压等作用,其本身有一定的密封性,材质软硬适中,可以在运输储存过程中对器材起到更好的保护作用。

（3）便于作业。木质包装箱可以规划出科学合理的尺寸系列,无论是车辆运输、人工还是机械搬运、库房码垛等都有突出的优势。

（4）通用性强。木质包装箱重量轻,耐腐蚀性强,可以装载各类器材,应用范围大。

木质包装箱的不利因素有以下几种:

（1）周转质量差。木质包装箱经过多次周转后会出现裂缝、断裂。经受水淋后,易吸水腐烂,不能满足周转需要。

（2）木材资源消耗大。树木生长周期长,木质材料属于紧缺材料,包装箱占用木材量非常大,树木砍伐严重对人类生存环境影响大。

(3) 回收利用难度大。由于木质包装箱在运输开启中易损坏,并在回收运输中占用空间比较大,回收费用比较高,难于实现回收。

5.1.2 材料要求

5.1.2.1 木材的物理特性

木质包装箱使用的木材质量主要取决于它的物理性质,尤其是它的吸湿性,木材所有的性能,几乎都要受到木材含水量的影响。对木材物理性质主要要求的指标有外观、吸湿性、含水率、变形等。

1. 外观

木质的外观主要考察其颜色、纹理和气味。木材虽然受生长时间、生长环境、虫害、外伤等影响,但其原有特征不会改变,仍然可以根据其外观来粗略地鉴别树种和品质。

2. 吸湿性和含水量

木材自空气中吸收水分的能力称为木材的吸湿性。它随着环境温度、空气相对湿度的改变而改变。当环境温度低或湿度大时,木材的吸水能力就强;当环境温度升高或空气的相对湿度降低时,木材能向空气中散发水分,这种性质称为木材的还水性。木材的吸湿和还水过程是木材内部水分与空气中水分的平衡过程。当木材所含水分与周围空气的相对湿度达到平衡时,木材既不吸水也不散失水分。木材中的含水量根据不同情况用含水率表示。

(1) 相对含水率和绝对含水率。木材含水率是影响木材性质最主要的因素,相对含水率是指木材中的含水重量与当时湿木重量的百分比。绝对含水率是指木材中的含水重量与木材绝对干燥后重量的百分比。木材的绝对干燥重量是将木材置于温度为 100~105℃ 的环境中,烘干至恒重时的重量。相对含水率和绝对含水率是衡量木材湿度的一般指标。通常前者多用于实际工作中,后者多用于木材技术指标的研究、检验和测试。

一般新伐和水运、水储的木材,含水率常在 35% 以上;空气风干的木材的含水率多为 15%~20%。室内干燥的木材含水率常为 8%~15%。

(2) 饱和含水率。木材在干燥过程中,内部水分逐渐向外输送,当全部自由水已散失,细胞壁中仍充满着吸附水时,为木材含水量的临界点,一般称为纤维饱和点。这时木材的相对含水率,称为饱和含水率。

3. 变形

水分在木材中的移动速度在不同方向上是不一致的,顺纤维方向最快,径向次之。此外,还随着木材的密度减小而增高。从木材构造上看,边材中的水分常比心材中的水分移动得快。木材在干燥过程中,各部分的干燥速度不同,而木材细胞的体积又随着含水量的增减而胀缩,从而木材各部分体积的变动很不一致,极易引起木材的变形,甚至由于应力的增长而开裂。

▶ 5.1.2.2 木材的力学性质

1. 抗压强度

根据受力方向与木纹的关系,可将木材的抗压强度分为顺纹抗压强度和横纹抗压强度。横纹抗压强度又分为径向和弦向抗压强度。

木材顺纹抗压强度极限大且较稳定,是木材使用的主要形式。常用的木材顺纹抗压强度极限为 30~70MPa。木材的横纹抗压强度极限远小于顺纹抗压强度极限。针叶类树木的顺纹抗压强度极限均为横纹的 10~15 倍,而弦向抗压强度极限约为径向的 1.5 倍。阔叶类树木的顺纹抗压强度,极限约为横纹的 3~7 倍。

2. 抗拉强度

木材顺纹抗拉强度较抗压强度大 2~3 倍,通常可达 100~150MPa。横纹抗拉强度极小,为顺纹抗拉强度的 1/20~1/40。所以,木材通常不用作承担横纹受拉的材料。

3. 静力抗弯强度

木材具有优良的静力抗弯强度,一般木材的静力抗弯强度极限为 50~110MPa,为顺纹抗压强度极限的 1.5~2 倍。当木质包装箱承受抗弯静力时,由于其抗拉强度极限大于抗压强度极限,包装箱的受压区域首先发生皱折,然后在拉力区折裂。

4. 冲击弯曲强度

木材是很好的抗冲击弯曲的材料,常用作承受横向冲击载荷。一般阔叶树的横向冲击弯曲强度比针叶树大 0.5~2.0 倍。

5. 抗剪切强度

木纹对木材的抗剪切强度有极大影响。顺纹抗剪切强度极限最小,并随剪切面与年轮夹角的大小而改变。顺纹抗剪切强度极限一般为 4~15MPa,为抗压强度极限的 1%~25%。横纹抗弯曲破坏的剪切面多与木材纤维平行,其强度极限远较顺纹为高,一般为 3~7 倍。但实际使用中,由于制品先被横纹受压所破坏,所以利用价值不大。

木材各强度若以顺纹抗压强度极限为 1,其关系见表 5-1。

表 5-1　木材各项强度关系表

抗拉		挤压		弯曲	抗剪	
顺纹	横纹	顺纹	横纹		顺纹	横纹
2~3	1/3~1/20	1	1/3~1/10	1.5~2.0	1/7~1/3	1/2~1

6. 硬度

木材的硬度随纹向而不同,如针叶类树木,横切面的硬度较纵切面的硬度约大 35%,阔叶树木约大 25%。

7. 木材的容许应力

木材的极限强度是用小而无缺陷的试样,按一定标准、要求、试验求得的。木材的容许应力是在设计中实际容许应用的力学强度值,它是在考虑木材本身的力学性质的变异,木材缺陷、载荷特点等因素后确定的。

木材的容许应力 = 极限强度/安全系数

式中的安全系数是在综合考虑各种木材缺陷和载荷特性后确定的数值。对于包装容箱设计,抗拉和抗弯的安全系数一般取 6~7,抗压的安全系数一般取 5~5.5。

▶ **5.1.2.3　包装常用木材特性**

包装中常用木材特性见表 5-2。

表 5-2　包装中常用木材特性

种类	树木科属	木材外观	纹理结构	板材特性
红松(果松、海松)	属针叶树木材,松科松属树种	外皮灰红褐色,皮沟不深,鳞片状开裂。内皮很薄,呈浅驼色	树脂道多而略大。木射线细。纹理直且均匀,结构中等	材质略轻软,有光泽,松脂气味较浓,力学强度中等。易干燥,干缩适中,不易开裂和变形。易加工,切面光滑,握钉力中等。油漆和胶合性能良好。耐水湿,较耐腐
白松(华山松、青松、五叶松)	属针叶树木材,松科松属树种	外皮灰红褐色,皮沟不深,鳞片状开裂。内皮很薄,呈浅驼色	边材黄白,易受霉变菌感染,心材黄褐色微带肉红。年轮窄而均匀,早材至晚材渐变,轴向薄壁组织缺如。树脂道多而略大。木射线细。纹理直且均匀,结构中等	材质略轻软,有光泽,松脂气味较浓,力学强度中等。易干燥,干缩适中,不易开裂和变形。易加工,切面光滑,握钉力中等。油漆和胶合性能良好。耐水湿,较耐腐

(续表)

种类	树木科属	木材外观	纹理结构	板材特性
冷杉	属针叶树木材,松科冷杉属树种	外皮赭褐色	边材心材无明显区别。呈黄褐色或红和浅红褐色。年轮明显而不均匀,略宽,早材至晚材渐变。轴向薄壁组织不见。不具有正常树脂道。木射线细至中。纹理直而均匀,结构中等	材质略轻软,光泽弱,稍有松脂气味,力学强度弱至中,易干燥,干缩中至大,少易开裂易加工,刨面不光滑,易起毛,握钉力弱。油漆和胶合性能良好,耐腐性差
铁杉(刺柏、仙柏、芒树)	属针叶树木材,松科铁杉属树种	外皮灰褐色。不规则纵裂,鳞片状剥落。内皮暗黄褐色	边材心材区别不明显。呈浅褐色或黄褐色带红。年轮明显,早材至晚材渐变。轴向薄壁组织不见。不具有正常树脂道。木射线细,纹理直,略均匀,结构中等	材质略轻软,光泽弱,稍有松脂气味,力学强度弱至中,易干燥,干缩中至大,少易开裂易加工,刨面不光滑,易起毛,握钉力弱。油漆和胶合性能良好,耐腐性差
云杉	属针叶树木材,松科云杉属树种,松科铁杉属树种	外皮较薄。呈浅灰色,鳞片状剥落	边材心材区别不明显。呈黄白色或浅黄色。年轮明显且均匀,早材至晚材略急变。轴向薄壁组织缺如。树脂道小而少。木射线极细,纹理通直且均匀,结构略近中等	材质轻软,略有松脂气味,力学强度中等。易干燥,干缩中,略开裂富有弹性,共振性好。易加工,切面光滑,握钉力中等。油漆和胶合性能良好。较耐腐朽,较耐蚁蛀
樟子松(樟松、蒙古赤松、海拉尔松)	属针叶树木材,松科松属树种	树干基部外皮为灰褐色,块状开裂,上部外皮为嫩绿色,薄片状剥落。内皮浅驼色	边材心材区别略明显,边材为黄白色,心材为浅黄褐色。年轮明显,宽窄不匀。早材至晚材急变,晚材带深色而窄。树脂道较多,分布在晚材带。轴向薄壁组织不清晰,木射线极细,纹理直,结构中等	材质较轻软,有松脂气味,力学强度中等。干缩略大,干燥状况良好,耐磨性较差。易加工,刨旋不起毛,握钉力中等,耐腐蚀

5.1.2.4 木材的技术指标

1. 木材的含水率

木质包装箱主要用材含水率一般不大于20%。

2. 缺陷

木材的允许缺陷限度按表5-3的规定执行。

表5-3　木材的允许缺陷限度

缺陷名称	材料的允许缺陷限度	
	滑木、枕木、横梁、框架构件等主要受力构件	箱板等其他构件
活节和死节	任意材长1000mm中,节子的个数不得超过5个,最大节子直径,不得超过材宽的30%(死节必须修补),直径不足5mm的节子不计。滑木的主要受力部位不得有死节	最大活节直径,不得超过板宽的40%,最大死节直径不得超过板宽的25%(死节必须修补)。直径不足5mm的节子不计
腐朽	不允许	不允许
虫眼	任意材长1000mm中,虫眼个数不得超过4个(已修补的虫眼例外),直径不足3mm的虫眼不计	任意材长1000mm中,虫眼个数不得超过10个(已修补的虫眼例外),直径不足3mm的虫眼不计
裂纹	裂纹长度不得超过材长的20%(宽度不足3mm的裂纹不计),不允许有贯通裂纹	裂纹长度不得超过材长的20%(宽度不足2mm的裂纹不计)
钝棱	钝棱最严重部分的缺角宽度不得超过材宽的30%,高度不得超过材厚的1/3	钝棱最严重部分的缺角宽度不得超过材宽的40%,高度不得超过材厚的1/2
弯曲	任意材长1000mm中,顺弯、横弯不得超过1%,翘弯不得超过2%	任意材长1000mm中,顺弯、横弯不得超过2%,翘弯不得超过4%
斜纹	纹理的倾斜度不得直达20%	

3. 长度与长度进级

长度为1~1.8m。长度进级:自2m以上按0.2m进级,不足2m的按0.1m进级。

4. 板材宽度、厚度

板材宽度、厚度规定见表5-4。

表5-4　板材宽度、厚度规定

分类	厚度/mm	宽度/mm	
		尺寸范围	进级
薄板	12,15,18,21	60~300	10
中板	25,30,35		
厚板	40,45,50,60		

5. 木材的尺寸允许偏差

木材的尺寸允许偏差见表5-5。

表 5-5 木材的尺寸允许偏差

种类	尺寸范围	偏差	种类	尺寸范围	偏差
长度/m	不足 2.0	+3cm -1cm	宽、厚度/mm	自 25 以下	±1
	自 2.0 以上	+6cm -2cm		25~100	±2
				100 以上	±3

6. 木材的分等与检查要求

(1) 加工用原木的分等见表 5-6。

表 5-6 加工用原木的分等

缺陷名称	检量方法	一等		二等		三等	
		针叶树	阔叶树	针叶树	阔叶树	针叶树	阔叶树
死节	最大尺寸不得超过检尺径。任意材长 1m 范围内的个数不得超过	15% 5 个	20% 2 个	40% 10 个	40% 4 个	不限 不限	不限 不限
漏节	在全材长范围内的个数不得超过	不许有	不许有	1 个	1 个	2 个	2 个
边材腐朽	厚度不得超过检尺	不许有	不许有	10%	10%	20%	20%
心材腐朽	面积不得超过尺径断面面积	大头允许1%,小头不允许	大头允许1%,小头不允许	16%	16%	36%	36%
虫眼	任意材长 1m 内的个数不得超过	不许有	不许有	20 个	5 个	不限	不限
纵裂外夹皮	长度不得超过检尺长	10% 杉木为 20%	20%	40%	40%	不限	不限
弯曲	最大拱高不得超过该弯曲内水平长	1.5%	1.5%	3%	3%	6%	6%
扭转纹	小头 1m 长范围内的纹理倾斜高(宽度)不得超过检尺径	20%	20%	50%	50%	不限	不限
外伤、偏枯	深度不得超过检尺径	20%	20%	40%	40%	不限	不限

(2) 木材的分等。普通锯材分为一、二、三等,其材质指标允许限度见表 5-7。

表 5-7 材质指标允许限度

缺陷名称	检量与计算方法	允许限度			
		特等锯材	普通锯材		
			一等	二等	三等
活节及死节	最大尺寸不得超过材宽的百分比	15%	25%	40%	不限
	任意材长 1m 范围内的个数不得超过	4 个	6 个	10 个	
腐朽	面积不得超过所在材面面积的百分比	不许有	2%	10%	30%
裂纹、夹皮	长度不得超过材长的百分比	5%	10%	30%	不限
虫眼	任意材长 1m 内的个数不得超过	1	4	15	不限
纯棱	最严重缺角尺寸不得超过材宽的百分比	5%	20%	40%	60%
弯曲	横弯最大拱高不得超过水平长的百分比	0.3%	0.5%	2%	3%
	顺弯最大拱高不得超过水平长的百分比	1%	2%	3%	不限
斜纹	斜纹倾斜程度不得超过	5%	10%	20%	不限

5.1.2.5 包装木材的选用

1. 物理性能的选用

木材的物理性能包括密度、含水率、收缩与膨胀率以及气味等。木材由于含水率、密度的不同，其空隙也不一样，密度大者称为重材，其强度高，变形大，握钉力亦大，铁钉钉入时容易裂开；密度小者称为轻材，其强度低，变形小，握钉力也小，铁钉钉入时不易裂开。含水率的高低，直接影响着木材的强度，过高会降低其抗弯、抗拉性能，一般选用含水率在 20% 左右的木材为包装木材。木材的收缩、膨胀和可燃性是木材的三大缺点，特别是作为包装材料，经过长途运输，气温变化较大，或者由于储存仓库干湿度不同，都会引起木材容器的箱板、条板发生不同程度的收缩或膨胀。木材还因含有树脂、胶质、挥发油、单宁和其他成分而带有特殊气味。

2. 力学性能的选用

木材抵抗外界机械力的能力，称为木材的力学性能。木材的力学性能包括强度、硬度、弹性、可劈性等。木材的硬度与其加工性能是密切相关的，硬度大的木材耐磨损但难刨锯，硬度小的木材易加工但不耐磨损。

3. 握钉性能的选用

用木材作包装箱，不论其种类如何，都是由数块木板部件装配连接而成的。连接方法主要是用铁钉连接，连接强度越高，木箱越牢固。连接强度的高低取决于木材握钉力的大小，木材握钉力的大小，不但取决于木材的性质，并且与铁钉的种类和进钉方式有关。握钉力是指木材对已钉入木材中的铁钉或螺钉拔出的阻力,即木材对钉的抗拔力。木材的握钉力取决于铁钉与木材之间的摩擦力。当铁钉从木材侧面钉入,一部分木材纤维被切断,一部分产生弯曲,一部分受压,从而木材被分开的部分由于弹性而在钉子侧面呈现压力,此压力越大,则握钉力也越大。铁钉表面粗糙度不同,木材握钉力的大小随之而异。铁钉表面越粗糙,则握钉力越大。所以要增加木材的握钉力,可使用螺丝钉,或者使用星形或矩形截面的螺纹钉,或者使用倒刺钉,均可提高木材的握钉力。

4. 耐腐蚀性能的选用

耐腐蚀性要根据储藏时间的长短考虑包装木材的耐腐能力,而且要求它不腐蚀包装物。

5. 装甲装备器材包装用木材

根据GJB 5015—2003《装甲装备器材包装通用规范》的要求,包装箱所用的木材应为一、二等红松、白松,并且符合GB/T 153—2009《针叶树锯材》的规定。除另有规定外,板厚通常不小于20mm,罩式箱底板厚度与器材质量相适应。含水率应不大于20%,不应有影响结构强度的缺陷。

5.1.3 制作要求

▶ 1. 普通木箱制作要求

普通木箱为箱档加强并装有手提板,各面木板间采用对缝搭接,箱盖与箱体间用橡胶条密封,用合页、锁扣连接。箱体面板间用金属护角(护棱)加强的直方体结构。包装件质量大于60kg或尺寸超过1000mm时,在底面与侧面间增加金属护棱,视情增加箱档。合页、锁扣、护角、护棱、箱档的数量应与箱体尺寸及包装件质量相适应。其结构见GJB 5015—2003《装甲装备器材包装通用规范》。

普通木箱长度超过1100mm时,应采用四搭扣连接,增加铁护棱,视情增加箱档,其数量与箱体尺寸相适应,且立档的高度应与顶面上平面平齐。

2. 榫接木箱制作要求

精密器材包装箱为榫接木箱。板面厚不小于15mm,板面也可选用厚度为9~12mm的一等、二等胶合板,各面板间榫接并胶接,木板间凸凹搭接并胶接,端面安装手提环,面板间用护角加强,盖与箱体间用橡胶密封圈(条)密封。其结构见GJB 5015—2003《装甲装备器材包装通用规范》。

3. 罩式箱制作要求

发动机、变速箱、传动箱、转向机、驱动桥、分动箱等大件器材,应采用罩式箱。底板厚度应不小于30mm,器材应固定在底板上,底座为钢骨架托盘结构,便于起吊和机械装运作业,符合GJB 183A—1999《军用平托盘基本尺寸和额定载重量》的规定。箱罩通常为钢骨架、木面板结构,箱罩应设计吊环。罩与底座间应有可靠的防位移结构,用锁扣和定位销连接并用橡胶密封条密封。其结构见GJB 5015—2003《装甲装备器材包装通用规范》。

4. 档、板规格

普通木箱各面箱档截面尺寸应根据包装件质量和箱档间隔选择,其规格见GJB 5015—2003《装甲装备器材包装通用规范》。顶档外边线应与侧面立档内边线留有10mm间距。

1) 箱板规格

箱板厚度通常不小于20mm,单块板宽度应不小于50mm。罩式箱及体积、质量大的器材所用的普通木箱,箱板厚度可根据实际需要设计。包装件质量不超过30kg、外型尺寸小于550mm×550mm的包装件,可选用不小于15mm厚的箱板。

2) 手提板规格

手提板截面尺寸规格见GJB 5015—2003《装甲装备器材包装通用规范》。高度小于300mm(含)的包装箱,取消手提板。

3) 表面与密封

包装箱外表面粗糙度Ra不大于12.5μm,喷(涂)国防绿漆,内表面Ra不大于50μm。在包装箱的开启处采用防水防潮橡胶条(圈)密封。

5.2 竹制品包装箱

5.2.1 性能特点

我国是个木材资源匮乏的国家,以竹代木是包装行业的发展方向。竹编胶合板是近年来开发的一种比较好的以竹代木的包装材料。用竹编胶合板制作木竹结构、钢竹结构包装箱广泛用在物资流通领域。竹制品包装箱除了具有木质的优点,还具有以下特点。

1. 取材广范,制作方便

竹制品包装箱取材于南方竹子,竹子成长周期短,资源多。竹编胶合板制作简单,产业化程度高,可以大量代替木材,具有易于加工、可锯、可刨、可钉钉子等优良性能。

2. 理化性能好

竹胶板纵横方向物理力学性能差异小、强度高、防湿性能好。此外,还有不脱落、不变形、抗虫蛀、耐磨、耐冲击等优良性能。

3. 强度高

竹编胶合板与相同厚度的木材比较,其静弯曲强度和抗拉强度与木材(云松)横纵方向基本相同,比木材的顺纹静弯曲强度大20多倍。

用竹编胶合板和其他包装材料(如木材、角钢或冷弯型钢)一起可用来制作器材外包装箱,替代木箱,这样,既节省了木材,又创造了较好的经济效益。

5.2.2 材料要求

5.2.2.1 竹材的物理性质

竹编胶合板是由竹材的篾片纤维相互垂直的条理结构,按经纬编织成席后经干燥、涂胶、组坯、热压合而成。所制成的竹编胶合板具有良好的物理性能和化学性能,竹编胶合板层厚,可在2~20层选择应用。它的幅面可达2600mm×1400mm。竹材的物理性质如下。

1. 含水率

竹材的物理性质比木材更稳定。竹材的纤维管束中含有能溶于热水、酒精的戊糖、果胶和淀粉等物质(占质量的6%~13%),故有强烈的吸湿性和还水性。当含水量在15%左右时,其强度随含水量的减少而增强,但含水量小于7%左右时,则强度随水分减少而降低。当含水量介于15%~30%时,强度略减。含水量大于30%时,则强度变化甚微。

2. 体积胀缩

竹材体积胀缩随含水量的多少而改变,各个方向不相一致,弦向最大(约0.274%),径向次之(约0.255%),纵向最小(约为0.222%)。竹青的弦向收缩为髓部的3倍,纵向收缩小于髓部收缩。因此,竹材在干燥过程中极易翘曲和开裂。

3. 重量

竹材的重量随部位的不同而改变,通常竹节部分略重于节间,竹青较竹肉约重50%,基部重于梢部。竹材的容重更受含水量的影响,应以干后为准,一般介于$0.6 \sim 1.2 \text{g/cm}^3$。

4. 耐久性

竹材在较高温度和湿度环境中容易发霉、变色和腐朽,而强度大大降低,耐久性不及木材。竹材开裂是影响耐久性的一个重要原因,尤其是受压或受弯的竹材。

▶ 5.2.2.2 竹材的力学性质

竹材的力学性质随竹材的种类、竹龄、部位和生长条件而有明显的不同,受含水量和竹纹方向的影响最大。其顺纹方向大于横纹方向,节间部分大于竹节部分,竹青部分大于竹肉部分,基部大于梢部。一般来说,毛竹、苦竹的力学性质以生长6年的竹材最大,其顺纹抗拉强度一般在90MPa以上,顺纹拉压强度在50MPa以上。

▶ 5.2.2.3 竹编胶合板的分类

1. Ⅰ类竹编胶合板

Ⅰ类竹编胶合板以酚醛树脂胶或其他性能相当的胶黏剂胶合而成,具有耐气候、耐沸水性能,适宜在室外使用。

2. Ⅱ类普通竹编胶合板

Ⅱ类普通竹编胶合板以 NQ - TS 类脲醛树脂胶或其他性能相当的胶黏剂胶合而成,能在水中浸渍,并能经受短时间热水浸渍,但不耐沸煮,可在露天短期使用。

▶ 5.2.2.4 竹编胶合板技术要求

1. 尺寸及偏差

(1)幅面尺寸及偏差见表5-8。

表5-8 幅面尺寸及偏差

长度/mm	偏差	宽度/mm	偏差	长度/mm	偏差	宽度/mm	偏差
1830		915		2440		1220	
2000		1000		3000		1500	
2135	+5	915	+5				

注:1. 长度和宽度只允许正偏差,不允许负偏差。
2. 对一些特殊要求的板,经协议其幅面尺寸可不受本表的限制

(2)两对角线长度允许偏差见表5-9。

表5-9 两对角线长度允许偏差

公差长度/mm	两对角线之差/mm
1830~2135	≤6
2440~3000	≤7

(3)厚度及偏差。竹编胶合板厚度为2mm、3mm、4mm、5mm、6mm,自7mm起按2mm递增。竹编胶合板厚度及偏差见表5-10,其层数和厚度对应关系见表5-11。

表5-10 竹编胶合板厚度及偏差

公差厚度/mm	厚度偏差/mm	每张板内厚度的最大允许偏差/mm	公差厚度/mm	厚度偏差/mm	每张板内厚度的最大允许偏差/mm
2~6	+5 -6	0.9	12~19	+1.2 -1.5	1.5
7~11	+0.8 -1.0	1.2	20以上	±1.5	1.6

表5-11 竹编胶合板层数和厚度对应关系

层数	厚度范围/mm	层数	厚度范围/mm	层数	厚度范围/mm
2	1.4~2.5	10	7.5~8.2	18	14.0~14.5
3	2.4~3.5	11	8.2~9.0	19	14.5~15.3
4	3.4~4.5	12	9.0~9.8	20	15.5~16.2
5	4.5~5.0	13	9.0~10.8	21	16.5~17.2
6	5.0~5.5	14	11.0~11.8	22	17.5~18.0
7	5.5~6.0	15	11.8~12.5	23	18.0~19.5
8	6.0~6.5	16	12.5~13.0	24	19.5~20.0
9	6.5~7.5	17	13.0~14.0		

2. 外观质量技术要求

竹编胶合板外观质量技术要求见表5-12。

表5-12 竹编胶合板外观质量技术要求

缺陷名称	检量项目	一等品		二等品		三等品	
		面板	背板	面板	背板	面板	背板
腐朽、霉斑	—	—	不许有				
板边缺损	自公差幅面内不得超过 mm	不许有		<5	<10		
鼓泡、分层		不许有					
篦片脱胶	零星脱胶 个/m²	不许有		不许有		1	3
	集中脱胶	不许有		不许有			2

(续表)

缺陷名称	检量项目		一等品		二等品		三等品	
			面板	背板	面板	背板	面板	背板
表面污染	轻微	个/m²	不许有	不许有	不许有	2	4	不限
	允许					1	2	不限
压痕	单个最大面积,mm²		不许有	50	400		3000	
	每平方米上个数			2	4	8	4	不限

3. 板面翘曲度

厚型板面翘曲度,一等品不超过 0.5%,二等品不超过 1.0%,三等品不超过 2.0%。板面翘曲度性能指标见表 5-13。

表 5-13 板面翘曲度性能指标

类型	项目名称	类别及等级					
		Ⅰ类			Ⅱ类		
		一等品	二等品	三等品	一等品	二等品	三等品
薄型	含水率/%	≤12	≤15		≤12	≤15	
	静曲强度/MPa	≥90.0	≥80.0	≥60.0	≥80.0	≥70.0	≥50.0
	水煮(浸)-冰冻-干燥保存强度/MPa	≥60.0	≥50.0	≥40.0	≥50.0	≥40.0	≥30.0
	甲醛释放量/(mg/100g)	≤50.0					
	含水率/%	≤12	≤15		≤12	≤15	
	冲击强度/(kJ/m²)	≥60.0	≥50.0	≥40.0	≥60.0	≥50.0	≥40.0
	静曲弹性模量/MPa	≥6.0×10^3	≥5.0×10^3	≥5.0×10^3	≥6.0×10^3	≥5.0×10^3	≥5.0×10^3
厚型	含水率/%	≤12	≤15		≤12	≤15	
	静曲强度/MPa	≥90.0	≥80.0	≥70.0	≥90.0	≥70.0	≥60.0
	水煮(浸)-冰冻-干燥保存强度/MPa	≥70.0	≥60.0	≥50.0	≥60.0	≥50.0	≥40.0
	甲醛释放量/(mg/100g)	≤80.0					

5.2.3 制作要求

1. 竹胶板箱结构

竹胶板箱通常采用骨架覆竹编胶合板结构。骨架允许采用木材、角钢或冷弯型钢制作。

竹胶合板箱应参照 GJB 5105—2003《装甲装备器材包装通用规范》规定的结构制作。类型为竹木结构和竹钢结构两类箱,用作发动机、变速箱等大件的包装箱应采用竹钢罩式箱及钢制托盘结构。顶开盖竹木结构的包装箱其锁扣、合页、直包角应与框架及底面箱档平齐。

2. 竹胶板箱制作

竹编胶合板箱应符合 GB 13144—2008《包装容器　竹胶合板箱》的规定,选用一等品竹编胶合板,其厚度(或层数)应与器材包装等级相适应。

竹编胶合板加工时其切割边缘必须平整,不得开裂。

竹木结构竹胶板箱箱档及框架规格见表 5-14。

竹钢结构的竹胶板箱框架应采用不小于 40mm×2.0mm 的规格。

表 5-14　竹木结构竹胶板箱箱档及框架规格

箱档规格	包装件质量		
	≤60kg	60~100kg(含100kg)	100~200kg
宽×厚/mm×mm	50×20,60×20	50×20,60×20	70×20,80×25
底档厚度/mm	30	45	

3. 表面与密封

竹胶板箱外部喷(涂)国防绿漆。

在包装箱的开启处采用防水防潮橡胶条(圈)密封。

5.3　胶合板包装箱

5.3.1　性能特点

胶合板包装箱是由木框架和木质胶合板制作而成的,胶合板包装箱的制作尺寸要求同普通木质包装箱。胶合板包装箱除了具有普通木箱的性能特点,还有以下特点。

1. 密封性好

胶合板是由多层薄木板经干燥胶合而成的,其透气性、透水性都较普通木箱低。使用胶合板制作包装箱的幅面大,不用拼接,具有良好的密封特性,可用于盛装较精密的器材。

2. 节省木材

由薄板加工成胶合板,可以提高木材的利用率。胶合板包装箱用材少,材质轻,比使用木质包装箱利用率高,有利于保护森林资源。

3. 形变较小

胶合板包装箱不开裂、不翘曲、强度均匀,在不同气候条件下形变小。

4. 制作方便

下料简单,表面平整,外形美观。

5.3.2 材料要求

胶合板是由三层或三层以上的薄木板胶合而成的人造板。可采用针叶类树材或阔叶类树材的原木旋切或刨切成薄木板,经干燥、整理、涂胶后,按木材纹理纵横交错重叠3层、5层、7层或更多层,再经热压、锯边、砂光制得。使用胶合板包装箱可以大大提高木材的利用率。

▶ 5.3.2.1 胶合板的分类

针叶类胶合板共分4类,每类按其质量和加工工艺同样分为一、二、三等。

(1) Ⅰ类胶合板,即耐气候、耐沸水胶合板。这类胶合板具有完全耐水、耐热、抗真菌的功能,能在室外长期使用。

(2) Ⅱ类胶合板,即耐水胶合板。这类胶合板具有耐水、抗真菌的功能,可在潮湿条件下使用。

(3) Ⅲ类胶合板,即耐潮胶合板。这类胶合板具有耐湿功能,适宜于室内使用。

(4) Ⅳ类胶合板,即不耐潮胶合板。这类胶合板不具有耐水、耐湿的功能,只能在室内干燥条件下使用。

▶ 5.3.2.2 胶合板的尺寸

1. 胶合板的厚度

胶合板的厚度为3mm、3.5mm、4mm、5mm、6mm…。自4mm起,按每毫米递增。3.5mm厚的胶合板为常用规格,其他厚度的胶合板应经供需双方协议后生产。

2. 胶合板的幅面尺寸

胶合板的幅面尺寸按表5-15的规定执行。

表 5-15　胶合板的幅面尺寸

宽度/mm	长度/mm					
	915	1220	1525	1830	2135	2440
915	915	—	—	1830	2135	—
1220	—	1220	—	1830	2135	2440
1525			1525	1830		

注：1. 胶合板的木材纹理方向，与胶合板的长度方向平行的，称为顺纹胶合板，与胶合板的宽度方向平行的，称为横纹胶合板；
　　2. 如经供需双方协议，则胶合板的幅面尺寸可不受本表规定的限制

3. 胶合板的尺寸公差

(1) 厚度公差，按表 5-16 规定执行。

表 5-16　厚度公差

公差厚度/mm	公差范围/mm	公差厚度/mm	公差范围/mm
3~不足8	±0.4	16~不足20	±1.0
8~不足12	±0.6	自20以上	±1.5
12~不足16	±0.8		

注：两面修饰的胶合板，其负偏差的绝对值可按上表增加 0.2mm。不修饰的胶合板，其正偏差可增加 0.2mm

(2) 长度和宽度公差。胶合板的长度和宽度公差为 +8mm，不许有负偏差。

▶ **5.3.2.3　胶合板的技术指标**

制造胶合板的针叶类树种，通常有红松、白松、樟子松、马尾松、云南松、落叶松等。在组合胶合板的板坯时，其对称层和同一层的单板应是同一树种、同一厚度，并应考虑成品结构的均匀性。胶合板的表板，应紧面向外；其各层单板不允许端拼；其面板应进行修饰（刨光或砂光），特殊需要者可不修饰。胶合板应锯或切成方形，四边平直整齐；两对角线之差，不得超过表 5-17 的规定。

表 5-17　两对角线之差指标

胶合板公称长度/mm	两对角线长度之差/mm	胶合板公称长度/mm	两对角线长度之差/mm
≤1220	≤4	1830~2135	≤6
1220~1830	≤5	>2135	≤7

胶合板的平均绝对含水率Ⅰ类、Ⅱ类胶合板不得超过 15%；Ⅲ、Ⅳ类胶合板不得超过 17%。所有等级胶合板的面板和背板，其材质缺陷不得超过表 5-18 的规定。

表 5-18 木材缺陷

木材缺陷名称	检量项目		面板 胶合板等级			背板
			一等	二等	三等	
节子、补片	每平方米板面上的总个数		5	10	15	不限
	尺寸/mm	角质节	15 ≤10 不计	25 ≤10 不计		不限
		死节	10 ≤5 不计	20 ≤10 不计		不限
		补片	—	40	80	120
		补片与本板的缝隙宽度	—	0.2	0.4	1.5
变色	总面积不超过板面积百分比/%		10 浅色	30		不限
裂缝	尺寸/mm	长度	200	400	800	不限
		宽度	0.5	1.0	1.5	5
		补条、宽度		10	20	40
		补条与本板的缝隙宽度		0.2	0.4	1.0
	注：一等、二等板面上不允许有密集的发丝干裂					
孔洞	$1m^2$ 板面上的总个数		4	5	10	15
	尺寸/mm		2	5（直径2以下不太影响美观时不计）	10（直径5以下不太影响美观时不计）	15
树脂囊、黑色夹皮	每平方米板面上的总个数		4	4	10	不限
	长度/mm	树脂囊	15	30	60	
		黑色夹皮	15	60	120	
	注：树脂囊、黑色夹皮在一等、二等板上 10 以下者不计，三等板上 15 以下者不计					
树脂漏	每平方米板面上的条数		4	不限		
	长度/mm		150			
	宽度/mm		10			
腐朽			不允许有		极轻微	轻微
注：补片、补条与本板的纹理方向应相似，二等板上还应与木色相近						

所有等级胶合板的面板和背板，其加工缺陷不得超过表 5-19 的规定。胶合板中不得保留有影响使用的夹杂物。

表 5-19 加工缺陷指标

加工缺陷名称	检量项目	面板 胶合板等级			背板
		一等	二等	三等	
拼缝	缝隙宽度/mm	0.1	0.2	0.6	1.5
	拼缝条数	2	4		
毛刺沟痕	总面积不得超过板面积/%	10	20		不限
压痕		极轻微	轻微	不显著	不限
透胶污染	总面积不得超过板面积/%	3	10		不限
面板叠层	长度/mm	不许有	300	不限	

注：1. 一等、二等板的拼板应与木色相近，纹理方向相似；
  2. 宽度1000mm以上的板子，拼缝条数可按上述规定增加1条；
  3. 二等板上允许有极轻微的局部缝隙不密

一等胶合板的板面上不得有胶纸带和明显胶纸痕；二等胶合板的板面上局部允许有胶纸带和明显胶纸痕；三等胶合板的板面上允许有胶纸带和明显胶纸痕。

紧接面板的中板叠离宽度，一等胶合板上不得超过2mm，二等胶合板上不得超过4mm，三等胶合板上不得超过8mm；紧接背板的中板叠离宽度，各等胶合板皆不得超过10mm。

公称厚度6mm以上的胶合板，其翘曲度：一等、二等胶合板不得超过1%，三等胶合板不得超过2%。所有等级胶合板皆不许有脱胶鼓泡。一等胶合板上允许有极轻微的边角缺损，二等胶合板上允许有轻微的边角缺损，三等胶合板上允许有不显著的边角缺损。

各类（不分等级）胶合板的胶合强度，其结果应不低于表 5-20 的规定。

表 5-20 胶合强度指标

类别	胶合强度/(kg/cm^2)	类别	胶合强度/(kg/cm^2)
Ⅰ类、Ⅱ类胶合板	≥12	Ⅲ类、Ⅳ类胶合板	≥10

5.3.3 制作要求

1. 胶合板包装箱结构

胶合板包装箱通常采用骨架覆胶合板结构。骨架通常采用木材制作。

胶合板包装箱必须参照 GJB 5015—2003《装甲装备器材包装通用规范》规定的结构制作。顶开盖结构的包装箱其锁扣、合页、直包角应与框架及底面箱档平齐。

精密器材外包装箱的箱板,允许选用 9~12mm 厚的Ⅰ级、Ⅱ级胶合板。

2. 胶合板包装箱制作

胶合板包装箱制作尺寸系列参照普通木箱,选用Ⅰ级、Ⅱ级胶合板,其厚度(或层数)应与器材包装等级相适应。

胶合板加工时其切割边缘必须平整,不得开裂。

胶合板包装箱档及框架规格参见普通木箱。

3. 表面与密封

胶合板包装箱外部喷(涂)国防绿漆。

在包装箱的开启处采用防水防潮橡胶条(圈)密封。

5.4 集装框架

可将若干被储运的器材有序地码垛、架放或定量集装的架子即为集装框架,它是一种使用性特别强的运输包装器具。集装框架多为金属支架结构,其集装方法变化多端,有时拥有许多附件,有时仅是一个简易的架式构件。

集装框架主要用于储存形状各异的机件,但也可用于储存粉粒或液态的产品,将其作为支架,可平稳地码垛圆柱形的金属胚件或桶状包装件。集装框架广泛使用在装甲装备特型器材的集装上。

负重轮、主动轮、诱导轮、履带板、轮胎等特型器材具有体积大、形状特殊、重量大、价值高的特点,需要专用的包装保护。特型器材不适用于多种方式运输、不便于装卸搬运和使用,标准化程度低、防护性差,采用集装框架包装特型器材可有效地提高器材包装科学化、标准化、合理化的水平。

5.4.1 设计原则

集装框架的设计要考虑以下几项原则。

1. 牢固可靠

通过包装对特型器材的形态与性能进行有效的保护,确保包装件牢固、可靠、安全、有效,满足包装防护可靠性的要求。

2. 科学实用

包装件各系列尺寸以及主要受力部位的受力情况均经过严格的科学计算得出,保证包装件的牢固。使器材更加规整,既方便运输、装卸搬运,又便于仓储堆码与器材保管,满足自动化、机械化、人工装卸搬运和各种储存环境的要求。

3. 结构简单

包装操作简单、方便、快速、高效。不需要增加特殊的设备工具。尽量采用拆装式、折叠式,以便空置集装框架的储存与回收。

4. 通用化

集装框架尺寸尽量采用国家(军用)标准划分系列,与特型器材结构相似、大小相近,从而实现通用性。

5. 标准化

符合国家标准和军用标准中对包装和与包装有关的内容规定,尽可能实现包装模数化。

6. 使用方便

集装框架的应用要便于堆码存放,便于分发;适用铁路运输(车皮)、公路运输(汽车车厢)、海运(集装箱)、空运(集装箱);便于机械作业(插车、吊车等);包装的集装单元数"五五化",取 2、4、6、8 或 5 的倍数;主体部分可折叠或拆卸,便于回收存放;器材进出框架容易,便于野外条件下使用。

7. 经济节约

材料选择兼顾质地、功能要求与价格,包装件力争结构简单、合理,材料质优价廉,经济实用。

5.4.2 结构形式

根据集装框架的用途,其结构形式可分为以下几种。

1. 支架式集装框架

这种集装框架的结构特征与工作原理与托盘相类似,但此种集装框架对集装件的保护作用强,且可提高圆柱形包装件或机件的码垛稳定性。

2. 驾驶式集装框架

这种集装框架的集装原理是将货物驾起或放置在适合货物外形的支架上。

3. 孔板式集装框架

这种集装框架的支架内部设有孔板,小型易滚动或怕碰撞、怕挤压的货件插入孔板的各孔内,以便在储运中有效地保护产品。

4. 柱盘式集装框架

这种集装框架是下底架与上架盖之间设置立柱组成的,是一种塑料集装框架器具,其原理与托盘完全相同。在实际应用时,架子内空间可码垛若干个单间单件箱,其机构比较简单、制作方便。

5. 筐式集装框架

这种集装框架的架筐前框是与架柱插紧的,装卸货物时可取下前框。筐内以金属棒分割为若干格,以防相邻货物互相碰撞与磨损。此外,前后框顶面上的小圆柱是插接件,供集装框架码垛定位固定使用。

6. 穿杆式集装框架

这种集装框架的使用,要求被集装的货物必须具有轴向的通孔,以便将其穿套在杆架上。

7. 悬挂式集装框架

这种集装框架的各个货件是悬挂在集装框架的挂屏上,因而适用于外形复杂的小货件集装。

8. 料仓式集装框架

这种集装框架内装着金属或塑料制成的料仓,用来储运粉粒状或膏状、液态的产品。料仓上端有装料口,下端有卸料口。架的上端可设钓钩或码垛的插接装置,下端可设支脚、脚轮或交叉口。

集装框架形式如图 5-1 所示。

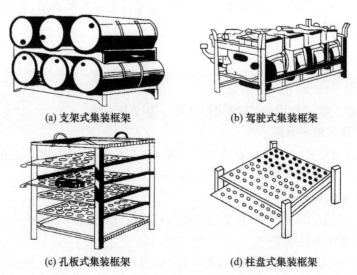

(a) 支架式集装框架　　(b) 驾驶式集装框架

(c) 孔板式集装框架　　(d) 柱盘式集装框架

第5章 装备零部件包装防护容器

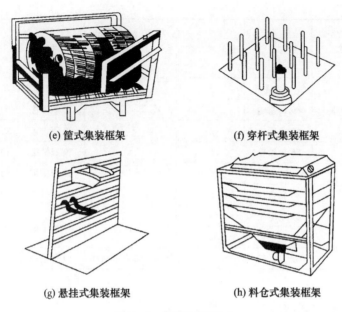

(e) 筐式集装框架　　(f) 穿杆式集装框架

(g) 悬挂式集装框架　　(h) 料仓式集装框架

图 5-1　集装框架形式

5.4.3　尺寸系列

军用包装单元平面尺寸系列为 A(1200mm×1000mm)、B(1200mm×800mm)、C(1100mm×1100mm)三种。包装单元尺寸偏差范围为 0~-4%。

装甲装备特型器材的集装框架的实际数据见表 5-21。

表 5-21　特型器材集装框架系列数据

系列	包装尺寸模数/mm	器材类别	包装单元数	系列	包装尺寸模数/mm	器材类别	包装单元数
A	800×600	63 装诱导轮	5	E	1200×800	89 主动轮	4
		86 诱导轮	5			59 主动轮	2
		59 诱导轮	2			88 主动轮	2
		62 诱导轮	4			88G 主动轮	2
		63 坦诱导轮	5	F	800×600	63 装主动轮	2
		88 诱导轮	2			63 坦主动轮	2

（续表）

系列	包装尺寸模数/mm	器材类别	包装单元数	系列	包装尺寸模数/mm	器材类别	包装单元数
B	1200×800	63装负重轮	5	G	1200×1000	63装履带板	70(3×6×4)
		89负重轮	6			86履带板	90(5×6×3)
		62负重轮	4			89履带板	80(3×6×5)
C	1200×800	86负重轮	5			59履带板	30(2×5×3)
		63坦负重轮	6			62履带板	60(6×3×4)
		88负重轮	5			63履带板	70(3×5×5)
		89诱导轮	4			88履带板	30(2×4×4)
D	1200×800	86主动轮	2	特例	1200×1000	59负重轮	2
		62主动轮	2				

5.4.4 制作要求

5.4.4.1 一般要求

1. 功能齐全，安全可靠

集装框架应零部件完整、质量合格；集装框架结构应便于人工或机械进行产品装架或出架，不得有妨碍操作的突出零部件；集装框架的起落和移动应便于搬运机械作业；具有堆垛功能的集装框架，必须设有堆垛定位装置，在规定许可的码垛层数情况下，应稳定牢固、安全可靠，便于堆垛操作。

2. 折叠方便，操作简单

集装框架的可折叠部件与架体的连接必须牢固可靠；折叠后架体外形规整，结构整体性强，便于堆垛存放、搬移和运输；折叠或展开成架时，操作简便、安全、快捷，无阻卡现象。

3. 拆卸成组，互换性强

集装框架可拆解部件必须设有与架体紧固连接的装置，且便于操作和检查；拆解后的部件，应能完整地成组存放，零部件不易丢失，便于管理和运输；拆解或组装成架时，操作简便、安全、快捷，无阻卡现象；可拆解的零部件应具有良好的互换性。

4. 开设叉槽，方便作业

集装框架必须设有叉槽，叉槽要纵向完全贯通架底结构，并在叉槽两端铺设底板。槽孔的中心距必须与相应吨位的叉车货叉的中心距相适应。

5. 焊接坚固,保证质量

集装框架的焊接必须坚固,焊缝平整,高度符合设计文件要求,不得有虚焊、熔孔、裂缝等缺陷,并清除焊渣。

6. 起吊装置,合理设置

集装框架的起吊装置,除有特殊要求外,应设于集装框架上部的同一水平面上。

7. 附属配置,满足功能

底座垫板、端挡板上的防振缓冲配件,其厚度的选用及材料的物理、化学性能均应符合设计文件要求;安装在架体上的防振缓冲配件必须牢固、可靠,与钢板黏接强度不得低于防振缓冲材料本身的抗拉强度。

8. 涂漆颜色,按需确定

按需求确定,所用油漆的性能应符合设计文件规定。涂漆前将集装框架所有表面除锈去污,并涂以防锈底漆,漆面要求光泽牢固。

▶ **5.4.4.2 负重轮、诱导轮集装框架制作**

1. 立槽折叠式框架

整个框架采用钢质的托盘框架结构,分为底托盘、侧架和上横梁三部分。该框架既可以上货架,也可以码垛平放在地面上。如图5-2和图5-3所示。

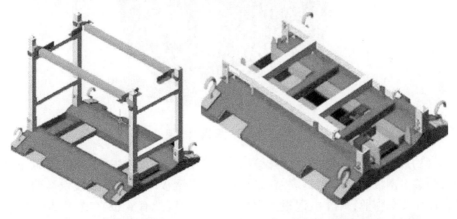

图5-2 立槽折叠式框架　　图5-3 立槽折叠式框架折叠示意图

(1)底托盘。以两条成形钢板为主体,厚度3mm,每条主钢板两侧面向下倾斜,两条主钢板两端以槽钢联结,底面凸出,主钢板中间横向位置设有两个叉槽,以便叉车作业,另外主钢板上端面与立柱对应处有4根立槽,以此套封立柱。

(2)侧架。侧架两个,各有一对立柱,上下焊接两根方钢构成横梁,立柱下端可以在底托盘的立槽上下移动,靠销轴固定。立柱顶端为圆锥形,码垛时可以插入上层底托盘的凹陷处。立柱上侧侧面相应位置有卡槽,用以套封上横梁。

(3)上横梁。上横梁是两根方钢,两端焊有楔形卡块,可以卡入立柱侧面的卡槽内,作用主要是稳固框架和内装器材。每根上横梁有两块挡板,以手动螺栓固定在上横梁上。

(4)紧固装置要求。紧固装置为一条紧箍带,它与底托盘的两个固定环相连,以此固定内装器材。

2. 折叠紧固式框架

框架结构与立槽折叠式框架相似,由底托盘、侧架、上横梁和紧箍带构成,如图5-4所示。

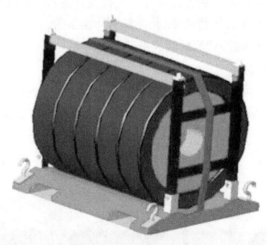

图5-4 折叠紧固式框架

(1)底托盘。以两条成形钢板为主体,厚度3mm,每条主钢板两侧面向下倾斜,两条主钢板两端以槽钢联结,底面凸出,主钢板中间横向位置设有两个叉槽,以便叉车作业,另外主钢板上端面与立柱对应处有4根立槽,以此套封立柱。托盘底两端各有一个固定环。

(2)侧架。侧架两个,各有一对立柱,上下焊接两根方钢构成横梁,立柱下端靠销轴固定。立柱顶端为圆锥形,码垛时可以插入上层底托盘的凹陷处。每根立柱上端有一个卡槽。下端销轴仅起固定作用,没有特殊结构。

(3) 上横梁。上横梁是两根方钢,两端焊有楔形卡块,可以卡入立柱侧面的卡槽内,作用主要是稳固框架和内装器材。

(4) 紧箍带。紧箍带与底托盘的两个固定环相连,以此固定内装器材。

3. 销轴旋转折叠式框架

该框架同样由底托盘、侧架和上横梁三部分构成,结构如图5-5所示。

图5-5 销轴旋转折叠式框架

(1) 底托盘。以两条成形钢板为主体,厚度3mm,每条主钢板两侧面向下倾斜,两条主钢板两端以槽钢联结,底面凸出,主钢板中间横向位置设有两个叉槽,以便叉车作业,主钢板上端面与立柱以销轴相连。

(2) 侧架。侧架两个,各有一对立柱,上下焊接两根方钢构成横梁,立柱下端可以在底托盘的立槽上下移动,靠销轴固定。立柱顶端为圆锥形,码垛时可以插入上层底托盘的凹陷处。立柱上侧侧面相应位置有卡槽,用以套封上横梁。

(3) 上横梁。上横梁是两根方钢,两端焊有楔形卡块,可以卡入立柱侧面的卡槽内,作用主要是稳固框架和内装器材。每根上横梁有两块挡板,以手动螺栓固定在上横梁上。

4. 钢筋螺栓紧固式框架

该框架由底托盘、侧架和顶框架三部分构成,结构如图5-6所示。

(1) 底托盘。以两条成形钢板为主体,厚度3mm,每条主钢板两侧面向下倾斜,两条主钢板两端以槽钢联结,底面凸出,主钢板中间横向位置设有两个槽钢,以便叉车作业。

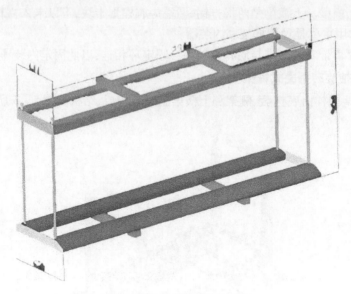

图 5-6　钢筋螺栓紧固式框架

(2) 侧架。侧架是 4 条钢筋焊接在底托盘上,上端有螺纹,用以固定上横梁,两条钢筋之间靠焊接横梁固定。

(3) 顶框架。顶框架为方钢焊接而成,两端有孔,侧架钢筋可以透过圆孔,利用拧紧螺帽固定内装件。

5. 三角形固定式框架

该框架由三角框架和边框架两部分构成,结构如图 5-7 所示。

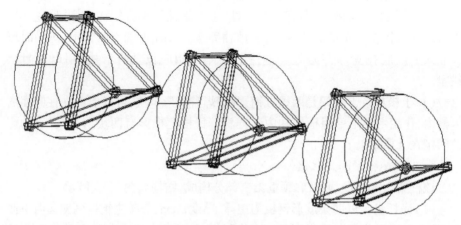

图 5-7　三角形固定式框架

(1)三角框架。由三根方钢焊接成三角形,大小因包装件直径的大小而异,三顶点为中空的圆管。

(2)边框架。边框架为圆形钢管,可以套在三角框架的顶点圆管内。边框架在连接三角框架时,中间以钢筋贯穿,钢筋一端头部膨大,卡住边框架一端;另一端带有螺纹,以螺帽固定边框架的另一端。

▶▶ 5.4.4.3 主动轮框架制作

主动轮框架分为底框架、侧框架、上横梁和紧固装置,结构如图5-8所示。

(1)底框架。由两根槽钢两端焊接方钢构成,槽钢上面又背向放置一根同样长短但宽度较小的槽钢,两端有滑孔,可以左右移动,底层方钢上侧焊接立柱插槽。

(2)侧框架。侧框架的结构与负重轮、诱导轮的立槽折叠框架的侧框架完全相同。

(3)上横梁。上横梁两端下方有小立柱,可以插入侧框架的立柱上;上端为圆锥形凸起,起堆码定位作用。

图5-8 主动轮框架

(4)紧固装置。紧固装置为若干紧箍带,用以捆扎主动轮。

▶▶ 5.4.4.4 履带板框架制作

履带板框架可分为底托盘、侧框架、上横梁和紧箍带4部分,如图5-9所示。

(1)底托盘。由方钢框架、两根槽钢叉槽,两块底托板构成,方钢框架四顶点处焊接立柱插槽。

(2)侧框架。侧框架的结构与负重轮、诱导轮的立槽折叠框架的侧框架完全相同。

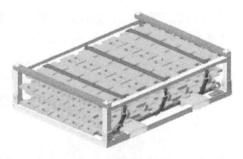

图5-9 履带板框架

(3)上横梁。该结构与主动轮集装框架的上横梁完全相同。

(4)紧箍带。紧箍带用来捆扎履带板。

5.5 集装箱

集装箱是指具有固定规格和足够强度,能装入若干件装货或散装货的专用周转的大型容器,又称为货箱或货柜。根据国际标准化组织(ISO)对集装箱所下的定义与技术要求,GB/T 1992—2023《集装箱术语》中定义集装箱是一种运输工具,且具有以下特点和技术要求。

(1)具有足够的强度,可长期反复使用。

(2)适于一种或多种运输方式运送,途中转运时,箱内货物不需换装。

(3)具有快速装卸和搬运的装置,特别适用于从一种运输方式转移到另一种运输方式。

(4)便于货物装满和卸空。

(5)具有 $1m^3$ 及其以上的容积。

集装箱这一术语的含义不包括车辆和一般包装。

按国家标准制造的集装箱称为国家标准集装箱。

按国际标准化组织(ISO)的有关标准制造的集装箱称为国际标准集装箱。

按专门产品运输需要而设计使用的集装箱称为专用集装箱。

5.5.1 集装箱类别

集装箱的种类很多,其结构也不同,下面按不同的角度对集装箱进行分类。

1. 按集装箱的用途分类

(1)通用集装箱。通用集装箱适宜于装载对运输条件无特殊要求的各种不同规格的货物,进行成组、成件集装运输。其用量占全部集装箱的70%~80%,其规格尺寸、自重与载重、容积,一般均采用国际标准或国家标准。这类集装箱箱体,一般有密封防水装置,又称为密封式集装箱。按照开门形式,又分为一端与两端开门,或一端与两端开门再加一侧与两侧全开门、部分开门,以及加活顶等形式。

(2)专用集装箱。专用集装箱是根据某些商品对运输条件的特殊要求而专门设计的集装箱。箱内一般有通风或空调设备与货架等,可用来装载鲜活、易腐、怕热、怕冻或体型较大的货物,以及粉状、液态货物等。

2. 按集装箱制造材料分类

(1)铝合金集装箱。铝合金集装箱主要部位和部件是用铝合金铆接而成的,重量轻、美观,并能在大气中形成氧化膜而防止腐蚀。若采用涂料或铝镁合金,则可防止海水腐蚀。在整体式机械冷藏集装箱和保温集装箱中,铝质与铝合金集装箱约占56%,玻璃钢集装箱约占39%。

(2)钢制集装箱。钢制集装箱全部材料是由钢或不锈钢焊接而成的。其具有强度大、结构牢固、焊接性好、水密封性好的优点,缺点是耐腐蚀性差,维修时间长且费用高。目前,采用以不锈钢为材料的不锈钢集装箱耐腐蚀性好,外表也美观,使用年限久,但造价比较高。钢制集装箱占总箱数的77%,罐式集装箱中不锈钢占84%。

(3)玻璃钢集装箱。玻璃钢集装箱是由玻璃纤维和树脂混合而成的,加适当的加强塑料后,胶附于胶合板两面而制成的集装箱。其具有强度高、刚性好、隔热性和耐腐蚀与耐化学性好,能防止箱内结露等优点。其缺点是重量较大,塑料老化后螺栓处强度下降等。

此外,还有铁木结构、木材和胶合板等制成的集装箱等。

3. 按集装箱结构形式分类

1)固定式集装箱

固定式集装箱除箱门外,其余各壁及箱顶是固定的,不能打开和拆卸。

(1)封闭式集装箱。具有防水性能的固定式集装箱称为封闭式集装箱,但其防潮性和通风性差。

① 按侧柱、端柱的有无与位置分类。

a. 有柱(外柱)式集装箱。其侧(端)柱在侧(端)壁之外,柱受外力作用时,外板不易损伤,有侧柱的大多是铝合金集装箱。

b. 无柱(内柱)式集装箱。其侧(端)柱位于侧(端)壁之内,外表光滑,受斜向外力作用时不易损坏,外板与内衬物之间留有空隙,防潮效果好,无侧柱的大多是玻璃钢与钢制集装箱。

② 按箱门的位置分类。

a. 半高侧开门式集装箱。该类集装箱除设有端门外,在两侧壁还开设约为箱高1/2的侧门,放在铁路车辆上,直接装卸货物。

b. 侧壁全开式集装箱。该类集装箱的侧壁是全开的,便于使用叉车进行高效地装货和卸货。

c. 全开式集装箱。该类集装箱的端部与侧部全都是门,可局部或全部打开进行装货和卸货。可装拆的机器设备和品种不一的混装货物适用于采用此种集装箱。

(2)敞开式集装箱。这种集装箱无箱顶或四周不全或呈笼网状,有固定的外形且各部不能拆卸。可用起重机从箱上面装卸货物,装好后再覆盖防水布,它适合装载超重、超长度的货物。

2)活动式集装箱

活动式集装箱的箱顶或壁板是可拆装的,能打开和拆卸。

(1)敞顶式集装箱。其箱顶可装卸,可用起重设备从箱顶装卸货物,适用于装载重量、体积大的玻璃板、钢制品及机械货件等。按结构,其又可分为开顶式和框架式集装箱两种。开顶式集装箱的箱顶分为硬顶和软顶,硬顶用钢板制成,顶板可以卸下。软顶用防水布覆盖,底部和四壁齐全,端部或侧部开门,构件可拆卸。框架式集装箱无箱顶,货物可从两侧进行装卸。按其结构,其又可分为两种:一种是一侧或两侧无壁板,但上部结构完整;另一种是无端壁或侧壁,用角柱与上梁固定连接,框架内又可盛放板架集装箱、汽车集装箱、牲畜装箱、散货集装箱和罐式集装箱等。

(2)拆壁式集装箱。此集装箱具有可拆装的侧壁结构,与软顶结合,具有通风强的特点,侧壁既可整体拆装,也可使一半固定,另一半拆装。

3)折叠式集装箱

折叠式集装箱的箱体侧端壁和箱顶等部件能折叠与分解,回空时体积可缩小为固定集装箱体积的1/4,以降低回空的舱损,从而降低了运输费用。重复使用时,可重新组合,使用方便。

4)挂式集装箱

挂式集装箱专用于装挂服装,其优点是衣服不用折叠,成套地直接吊挂在集装箱内,可节省包装材料并保持服装出厂时式样,并且直接销售,不用整理,因而挂式集装箱又称为服装专用集装箱或吊挂服装集装箱。

5)多层合成集装箱

多层合成集装箱每层都有固定格子,主要用于装运易碎货物,既固定又通风。

4. 按集装箱重量分类

按照集装箱的最大总重量,可分为大型1AA(30t)、1CC(20t),中型10D(10t)、5D(5t)和小型(总重1t以下)。

5. 按集装箱的运输工具分类

(1)陆路运输用集装箱。陆路运输用集装箱主要是指汽车集装箱和铁路集装箱,其尺寸与结构应适应汽车和火车底盘的规格要求。

(2)海上运输用集装箱。其尺寸与结构应适应轮船货仓与甲板的规格要求,并应具有耐高温、高湿与海水侵袭的性能。

(3)航空运输用集装箱。航空运输所用的集装箱多为小型,主要用于装运生鲜食品以及混装急件。

6. 按集装箱的装卸货件方式分类

根据卸货方式,集装箱可分为顶卸、底卸和侧卸三种。

5.5.2 结构形式

集装箱的外形与结构是多种多样的,但其外形多呈长方体状,且主要由骨架和各个壁板组成。图 5-10 所示为钢制通用集装箱,它是集装箱最基本的形式,是由以下各构件组成的。

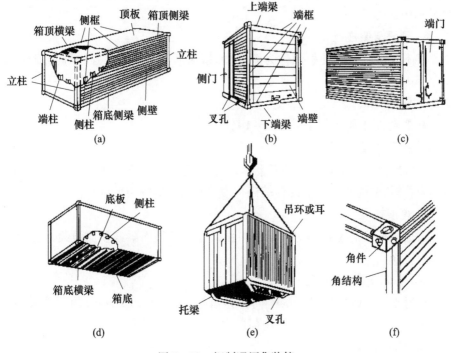

图 5-10 钢制通用集装箱

1. 角柱

位于箱体四角且与地面垂直的柱子称为角柱或立柱,见图 5-10(a),它们是承压的主要构件。

2. 端框和端梁

位于箱体纵长方向的两端,与箱体纵轴垂直的两个面称为端面,端面处于与角柱垂直的上下梁称为上下端梁或顶底端梁。二角柱与二端梁组成的框结构称为端框,见图 5-10(b)。

3. 端壁与端柱

箱体端框所包围的板面称为端壁,加强端框和端壁的加强柱称为端柱,见图 5-10(b)、图 5-10(a)。

4. 端门

端壁上的门称为端门,见图 5-10(c)。

5. 侧框与侧梁

平行于箱体纵轴与地面(或箱底)垂直的两大板面称为侧面,侧面上下的梁称为上下侧梁或顶底侧梁。二角柱与上下侧梁组成的框结构称为侧框,见图 5-10(a)。

6. 侧壁与侧柱

箱体侧框所包围的板面称为侧壁,加强侧框和侧壁的加强柱称为侧柱,见图 5-10(a)。

7. 侧门

侧壁上的门称为侧门,见图 5-10(b)。

8. 箱顶与顶板、顶框

平行地面的箱体最高的平面称为箱顶。两上端梁和两上侧梁所包围的板面称为顶板,由前两者组成的框结构称为顶框,见图 5-10(a)。

9. 箱顶横梁

在箱顶板下面连接两上侧梁的加强梁称为箱顶横梁或顶加强梁,见图 5-10(a)。

10. 箱底与底板、底框

平行于地面的箱体最低的平面称为箱底,见图 5-10(a)。两下端梁和两下侧梁所包围的板面称为底板,由前两者组成的框结构称为底框。

11. 箱底横梁

在箱底板下面连接两下侧梁的加强梁称为箱底横梁或底加强梁,见图 5-10(d)。

12. 角件

箱的 8 个角上的构件称为角件,见图 5-10(f),它们是用于搬运、堆码、起吊和加固箱体的一种构件,也是测量箱体尺寸的基准件。

13. 吊环

为起吊无角件集装箱而设置在箱顶上的环子称为吊环,见图 5-10(e)。

14. 加固耳

为加强顶框结构 4 个角的强度,在顶板上面焊接 4 个附加三角形板状构件称为加固耳或顶角加强板,见图 5-10(e)。

15. 叉孔

叉孔是为插入叉车货叉所设的开口,见图 5-10(b)和图 5-10(e)。

16. 叉托板

将箱体全部重力传给插入叉孔货叉之上的长板条称为叉托板。为防止叉举箱体时箱底局部破坏,还可沿箱体纵向增设底托梁,简称为托梁。

5.5.3 尺寸系列

ISO 和 IEC 组织非常重视基础标准的制定,因为基础标准是整个标准化工作的基础,也是制定各类标准的依据和先导。我国制定的 GB/T 1992—2023《集装箱术语》、GB/T 1836—2017《集装箱代码、识别和标记》、GB/T 1413—2023《系列 1 集装箱 分类、尺寸和额定质量》等基础标准都相应采用了 ISO 国际标准。术语标准是各类标准中最基础的标准,符号和标记标准同样也是各类标准中广泛应用的基础标准。

GB/T 1413—2023《系列 1 集装箱 分类、尺寸和额定质量》对集装箱的外部尺寸、重量、内部尺寸都做了规定,集装箱的公称长度见表 5-22,系列 1 集装箱外部尺寸、允许公差和额定质量见表 5-23,系列 1 通用集装箱最小内部尺寸和最小门窗开口尺寸见表 5-24,我国现有通用货物集装箱的尺寸、重量见表 5-25,我国铁路系统通用货物集装箱的技术参数见表 5-26,海上运输集装箱的总尺寸见表 5-27。

表 5-22 集装箱的公称长度 (GB/T 1413—2023)

集装箱型号	公称长度 /m	公称长度 /英尺	集装箱型号	公称长度 /m	公称长度 /英尺
1AAA、1AA、1A、1AX	12[①]	40[①]	1CC、1C、1CX	6	20
1BBB、1BB、1B、1BX	9	30	1D、1DX	3	10

[①] 某些国家对车辆和装载货物的总长度有法规限制。

注:1 英尺 = 0.3048m

表5-23 系列1集装箱外部尺寸、允许公差和额定质量

集装箱型号	长度 L /mm	/英尺(英寸)	公差/mm	公差/英寸	宽度 W /mm	/英尺	公差/mm	公差/英寸	高度 H /mm	/英尺(英寸)	公差/mm	公差/英寸	额定质量 R/总质量 /kg	/磅
1AAA	12192	40	0 -10	0 -3/8	2438	8	0 -5	0 -3/16	2896①	9(6①)	0 -5	0 -3/16	30480①	62700①
1AA									2591①	8(6①)	0 -5	0 -3/16		
1A									2438	8	0 -5	0 -3/16		
1AX									<2438	<8				
1BBB	9125	29 (111/4)	0 -10	0 -3/16	2348	8	0 -5	0 -3/16	2896①	9(6①)	0 -5	0 -3/16	25400①	56000①
1BB									2591①	8(6①)	0 -5	0 -3/16		
1B									2438	8	0 -5	0 -3/16		
1BX									<2438	<8				
1CC	6058	19 (101/2)	0 -6	0 -1/4	2348	8	0 -5	0 -3/16	2591①	8(6①)	0 -5	0 -3/16	24000①	52900①
1C									2348	8	0 -5	0 -3/16		
1CX									<2438	<8				

(续表)

集装箱型号	长度 L				宽度 W				高度 H				额定质量 R/总质量	
	/mm	公差/mm	/英尺(英寸)	公差/英寸	/mm	公差/mm	/英尺	公差/英寸	/mm	公差/mm	/英尺(英寸)	公差/英寸	/kg	/磅
1D	2991	0 -5	9(93/4)	0 -3/16	2348	0 -5	8	0 -3/16	2348	0 -5	8	0 -3/16	10160	22400
1DX									<2438		<8			

① 某些国家对车辆和装载货物的总高度有法规限制(铁路和公路部门)。
注:1英尺=0.3048m;1英寸=0.0254m;1磅=0.45359237kg

表 5-24 系列 1 通用集装箱最小内部尺寸和最小门窗开口尺寸

集装箱型号	最小内部尺寸			最小门窗开口尺寸	
	高度/mm	宽度/mm	长度/mm	高度/mm	宽度/mm
1AAA	集装箱外部高度尺寸减241	2330	11998	2566	
1AA			11998	2261	
1A			11998	2134	
1BBB	集装箱外部高度尺寸减241	2330	8931	2566	2286
1BB			8931	2261	
1B			8931	2134	
1CC			5867	2261	
1C			5867	2134	
1D			2802	2134	

表 5-25 我国现有通用货物集装箱的尺寸、重量

集装箱型号	高/mm		宽/mm		长/mm		最大总重/t
	外部尺寸	内部尺寸	外部尺寸	内部尺寸	外部尺寸	内部尺寸	
BJ-1	1300		1300		900		1
BJ-5	2438	2197	2438	2330	1968	1780	5
JZ20	2438	2240	2438	2342	6058	5888	20
BJ5	2438	2227 铁底板	2438	2354	1968	1826	5
BJ5	2438	2213 木底板	2438	2354	1968	1826	5
TJ5	2438	2202	2438	2340	1968	1818	5
BJ5	2438	2207~2213	2438	2337~2353	1968	1812~1830	5
BJ5	2438	2204.5~2211.7	2438	2349~2361	1968	1809.7~1824.7	5

表 5-26 我国铁路系统通用货物集装箱的技术参数

型号	外部尺寸/mm			内部尺寸/mm			自重/kg	最大载重/kg	最大总重/kg
	长	宽	高	长	宽	高			
TJ1	900	1300	1300	830	1264	1150	175	825	1000
TJ5	1580	2650	2650	1432	2544	2418	830	4175	5000
TJ5A	1968	2438	2438	1825	2352	2243	815	4185	5000
TJ5B(TBJU)	1968	2438	2438	1795	2352	2213	840	4160	5000
TJB5	1790	2600	2600	1647	2514	2425	900	4100	5000

表 5-27 海上运输集装箱标准的总尺寸

类别	高/m	宽/m	长/m	内容积/m³	类别	高/m	宽/m	长/m	内容积/m³
1	2.05	2.15	2.92	10（最大）	3	1.85	1.50	2.30	5（概略）
2	2.10	2.10	2.40	8（概略）	4	1.85	1.25	2.40	4（概略）

5.5.4 制作要求

通用集装箱多为钢制，且为固定封闭式，适用装运文化用品、医药用品、纺织品、工艺品、化工产品、电子设备、仪器仪表、机械零件、机械设备等干性杂货。

1. 搬运及栓缚构件

(1) 叉槽。叉槽设在集装箱下部，它贯通箱体，即集装箱可从两面叉举，总重为1t，集装箱可设两对叉槽，内侧的一对为空箱叉孔，外侧一对为重箱叉孔。总重为5t以上的集装箱设两个叉槽，多用于空箱的叉举，重箱多用角件起吊。

(2) 吊环或吊钩。小型集装箱只在箱顶设置吊环或吊钩，可不设角件。

(3) 小轮或小车。小型集装箱下面可安装小轮，中小型集装箱可放在小车架上拖拉搬运。

(4) 角件。位于集装箱8个角处的承载构件。总重在5t以上的集装箱必须设有角件。角件分为上、下角件，上角件的顶面应高于箱顶，且不得少于6mm。下角件底面应落地支承箱体。按照不同的应用，角件又可分为甲、乙两种角件，甲种角件用于国际运输，如1AA、1CC等集装箱，乙种角件用于国内运输的10D、5D等集装箱。角件都为铸钢制造。

2. 钢制骨架

任何材质的集装箱，其骨架多为钢制的。由于集装箱的自重有限定，因而构件数以及材料规格等将受到制约，根据各构件的承载特点，选用2~5mm的A3钢板制成型钢，再将各构件焊成整体骨架。在集装箱的结构设计中，箱底和箱顶横梁较多。

3. 箱板

(1) 端壁、侧壁与顶板。可用厚1.5~2mm的B2钢板压制成波纹板。其可分为弯折式和压窝式两种。

(2) 底板。底板可压波纹或花棱，以防货物滑动，1t箱用厚2mm的B2钢板,5t 箱用厚 3mm 的 B2 钢板。此外,为防滑、洁净或缓冲,底板上可铺设其他材料。

4. 箱门

集装箱箱门结构如图 5 – 11 所示。

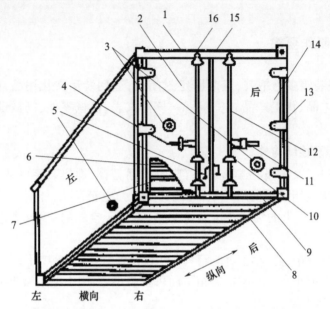

1—门楣;2—门板;3—通风口;4—把手;5—门钩;6—箱门橡条;
7—箱门横条;8—底梁;9—门槛;10—门锁杆托架;11—把手锁件;
12—锁杆;13—门铰链;14—箱门;15—锁杆凸轮;16—锁杆凸轮架。

图 5 – 11 集装箱箱门结构

(1)门框。门框由两侧门柱、门楣和门槛组成。内框面上粘以天然橡胶制成的异型断面密封条,以达到箱门密封。门柱、门楣和门槛用 3~4mm 厚 A3 钢板压成槽钢状,焊接而成。

(2)箱门。箱门由左右两扇组成。箱门关闭时,依靠合缝处的角铁和密封条掩缝密封。

5. 门锁装置

门锁装置由锁杆、锁舌和锁座等组成。锁紧后两箱门可压紧所有的密封条。

6. 检验

集装箱的检验应按国家相应规格的集装箱的技术条件和试验方法进行。

5.6 塑料包装容器

5.6.1 性能特点

现代森林资源越来越少,塑料材料是很好的木材替代品,其性能指标也不亚于钢质材料,包装行业广泛采用塑料材料是大势所趋,因此塑料包装容器是军品包装材料新的发展方向。塑料材料的特点为:①耐腐蚀;②密度小;③强度大;④外表光滑美观;⑤易于回收,利于环保;⑥容易铸成各种不同形状;⑦塑料箱容易密封,实现防水、防潮、防霉、防震、防灰尘等多种防护要求。

5.6.2 结构形式

塑料包装容器具有强度高,刚性好、抗拉伸,抗冲击性能。在制作中,为了减轻重量,保证强度和刚度,在箱壁处常设有加强筋。这种结构不但解决了盛重物问题,也能实现塑料包装容器的码垛,码垛时依靠上下塑料箱接触面的凸凹结构实现稳固结合,如图 5-12 所示。

图 5-12 塑料箱外观与码垛

1. 塑料包装容器结构

（1）托盘箱底。托盘箱底为塑料成型铸件，四周略高，外侧边缘有若干卡钩和吊环，内部有凹陷凸起结构，用以固定不同的器材，底面依靠凸起形成叉车进叉槽，如图5-13所示。

图5-13 托盘箱底

（2）紧固密封。塑料箱的紧固密封如图5-14所示。

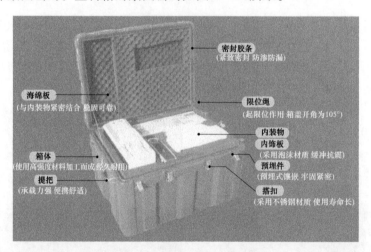

图5-14 塑料箱的紧固密封

（3）箱罩。箱罩也是塑料成型铸件，内部有不锈钢骨架，下侧边缘有若干卡环，可以与托盘卡钩配合锁紧箱体。箱底与箱罩的结合如图5-15所示。

2. 塑料包装容器的优点

新型塑料包装容器系采用聚乙烯为原料，经过先进的滚压工艺成型，重量轻、强度高、抗震、耐腐蚀、寿命长、维护成本低，并具有良好的力学性能和防护性能。其具体试验数据见表5-28。

图 5-15 箱底与箱罩的结合

表 5-28 塑料包装容器试验数据

检验项目	检验结果	检验标准
垂直跌落试验(900mm)	按规定要求对样箱进行跌落后,箱体无破损、裂纹、变形	GJB 2711—96
正弦定额垂直振动试验 (3~5Hz,1.0g,2h,250kg)	按规定要求对样箱进行振动后,箱体无破损、裂纹、变形	GJB 2711—96
浸水试验(750mm,1h)	按规定要求对样箱进行浸水后,箱体无漏水现象	GJB 2711—96
耐压力试验(25kN)	按规定要求对样箱施加压力后,箱体无破损、裂纹	GJB 2711—96
堆码试验(250kg,7 天)	按规定要求对样箱施加堆码后,箱体无破损、裂纹	GJB 2711—96
盐雾腐蚀试验 (35℃,5% NaCl,pH=7,48h)	按规定要求对样箱进行试验后,箱体及附件均无腐蚀	
高温试验(70℃,48h)	箱体无变形及变化	GJB150.3A—2009
低温试验(-0℃,24h)	箱体无变形及变化	GJB150.4A—2009
低温后垂直跌落试验 (-0℃,24h,450mm)	低温试验后,立即按规定要求对样箱进行跌落,箱体无破损、裂纹、变形	GJB150.4A—2009

塑料包装容器的性能完全满足器材的防护要求,并具有以下优点。

(1)密封严密。高弹垫圈密封条,缓解剧烈振荡,保证箱底与密封口处永不变形。必要条件时甚至可以浸泡在水下。

(2) 强度优良。加强筋的设置。箱底表面装有加强筋,保持箱体码放齐整,并保证强度。

(3) 连接可靠。箱体与箱盖不锈钢搭扣连接,结构牢固,不锈耐用。使箱体箱底紧锁,连接牢固不错位变形。

(4) 码垛稳定。塑料箱码垛简单稳定。

(5) 通用性强。托盘箱底凸凹结构稍作改动,几乎可以盛装所有器材;塑料箱为密封缓冲结构,可以有效防护内部盛装件,减少器材损坏。

5.6.3 尺寸系列

塑料包装容器除了特殊器材按照实际需要尺寸制作,一般仍按照军用物资直方体运输包装尺寸制作,其具体尺寸见 GJB 5105—2003《装甲装备器材包装通用规范》。

5.6.4 制作要求

塑料包装容器在制作时应注意以下要求。

1. 制作的材料要求

选用的塑料材料耐温范围要宽,且同时适用于北方和南方的气候特点。

2. 成型质量的要求

容器的壁厚要和箱子尺寸、承重相适应,要保证足够的机械强度,必要时可做强度试验,以达到器材装箱、运输、码垛要求。

3. 制作质量要求

塑料容器表面平滑,质地严实,板面不弯曲扭曲,没有缩孔、陷坑、气泡等缺陷。

4. 加强筋的要求

加强筋的作用是在不增加容器厚度的条件下,增强机械强度。尤其对于较大装料容器,设置加强筋可有效防止翘曲变形。

5. 箱内缓冲固定要求

在塑料容器内应根据器材装箱情况设计缓冲固定装置,以防止器材在箱内窜动、倒歪。

第 6 章

装备零部件包装防护设备

6.1 器材专用除油保养设备 A 型

器材专用除油保养设备 A 型为陆军仓库库用设备,主要用于后方仓库器材保养过程中的除油处理。

6.1.1 总体要求

器材专用除油保养设备 A 型总体上应满足装备金属零件、部件器材的批量、快速除油清洗要求。设备应采用水基清洗方式,实现不同材质、不同形状、不同封存条件及油污程度金属器材的高质、高效、环保除油清洗。该设备具有运行稳定、使用安全可靠、结构布局合理、操作简单便捷、符合环保要求等特点,同时对保障资源无特殊要求,对操作人员无特殊要求,清洗后不影响器材理化及力学性能。

6.1.2 技术性能指标

1. 除油方式

采用水基清洗方式,清洗工序为水基清洗、脱水防油。

2. 器材承载方式

采用料框承载方式,配套吊装系统,根据清洗要求自动或手动实现料框(含装载器材)在不同工序间的吊装、搬运。

3. 控制方式

PLC 可编程控制,通过参数预设实现器材吊装、搬运等部分工序的自动化控制,同时也可通过控制面板实现手动控制。

4. 外形尺寸

长度≤5000mm、宽度≤1600mm、高度≤3000mm。

5. 清洗器材尺寸范围

长度≥400mm、宽度≥600mm、高度≥400mm。

6. 料框承重

料框承重≥100kg。

7. 器材清洗速度

器材清洗速度:≥10min/100kg。

8. 清洗槽材质

清洗槽材质为不锈钢,厚度≥2mm。

9. 电气参数

(1) 额定功率:≤20kW。

(2) 额定电压:三相380V。

(3) 额定频率:50Hz。

6.1.3 结构要求

1. 设备组成

设备主要由封闭式框架结构、连体式槽体结构、吊装系统、控制系统等组成。

2. 设备主要部件要求

1) 封闭式框架结构

采用金属型材封闭式框架结构,设备外壳密封用不锈钢板为可拆卸式结构,便于检查与维修;在槽体上方设有观察窗,便于观察设备运行情况;底部设有固定底座,便于设备结构的稳固。

2) 连体式槽体结构

连体式槽体结构由水基清洗槽、脱水防锈油槽、供排水管路等组成,其中水基清洗槽由槽体、除油清洗装置、杂质收集装置等组成;脱水防锈油槽由槽体、油水液面观察装置、槽体底部水排放装置等组成。

3）吊装系统

吊装系统包含料框（不少于4个）、料框吊装装置、行走轨道、电机等，机械部件具有较高的力学强度，满足承载要求；料框行走及升降控制具有无级变速、自动或手动定位、越位防撞等功能，要求定位精度高、运行流畅平稳。

4）控制系统

采用PLC控制系统，通过控制面板实现对除油清洗过程中各装置的自动或手动控制，并能对系统中出现的异常情况进行监控和报警。

6.1.4 通用质量特性要求

1. 可靠性

（1）可靠性工作符合GJB 450A—2004《装备可靠性工作通用要求》的有关规定。

（2）可靠性定量要求：平均故障间隔时间（Mean Time Between Failure，MTBF）$\geqslant 500h$。

2. 维修性

（1）维修性工作符合GJB 368B—2009《装备维修性工作通用要求》的有关规定。

（2）维修性定量要求：平均维修时间（Mean Time to Repair，MTTR）$\leqslant 12h$。

3. 保障性

（1）保障性工作符合GJB 3872—99《装备综合保障通用要求》的有关规定。

（2）保障性定性要求：设备运行稳定可靠，配件标准化通用化程度高，维修简便；设备操作使用说明书内容翔实（附有技术指导联系电话），无须进行人员专业培训，即可有效指导设备的操作使用及维护保养；具有操作使用提示铭牌，内容准确醒目。

4. 测试性

（1）测试性工作符合GJB 2547A—2012《装备测试性工作通用要求》的有关规定。

（2）测试性设计应当满足性能监控和所有维修级别的修复性维修活动的要求。

（3）性能监测能力：设备运行过程中，能够实时监测运行状态，显示故障信息，提出告警，以避免事故的发生。

5. 安全性

（1）安全性工作符合 GJB 900A—2012《装备安全性工作通用要求》的有关规定。

（2）对大电流、高电压采取过流、过压、漏电保护设计措施。

（3）设备配套材料无有毒、易燃、易爆溶液，设备运行过程中不产生有害环境的一般危险源。

6. 环境适应性

（1）环境适应性工作符合 GJB 4239—2001《装备环境工程通用要求》的有关规定。

（2）环境适应性要求：设备主体采用耐腐蚀不锈钢；对于设备内部承重部件，进行安全可控的加固，防止在吊装、搬运、振动下出现松脱现象。

7. 产品包装、储运要求

按照 GJB 1181—91《军用装备包装、装卸、贮存和运输通用大纲》的有关规定和要求执行。

6.2 器材专用除油保养设备 B 型

器材专用除油保养设备 B 型为仓库库用设备，主要用于队属仓库器材保养过程中的除油处理。

6.2.1 总体要求

器材专用除油保养设备 B 型总体上应满足装备金属零件、部件器材的批量、快速除油清洗要求。设备应采用水基清洗方式，实现不同材质、不同形状、不同封存条件及油污程度金属器材的高质、高效、环保除油清洗。该设备具有运行稳定、使用安全可靠、结构布局合理、操作简单便捷、符合环保要求等特点，同时对保障资源无特殊要求，对操作人员无特殊要求，清洗后不影响器材理化及力学性能。

6.2.2 技术性能指标

1. 除油方式

采用水基清洗方式，清洗工序为水基清洗、脱水防油。

2. 器材承载方式

采用料框承载方式,配套吊装系统,根据清洗要求自动或手动实现料框(含装载器材)在不同工序间的吊装、搬运。

3. 控制方式

PLC 可编程控制,通过参数预设实现器材吊装、搬运等部分工序的自动化控制,同时也可通过控制面板实现手动控制。

4. 外形尺寸

长度≤3000mm、宽度≤1500mm、高度≤3000mm。

5. 清洗器材尺寸范围

长度≥300mm、宽度≥500mm、高度≥300mm。

6. 料框承重

料框承重≥50kg。

7. 器材清洗速度

器材清洗速度≥10min/50kg。

8. 清洗槽材质

清洗槽材质为不锈钢,厚度≥2mm。

9. 电气参数

(1)额定功率:≤20kW。

(2)额定电压:三相380 V。

(3)额定频率:50 Hz。

6.2.3 结构要求

1. 设备组成

设备主要由封闭式框架结构、连体式槽体结构、吊装系统、控制系统等组成。

2. 设备主要部件要求

1)封闭式框架结构

采用金属型材封闭式框架结构,设备外壳密封用不锈钢板为可拆卸式结构,便于检查与维修;在槽体上方设有观察窗,便于观察设备运行情况;底部设有固定底座,便于设备结构的稳固。

2)连体式槽体结构

连体式槽体结构由水基清洗槽、脱水防锈油槽、供排水管路等组成,其中水基清洗槽由槽体、除油清洗装置、杂质收集装置等组成,脱水防锈油槽由槽体、油水液面观察装置、槽体底部水排放装置等组成。

3)吊装系统

包含料框(不少于4个)、料框吊装装置、行走轨道、电机等,机械部件具有较高的力学强度,满足承载要求;料框行走及升降控制具有无级变速、自动或手动定位、越位防撞等功能,要求定位精度高、运行流畅平稳。

4)控制系统

采用PLC控制系统,通过控制面板实现对除油清洗过程中各装置的自动或手动控制,并能对系统中出现的异常情况进行监控和报警。

6.2.4 通用质量特性要求

1. 可靠性

(1)可靠性工作符合GJB 450A—2004《装备可靠性工作通用要求》的有关规定。

(2)可靠性定量要求:平均故障间隔时间(MTBF)$\geqslant$500h。

2. 维修性

(1)维修性工作符合GJB 368B—2009《装备维修性工作通用要求》的有关规定。

(2)维修性定量要求:平均维修时间MTTR$\leqslant$12h。

3. 保障性

(1)保障性工作符合GJB 3872—99《装备综合保障通用要求》的有关规定。

(2)保障性定性要求:设备运行稳定可靠,配件标准化通用化程度高,维修简便;设备操作使用说明书内容翔实(附有技术指导联系电话),无须进行人员专业培训,即可有效指导设备的操作使用及维护保养;具有操作使用提示铭牌,内容准确醒目。

4. 测试性

(1)测试性工作符合GJB 2547A—2012《装备测试性工作通用要求》的有关规定。

(2)测试性设计应当满足性能监控和所有维修级别的修复性维修活动的要求。

(3)性能监测能力:设备运行过程中,能够实时监测运行状态,显示故障信息,提出告警,以避免事故的发生。

5. 安全性

（1）安全性工作符合 GJB 900A—2012《装备安全性工作通用要求》的有关规定。

（2）对大电流、高电压采取过流、过压、漏电保护设计措施。

（3）设备配套材料无有毒、易燃、易爆溶液，设备运行过程中不产生有害环境的一般危险源。

6. 环境适应性

（1）环境适应性工作符合 GJB 4239—2001《装备环境工程通用要求》的有关规定。

（2）环境适应性要求：设备主体采用耐腐蚀不锈钢；对于设备内部承重部件，进行安全可控的加固，防止在吊装、搬运、振动下出现松脱现象。

7. 产品包装、储运要求

按照 GJB 1181—91《军用装备包装、装卸、贮存和运输通用大纲》的有关规定和要求执行。

6.3 器材多功能快速除锈保养设备

器材多功能快速除锈保养设备为仓库库用设备，主要用于后方仓库器材保养过程中的除锈处理。

6.3.1 总体要求

器材多功能快速除锈保养设备总体上应满足装备黑色金属零件、部件器材的批量、快速除锈清洗要求。设备应采用水基清洗方式，实现不同材质、不同形状、不同锈蚀程度黑色金属器材的高质、高效、环保除锈清洗。该设备具有运行稳定、使用安全可靠、结构布局合理、操作简单便捷、符合环保要求等特点，同时对保障资源无特殊要求，对操作人员无特殊要求，清洗后不影响器材理化及力学性能。

6.3.2 技术性能指标

1. 除锈方式

采用水基清洗方式，清洗工序为水基清洗、脱水防锈。

2. 器材承载方式

采用料框承载方式,配套吊装系统,根据清洗要求自动或手动实现料框(含装载器材)在不同工序间的吊装、搬运。

3. 控制方式

PLC可编程控制,通过参数预设实现器材吊装、搬运等部分工序的自动化控制,同时也可通过控制面板实现手动控制。

4. 外形尺寸

长度≤5000mm、宽度≤1600mm、高度≤3000mm。

5. 洗器材尺寸范围

长度≥400mm、宽度≥600mm、高度≥400mm。

6. 料框承重

料框承重≥100kg。

7. 器材清洗速度

器材清洗速度≥10min/100kg。

8. 清洗槽材质

清洗槽材质为不锈钢,厚度≥2mm。

9. 电气参数

(1)额定功率:≤20kW。

(2)额定电压:三相380V。

(3)额定频率:50Hz。

6.3.3 结构要求

1. 设备组成

设备主要由封闭式框架结构、连体式槽体结构、吊装系统、控制系统等组成。

2. 设备主要部件要求

1)封闭式框架结构

采用金属型材封闭式框架结构,设备外壳密封用不锈钢板为可拆卸式结构,便于检查与维修;在槽体上方设有观察窗,便于观察设备运行情况;底部设有固定底座,便于设备结构的稳固。

2)连体式槽体结构

连体式槽体结构由水基清洗槽、脱水防锈油槽、供排水管路等组成,其中水基清洗槽由槽体、除锈清洗装置等组成,脱水防锈油槽由槽体、油水液面观察装置、槽体底部水排放装置等组成。

3)吊装系统

吊装系统包含料框(不少于 4 个)、料框吊装装置、行走轨道、电机等,机械部件具有较高的力学强度,满足承载要求;料框行走及升降控制具有无级变速、自动或手动定位、越位防撞等功能,要求定位精度高、运行流畅平稳。

4)控制系统

采用 PLC 控制系统,通过控制面板实现对除锈清洗过程中各装置的自动或手动控制,并能对系统中出现的异常情况进行监控和报警。

6.3.4　通用质量特性要求

1. 可靠性

(1)可靠性工作符合 GJB 450A—2004《装备可靠性工作通用要求》的有关规定。

(2)可靠性定量要求:平均故障间隔时间(MTBF)≥500h。

2. 维修性

(1)维修性工作符合 GJB 368B—2009《装备维修性工作通用要求》的有关规定。

(2)维修性定量要求:平均维修时间 MTTR≤12h。

3. 保障性

(1)保障性工作符合 GJB 3872—99《装备综合保障通用要求》的有关规定。

(2)保障性定性要求:设备运行稳定可靠,配件标准化通用化程度高,维修简便;设备操作使用说明书内容翔实(附有技术指导联系电话),无须进行人员专业培训,即可有效指导设备的操作使用及维护保养;具有操作使用提示铭牌,内容准确醒目。

4. 测试性

(1)测试性工作符合 GJB 2547A—2012《装备测试性工作通用要求》的有关规定。

(2)测试性设计应当满足性能监控和所有维修级别的修复性维修活动的要求。

(3)性能监测能力:设备运行过程中,能够实时监测运行状态,显示故障信息,提出告警,以避免事故的发生。

5. 安全性

(1) 安全性工作符合 GJB 900A—2012《装备安全性工作通用要求》的有关规定。

(2) 对大电流、高电压采取过流、过压、漏电保护设计措施。

(3) 设备配套材料无有毒、易燃、易爆溶液,设备运行过程中不产生有害环境的一般危险源。

6. 环境适应性

(1) 环境适应性工作符合 GJB 4239—2001《装备环境工程通用要求》的有关规定。

(2) 环境适应性要求:设备主体采用耐腐蚀不锈钢;对于设备内部承重部件,进行安全可控的加固,防止在吊装、搬运、振动下出现松脱现象。

7. 产品包装、储运要求

按照 GJB 1181—91《军用装备包装、装卸、贮存和运输通用大纲》的有关规定和要求执行。

6.4 制氮充氮机

制充氮设备为仓库库用设备,主要为武器装备及器材提供储存、维护保养工作所需的高纯度氮气。

6.4.1 总体要求

制充氮设备总体上应满足武器装备及器材在储存及维护保养过程中对充氮的技术要求。设备应采用自动化控制方式,实现不同武器装备及器材高质、高效的充氮维护保养:

功能一:能够为导弹、自行火炮、坦克反后座装置、装甲车等所需高压氮气的场合提供高纯度(≥99.9%)、高压力(35MPa)的氮气。

功能二:能够为陆军装备光电仪器提供高纯度(≥99.999%)、低露点(-65℃)的低压氮气。

功能三:能够为轮式装备轮胎充装干燥的氮气(纯度99.5%,压力1.5MPa)。

其具有设备运行稳定、使用安全可靠、结构布局合理、操作简单便捷、环境适应性好、符合环保要求等特点,同时对保障资源无特殊要求,对操作人员无特殊要求。

6.4.2 技术性能指标

1. 整备质量

整备质量≤500kg。

2. 外形尺寸

长≤1200mm、宽≤1000mm、高≤1500mm。

3. 氮气纯度、流量、压力

功能一:氮气纯度(非氧含量):气量为3Nm^3/h,纯度≥99.9%,压力0~35MPa(可调)。

功能二:纯度≥99.999%,气量为1Nm^3/h,压力0~0.5MPa(可调,精度0.001MPa)。

功能三:纯度99.5%,气量5Nm^3/h,压力0~1.5MPa(可调)。

4. 颗粒度

颗粒度≤5μm。

5. 露点

露点≤-65℃。

6. 电源

(1)电源电压:三相四线/380V/50Hz。

(2)整机功率:≤10kW。

6.4.3 结构要求

设备主要由气源系统、空气预处理系统、氮气提纯系统、增压净化系统、充装调节系统、电气控制系统等组成。

6.4.4 通用质量特性要求

1. 可靠性

(1)可靠性工作符合 GJB 450A—2004《装备可靠性工作通用要求》的有关规定。

(2)可靠性定量要求:平均故障间隔时间(MTBF)≥500h。

2. 维修性

(1)维修性工作符合 GJB 368B—2009《装备维修性工作通用要求》的有关规定。

(2)维修性定量要求:平均维修时间 MTTR≤12h。

3. 保障性

(1)保障性工作符合 GJB 3872—99《装备综合保障通用要求》的有关规定。

(2)保障性定性要求:设备运行稳定可靠,配件标准化通用化程度高,维修简便;设备操作使用说明书内容翔实(附有技术指导联系电话),无须进行人员专业培训,即可有效指导设备的操作使用及维护保养;具有操作使用提示铭牌,内容准确醒目。

4. 测试性

(1)测试性工作符合 GJB 2547A—2012《装备测试性工作通用要求》的有关规定。

(2)测试性设计应当满足性能监控和所有维修级别的修复性维修活动的要求。

(3)性能监测能力:设备运行过程中,能够实时监测运行状态,具备在线显示氮气纯度、露点、压力等功能。

5. 安全性

(1)安全性工作符合 GJB 900A—2012《装备安全性工作通用要求》的有关规定。

(2)对大电流、高电压采取过流、过压、漏电保护设计措施。

(3)制氮机中的各敏感压力点和温度点应配置过压报警、卸压和过热保护装置并安全警示标志,确保运行和操作的安全,同时具有在应急情况下安全卸压的装置。

6. 环境适应性

(1)环境适应性工作符合 GJB 4239—2001《装备环境工程通用要求》的有关规定。

(2)环境适应性定量要求:采用防盐雾、防腐蚀设计,提高环境适应性。

(3)工作温度: -40 ~ +50℃。

(4)存储温度: -45 ~ +70℃。

7. 产品包装、储运要求

按照 GJB 1181—91《军用装备包装、装卸、贮存和运输通用大纲》的有关规定和要求执行。

6.5 霉菌检测与防控专用设备

霉菌检测与防控专用设备为仓库库用设备,主要用于装备及器材仓库仓储库房环境霉菌指标的检测与判定、霉菌环境的防控。

6.5.1 总体要求

霉菌检测与防控专用设备应满足仓储环境空间内霉菌采集、检测、智能判定、防治等功能,配套专用特种防霉剂,实现仓储微生物环境控制。设备应采用自动化控制方式,通过电动载人行走,满足库房内全方位防治要求,具备一定的通过性和灵活性;设备的结构设计应遵循标准化、模块化的设计要求,符合人机工程特点。该设备具有运行稳定、使用安全可靠、结构布局合理、操作简单便捷、符合环保要求等特点,同时对保障资源无特殊要求,对操作人员无特殊要求。

6.5.2 技术性能指标

1. 整备质量

整备质量≤250kg。

2. 承载能力

承载能力≥150kg。

3. 外形尺寸

长≤1600mm、宽≤1000mm、高≤1300mm。

4. 行驶速度

行驶速度为0~15km/h,可调。

5. 通过高度

通过高度≥50mm。

6. 设备行走驱动方式

采用电机驱动,具备低速控制,操作灵活简单,对操作人员无特殊技能要求,确保库内作业安全和设备转运需要。

7. 功能要求

内置软件,具备菌株观测、智能识别、温湿度信息展示、环境质量分析、报表打印、系统设置等功能。

8. 电气参数

(1)供电制式:220V/50Hz 充电,工作时内置蓄电池直流 24V 供电,充分保障不同类型仓库对电源的要求和使用人员安全。

(2)额定功率:≤2kW。

(3)充电时间:单次充满电时间≤2h。

(4)工作时间:单次充满电整机连续工作时间≥4h。

9. 检测参数

(1)霉菌采集方式:空气浮游菌采集。

(2)菌落识别时间:≤1min。

(3)级别判定时间:≤1min,符合 GJB 2770—96《军用物资贮存环境条件》关于一般军用物资贮存环境等级所涉及综合环境参数等级的要求。

10. 防治参数

(1)垂直雾化高度:≥5000mm。

(2)水平雾化距离:≥5000mm。

(3)雾化方位角度:0°~360°。

(4)雾化粒径大小:≤100μm。

(5)防霉剂抗菌等级:1级,需提供第三方检测报告。

(6)防霉剂毒性:无毒,需提供疾控中心出具的检测报告。

(7)防霉剂 pH:6.5≤pH≤7.5。

(8)防霉剂用量:满足国军标 GJB 150.10A—2009《霉菌试验》关于外观影响评定 1 级(微量),防霉剂用量≤5mL/m³,需提供第三方检测报告。

6.5.3 结构要求

设备主要由行走模块、电源模块、采集模块、检测模块、防治模块和管理控制模块组成。

6.5.4 通用质量特性要求

1. 可靠性

(1)可靠性工作符合 GJB 450A—2004《装备可靠性工作通用要求》的有关规定。

(2)可靠性定量要求:平均故障间隔时间(MTBF)≥500h。

2. 维修性

(1)维修性工作符合 GJB 368B—2009《装备维修性工作通用要求》的有关规定。

(2)维修性定量要求:平均维修时间 MTTR≤12h。

3. 保障性

(1)保障性工作符合 GJB 3872—99《装备综合保障通用要求》的有关规定。

(2)保障性定性要求:设备运行稳定可靠,配件标准化通用化程度高,维修简便;设备操作使用说明书内容翔实(附有技术指导联系电话),无须进行人员专业培训,即可有效指导设备的操作使用及维护保养;具有操作使用提示铭牌,内容准确醒目。

4. 测试性

(1)测试性工作符合 GJB 2547A—2012《装备测试性工作通用要求》的有关规定。

(2)测试性设计应当满足性能监控和所有维修级别的修复性维修活动的要求。

(3)性能监测能力:设备运行过程中,能够实时监测运行状态,显示故障信息,提出告警,以避免事故的发生。

5. 安全性

(1)安全性工作符合 GJB 900A—2012《装备安全性工作通用要求》的有关规定。

(2)工作电压直流 24V 供电。

(3)特种防霉剂无毒。

6. 环境适应性

(1)环境适应性工作符合 GJB 4239—2001《装备环境工程通用要求》的有关规定。

(2)环境适应性定量要求:采用防盐雾、防腐蚀设计,提高环境适应性。

(3)工作温度:0~40℃。

7. 产品包装、储运要求

按照 GJB 1181—91《军用装备包装、装卸、贮存和运输通用大纲》的有关规定和要求执行。

6.6 器材多功能封存包装设备

器材多功能封存包装设备为仓库库用设备,主要用于各类装备器材封存包装。

6.6.1 总体要求

器材多功能封存包装设备总体上应满足装备光学仪器类、电子电气类、橡胶皮革类、金属类零部件等不同材质、不同尺寸器材的封存包装技术要求,实现优质、高效的包装膜裁切、制袋封口与抽真空包装等功能。设备应采用自动化控制方式,通过抽气包装中真空度的自动控制与实施监控,实现不同种类器材的封存包装;设备的结构设计应遵循标准化、模块化的设计要求,符合人机工程特点。该设备具有运行稳定、使用安全可靠、结构布局合理、操作简单便捷等特点,同时对保障资源无特殊要求,对操作人员无特殊要求。

6.6.2 技术性能指标

1. 整备质量

整备质量≤1200kg。

2. 外形尺寸

长度≤3500mm、宽度≤1200mm、高度≤2000mm。

3. 真空度

真空度为0~-99.9kPa可调,根据不同材质器材实现抽真空度控制。

4. 抽真空速率

抽真空速率≥100m^3/h。

5. 控制方式

PLC数控,可实现对设备运行参数的触控操作。

6. 设备材质

设备材质的主体为不锈钢。

7. 包装膜裁切

裁切长度≥800mm。

8. 制袋封口

(1)封口温度:0~300℃,可调。

(2)封口宽度:≥6mm。

(3)封口速度:0~10m/min,可调。

9. 腔式真空包装

(1)真空腔数量:2个。

(2)真空腔尺寸:长度≥800mm、宽度≥800mm、高度≥100mm。

(3)封口长度:≥800mm。

(4)封口宽度:≥6mm。

10. 立式真空包装

(1)封口长度:≥600mm。

(2)封口宽度:≥6mm。

11. 电气参数

(1)整机功率:≤5.0kW。

(2)额定电压:380V。

(3)额定频率:50Hz。

(4)供电制式:三相五线制。

12. 性能要求

(1)能够实现包装膜裁切、制袋封口等功能。

(2)能够实现小尺寸器材(长度≤800mm、宽度≤800mm、高度≤100mm)腔式抽气、封口包装,实现大尺寸器材(长度>800mm、宽度>800mm、高度>100mm)立式抽气、封口包装。

(3)能够满足光学仪器类、电子电气类、橡胶皮革类、金属类等不同材质器材的封存包装技术要求。

6.6.3 结构要求

设备主要由封闭式柜式壳体、包装膜裁切模块、制袋封口模块、腔式真空包装模块、立式真空包装模块、自动化控制系统等组成。

6.6.4 通用质量特性要求

1. 可靠性

(1)可靠性工作符合 GJB 450A—2004《装备可靠性工作通用要求》的有关规定。

(2)可靠性定量要求:平均故障间隔时间(MTBF)≥500h。

2. 维修性

(1)维修性工作符合 GJB 368B—2009《装备维修性工作通用要求》的有关规定。

(2)维修性定量要求:平均维修时间 MTTR≤12h。

3. 保障性

（1）保障性工作符合 GJB 3872—99《装备综合保障通用要求》的有关规定。

（2）保障性定性要求：设备运行稳定可靠，配件标准化通用化程度高，维修简便；设备操作使用说明书内容翔实（附有技术指导联系电话），无须进行人员专业培训，即可有效指导设备的操作使用及维护保养；具有操作使用提示铭牌，内容准确醒目。

4. 测试性

（1）测试性工作符合 GJB 2547A—2012《装备测试性工作通用要求》的有关规定。

（2）测试性设计应当满足性能监控和所有维修级别的修复性维修活动的要求。

5. 安全性

（1）安全性工作符合 GJB 900A—2012《装备安全性工作通用要求》的有关规定。

（2）对大电流、高电压采取过流、过压、漏电保护设计措施。

6. 环境适应性

（1）环境适应性工作应符合 GJB 4239—2001《装备环境工程通用要求》的有关规定。

（2）工作温度：0~40℃。

7. 产品包装、储运要求

按照 GJB 1181—91《军用装备包装、装卸、贮存和运输通用大纲》的有关规定和要求执行。

6.7　外抽式真空包装机

外抽式真空包装机为仓库库用设备，主要用于较大尺寸器材的真空封存包装。

6.7.1　总体要求

外抽式真空包装机总体上应满足较大尺寸器材的抽真空封口包装技术要求。设备应采用自动化控制方式，通过抽真空及封口等参数设置、机头离地高度调节,实现不同尺寸零部件器材的封存包装;设备的结构设计应遵循标准化、模块化的设计要求,符合人机工程特点。该设备具有运行稳定、使用安全可靠、结构布局合理、操作简单便捷等特点,同时对保障资源无特殊要求,对操作人员无特殊要求。

6.7.2 技术性能指标

1. 整备质量

整备质量≤150kg。

2. 外形尺寸

长≥800mm、宽≥600mm、高≥1500mm。

3. 封口长度

封口长度≥(600±10)mm。

4. 封口宽度

封口宽度≥8mm。

5. 真空度

真空度为0~-70kPa,可调。

6. 抽真空速率

抽真空速率≥20m^3/h。

7. 控制方式

PLC数控,可实现对设备运行参数设置。

8. 启动方式

具备脚踏开关启动功能。

9. 机头离地高度调节距离

机头离地高度调节距离≥300mm。

10. 设备材质

设备材质的主体为304不锈钢。

11. 电气参数

(1) 额定功率:≤2kW。

(2) 额定电压:380V。

(3) 额定频率:50Hz。

(4) 供电制式:三相五线制。

6.7.3 结构要求

设备主要由电器部分、PLC 控制系统、封口装置、真空系统、丝杆升降机构等组成。

6.7.4 通用质量特性要求

1. 可靠性

(1)可靠性工作符合 GJB 450A—2004《装备可靠性工作通用要求》的有关规定。

(2)可靠性定量要求:平均故障间隔时间(MTBF)≥500h。

2. 维修性

(1)维修性工作符合 GJB 368B—2009《装备维修性工作通用要求》的有关规定。

(2)维修性定量要求:平均维修时间 MTTR≤12h。

3. 保障性

(1)保障性工作符合 GJB 3872—99《装备综合保障通用要求》的有关规定。

(2)保障性定性要求:设备运行稳定可靠,配件标准化通用化程度高,维修简便;设备操作使用说明书内容翔实(附有技术指导联系电话),无须进行人员专业培训,即可有效指导设备的操作使用及维护保养;具有操作使用提示铭牌,内容准确醒目。

4. 测试性

(1)测试性工作符合 GJB 2547A—2012《装备测试性工作通用要求》的有关规定。

(2)测试性设计应当满足性能监控和所有维修级别的修复性维修活动的要求。

5. 安全性

(1)安全性工作符合 GJB 900A—2012《装备安全性工作通用要求》的有关规定。

(2)对大电流、高电压采取过流、过压、漏电保护设计措施。

6. 环境适应性

(1)环境适应性工作应符合 GJB 4239—2001《装备环境工程通用要求》的

有关规定。

（2）工作温度：0～40℃；

7. 产品包装、储运要求

按照 GJB 1181—91《军用装备包装、装卸、贮存和运输通用大纲》的有关规定和要求执行。

6.8 双室真空包装机

双室真空包装机为仓库库用设备，主要用于中小件金属器材的真空封存包装。

6.8.1 总体要求

双室真空包装机总体上应满足中小件金属器材的抽真空封口包装技术要求。设备应采用自动化控制方式，通过抽真空及封口等参数设置、两个真空腔轮换工作，实现中小件金属器材的封存包装；设备的结构设计应遵循标准化、模块化的设计要求，符合人机工程特点。该设备具有运行稳定、使用安全可靠、结构布局合理、操作简单便捷等特点，同时对保障资源无特殊要求，对操作人员无特殊要求。

6.8.2 技术性能指标

1. 整备质量

整备质量≤250kg。

2. 外形尺寸

长≤1300mm、宽≤800mm、高≤1000mm。

3. 真空室尺寸

长≥500mm、宽≥500mm、高≥80mm。

4. 真空室数量

真空室数量为2个。

5. 有效封口长度

有效封口长度为500mm。

6. 有效封口宽度

有效封口宽度为10mm。

7. 热封条数

热封条数为2×2。

8. 真空度

真空度为0～-99.9kPa,可调。

9. 抽真空速率

抽真空速率≥40m³/h。

10. 控制方式

单片机控制,可实现对设备运行参数设置。

11. 启动方式

开关启动、紧急制动。

12. 设备材质

设备材质主体为不锈钢。

13. 电气参数

(1)额定功率:≤2.0kW。

(2)额定电压:380V。

(3)额定频率:50Hz。

(4)供电制式:三相五线制。

6.8.3 结构要求

设备主要由电器部分、单片机控制系统、封口装置、真空系统组成。

6.8.4 通用质量特性要求

1. 可靠性

(1)可靠性工作符合GJB 450A—2004《装备可靠性工作通用要求》的有关规定。

(2)可靠性定量要求:平均故障间隔时间(MTBF)≥500h。

2. 维修性

(1)维修性工作符合GJB 368B—2009《装备维修性工作通用要求》的有关规定。

(2)维修性定量要求:平均维修时间MTTR≤12h。

3. 保障性

（1）保障性工作符合 GJB 3872—99《装备综合保障通用要求》的有关规定。

（2）保障性定性要求：设备运行稳定可靠，配件标准化通用化程度高，维修简便；设备操作使用说明书内容翔实（附有技术指导联系电话），无须进行人员专业培训，即可有效指导设备的操作使用及维护保养；具有操作使用提示铭牌，内容准确醒目。

4. 测试性

（1）测试性工作符合 GJB 2547A—2012《装备测试性工作通用要求》的有关规定。

（2）测试性设计应当满足性能监控和所有维修级别的修复性维修活动的要求。

5. 安全性

（1）安全性工作符合 GJB 900A—2012《装备安全性工作通用要求》的有关规定。

（2）对大电流、高电压采取过流、过压、漏电保护设计措施。

6. 环境适应性

（1）环境适应性工作应符合 GJB 4239—2001《装备环境工程通用要求》的有关规定。

（2）环境适应性定量要求：采用防盐雾、防腐蚀设计，提高环境适应性。

（3）工作温度：0~40℃。

7. 产品包装、储运要求

按照 GJB 1181—91《军用装备包装、装卸、贮存和运输通用大纲》的有关规定和要求执行。

6.9 全电动高位拣料设备

全电动高位拣料设备为仓库库用设备，主要用于仓储库房高货位器材的分拣与装卸等搬运作业。

6.9.1 总体要求

全电动高位拣料设备总体上应满足仓储库房高货位器材的分拣与装卸要

求。设备应采用自动化控制方式,通过电动载荷平台(用于载人及器材)升降、人工拣选,满足库房高货物器材的搬运要求,具有一定的通过性和灵活性;通过设备配套的智能化终端,实现器材出入库数据管理;设备的结构设计应遵循标准化、模块化的设计要求,符合人机工程特点。该设备具有使用安全可靠、结构布局合理、操作简单便捷、载荷平台起升下降平稳等特点,同时对保障资源无特殊要求,对操作人员无特殊要求。

6.9.2 技术性能指标

1. 整备质量

整备质量≤600kg。

2. 载荷

载荷≥300kg。

3. 外形尺寸

长度≤1600mm、宽度≤800mm、高度≤2000mm。

4. 载荷平台尺寸

长度≥600mm、宽度≥600mm。

5. 载荷平台提升高度

载荷平台提升高度≥3000mm。

6. 载荷平台升降速度

载荷平台升降速度≥10m/min,速度连续可调。

7. 转弯半径

转弯半径≤1000mm。

8. 驻坡度

驻坡度≥25%。

9. 智能化终端

(1)硬件为平板电脑及手持条码阅读器。

(2)平板电脑应能进行仓库管理系统安装,手持条码阅读器应能进行器材二维条码扫描,并且能够实现数据的兼容与数据交换。

(3)车载直供电源,可支持电气系统运行。

10. 电气参数

(1)供电制式:220V/50Hz 充电,工作时内置蓄电池直流 24V 供电,充分保障不同类型仓库对电源的要求和使用人员安全。

(2)充电时间:单次充满电时间≤2h。

(3)工作时间:单次充满电整机连续工作时间≥4h。

6.9.3 结构要求

全电动高位拣料设备主要由行走机构、电源及充电装置、升降举升装置、载荷平台、控制部分、智能化终端附件组成。

6.9.4 通用质量特性要求

1. 可靠性

(1)可靠性研制工作符合 GJB 450A—2004《装备可靠性工作通用要求》的有关规定。

(2)可靠性定量要求:平均故障间隔时间(MTBF)≥500h。

2. 维修性

(1)维修性研制工作符合 GJB 368B—2009《装备维修性工作通用要求》的有关规定。

(2)维修性定量要求:平均维修时间 MTTR≤12h。

3. 保障性

(1)保障性研制工作符合 GJB 3872—99《装备综合保障通用要求》的有关规定。

(2)保障性定性要求:设备运行稳定可靠,配件标准化通用化程度高,维修简便;设备操作使用说明书内容翔实(附有技术指导联系电话),无须进行人员专业培训,即可有效指导设备的操作使用及维护保养;具有操作使用提示铭牌,内容准确醒目。

4. 测试性

(1)测试性工作符合 GJB 2547A—2012《装备测试性工作通用要求》的有关规定。

(2)测试性设计应当满足性能监控和所有维修级别的修复性维修活动的要求。

(3)性能监测能力:设备运行过程中,能够实时监测运行状态,显示故障信息,提出告警,以避免事故的发生。

5. 安全性

(1)安全性研制工作符合 GJB 900A—2012《装备安全性工作通用要求》的有关规定。

(2)工作电压直流 24V 供电。

(3)载荷平台设有安全防跌落门,发生电路故障时,载荷平台能够手动下降。

6. 环境适应性

(1)环境适应性工作应符合 GJB 4239—2001《装备环境工程通用要求》的有关规定。

(2)工作温度:-10~40℃。

7. 产品包装、储运要求

按照 GJB 1181—91《军用装备包装、装卸、贮存和运输通用大纲》的有关规定和要求执行。

6.10 手动液压搬运车

手动液压搬运车为仓库库用设备,主要用于仓储库房器材的装卸、搬运等器材收发作业。

6.10.1 总体要求

手动液压搬运车总体上应满足仓储库房器材的装卸、搬运等收发作业要求。设备采用手动操控方式,通过液压助力实现器材的升降,通过人工推动、拖动、转向等操作实现器材的转运,具有一定的通过性和灵活性;设备的结构设计应遵循标准化、模块化的设计要求,符合人机工程特点。该设备具有使用安全可靠、结构布局合理、操作简单便捷、器材起升下降平稳等特点,同时对保障资源无特殊要求,对操作人员无特殊要求。

6.10.2 技术性能指标

1. 整备质量

整备质量≤80kg。

2. 载荷

载荷≥2000kg。

3. 起升高度

起升高度≥190mm。

4. 降低时高度

降低时高度≥75mm。

5. 货叉尺寸

货叉尺寸≥1000mm。

6. 货叉外宽

货叉外宽500～600mm。

7. 转弯半径

转弯半径≤1500mm。

8. 轮胎材质

轮胎材质为聚氨酯。

6.10.3 结构要求

手动液压搬运车主要由行走轮、货叉、液压助力装置、操作手柄等组成。

6.10.4 通用质量特性要求

1. 保障性

（1）保障性工作符合 GJB 3872—99《装备综合保障通用要求》的有关规定。

（2）保障性定性要求：设备运行稳定可靠，配件标准化通用化程度高，维修简便；设备操作使用说明书内容翔实（附有技术指导联系电话），无须进行人员专业培训，即可有效指导设备的操作使用及维护保养。

2. 安全性

（1）安全性工作符合 GJB 900A—2012《装备安全性工作通用要求》的有关规定。

（2）液压装置设有安全阀，保证器材升降可靠。

3. 环境适应性

（1）环境适应性工作符合 GJB 4239—2001《装备环境工程通用要求》的有关规定。

(2)工作温度:-10~40℃。
4. 产品包装、储运要求
按照 GJB 1181—91《军用装备包装、装卸、贮存和运输通用大纲》的有关规定和要求执行。

6.11 装备器材集成保养箱组

装备器材集成保养箱组为仓库库用设备,主要用于各类装备及器材的保养封存。

6.11.1 总体要求

装备器材集成保养箱组总体上应满足光学仪器类、电子电气类、橡胶制品类、金属类等不同材质装备及器材的保养、封存技术要求,实现优质、高效、环保的器材清洗保养、封存防护等功能。其应采用钢质箱组结构,集装备器材清洗、封存于一体,其中,清洗作业箱 1 个、作业箱 1 个,可实现吊装、插装、手动推移及支撑固定等功能;箱组的结构设计应遵循标准化、模块化的设计要求,符合人机工程特点。该箱组具有美观结实耐用、使用安全可靠、结构布局合理、操作简单便捷等特点,同时对保障资源无特殊要求,对操作人员无特殊要求。

6.11.2 技术性能指标

1. 金属器材清洗技术要求

装备器材集成保养箱组具有良好的润湿、乳化、分散、增溶等作用,去油污、油脂能力强、速度快、工艺简便,不影响器材表面质量。

(1)45 钢试片((65±2)℃)的清洗能力:≥90%,采用洗油率(重量法),依据 JB/T 4323.1—1999《水基金属清洗剂》。

(2)腐蚀性((70±2)℃):对 45 钢(4h)和 LY12 硬铝(2h)的腐蚀性为 0 级,对 HT200 铸铁(4h)和 H62 黄铜(2h)的腐蚀性为 1 级,依据 JB/T 4323.1—1999《水基金属清洗剂》。

(3)总五氧化二磷(P_2O_5)含量:≤1.5%,依据 GB/T 11893—89《水质 总磷的测定 钼酸铵分光光度法》。

(4)pH(15~35℃):8.0~10.0,依据 JB/T 4323.1—1999《水基金属清洗剂》。

2. 光学仪器清洗技术要求

(1)对光学仪器表面附着的油污、手汗、灰尘及大气中酸、碱、盐等沉积物具有良好的清洗作用。

(2)对光学仪器腐蚀性小。

(3)绝缘性及阻燃性好。

(4)挥发性好、清洗剂残留少。

3. 电子电气清洗技术要求

(1)对电子电气表面附着的油污、手汗、灰尘及大气中酸、碱、盐等沉积物具有良好的清洗作用。

(2)对电子电器腐蚀性小。

(3)绝缘性及阻燃性好。

(4)挥发性好、清洗剂残留少。

4. 橡胶制品清洗技术要求

(1)对橡胶制品表面附着的油污、手汗、灰尘及大气中酸、碱、盐等沉积物具有良好的清洗作用。

(2)对橡胶制品损伤性小。

(3)阻燃性好。

(4)挥发性好、清洗剂残留少。

5. 金属器材封存技术要求

装备器材保养箱组具有优异的防锈性能和润滑性能,适用于金属零件器材表面、金属部件器材内腔的长效封存,器材启封后无须清洗,可直接装车使用。

(1)运动黏度(100℃,mm^2/s):15.0~17.0,依据 GB 265—88《石油产品运动黏度测定法和动力黏度计算法》。

(2)运动黏度比(v50/v100):≤7,依据 GB 265—88《石油产品运动黏度测定法和动力黏度计算法》。

(3)闪点(开口):≥200℃,依据 GB 267—88《石油产品闪点与燃点测定法(开口杯法)》。

(4)凝点:≤-15℃,依据 GB 510—2018《石油产品凝点测定法》。

(5)水溶性酸碱:中或碱,依据 GB 259—88《石油产品水溶性酸及碱滴定法》。

(6)灰分:≥0.80%,依据 GB 508—85《石油产品灰分测定法》。

(7)水分:≤痕迹,依据 GB/T 260—2016《石油产品水含量的测定 蒸馏法》。

(8)机械杂质:≤0.02%,依据 GB 511—2010《石油和石油产品及添加剂机械杂质测定法》。

(9)湿热试验:45钢(0级)≥20天、H62黄铜和T3紫铜(1级)≥14天,依据GB 2361—92《防锈油脂热试验法》。

(10)盐水浸渍(25℃,20h):45#钢(0级)合格,依据SH/T 0025—99《防锈油盐水浸渍试验法》。

(11)腐蚀试验(≥7天):45#钢(0级)合格,H62黄铜和T3紫铜(1级)合格,依据SH/T 0080—91《防锈油脂腐蚀性试验法》。

6. 电子电气封存技术要求

(1)对电子电气类器材具有优良的综合防护性能、电接触性能、电绝缘性能和防盐雾性能。

(2)电接触部位电子电气器材湿热试验符合GJB 150.9A—2009《军用装备环境试验 湿热试验》要求。

(3)电接触部位电子电气器材盐雾试验符合GJB 150.11A—2009《军用装备环境试验 盐雾试验》要求。

7. 橡胶制品封存技术要求

(1)对橡胶制品具有抗紫外老化作用,符合GB/T 18950—2003《橡胶和塑料软管 静态下耐紫外线性能测定》。

(2)对橡胶制品具有防霉作用,符合HG/T 4301—2012《橡胶防霉性能测试方法》。

8. 清洗机工具技术要求

配套除锈工机具,用于金属器材表面除锈。

9. 封存机工具技术要求

(1)配套防霉剂,用于光学仪器防霉封存。

(2)配套多金属材质气相防锈剂,具有较好的气相缓蚀能力,用于电子电气类器材封存。

(3)配套除氧剂,吸氧能力好,用于橡胶制品封存。

(4)配套干燥剂,吸附量好,用于器材的干燥封存。

6.11.3 结构要求

1. 箱组配置

清洗作业箱1个、封存作业箱1个,作业箱采用一体化集成设计,可实现吊装、插装、手动推移及支撑固定等功能。

2. 清洗作业箱

清洗作业箱含箱体、清洗材料及工机具储存抽屉、清洗槽(高度400mm)及工作台。

3. 封存作业箱

封存作业箱含箱体、封存材料及工机具储存抽屉、油封槽(高度400mm)及工作台。

4. 作业箱外形尺寸(长×宽×高)

1200mm×1000mm×1200mm。

5. 作业箱材质

作业箱材质主体为不锈钢。

6. 材料存储方式

清洗材料、封存材料采用罐装方式,便于取用。

6.11.4 通用质量特性要求

1. 保障性

(1)保障性研制工作符合 GJB 3872—99《装备综合保障通用要求》的有关规定。

(2)保障性定性要求:箱组性能稳定可靠,配件标准化通用化程度高,维修简便;箱组操作使用说明书内容翔实(附有技术指导联系电话),无须进行人员专业培训,即可有效指导设备的操作使用及维护保养。

2. 环境适应性

(1)环境适应性研制工作符合 GJB 4239—2001《装备环境工程通用要求》的有关规定。

(2)工作温度:0~30℃。

3. 产品包装、储运要求

按照 GJB 1181—91《军用装备包装、装卸、贮存和运输通用大纲》的有关规定和要求执行。

6.12 光电器材储运箱组

光电器材储运箱组为仓库库用设备,主要用于光电器材储存与运输工况下的外包装综合防护。

6.12.1 总体要求

光电器材储运箱组总体上应满足光学与电子电气类器材储存工况下的密封阻隔等封存防护技术要求、运输工况下的冲击震动等外包装防护技术要求。箱组应采用滚塑包装箱形式,具有系列化与标准化程度高、环境适用性好、防护可靠性好、可循环使用等特点。根据光电器材尺寸规格,箱组包含 5 个尺寸系列,分为 1~5#箱,以及配套托盘,可实现吊装、插装、手动搬运、组合堆码等功能;箱组的结构设计应遵循标准化、模块化的设计要求,符合人机工程特点。该箱组具有美观结实耐用、使用安全可靠、结构布局合理、操作简单便捷等特点,同时对保障资源无特殊要求,对操作人员无特殊要求。

6.12.2 技术性能指标

1. 配套数量

(1) 1#箱数量≥8 个。
(2) 2#箱数量≥8 个。
(3) 3#箱数量≥8 个。
(4) 4#箱数量≥8 个。
(5) 5#箱数量≥4 个。
(6) 托盘(含捆绑带)数量≥4 套。

2. 尺寸系列(长×宽×高)

(1) 1#箱:400mm × 300mm × 200mm。
(2) 2#箱:400mm × 300mm × 400mm。
(3) 3#箱:600mm × 400mm × 400mm。
(4) 4#箱:800mm × 600mm × 600mm。
(5) 5#箱:1200mm × 800mm × 600mm。
(6) 托盘尺寸:1200mm × 1000mm × 160mm。

3. 材料

该箱组材料为线形低密度聚乙烯。

4. 颜色

军车绿,符合国标色标卡 GSB05 - 1426 - 2001《漆膜颜色标准样卡》(色卡号 37 GY06)。

5. 壁厚

(1) 1、2#箱壁厚≥5mm。

(2) 3、4#箱壁厚≥6mm。

(3) 5#箱壁厚≥7mm。

6.12.3 结构要求

1. 堆码要求

设有堆码定位结构,每种型号滚塑箱可独立堆码,任意两种型号滚塑形均可组合堆码。

2. 搬运要求

1~5#箱均设有搬运把手、3~5#箱均设有叉装槽(叉装槽尺寸依据3t叉车相关尺寸确定)。

3. 密封排气要求

(1) 箱盖设有环形凹槽,装入抗老化、密封性能好的硅橡胶材料环形密封圈,保证滚塑箱良好的防水防尘性能。

(2) 箱体设有自动排气阀,具有通气及阻水等功能。

4. 附件要求

(1) 上下箱体间安装合页和锁扣(锁扣具有铅封功能),下箱体两侧设有把手,合页、锁扣和把手材质均为不锈钢,且与箱体之间的安装应便捷、易于操作,便于损坏后更换。

(2) 箱盖内部及箱体内壁均黏有内衬,其中箱体内壁内衬材料为泡沫板,箱盖内部内衬材料为海绵。

5. 标志要求

箱体正面涂装标志:军用物资标志、防震标志、防潮标志、吊装标志、方向标志、怕热标志、贵重器材标志等,标志尺寸均按国军标 GBJ 1765A—2008《军用物资包装标志》的标志尺寸按比例进行放大和缩小。

6.12.4 通用质量特性要求

1. 保障性

(1) 保障性研制工作符合 GJB 3872—99《装备综合保障通用要求》的有关规定。

（2）保障性定性要求：箱组性能稳定可靠，配件标准化通用化程度高，维修简便；箱组操作使用说明书内容翔实（附有技术指导联系电话），无须进行人员专业培训，即可有效指导设备的操作使用及维护保养。

2. 环境适应性

（1）环境适应性研制工作符合 GJB 4239—2001《装备环境工程通用要求》的有关规定。

（2）环境适应性定量要求：高温试验、低温试验、冲击试验、振动试验、堆码试验符合相关国军标要求。

（3）箱组附件采用防盐雾、防腐蚀设计，提高环境适应性。

（4）工作温度：$-30 \sim 50℃$。

3. 产品包装、储运要求

按照 GJB 1181—91《军用装备包装、装卸、贮存和运输通用大纲》的有关规定和要求执行。

第 7 章

装备零部件包装防护质量检测技术

7.1 概 述

质量检验是器材保养工作中的必要组成部分,它对器材保养工作进行质量监测,技术指导,对新技术、新工艺和新材料进行鉴定与移植试验。做好质量检测工作可使人们从量的角度,能动地认识保养知识,探索保养工作的发展方向。利用试验分析的科学数据,为器材保养提供依据。

7.1.1 质量检测作用

质量检测有以下几个作用:

(1)保证质量。通过对保养材料及保养后的器材的检验、鉴别、分选,剔除不合格的部分,保证不使用不合格保养材料;避免不合格器材转入下道工序。

(2)查找问题。通过检验获得的信息和数据,为质量控制提供依据,找出并排除引起质量问题的原因,避免器材保养不合格。

(3)反馈信息。将检验获得的信息和数据,作好记录,进行分析和评价,及时地、如实地向上级或有关部门进行报告,以便上级或有关部门进一步采取有效措施,保证保养质量符合规定要求。

(4)促进开发。改进现有保养设备和保养材料,提高质量,加强管理,提供必要的质量信息和数据。利用反馈的保养质量信息和数据,促进下一代保养设备、保养材料的设计与开发。

7.1.2 质量检测内容

在保养工作不同阶段,对不同的检验对象和具体工作,有不同的质量检验内容。

1. 保养材料质量检验

为了确保器材保养质量和保证保养工作的正常进行,主要有两项工作内容:一是首批样品检验,也称入库验收检验,其目的在于审核生产厂家对保养材料有无质量保证,并为后续批量进货的质量保证提供依据。二是成批的库存保养材料的检验,也称使用前检验,其目的是防止不符合质量要求的保养材料进入保养过程,并为最终保养质量提供必要的条件。

2. 工序检验

工序检验是指器材保养包装过程中某一工序完毕时实施的检验。其目的是预防产生大批不合格品,并防止不合格品的产生流入下道工序。

工序检验有三种方式:

(1)首件检验。首件检验是某工序(或工艺)第一次执行时或某工序(或工艺)调整后,对第一件或前几件工序器材实施的质量检验。

(2)巡回检验。巡回检验是检验员在保养包装工作现场,按一定的时间间隔,对有关工序的保养包装质量实施流动检验。

(3)完工检验。完工检验是指一批器材保养包装完成后的质量检验,或是一批器材保养包装完成后的质量抽检。

3. 最终检验

最终检验是指某类器材保养包装完工后的质量检验。其不仅是保证保养质量的重要步骤和组成质量保证体系的重要部分,而且也是新的保养设计的重要依据。

7.1.3 质量检测步骤

质量检测有以下几个步骤:

(1)明确任务。按照上级业务部门的要求或正常的业务流程,明确检测项目和检测目的。熟悉相关技术标准或检验方法,明确合格品或合格批的标准,以及它们与不合格品或不合格批的区别。

(2)做好准备。整理维护检测需要的设备、仪器,使之保持良好状态。配制所需试剂。

(3) 准确采样。采集所需检测样品,并按规定存放。

(4) 检测分析。按照检测标准认真检测,得到实际的质量特性值和试验真实结果,并对试验步骤及试验原始数据进行详细记录。

(5) 结果整理。比较检测数据与保养包装工序器材的实际质量特性值的相关标准,判断并确定是否符合质量要求;根据检测结果,判定保养包装器材是否合格。

(6) 递交报告。认真填写检测报告,并向上级业务部门提出处理意见。不合格器材严禁在器材保养中使用,要返回到原工序重新处理。

7.1.4 质量检测方法

保养组配工作中使用的各种材料如防锈油、气相纸、包装薄膜和各种溶液等都有一定的技术标准,检验分析中可根据保养包装工作的需要进行检验,检验方法可分为以下几种:

1. 快速模拟试验

快速模拟试验也称快速甄别试验,这是模拟一种或几种气候环境的试验方法,如盐雾试验、湿热试验、腐蚀试验等,这类试验的特点有:一是出试验结果快,能快速给人们提供使用依据;二是节约时间,试验几个小时或几天就结束;三是便于控制,采取标准的仪器设备,在室内就可以进行试验,且不受自然环境的限制,可随时试验;四是试验结果重现性好,对同类试验可以很好地进行比较。不足之处是快速模拟试验条件是人为设置的理想环境,而不是器材工作中所处的实际环境,试验结果和实际结果有时误差较大。

2. 实物现场试验

用实物在真实的场地进行试验。例如,器材的实物封存试验,直接把器材封存后存放在某库房或某场地,实验客观反映器材所处环境的代表性和真实性。这类试验最大的优点是结果准确,真实,误差小。但这类试验也存在不足:一是周期太长;二是费用大;三是重现性不好。

3. 溶液分析

监督、检验器材保养包装过程中使用的化学溶液、包装材料及防锈油料等,必要时分析其化学成分及含量,可根据各种成分的含量调整溶液的比例。

7.2 检验仪器设备

7.2.1 玻璃仪器

7.2.1.1 玻璃仪器的分类与型号

1. 容器类

容器是指用以储存、运送物料,以及容纳物质在其中进行化学反应的各种玻璃器皿。其主要包括试剂瓶、洗瓶、烧杯、烧瓶(锥形和球形)、试管、比色管等。根据不同的性能和要求,玻璃容器采用不同的软质或硬质玻璃材料制作,有各种形状、颜色和规格。

2. 量器类

量器是指用于计量(量入或量出)液体体积的一类器皿,常用由被称为"白料"的软质玻璃制成,不宜在火上直接加热。量器可按其形状、用途和容量进行分类。

1) 量筒和量杯

量筒和量杯用于计量要求并不精确的液体体积,如配制百分比浓度、体积比浓度等的溶液。量筒类的容量允许误差相当于它的最小分度值。

2) 量瓶

量瓶全称是单标线容量瓶,用于配制标准溶液和进行定容实验,是精确的量入用量器。量瓶是细长颈薄壁的平底容器,瓶颈上刻有一条环形标线,瓶壁上标有容积及其检定时的温度。棕色量瓶用于制备需避光保存的溶液。

3) 移液管

移液管是做精确量出用的量器,有分度吸管和单标线移液管两种类型。

4) 滴定管

滴定管是容量分析中的基本测量仪器,有常量和微量两个等级。从使用要求上滴定管可分为酸式(具塞)和碱式(不具塞)两大类。

酸式滴定管下部具有密合良好的磨口玻璃活塞,用于盛装酸性滴定液、氧化还原性溶液和盐类稀溶液。

碱式滴定管下部装配一段具有尖嘴玻璃管的胶皮管,胶皮管中有一粒直径稍大于胶皮管内径的玻璃珠用以阻止液体流出。用手指挤捏玻璃珠附近的胶皮管,玻璃珠旁即形成一条窄细小缝,液体沿这条小缝呈液滴流出。

3. 常用玻璃仪器

1)冷凝管

冷凝管用于与其他仪器配套组装,在蒸馏或回流中起冷凝作用。冷凝管的规格按有效冷凝长度区分,最常用的为300mm和400mm两种。

水冷式冷凝管按其内管形状可分为蛇形、直形和球形三种。蛇形冷凝管冷凝面积最大,适用于将沸点较低的物质由蒸汽冷凝成液体;直形冷凝管冷凝面积最小,适用于冷凝沸点较高的物质;球形冷凝管则两种情况下均可选择使用,经常用于回流实验操作。空气冷凝管是一支单层的长形玻璃管,用于冷凝沸点在150℃以上的液体蒸汽。

冷凝管所用冷却水的走向应自低端走向高端。如果将进水和出水口颠倒安装,则易因内外管受热不均而引起脱落或炸裂。长期使用时,冷凝管夹层中易积滞黄色铁锈,可用10%稀盐酸或草酸去除。

2)干燥器

干燥器既可用于冷却和存放已烘干的样品、试剂和称量瓶等,又可用于保存需要防潮的小型贵重仪器。干燥器是一个可严密封盖的厚壁玻璃圆缸,内部用孔瓷板分隔成上下两层,上层存物,下层放置干燥剂(一种强吸湿性物质)。常用的干燥剂有无水氯化钙、硅胶、无水过氯酸镁和浓硫酸等。玻璃盖与器体接触的磨砂平面上涂有凡士林,以保证其密封性。

干燥器的规格一般按口径区分,小型干燥器为10cm,大型干燥器可达50cm。需避光的物品应储放于棕色玻璃干燥器。

真空干燥器的盖上附有磨砂活塞抽气管,将磨砂活塞抽气管与真空泵接通,可使干燥器内减压成真空状态,用以保存要求真空干燥的物品,如易氧化的还原态试剂和某些具有生物活性的试剂等。

干燥器长期不用或在室温低时存放,常发生打不开盖的现象,这是由于凡士林凝固所引起的,可用湿热毛巾温热盖沿,或将干燥器放在暖处,待凡士林软熔,再用一手扶住干燥器,一手轻轻推开器盖。为避免干燥剂吸收空气中的水分,干燥器盖要及时盖好。为保持干燥剂的有效性,应定时更换或烘干干燥剂。干燥剂均具有一定的蒸汽压,干燥器中空气也非绝对干燥,只是湿度较低,恒重的物料于其中放置时间过久,仍会吸收内部空气中水分而增重。搬动干燥器时要防止器盖滑跌。

3)漏斗

普通玻璃漏斗主要用于支持过滤介质,使固相和液相物质分开。漏斗由圆锥形漏斗体和管状漏斗颈组成,标准漏斗的锥形角度为60°。漏斗的规格按上口直径区分,最小的2~3cm,最大的20~30cm。根据使用目的和要求,漏斗可分为多种型号。

(1) 短颈漏斗:一般用于过滤操作。

(2) 长颈漏斗:长颈易于形成连续液柱,可提高过滤速度,多用于重量分析。

(3) 筋纹漏斗:用皱褶形滤纸过滤,能加大过滤面积,加快过滤速度,常用于处理重结晶的热溶液等。

(4) 砂芯漏斗:也称为耐酸漏斗,砂芯滤板由烧结玻璃料制成,用于过滤酸液和酸类处理。根据其孔径的大小,砂芯滤板分为G1~G66共66种规格;按滤板的直径分为40mm、60mm、80mm、100mm、120mm、150mm等规格;按容积可划分为100~1000mL等不同规格。

常用砂芯漏斗处理方法如下:用前先以酸液浸泡,然后用蒸馏水冲净,在干燥箱中在120℃温度下烘干。烘干操作前要除去水滴,防止带水骤热,滤片炸裂。G1~G4#砂芯漏斗使用后滤板上如附着沉淀物,可用蒸馏水冲净,必要时可根据沉淀物不同选用适当的洗涤剂先做处理,再用蒸馏水冲洗洁净,烘干。砂芯漏斗不得用于过滤碱液,也不能以浓氢氟酸、热浓磷酸作洗涤剂。

(5) 分液漏斗:用于两种不相溶的液体分层分离。

根据漏斗体的外形分成直筒形、球形(梨形)、锥形等,有的分液漏斗带有容量标线。分液漏斗的规格有50mL、100mL、250mL、500mL、1000mL、2000mL等。

(6) 其他类型漏斗:瓷板漏斗(又称布氏漏斗)、柱式漏斗、安全漏斗(包括环形安全漏斗、单球或双球安全漏斗等)。

4) 酒精灯

酒精灯供化验室简单加热使用。其具有磨口玻璃帽罩,可防止酒精挥发,用毕后应加帽灭火,不得用嘴吹气灭灯。灯内添加酒精以满2/3为宜。点灯时可用火柴或打火机引燃,不得以两灯相触点火,以免喷出酒精酿成火灾。灯芯要求松紧适当,过紧时灯火不旺,过松则灯芯易掉入灯中。

▶ **7.2.1.2 玻璃仪器的洗涤**

玻璃仪器清洁与否直接影响实验结果的准确性与精密度,因此,必须十分重视玻璃仪器的洗涤。

化验室中常用肥皂、洗涤剂、洗衣粉、去污粉、洗液和有机溶剂等清洗玻璃仪器。

肥皂、洗涤剂等用于清洗形状简单、能用刷子直接刷洗的玻璃仪器,如烧杯、试剂瓶、锥形瓶等;洗液用于清洗不易或不应直接刷洗的玻璃仪器,如吸管、容量瓶、比色管、凯氏定氮仪等。此外,也可用洗液洗涤长久不用的玻璃仪器以及刷子刷不下的污垢,利用洗液与污物起化学反应,氧化破坏有机物而除去污垢。

1. 洗涤液的配制和使用

1) 强酸性氧化剂洗液

化学化验室的传统常规洗液,由重铬酸钾与硫酸配制而成。重铬酸钾在酸性溶液中形成多重铬酸钾,有很强的氧化能力。这种洗液对玻璃的侵蚀作用小,洗涤效果好,但六价铬会污染水质,应注意废液的处理。

铬酸洗液的配制:称20g工业用重铬酸钾置于40mL水中加热溶解,放冷;缓缓加入360mL工业浓硫酸(注意不能将重铬酸钾溶液加入硫酸中),边加边用玻璃棒搅拌,因二者混合时大量放热,故硫酸不可加得太快,注意防止因激烈放热而发生意外;配好后放冷,装入有盖的玻璃器皿中备用。

新配制的洗液呈暗红色,氧化能力很强。储存洗液应随时盖好器皿的盖子,以免吸收空气中水分而逐渐析出CrO_3,降低洗涤效果。使用温热的洗液可提高洗涤效率,但也会加快洗液变质的速度。洗液经长期使用或吸收过多水分时即变成墨绿色,表明已经失效,不能再用。

2) 碱性高锰酸钾洗液

碱性高锰酸钾洗液作用缓慢温和,可洗涤有油污的器皿。配制方法是将4g高锰酸钾溶于少量水中,加入10%氢氧化钠至100mL。另一种配制法是取4g高锰酸钾溶于80mL水中,再加50%氢氧化钠至100mL。氢氧化钠有利于高锰酸钾的快速溶解。使用这种洗液后如果玻璃器壁沾有褐色氧化锰,可用盐酸或草酸洗液洗除。碱性高锰酸钾洗液不应在洗涤的器皿中长期存留。

3) 纯酸洗液

根据污垢的性质可采用多种洗涤方法。例如,水垢或盐类结垢,可直接用1∶1盐酸或1∶1硫酸水溶液,也可用10%以下的硝酸、1∶1硝酸水溶液浸泡或浸煮器皿。洗液加热温度不宜过高,以免浓酸挥发或分解。

4) 纯碱洗液

纯碱洗液多为10%以上的浓氢氧化钠、氢氧化钾或碳酸钠溶液,用于浸泡或浸煮玻璃仪器,煮沸可以加强洗涤效果。但在被洗的容器中存留不得超过20min,以免腐蚀玻璃。

5) 有机溶剂

沾有较多油脂性污物的玻璃仪器,尤其是难以使用毛刷洗刷的小件或形状复杂的玻璃仪器,如活塞内孔、吸管和滴定管的尖头、滴管等,可用汽油、甲苯、二甲苯、丙酮、酒精、氯仿等有机溶剂浸泡或擦洗。

2. 玻璃仪器洗涤法

1)例行洗涤法

例行洗涤也称常法洗涤。洗涤玻璃仪器之前,应先用肥皂洗净双手。一般玻璃仪器经自来水冲洗后,用毛刷蘸热肥皂液(洗涤剂等)仔细刷净内外表面,尤其应注意容器的磨砂部分和器口边缘处,边用水冲边刷洗至无肥皂液,再用自来水冲洗3~5次,用蒸馏水充分荡洗3次。洗净的清洁玻璃仪器壁上应能被水均匀润湿(不挂水珠)。

玻璃仪器经蒸馏水冲净后,残留的水分用指示剂检查应为中性。

洗涤中应遵循少量多次的原则用水冲洗,每次充分振荡后倾倒干净。凡能使用刷子刷洗的玻璃仪器,都应尽量用刷子蘸肥皂液洗刷。

2)不便刷洗的玻璃仪器洗涤法

根据污垢的性质选择不同的洗涤液浸泡或共煮,再按常法用水冲净。

3)水蒸气洗涤法

有些玻璃仪器,主要是成套的组合仪器,除按上述要求洗涤之外,使用前还要安装起来用水蒸气洗涤一定时间。例如,每次使用凯氏微量定氮仪前,应将整个装置连同接收瓶用热蒸汽处理5min,以便去除装置中的空气和前次实验所遗留的沾污物,从而减少实验误差。

4)特殊的清洁要求

某些实验中对玻璃仪器有特殊的清洁要求,如分光光度计的比色皿测定有机物之后,应以有机溶剂洗涤,必要时可用硝酸清洗,但要避免用重铬酸钾洗液洗涤,以免铬酸盐损伤玻璃。比色皿经酸浸后,先用水冲净,再用乙醇或丙酮洗涤、干燥。参比池应作同样的处理。对洗好的比色皿进行几次吸光度或透光度检查,读数均应相等。

3. 玻璃仪器的干燥

实验应使用清洁干燥的玻璃仪器,所以,每次玻璃仪器用后应立即洗净并干燥。

1)控干

洗净的玻璃仪器应倒置于滴水架上或专用柜内控水晾干。倒置还有防尘作用。

2)烘干

最常用的干燥方法是烘干。将洗净的玻璃仪器置于105~110℃的清洁烘箱内烘烤1h左右,有的烘箱还可利用鼓风驱除湿气。烘干的玻璃仪器一般都在空气中冷却,但称量瓶等用于精确称量的玻璃仪器则应在干燥器中冷却保存。

量器均不得用烘干法干燥。

3) 吹干

急待使用或不便于烘干的玻璃仪器,可用电吹风机吹干,电吹风机可吹冷风和热风。各种比色管、离心管、试管、三角烧瓶、烧杯等均可用这种方法迅速吹干。一些不宜高温烘烤的玻璃仪器如移液管、滴定管、比重瓶等也可用电吹风法进行干燥。如果玻璃仪器带水量大,可先用丙酮、乙醇涮洗一下,必要时再用乙醚涮洗后再快速吹干。

4) 烤干

少量小件玻璃仪器也可用酒精灯或红外线灯加热烤干。烤干时,应从仪器底部烤起,逐渐将水分赶到出口处挥发掉,注意防止瓶口的水滴滴回烤热的底部引起玻璃炸裂。反复上述动作2~3次即可烤干。

烤干法只适用于硬质玻璃仪器,有些玻璃仪器如比色皿、比色管、称量瓶、试剂瓶等不宜用此法干燥。

4. 玻璃仪器的保存

将干净的玻璃仪器倒置于专用柜内,柜的隔板上衬垫清洁滤纸,关紧柜门以防止落尘,不可在玻璃仪器上覆盖纱布。

根据各种不同玻璃仪器的特点、用途、实验要求等进行分别保管。

(1) 移液管可置于有盖的搪瓷盘、盒中,垫以清洁滤纸。

(2) 滴定管可倒置于滴定架上,或盛满蒸馏水、上口加套指形管或小烧杯。使用中的滴定管(内盛试液)在操作暂停期间,应加套以防沾污。

(3) 清洁的比色皿、比色管、离心管要收在专用盒内,或倒置在铺垫滤纸的专用架上。

(4) 有磨口塞的清洁玻璃仪器如量瓶、称量瓶、碘量瓶、试剂瓶等要衬纸加塞保存。

(5) 凡有配套塞、盖的玻璃仪器,如比重瓶、称量瓶、量瓶、分液漏斗、比色管、滴定管等都必须保持原装配套,不得拆散使用和存放。

(6) 专用的组合式仪器如凯氏微量定氮仪、K-D蒸发浓缩器、旋转蒸发浓缩器等洗净后应加罩防尘。

▶ **7.2.1.3 常用仪器使用注意事项**

常用仪器用途及注意事项见表7-1。

表7-1 常用仪器用途及注意事项

名　称	仪器示意图	主要用途	使用时注意事项
试管		1. 少量物质间相互反应的容器。 2. 盛放溶液	盛放溶液不超过试管容积的1/2，加热时不超过1/3，加热液体时应使试管受热均匀，试管倾斜与桌面成45°，试管口不要对着有人的地方
烧杯		1. 溶解物质，配制溶液。 2. 反应容器	1. 用于溶解时，所加液体不超过容积的1/3，并用玻璃棒不断轻轻搅拌。 2. 加热前外壁要干燥，加热时要垫石棉网
量筒		用于量取一定体积的液体	不能用作反应容器，不能加热量液时，应竖直放置，使视线与凹形液面的最低处保持水平，读数取凹液面最低点刻度
（带铁夹铁圈）铁架台		1. 固定各种反应器和其他仪器。 2. 铁圈可代替漏斗架使用	1. 装置要稳，要使铁圈、铁夹与铁架台底盘位于同一侧方向。 2. 夹持玻璃仪器不能太紧，应在铁夹内侧衬石棉绳
酒精灯		实验室常用热源	1. 酒精量不超过容积2/3，不少于容积1/4。 2. 外焰温度最高，加热时使用外焰。 3. 不可用燃着的酒精灯去点燃另一个酒精灯；不可向燃着的酒精灯中添加酒精；使用完毕用灯帽盖灭，不可用嘴吹灭
蒸发皿		用于液体的蒸发、浓缩和物质的结晶	1. 盛放液体不超过容积的2/3，可直接加热。 2. 加热过程中要用玻璃棒不断搅拌液体；当蒸发皿中出现较多量固体时即停止加热。 3. 高温下不宜骤冷

(续表)

名　称	仪器示意图	主 要 用 途	使 用 时 注 意 事 项
漏斗		1. 过滤液体。 2. 倾注液体	过滤时漏斗下端管口应紧靠接收容器的器壁
集气瓶		1. 收集气体,储存少量气体。 2. 进行气体与其他物质间的反应。 3. 用于组装少量气体发生装置	1. 不能用来加热。 2. 固体和气体反应剧烈时（如铁和氧气的反应），瓶底要放少量水或细沙。 3. 收集气体时,应用玻璃片盖住瓶口
燃烧匙		用于固体物质在气体中燃烧	一般为铁或铜制品,遇有能够与铁、铜反应的物质时,应在燃烧匙底部放一层细沙或垫石棉绒
胶头滴管		滴加液体药品	1. 使用前先捏紧胶头,再放入液体中吸收液体。 2. 滴加药品时,滴管不要插入或接触容器口及内壁
锥形瓶		用作反应容器易使反应物摇匀；常用于中和滴定、接收蒸馏液体等	1. 盛液体不要太多。 2. 加热时应垫石棉网
平底烧瓶		1. 保存溶液。 2. 用于组装简易气体发生装置	1. 加热时需垫石棉网。 2. 一般应固定在铁架台上使用
圆底烧瓶		1. 用于蒸馏煮沸或在加热情况下的反应。 2. 组装简易气体发生装置	1. 加热时需垫石棉网。 2. 使用时要固定在铁架台上

(续表)

名　称	仪器示意图	主要用途	使用时注意事项
试管夹		用来夹持试管,给试管加热	1. 试管夹从试管底部往上套,夹在试管的中上部。 2. 加热时,用手握住试管夹的长柄,不要把拇指按在短柄上。 3. 防止锈蚀和烧损
药匙		用于取用粉末状固体药品(药匙的两端分别为大小两个匙)	1. 取粉末状固体量较多时用大匙,较少时用小匙。 2. 药匙用过后要立即用干净的纸擦拭干净,以备下次使用
玻璃棒		用于搅拌、过滤或转移液体时引流	用后要冲洗干净

7.2.2 分析天平

分析天平是精确测定物体质量的重要计量仪器。化验工作中经常要准确测量一些物质的质量,称量的准确度直接影响测定的准确度。因此,分析工作人员掌握天平的结构、性能、使用和维护知识是非常必要的。

随着科技的进步,天平经过了由摇摆天平、机械加码光学天平、单盘精密天平到电子天平的历程,现在,机械式天平尤其是双盘天平已逐渐被单盘天平和电子天平取代。

7.2.2.1 天平的分类、性能和选用

1. 天平的分类及特点

按照天平的构造原理,天平可分为机械式天平(杠杆天平)和电子天平两大类。其中,杠杆天平又可分为等臂双盘天平和不等臂双刀单盘天平。而双盘天平可分为摆动天平和阻尼天平(有阻尼器)、普通标牌和微分标牌天平(有光学读数装置,亦称为电光天平)。按加码器加码范围,天平可分为部分机械加码和全部机械加码天平。由于双盘天平存在不等臂性误差、空载和实载灵敏度不同及操作较麻烦等固有的缺点,逐渐被不等臂单盘天平代替。不等臂单盘天平采用全量机械减码,克服了双盘天平的缺点,操作更简便。

电子天平由于采用电磁力平衡的原理,没有刀口刀承,无机械磨损,全部采用数字显示,称量快速,只需几秒就可显示称量结果。电子天平连接计算机和打印机后可具有多种功能,是代表发展趋势的最先进天平,已经得到广泛应用。

如按照最大量值划分,天平的名称中还有大称量天平、微量天平、超微量天平等。

2. 天平的主要技术指标

1)最大称量

最大称量又称最大载荷,是指天平可称量的最大值。天平的最大称量必须大于被称物体可能的质量。

2)分度值

天平的分度值,即天平标尺一个分度对应的质量。在天平某一盘上增加平衡小砝码,其质量值 P,此时天平指针沿标牌移动的分度数为 n,二者之比即为分度值,以下式表示:

分度值 $S/\text{mg} = P/n$

天平的最大称量与分度值之比称为检定标尺分度数,其值在 5×10^4 以上的称为高精密天平,其值越大准确度级别越高。

有的天平规格说明中有读数精度(估读值)一栏,表示目测一个分度以下借助测微器所读出的最小质量。一般用此估读值作为称量中扣除空容器质量时多记录一位的参考数据。只有当天平的变动性能够达到与读数精度相应的指标时才认为此值可以代表测量精度。

3)秤盘直径和秤盘上方的空间

天平的技术规格给出了天平秤盘直径及秤盘上方空间,即高度和宽度,根据称量物件的大小,选择合适的天平。

3. 天平的型号与规格

表7-2列出了部分天平的型号、规格及产地,供参考。

表7-2 部分国产天平型号及规格

类别	产品名称	型号	规格和主要技术数据		主要用途	产地
			最大称量/g	分度值/mg		
双盘天平	全机械加码分析天平	TG-328A	200	0.1	精密衡量,分析测定	上海、宁波、温州、湖南
	部分机械加码分析天平	TG-328B	200	0.1		
单盘天平	单盘精密分析天平	TD-12	109.9	0.1	精密称量	湖南、唐山
		DT-100	100	0.1		
	单盘分析天平	TG-729C	100	1	精密称量	上海、湖南
		DTQ-160	160	0.1		
		TD-18	160	0.1		

(续表)

类别	产品名称	型号	规格和主要技术数据		主要用途	产地
			最大称量/g	分度值/mg		
电子天平	电子分析天平	AEL-200	200	0.1	精密定量分析,可打印输出	湖南
		AEU-210 OF-110	210 110	最小读数(mg):0.1	精密检测分析	湖南、常熟
		ES-120J	120	读数精度(mg):0.1	精密称量	沈阳
		ES-180J	180	读数精度(mg):0.1	精密称量	沈阳
	精密电子天平	ES-2000A	2000	读数精度(g):0.01	地质勘探、计量测试及各种工业计量	沈阳
		ES-200A	200	读数精度(g):0.001	质量测定及金、银饰品称量	沈阳
		MP200-1	200	标准偏差(mg):1		北京
	上皿式电子分析天平	TMP300S(TMP-1)	300,30	分辨率(g):0.01,0.001	化验室及商业分析检测和称量	湖南
	上皿电子天平	MD100-1	100	最小读数(mg):1	快速质量测定	上海

4. 正确选用天平

各种类型的化验室都需要购置天平,天平的名称、规格、价格各不相同,究竟选择什么天平合适,这就需要在了解天平的技术参数和各类天平特点的基础上,根据称量要求的精度及工作特点正确选用。

(1)配制一般溶液,称量几克到几十克的物质,准确到 0.1g。

(2)称量样品供测定用,容器重数十克,样重 0.2g,要求称准至 0.0002g。

(3)有机半微量定量分析及难获得的珍贵样品,称样量 3~5mg,若要求测定准确度 1%,称准至 0.02mg 即可。样品加上容器重小于 1g。

为满足以上 3 种要求需要 3 台不同最大载荷和精度的天平。对于(1),应该选择架盘药物天平,最大载荷100g,分度值0.1g。对于(2),应选择单盘精密分析天平或电子天平,最大载荷100g,分度值0.1mg。对于(3),应选择最大载荷2g,分度值0.01mg的天平。

总之,选择天平的原则是不使天平超载,不使用精度不够的天平,也不应滥用高精度天平,以免造成不必要的浪费。

▶ **7.2.2.2 电子天平称量原理**

应用现代电子控制技术进行称量的天平称为电子天平。各种电子天平的控制方式和电路结构不相同,但其称量的依据都是电磁力平衡原理。现以MD系列电子天平为例说明其称量原理。

人们知道,把通电导线放在磁场中时,导线将产生电磁力,电磁力的方向可以用左手定则来判定。当磁场强度不变时,力的大小与流过线圈的电流强度成正比。如果使重物的重力方向向下,电磁力的方向向上,与之相平衡,则通过导线的电流与被称物体的质量成正比。

M列电子天平结构示意图,如图7-1所示。

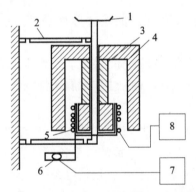

1—秤盘;2—簧片;3—磁钢;4—磁回路体;5—线圈及线圈架;
6—位移传感器;7—放大器;8—电流控制电路。

图7-1 M列电子天平结构示意图

秤盘通过支架连杆与线圈相连,线圈置于磁场中。秤盘及被称物体的重力通过连杆支架作用于线圈上,方向向下。线圈内有电流通过,产生一个向上作用的电磁力,与秤盘重力方向相反,大小相等。位移传感器处于预定的中心位置,当秤盘上的物体质量发生变化时,位移传感器检出位移信号,经调节器和放大器改变线圈的电流直至线圈回到中心位置为止。物体的质量由数字显示。

▶ **7.2.2.3 电子天平特点**

电子天平有以下几个特点:

(1) 电子天平没有机械天平的宝石或玛瑙刀子,采用数字显示方式代替指针刻度式显示。使用寿命长,性能稳定,灵敏度高,操作方便。

(2) 电子天平采用电磁力平衡原理,称量时全量程不用砝码。放上被称物后,在几秒内即达到平衡,显示读数,称量速度快,精度高。

(3) 分析及半微量电子天平一般具有内部校正功能。天平内部装有标准砝码,使用校准功能时,标准砝码被启用,天平的微处理器将标准砝码的质量值作为校准标准,以获得正确的称量数据。

(4) 高智能化电子天平,可在全量程范围内实现净重、单位转换、零件计数、超载显示、故障报警等。

(5) 电子天平具有质量电信号输出。它可以连接打印机、计算机,实现称量、记录和计算的自动化,直接得到符合 ISO 和 GLP 国际标准的技术报告,将电子天平与质量保证系统相结合。

▶▶ 7.2.2.4 电子天平安装

1. 安装场所

精度要求高的电子天平理想的放置条件是:温度(20±2)℃,相对湿度 45%~60%。

天平台要求坚固,具有抗震及减震性能。不受阳光直射,远离暖气与空调。不要将天平放在带磁设备附近,避免尘埃和腐蚀性气体。

2. 安装方法

电子天平的安装简单,一般按说明书要求进行即可。图 7-2 所示为电子天平外形及各部件(ES-J 系列)。清洁天平各部件后,放好天平,调节水平,依次放上防尘隔板、防风环、盘托、秤盘。连接电源线。

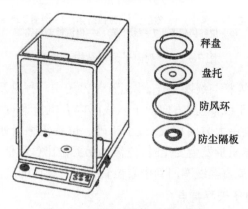

图 7-2 电子天平外形及各部件

如将一台放置在较低温度的天平搬到一个较高温度的工作间时,应切断电源,待仪器放置2h后,再安装并通电使用。这是为了排出由于温度差产生的湿气。

▶ 7.2.2.5 电子天平使用方法

电子天平使用方法如下:

(1)使用前,检查天平是否水平,调整水平。

(2)称量前,接通电源预热30min(或按说明书要求)。

(3)校准,按天平说明书要求的时间预热天平。首次使用天平必须校准天平,将天平从一地移到另一地使用时或在使用一段时间(30天左右)后,应对天平重新校准。为使称量更为精确,亦可随时对天平进行校准。校准程序可按说明书进行。用内装校准砝码或外部自备有修正值的校准砝码进行校准。

(4)称量按下显示屏的开关键,待显示稳定的零点后,将物品放到秤盘上,关上防风门。显示稳定后即可读取称量值。操纵相应的按键可以实现"去皮""增重""减重"等称量功能。

(5)清洁污染时用含少量中性洗涤剂的柔软布擦拭,勿用有机溶剂和化纤布。样品盘可清洗,充分干燥后再装到天平上。

▶ 7.2.2.6 电子天平使用注意事项

电子天平与传统的杠杆天平相比,称量原理差别较大,使用者必须了解它的称量特点,正确使用,才能获得准确的称量结果。

(1)电子天平在安装之后,称量之前必不可少的一个环节是"核准"。这是因为电子天平是将被称物的质量产生的重力通过传感器转换成电信号来表示被称物的质量的。称量结果实质上是被称物重力的大小,故与重力加速度 g 有关,称量值随纬度的增高而增加。例如,在北京用电子天平称量100g的物体,到了广州,如果不对电子天平进行校准,称量值将减少137.86mg。另外,称量值还随海拔的升高而减小。因此,电子天平在安装后或移动位置后必须进行校准。

(2)电子天平开机后需要预热较长一段时间(至少0.5h以上),才能进行正式称量。

(3)电子天平的积分时间也称为测量时间或周期时间,有几挡可供选择,出厂时选择了一般状态,如无特殊要求不必调整。

(4)电子天平的稳定性监测器是用来确定天平摆动消失及机械系统静止程度的器件。当稳定性监测器表示达到要求的稳定性时,可以读取称量值。

(5)在较长时间不使用的电子天平应每隔一段时间通电一次,以保持电子元器件干燥,特别是湿度大时更应经常通电。

7.2.3 酸度计

▶ **7.2.3.1 产品概述**

测量溶液 pH 值的仪器称为酸度计(pH 计),它是一种高阻抗的电子管或晶体管式的直流毫伏计,既可用于测量溶液的 pH 值,又可用毫伏计测量电池电动势。酸度计有实验室用和工业用之分。这里只介绍实验室用酸度计。

实验室用酸度计型号很多,但其结构均由两部分组成,即电极系统和高阻抗毫伏计。电极与待测溶液组成原电池,以毫伏计测量电极间的电位差,电位差经放大电路放大后,由电流表或数码管显示。目前,应用较广的是数显式 pHs-3 系列的精密酸度计,如 pHs-3F 型酸度计。

▶ **7.2.3.2 pHs-3F 型酸度计的外部结构**

pHs-3F 型酸度计外形如图 7-3 所示。图中的各部件调节钮和开关的作用简要介绍如下。

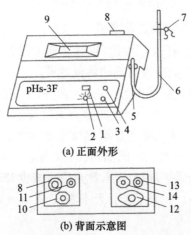

(a) 正面外形

(b) 背面示意图

1—mV-pH 按键开关;2—"温度"调节器;3—"斜率"调节器;4—"定位"调节器;
5—电极架座;6—U 形电极架立杆;7—电极夹;8—玻璃电极输入座;9—数字显示屏;
10—调零电位器;11—甘汞电极接线柱;12,13—电源插座与电源开关;14—保险丝座。

图 7-3 pHs-3F 酸度计外形

(1) mV-pH 按键开关:功能选择按钮,当按键在"pH"位置时,仪器用于 pH 值的测定;当按键在"mV"位置时,仪器用于测量电池电动势,此时"温度"调节器、"定位"调节器和"斜率"调节器无作用。

(2)"温度"调节器:用来补偿溶液温度对斜率引起的偏差装置,使用时将调节器调至所测溶液的温度数值(事先用温度计测知)即可。

(3)"斜率"调节器:调节电极系数,使仪器能更精确地测量溶液 pH 值。

(4)"定位"调节器:抵消待测离子活度为零时的电极电位,即抵消 E–pH 曲线在纵坐标上的截距。

(5)电极架座:插电极架立杆的装置。

(6)U 形电极架立杆:固定电极夹。

(7)电极夹:夹持玻璃电极、甘汞电极或复合电极。

(8)调零电位器:在仪器接通电源后(电极暂不插入输入座),若仪器显示不为"000",则可调此零电位器使仪器显示为正或负"000",然后再锁紧电位器。

7.2.3.3　pHs–3F 型酸度计的使用方法

1. 使用前准备

打开仪器电源开关预热 20min。将两电极夹在电极架上,接上电极导线。用蒸馏水清洗两电极需要插入溶液的部分,并用滤纸吸干电极外壁上的水。将仪器选择按键置于"pH"位置。

2. 测量 pH 值

(1)仪器的校正(以二点校正法为例)。将二电极插入 pH 值已知且接近 7 的标准缓冲溶液(pH=6.86,25℃)中。将功能选择按键置于"pH"位置上,调节"温度"调节器使指示的温度刻度为标准缓冲溶液的温度值。将"斜率"钮顺时针转到底(最大)。轻摇试杯,待电极反应达到平衡后,调节"定位"调节器,使仪器读数为标准缓冲溶液在当时温度下的 pH 值。取出电极,移去标准缓冲液,用水清洗两电极后,再插入另一接近被测溶液 pH 值的标准缓冲溶液中,轻摇试杯,旋动"斜率"钮使仪器显示该标准缓冲溶液的 pH 值(此时"定位"钮不可动)。调好后,"定位"和"斜率"两钮都不应再动。

(2)测量试液的 pH 值。移去标准缓冲溶液,用水清洗两电极后,插入待测试液中,轻摇试杯,待电极反应平衡后,读取被测试液的 pH 值。

3. 测量溶液的电极电位(mV 值)

仪器接上各种适当的离子选择性电极和参比电极,用蒸馏水清洗电极对,然后把电极对插入待测溶液内。将功能选择按键置于"mV"位置,开动电磁搅拌器,搅匀后,即可读出该电极的电位值(mV),并自动显示极性。

7.2.3.4　注意事项

测量 pH 值时的注意事项如下:

(1)玻璃电极初次使用时,先在蒸馏水或 0.1mol/LHCl 溶液中浸泡 24h 以上,每次用毕后应浸泡在蒸馏水中。玻璃电极壁薄易碎,操作应仔细。一般不能在低于5℃或高于60℃的温度下使用,也不能在含氟较高的溶液中使用。

(2)玻璃电极固定在电极夹上时,球泡略高于饱和甘汞电极下端,插入深度以玻璃电极球泡浸没溶液为限。

(3)甘汞电极使用时要注意电极内是否充满 KCl 溶液,里面应无气泡,防止断路。保证甘汞电极下端毛细管畅通。使用时将电极下端的橡皮帽取下,拔去电极上部的小橡皮塞,让极少量的 KCl 溶液从毛细管中渗出,使测定结果更可靠。

7.2.4 电磁搅拌器

▶ 7.2.4.1 产品概述

电磁搅拌器由微型马达带动磁铁旋转,吸引托盘上盛装溶液的容器中的搅拌子转动,达到搅拌溶液的目的。搅拌子也称磁子,用一小段铁丝密封在玻璃管或塑料管中(避免铁丝与溶液起反应),搅拌子随磁铁转动。托盘下除磁铁外,还有电热装置,用很细的电热丝夹在云母片内,起加热作用。电磁搅拌器面板上有电源开关、加热开关、转速调节旋钮和指示灯等。

电磁搅拌器型号很多,但其结构基本相同,操作也很简单,广泛应用于需要搅拌的操作中,如电位滴定、pH 测定、离子选择电极测定各种离子等。

▶ 7.2.4.2 使用方法

电磁搅拌器使用方法如下:

(1)使用前,将转速调节旋钮调至最小,接上 220V 电源,打开电源开关,电源指示灯即亮,然后调节合适的转速。

(2)需要搅拌的容器置于托盘的中央。选择合适的搅拌子放入溶液,即开始搅拌,搅拌子应在容器中央,以免碰壁。

(3)需加热时,可打开加热开关,调节合适的温度。

(4)注意保持容器外壁干燥,转速不要过快,以免溶液外溅,腐蚀托盘。

(5)用完应及时切断电源。

7.2.5 器材质量可视化监控设备

▶ 7.2.5.1 概述

器材质量可视化监控设备用于检查大、中、小型枪、炮管内质量表面状况;

检测各种发动机、变速箱、齿轮箱等质量情况,对部件器材内部的锈蚀、裂纹、润滑油和防锈油挥发变质等情况进行不解体检测;可在管道等狭小空间以及水、油、腐蚀性介质中进行工作,对不可解体器材进行在线检测,从而实现器材质量数据和信息的采集。

该装置既能准确地观测器材表面的特征,又能对观测到的信息进行运算、判断和记录存储,改变传统的肉眼观察主观性大、准确率低的状况,实现器材表面观测的信息化。其可广泛应用于仓储器材内腔形貌检测、器材封存质量检测等领域,在我军仓储装甲装备器材保养工作中具有广阔的应用前景。

▶ **7.2.5.2 结构**

器材质量可视化监控设备由数据处理器及光源、显示器及控制面板、电池、探头、数据采集软件及计算机等组成,如图7-4所示。

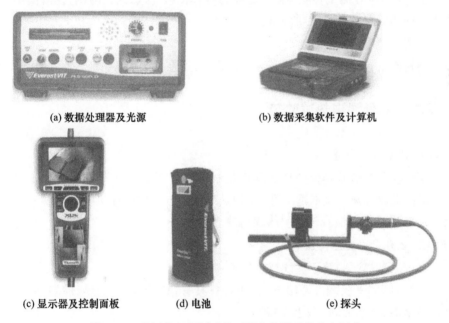

(a) 数据处理器及光源　　(b) 数据采集软件及计算机

(c) 显示器及控制面板　　(d) 电池　　(e) 探头

图7-4　装甲装备器材质量可视化监控系统基本组成

▶ **7.2.5.3 性能特点**

1. 分辨率高

探头端部采用彩色CCD摄像头成像,像素高达44万以上,可实现数字放大观测的实时图像,1.5倍、2.0倍、2.5倍、3.0倍循环切换,可获得清晰、鲜明、细节丰富的图像。

2. 色彩真实

采用高强度金属弧光灯光源,功率达 50W,输出强度 2600lm,色温 5885K,寿命 1500h。采用亮度自动调节系统,可在特殊环境如需要无照明条件下使用,延至曝光时间 15s。

3. 可实现数据比较、处理、传输、存储等功能

该功能是趋势分析的理想工具,如检测坦克发动机过程中,发现器材保养失效但又处于维护手册范围之内时,只需保存一张图像并把它列入档案,利用器材专家系统进行对比、测量分析即可。

4. 简便易用,测量数据精确

器材质量可视化设备可进行距离、深度、斜面的立体三维测量,平均系统误差小于 5%。所有测量功能均能通过手持操作面板完成,简便易用,并可使用计算机上的测量图像进行重新测量。

5. 适应性强

器材质量可视化设备适应恶劣工作环境,可在水下和各种工业油中工作。

7.2.6 高低温湿热试验箱

7.2.6.1 概述

高低温湿热试验箱模拟高低温及湿热环境,广泛用于电工电子及化工机械产品的高低温湿热环境的适应性(特别是产品的电气性能和机械性能的变化情况)测试,也可用于检查试样耐热或腐蚀的能力。

7.2.6.2 性能特点

高低温湿热试验箱的性能特点如下:

(1)独特的平衡调温调湿方式,使设备具有稳定平衡的加热、加湿能力,可进行高精确、高稳定的温湿度控制。

(2)工作室采用优质不锈钢板材,试样搁架亦采用不锈钢制成,耐腐蚀、易于清洗。

(3)有测试电源引入孔,方便试样的通电测试。

(4)设备温控部分采用数显温控仪,高精度、高稳定性,具有 PID 自动调谐,确保设备精确控制。

(5)设备具有超温保护、声讯提示和定时功能,当达到预定时间会自动切断电源,使整机停止运行,确保设备安全。

(6)设备密封条采用硅橡胶材质,具有韧性好、高温高湿环境下不易变形、发黏等特性。

(7)箱体采用静电喷塑,色调优雅,美观大方。

7.2.6.3 主要技术指标

高低温湿热试验箱如图7-5所示,其主要技术指标见表7-3。

图7-5 高低温湿热试验箱

表7-3 高低温湿热试验箱主要技术指标

项　　目	主要技术指标
型　　号	GDS系列
工作室尺寸	350mm×350mm×400mm(深×宽×高)
温度范围	-40~100℃
湿度范围	30%~98% RH
温度波动度	±0.5℃
温度均匀度	±2℃

7.2.6.4 工作环境

高低温湿热试验箱的工作环境如下:

(1)温度:15~35℃。

(2)相对湿度:不大于85% RH。

(3)大气压:86~106MPa。

(4)周围无强烈振动。

(5)无阳光直接照射,或其他热源直接辐射。

(6)周围无强电气流,当周围空气强烈流动时,气流不应直接吹到箱体上。

(7)周围无强电磁场影响。

(8)周围无高浓度粉尘及腐蚀性物质。

(9)加湿用水:当用水与空气直接接触的方法加湿时,水的电阻率不应低于500Ω·m。

(10)为保证设备的正常运转和操作的方便,除保持设备水平安放外,设备与墙壁或器物之间应预留一定的空间。

7.2.6.5 操作规程

高低温湿热试验箱的操作规程如下:

(1)接通电源后,即合上断路器,此时"off"指示灯亮。

(2)按一下 SET 键,SV 数值便出现光标,光标在哪位数上便可按∧或∨键改变数值。<R/S 键每按一下,光标移动一次,SV 值设定后,再按一下 SET 键复位。

(3)功能选择:高温、低温(去湿)、湿热试验。

(4)温度试验:设定试验温度值,按下启动按钮"on"。温度恒定后,打开定时开关,开始计时。

(5)湿度试验:在温度试验的基础上,做湿度试验,即当箱内温度恒定后,打开湿热开关,设定湿度控制仪的数值,此数值从干湿度对照表上查得。

(6)低温试验:在试验温度低于常温的情况下进行试验,设定温度控制仪数值,然后打开制冷开关,当箱内温度恒定后,打开定时开关开始计时。

(7)定时器:时间从 1s~99h 任意设定,H 小时,M 分钟,S 秒,设定好时间,打开定时开关,开始计时。

7.2.6.6 RKC 温控仪功能说明

高低温湿热试验箱 RKC 温控仪有以下主要功能:

(1)PV:测量值;SV:设定值。

(2)AT 自整定指示灯,该指示灯亮时表示进入自动演算状态,自动调谐,自动演算最佳的 PID 参数值。

(3)OUT1 输出Ⅰ指示灯,该灯亮时,发绿光,表示温控仪输出信号驱动箱内加热系统。当 PV 值接近 SV 值时该指示灯闪烁,表示箱内工作点加热,使之达到工作室内恒温。

(4)OUT2 输出Ⅱ指示灯(但在本设备上未启用)。

(5)ALM1 为报警指示Ⅰ,灯亮时,该设备同时发出报警声,并且自动切断整机电源,表示工作室内超温。

(6)ALM2 为报警指示Ⅱ。

(7) SET 功能键:按 3s 后,再每按一次依次出现参数 AL1、AL2、ATU、STU、P、ID、A2、PC、Db、T、Pb、LOK(此参数出厂时已调好,无须调整。若改变其参数,控制精度和性能改变)。

(8) <R/S 位移及运行/停止键:按一下 SET 键,再按 <R/S 键可将光标移动,再按 ∧ 或 ∨ 升降键数值就改变。按 <R/S 键几秒,PV 出现 STOP,便停止信号输出。再按几秒便解除,运行正常。

(9) △ 或 ▽ 为数值修改健。

7.2.6.7 注意事项

高低温湿热试验箱操作过程中要注意以下几项:

(1) 设备应水平安装,严禁斜放。

(2) 为保证试验设备正常运行,必须按要求供给相应电源,并可靠接地。

(3) 设备系统非专业人员不得拆卸、维修。

(4) 定期检查设备电源断路器、超温保护系统和操作人员的安全保护装置。

(5) 在零度以下时,本机工作应避免打开箱门,否则造成箱内蒸发器等部位产生结冰结水,降低使用效力。

(6) 仪表操作时,请勿随意改动参数值,否则难以保证设备控制精度。

(7) 本设备附有观察窗及照明装置,以便观察工作室内运行情况,照明装置,仅限观察时使用;视窗加热限于观察窗除霜(只有启动冷机才能自动加热除霜)。

(8) 如果设备内放入发热试样时,试样电源请用外加电源,不要直接使用设备电源。

(9) 绝对禁止对爆炸性、可燃性及高腐蚀物质的试验。

(10) 本机侧面附有测试孔,进行试件测试线路连接时,注意选择导线的面积,连接后塞入保温材料。

(11) 本设备具有定时装置,当箱内温度达到试验温度后,如需定时运行,打开定时装置。当运行至设定时间时,本机将自动切断电源。

(12) 试验过程中,应避免打开箱门,以免导致系统 PID 误解,触以超温保护。

(13) 注意蒸馏水箱中的水位,应及时加水,以防干烧,引起设备损坏;如须夜间运行,离开时,请加满水箱中的水位。

(14) 试验中,除非绝对必要,切勿打开箱门,否则可能引起人身伤害、系统误动作。

(15) 湿球纱布应脱脂处理,安装时先洗手,以防污染纱布。将纱布浸湿,再包扎在湿球上,包扎时纱布应紧贴湿球。

(16) 设备运行时,蒸馏水箱请勿盖严,以便供水。

(17)试验完毕后,拔下电源插头,并放掉加湿槽内余水,揩清工作室等处水迹,尽量使试验箱处于干燥的环境中。

(18)控制面板上的电器元件,如发生故障需调换时,切勿乱拆,确保试验箱的使用寿命。

7.2.7 盐雾试验箱

▶ 7.2.7.1 概述

本系列产品模拟大气中的含盐微小液滴所构成的弥散系统,应用于对金属类器材、电子电气类器材进行盐雾腐蚀试验。

本系列产品适用于下列实验:

(1)中性盐雾试验(Neutral Salt Spray Test,NSS)。

(2)乙酸盐雾试验(Acetic Acid Salt Spray Test,AASS)。

(3)铜盐加速乙酸盐雾试验(Copper Accelerated Acetic Acid Spray Test,CASS)。

▶ 7.2.7.2 性能特点

盐雾试验箱的性能特点如下:

(1)设备工作室内外胆均采用进口环氧树脂整体模压成形,具有重量轻、强度高、无渗漏、表面平整、易于清洁等特点。

(2)设备控制系统采用两只高精度、高稳定度,具有 PID 自整定、LED 直观显示的数字温控仪和两只高精度数显时间控制器,保证设备的精确调控。

(3)设备具有超温自动报警和自动关闭工作系统电源的功能,使用安全可靠。

(4)箱盖的开启采用无源助力装置,开启轻松。

(5)设备箱盖和箱体之间采用水密封方式,气密性好。

(6)工作室下部升温加热装置采用了夹套加热方式,工作室升温快,温度均匀度高。

(7)箱盖设计成120°顶角,杜绝盐雾液滴直接滴落在试样上。

(8)工作室下部装有固定挡水圈,使工作室内保持一定水位,防止箱体老化。

(9)箱体前下方或左侧装有两只滴定管,用于测定试验的盐雾沉降量,以确定喷雾量是否符合相关实验标准。

(10)喷雾系统中采用石英喷嘴,具有长时间使用无结晶、耐腐蚀、耐磨损、不变形,喷出的雾粒小,沉降分布均匀的特点。

(11)安放试样的搁架采用耐腐蚀、高强度的材料制成,持久耐用。

7.2.7.3 技术指标

盐雾试验箱如图7-6所示,其主要技术指标见表7-4。

图7-6 盐雾试验箱

表7-4 盐雾试验箱主要技术指标

项　目	主要技术指标
工作室可调温度	室温~55℃
温度均匀度	≤±2℃
指示点温度波动度	≤0.5℃
盐雾沉降量	$1~2mL/80 \cdot cm^2 \cdot h$
盐雾方式	连续、周期喷雾
电源电压	50Hz,220V

7.2.7.4 工作环境

1) 环境条件

(1) 温度15~35℃;相对湿度≤85%,气压86~106kPa(无急剧变化)。

(2) 周围无强力震动。

(3) 无阳光直接照射或其他热源直接辐射。

(4) 周围无强烈气流,当周围空气需强制流动时,气流不应直接吹到箱体上。

(5) 周围无高浓度粉尘及腐蚀物,无易燃易爆物品。

(6) 尽可能选择通风良好和方便供电及给排水的场所。

(7) 试验结束后,打开箱盖,会有一些盐雾扩散出来,对周围物品产生腐蚀,所以应安装在独立房间或采用其他隔离措施为宜。

(8)为保证设备的正常运行和操作的方便,除保持设备水平安放外,设备与墙壁或器物之间应预留一定空间。

2)外部设备及零部件

(1)本设备与外协空压机之间的接口采用自锁接头。

(2)配备排气量≥$0.3m^3/min$、压力为$0.5 \sim 0.8MPa$的空气压缩机一台。

7.2.7.5 结构及功能

本系列产品采用塔式(挡板式)盐雾发生系统,用于喷雾的压缩空气经过净化、减压、饱和处理后进入喷嘴,盐水由盐水补给系统供给喷嘴吸水管。喷雾时,压缩空气冲出喷嘴,在吸水管上方产生负压,盐水在引射的作用下,迅速沿喷雾导管射向顶端锥体,并四散到整个工作空间,形成弥漫状态,模拟盐雾环境。

盐雾试验箱由工作室、喷雾系统、盐水补给系统和温控系统组成。

(1)工作室。工作室为一长方体,是模拟大气盐雾环境的场所,其内部中央装有一只或两只喷雾塔,前侧或左侧装有两只集雾漏斗,底部有一只挡水圈,其中心孔通过管道开口于箱体后侧,连接排雾管,以平衡室内外气压。在工作室内还备有试件搁架,以供摆放。

(2)喷雾系统。喷雾系统由油水分离器、调压阀、空气饱和器和喷雾塔组成。该系统将压缩空气净化、减压、饱和后,在喷雾塔中作用于盐水,从而形成盐雾弥散系统。

(3)盐水补给系统。盐水补给系统由盐水储存箱、过滤器和自动补给器组成,用户配置好的盐水,由盐水储水箱经过过滤器,通过管路进入自动补给器,自动补给器根据喷雾塔消耗盐水的多少,自动补给盐水。

(4)温控系统。温控系统通过两只高精度带PID自整定功能的温控仪和两只数显时间控制仪对工作室、饱和器和喷雾系统实现有效控制,并设有全功能超温报警,确保系统安全可靠。

7.2.7.6 操作规程

1. 准备工作

(1)检查箱体放置是否平稳,在箱体内放入水,以水平为准。

(2)接好箱体后侧的排雾接头及排雾管。排雾管根据所需可以加长,使盐雾排至室外(排雾管通往室外,且不得高于排雾接头,不得弯曲,保证排雾、排水畅通)。

(3)在工作室底部加入10mm以上的水位,最好与工作室内挡水圈相平(如加水过多,自动排出)。

(4)在工作室内样品架上放好试样,要求无叠放,不得遮盖集雾漏斗。

(5)在箱体上部水槽内,加入适量的自来水,以关闭箱盖后不溢出为准。

(6)在蒸馏水箱内加入蒸馏水或去离子水,同时打开饱和器上部的排气阀,再打开进水阀,水自动流入饱和器内,水位高度至液位计玻璃管 2/3 以上,加水完毕,关闭两阀门,长时间工作,饱和器内的水会消耗,要及时关机补水,以防设备损坏。

(7)在设备压缩空气接入口,采用自锁接头接入 0.5~0.8MPa、排气量 ≥ $0.3m^3/min$ 的压缩空气机。

(8)配制好溶液,并将溶液倒入溶液箱内,整个试验过程中,溶液的液位不得低于最低下限刻度。

2. 气压调试

(1)打开进气阀,调节油水分离器调压阀,使进气压力表的指示位于 0.2~0.4MPa 位置。出厂时已调好,根据设备所需,可作适量调整(气动开盖可调至 0.2~0.6MPa)。

(2)打开电源开关,调节仪表的设定值。

(3)打开选择开关至连续挡,调节减压阀,使喷雾压力指示位于 0.07~0.17MPa,在调节过程中,注意应慢慢调节减压阀,以免引起饱和器上的气管爆裂(出厂时已调好)。

(4)本产品可通过选择开关、选择周期,控制连续、停止。

① 连续喷雾时间设定:调整定时时间继电器,设定好所需时间,将选择开关拨至连续挡,在达到所需工作时间后,自动断电并切断整机电源。

② 周期喷雾时间设定分为喷雾时间设定和停止时间设定,分别由周期时间继电器控制,设定好两个时间值后,把喷雾选择开关拨至周期挡,设备即自动进行周期喷雾,定时时间到达设定值,将自动断电。

③ 选择开关拨至停止挡(中间位置),箱内保持恒温恒湿。

3. 参数设定

盐雾试验箱各功能参数见表 7-5。

表 7-5 盐雾试验箱各功能参数

代码	名称	设定范围	说明	出厂值
HE	时间比例再设定	-99(-99.9) ~100(100.0)℃	时间比例再设定(Reset)仅用于调整比例控制仪表的静差	0
HE				
HE	过程值偏置	-99(-99.9) ~100(100.0)℃	用于修正由传感器、热电偶补偿导线所产生的测量误差	0
Ht				

(续表)

代码	名称	设定范围	说明	出厂值
dF dF	不灵敏区 （死区）	-1~10(100)℃	位式报警作用的不灵敏区，具有位式控制的仪表位式及报警用同一 dF	1
RL AL	报警点 设置	-1999~1999℃	报警点设定，当 AL>0 时为上限报警，当 AL<0 时为下限报警，输出状态自动翻转	50
T T	控制周期 （加热侧）	1~100s	继电器输出≥20s SSR 和可控制开关≥3s	30 3
P P	比例带 加热侧	1~300℃	比例作用调节，P 越大比例作用越小，系统增益越低，仅作用于加热侧	60
i I	积分时间 （再调时间）	1~3600s	积分作用时间常数，I 越大，积分作用越弱	120
d	微分时间 （预调时间）	1~3600s	积分作用时间常数，D 越大，微分作用越强，并可克服超调	120

4. 开机试验

(1) 打开进气阀。

(2) 打开电源开关、仪表开关，设定温度和 SP 值。

(3) 调整定时时间继电器或周期时间继电器，可记录当前工作时间，时间继电器必须在通电前调整，否则还在原计时单位上，H 为小时，M 为分钟，S 为秒。

(4) 打开选择开关，整机开始工作。

5. 关机

试验结束后关机，先关选择开关，再关电源开关，最后关闭进气阀，待 20~60min 后，取出试验样品，否则工作室内气体排出，会腐蚀室内的金属制品。

6. 喷雾调节

(1) 检查喷雾嘴是否处于喷雾导管中心位置，以免喷雾不均匀。

(2) 用户可根据集雾器测出喷雾量是否符合验收标准。当沉降量高于或低于标准值（$1~2.0mL/(h·80cm^2)$）时，调节喷雾塔与喷雾导管的距离，或调整喷雾压力（此项工作，设备出厂时已经调好，用户一般无须调整）。

▶ **7.2.7.7 维护保养**

1. 日常保养

(1) 定期给空气压缩机加润滑油，推荐使用空压机排气量 $0.3~0.4cm^3$。

(2) 每次试验后，打开油水分离器开关，将油污积水放尽。

(3)若长期不做试验,应将饱和器的水放尽,正常使用时也应定期更换饱和器的存水。

(4)应定期检查气调节阀的功能是否正常。

(5)设备长期不用,重新开机做试验前,检查全部电气系统。

(6)试验结束后,清洁箱内,尽量使试验箱处于干燥环境中。

(7)控制面板上的电器元件,如发生故障需调换时,切勿乱拆,以免影响试验箱的使用寿命。

(8)发现喷嘴污垢堵塞,可拆下喷嘴清洗,或用超细钢丝疏通,但不得损伤喷孔内腔的表面光洁度,以免影响喷雾质量。

2. 设备维护

(1)盐雾试验结束后,应该对工作室进行必要的清洁;长时间不做试验,或改做其他类型试验,应用清水彻底清洁工作室及密封槽,并对喷雾嘴进行清洗,即将溶液倒去,再放入少许水开机喷5~10min,防止盐分结晶,堵塞喷嘴,影响下次试验的正常进行。

(2)若长期停机不用,打开排水阀,把饱和器内的存水放掉。

(3)长期停机,应将电源切断。

(4)开机应先开气阀,关机应先关电源开关(或选择开关),否则将会造成饱和器内的水倒流至压力表及油水分离器内造成故障;如油水分离器内有水,可将下面的集水杯拧开倒掉。

7.2.7.8 注意事项

盐雾试验箱操作过程的注意事项如下:

(1)安装、使用本设备前,应认真阅读使用说明书,遵守设备上的警示符和警告语内容。

(2)为保护设备和安全的需要,在设备外部,应设有保护安全装置,并供给设备所需电源(见铭牌)。

(3)本产品电器部分,不得随意触摸,饱和器及供气支架应可靠接地。

(4)设备使用前,必须在加水部位加入适量的水,否则严禁开机。

7.2.8 电热恒温干燥箱

电热恒温干燥箱简称烘箱或干燥箱,是利用电热丝隔层加热使物体干燥的设备。它适用于比室温高5~300℃(有的为200℃)范围的恒温烘焙、干燥、热处理等,恒温灵敏度通常为±1℃。

7.2.8.1 电热恒温干燥箱的结构

电热恒温干燥箱的型号很多,但结构基本相似,其结构示意图如图7-7所示,一般由箱体、电热系统和自动恒温控制系统三部分组成。

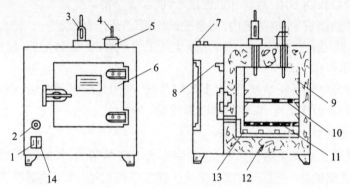

1—电源开关；2—指示灯；3—导电表；4—温度计；5—排气阀；6—箱门；
7—电接点水银温度计接线柱；8—温度控制器；9—搁板支架；10—样品搁板；
11—散热板；12—保温层；13—电热丝；14—快热开关。

图7-7 普通电热恒温干燥箱结构示意图

1. 箱体

干燥箱外壳是一个隔热的铁皮箱,箱壁一般分为4层:外层为铁皮喷漆;中层为玻璃棉或石棉,用以隔热保温;第三层为涂铅的铁皮;第四层即最内层为铁皮制的空气对流壁,使冷热空气能够对流,箱内温度均匀。内层构成工作室,室内有网状搁板两块,用以搁放试品,室内四壁和搁板涂以耐高温防锈蚀的银粉漆,箱顶有排气间,便于热空气和蒸汽逸出。排气阀中央备有温度计插孔,插上温度计以指示箱内温度。箱门均为二道,里门是玻璃门(一般为耐高温不易破碎的钢化玻璃),外门是填有绝热层的金属隔热门。打开外门,可通过玻璃门观察工作室的工作情况。箱的底层有进气孔,便于干燥空气进入,促使蒸汽逸出。箱的侧室装有指示灯,红灯亮表示加热,绿灯亮表示不加热。其还装有连接线和温度控制器等部件,比较大型的干燥箱还带有鼓风装置,鼓风用的小型电动机也装在箱侧室里,鼓风的目的是促使工作室内冷热空气对流,侧室的侧门有散热孔,便于卸下和检修。

2. 电热系统

干燥箱的电热部分一般分为外露式电热丝,装在瓷盘中或绕在瓷管上,固定在箱底夹层中。比较大型的干燥箱电热丝分为两大组,其中一大组为辅助电热丝,直接与电源相接,不受温度控制器控制,用于短时间内急需升温和120℃

以上恒温时辅助加热。另外一大组为恒温电热丝,它与温度控制器相连,受温度控制器控制。辅助加热系统在恒温加热系统后面,辅助电热丝工作时恒温电热丝必定也在工作。两个加热系统合并在一个旋钮上,常见的旋钮开关分为 4 挡,如图 7-8 所示。当旋钮在 0 挡时,干燥箱断电不工作,当旋钮在 1 和 2 挡时,恒温加热系统工作,当旋钮在 3 和 4 挡时,恒温系统和辅助系统均加热。有的烘箱上设有快热开关,就是连接辅助加热系统。

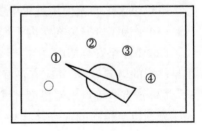

图 7-8　恒温 4 挡开关

3. 自动恒温系统

烘箱的自动恒温系统一般有差动棒式和电接点水银温度计式两种,近年来,生产厂家又研制出数字显示式控温器。过去的烘箱多用差动棒式,灵敏度低,目前的烘箱多采用电接点水银温度计式,灵敏度较高。

电接点水银温度计式温度控制器,俗称导电表,如图 7-9 所示。这种控温器的灵敏度较高,约为 ±0.1℃,但接点电流小,约为 30mA,所以不能用来直接控制电热丝电路,只能与一个温度控制电路相配合,作为该电路的一个温控元件。

使用时,把导电表插入工作室内,将导电表的两根引出线接在控制电路继电器的两根接线柱上。借助手动磁钢(即钢帽)的旋转,带动软铁和细丝杆旋转,改变扁形螺母(也称指示铁)的上下位置,同时也改变金属丝的高度,亦即调节水银和金属丝接触的温度。当箱内温度上升到所需温度时,调节金属丝刚好和水银接触,通过控制电路继电器的作用将电热丝电源切断,箱内停止加热,当箱内温度下降后,水银下降与金属丝断开,继电器重新接通电热丝电源。如此反复,完成控温目的。

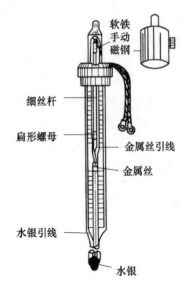

图 7-9　电接点水银温度计式
温度控制器

导电表一般有 50℃、100℃、200℃、250℃等数种规格,可根据需要选用。导电表的温度指示通常不十分准确,需另附一支温度计指示箱内温度。

最新的电热鼓风干燥箱,采用数字显示、电脑控温、不锈钢内胆等,波动度

±0.5℃,均匀度±2.5%,功率2~3kW,温度200~300℃,有多种型号和规格。

7.2.8.2 电热恒温干燥箱使用及注意事项

电热恒温干燥箱使用过程中要注意以下几项:

(1)干燥箱应安装在室内干燥和水平处,防止震动和腐蚀。

(2)要注意安全用电,根据干燥箱耗电功率,安装足够容量的电源闸刀。选用足够粗的电源导线,并应有良好的接地线。

(3)带有电接点水银温度计式控温器的烘箱应将电接点水银温度计的两根导线分别接至箱顶的两个接线柱上。另将一支普通水银温度计插入排气阀中(排气阀中的温度计是用以校对电接点水银温度计和观察箱内实际温度的),打开排气阀的孔。调节电接点水银温度计至所需温度后紧固钢帽上的螺丝,以达到恒温目的。但必须注意调节时,切勿将指示针旋至刻度尺外。

(4)一切准备工作就绪后方可将试品放入烘箱内,然后连接并开启电源,红色指示灯亮表示箱内已加热。当温度达到所控温度时,红灯熄灭绿灯亮,开始恒温。为了防止控制失灵,必须经常察看。

(5)放试品时注意排列不能太密。散热板上不应放试品,以免影响热气向上流动。禁止烘焙易燃、易爆、易挥发及有腐蚀性的物品。

(6)当需要观察工作室内样品情况时,可开启外道箱门,透过玻璃门观察。但箱门尽量少开为宜,以免影响恒温。特别是当工作温度在200℃以上时,开启箱门有可能使玻璃门骤冷而破裂。

(7)带有鼓风的干燥箱,在加热和恒温过程中必须开启鼓风机,以免影响工作室温度的均匀性及损坏加热元件。

(8)工作完毕后应切断电源,确保安全。保持烘箱内外清洁。

7.3 常用检测溶液配制

7.3.1 化学试剂与试液

7.3.1.1 化学试剂

1. 试剂的质量规格和用途

我国化学试剂属于国家标准的标有GB代号,属于化工部标准的标有HG或HGB(暂行)代号。

常见试剂的质量分4种规格:

1)优级纯

一级品,又称保证试剂。其主成分含量高,杂质少,用于精确分析和研究工作,有的还可作基准物质。

2)分析纯

二级品,质量略低于优级纯,用于一般分析和科研。

3)化学纯

三级品,质量较分析纯差,但高于实验试剂,用于工业分析及教学实验。

4)实验试剂

四级品,杂质含量较多,但比工业品纯度高,主要用于一般化学实验。

在质量检验分析中,一级品可用于配制标准溶液,二级品用于配制定量分析中的普通试液,三级品只能用于配制半定量或定性分析中的普通试液或清洁剂等。

按我国化工部标准 HG3-119-64 "化学试剂包装及标志" 的规定,用各种颜色的瓶签标志化学试剂的等级。

5)高纯试剂

质量品级高于一级品的高纯试剂,目前国际上尚无统一的明确规格,国内常用9的个数表示产品的纯度。在规格栏中标以2个9、3个9、4个9等。例如:

杂质总含量不大于 $1\times10^{-2}\%$,其纯度为4个9(99.99%)。

杂质总含量不大于 $1\times10^{-3}\%$,其纯度为5个9(99.999%)。

杂质总含量不大于 $1\times10^{-4}\%$,其纯度为6个9(99.9999%)。

6)其他规格的试剂

其他规格的试剂虽未经有关部门明确规定和正式公布,但多年来已为广大的化学试剂生产、销售和使用者所熟悉与沿用。各国试剂的规格有的和我国相同,有的差别较大,使用前应根据瓶签上所列杂质的含量仔细对照判断。

2. 试剂的使用和保存

1)使用

使用化学试剂必须遵守以下原则:

(1)取用化学试剂前应检查试剂的外观,注意其生产日期,不使用失效的试剂。如怀疑有变质可能,应经检验合格后再用。使用中要注意保护瓶上的标签,如有脱落应及时贴好,如有损毁则应照原样补全贴牢。

(2)取用液体试剂只准倾倒使用,不得在试剂瓶中直接吸取,倒出的试剂不可再倾回原瓶中。倾倒液体试剂时应使瓶签在上方,以免滴下的试剂沾污或腐蚀瓶签。

(3)取用固体试剂时应遵守"只出不回、量用为出"的原则,倒出的试剂有余量时不得倒回原瓶。所用的牛角匙应清洁干燥,专匙专用。

2)保存

(1)分类摆放。化学试剂较多时,应按各种试剂的化学性质分类保管。性质稳定的固体盐类按阳离子或阴离子分类,分开摆放,取用后及时放回原处。

(2)剧毒试剂如氰化钠(钾)、氧化砷、汞盐等应储存于保险柜中,并有专人保管。

(3)易挥发试剂应储放在有通风设备的房间内。

(4)易燃、易爆试剂应储存于铁皮柜或砂箱中。

剧毒与易燃易爆试剂的储存必须遵守关于防火、防爆、防中毒的有关规定。所有的试剂瓶外面应擦拭干净,储存在干燥洁净的药柜内,最好置于阴暗避光的房间。有些试剂如保存不当,非但危险且易变质,因此必须注意。

3)影响试剂变质的因素

(1)空气。空气中的氧、二氧化碳、水分、纤维和尘埃都可能使某些试剂变质,化学试剂必须密封储于容器内,开启后应及时将口盖严,必要时应加蜡封。

(2)温度。试剂变质的速度与温度高低有密切的关系,必须根据试剂的性质选择保存的环境温度。

(3)日光。日光中的紫外线能使某些试剂变质。一般要求避光的试剂,可装在棕色瓶内保存,属于必须避光的,在棕色瓶外还要加包一层黑纸。

(4)杂质。试剂的纯度对其变质情况的影响不容忽视,储存和取用这类试剂时应特别注意防止杂质污染。

(5)储存期。不稳定的试剂在长期储存中能发生歧化、聚合、分解或沉淀变化。这类试剂最好分次少量采购储存。使用前,如怀疑其变质,应经检验合格后再用。

对变质试剂可通过提纯或精制的方法,以提高质量。否则即应废弃不用。

7.3.1.2 试剂的提纯与精制

质量不能满足实验要求的化学试剂的提纯,可用提纯或精制的方法降低其杂质含量以提高其纯度。

1. 蒸馏法

蒸馏法适用于挥发性液体试剂的提纯,如盐酸、硝酸、氨水等无机试剂及三氯甲烷、四氯化碳、石油醚等多种有机溶剂。

(1) 蒸馏具有毒性、腐蚀性或刺激性的试剂,应在通风橱内进行。

(2) 蒸馏有强烈挥发性的试剂(如氨水),应多瓶串联吸收,并用冰盐水冷却吸收瓶,以提高精制试剂的浓度。

(3) 提纯在沸点温度下易分解的试剂(如硝酸),应使用亚沸蒸馏法,使试剂在其沸点以下缓慢蒸发,经冷凝后吸收。高沸点试剂可用减压蒸馏法精制。

(4) 蒸馏硝酸或盐酸必须使用耐酸的硼硅玻璃或石英蒸馏器。

(5) 易燃试剂如乙醚应避免明火加热。

(6) 蒸馏精制有机溶剂应控制加热温度,收集一定沸程内的馏出物,必要时应进行分馏精制,以提高精制品的纯度。

(7) 不溶于水的有机溶剂的初馏液,常因含有少量水分而呈乳浊状,可暂以干燥容器收集,待馏出液澄清再换瓶收集,乳浊状的初馏液可用少量脱水剂(如无水氯化钙)处理后加入待蒸馏试剂内再行蒸馏。

(8) 能直接升华的固体试剂(如碘),可用升华法进行精制。将少量的碘置于烧杯中,杯口盖一块表面皿使凸面向上,用微火加热使碘升华后凝集于表面皿上,即可得到纯度较高的升华碘。

2. 等温扩散法

3. 重结晶法

4. 冻结法

5. 萃取法

6. 醇析法

7. 其他方法

有些试剂可在配成试液后分别使用电解法、层析法、离子交换法、活性炭吸附法等进行提纯。提纯后的试液既可直接使用,亦可将溶剂分离后干燥保存。

▶ **7.3.1.3 化验室用水**

GB/T 6682—2008《分析实验室用水规格和试验方法》中明确了化验室用三个等级净化水的规格和相应的质量检验方法,应根据实验工作的不同要求选用不同等级的水。

1. 化验室用水的质量要求

1) 外观

化验室用水应为无色透明液体,其中不得有肉眼可辨的颜色及纤絮杂质。

2) 等级

化验室用水分三个等级,各自在独立的制水间制备。

(1) 一级水。一级水基本上不含有溶解杂质或胶态粒子及有机物,可用二级水经进一步处理制得,如可将二级水经过再蒸馏、离子交换混合床、0.2μm 滤膜过滤等方法处理,或用石英蒸馏装置作进一步蒸馏制备。一级水用于制备标准水样或超痕量物质的分析。

(2)二级水。二级水常含有微量的无机、有机或胶态杂质,可用蒸馏、反渗透或离子交换法制得的水进行再蒸馏的方法制备。其用于精确分析和研究工作。

(3)三级水。三级水适用于一般实验工作,可用蒸馏、反渗透或离子交换等方法制备。

化验室用水的原料水应当是饮用水或比较纯净的水,如有污染,必须进行预处理。

3)储存

储存期间,水样沾污的主要原因是聚乙烯容器可溶成分的溶解或吸收空气中的二氧化碳和其他杂质。所以,一级水尽可能现制现用,不储存。二级水和三级水经适量制备后,可盛装在预先经过处理并用同级水充分清洗过的、密闭的聚乙烯容器中,储存于空气清新的洁净化验室内。

2. 化验室用水的质量检验

(1)pH 值测定。

(2)电导率测定。

(3)可氧化物检验。

(4)吸光度测定。

(5)二氧化硅测定。

3. 特殊要求的实验用水

常用的制备方法是将蒸馏水或去离子水煮沸 10min 或使水量蒸发 10% 以上加盖冷却;也可将惰性气体(如纯氮)通入去离子水或蒸馏水中。

4. 去离子水

用离子交换树脂制备。

5. 注意事项

(1)直接使用自来水制备去离子水时,应先将原水充分曝气,待其中余氯除尽再使入床。自然曝气所需时间视环境温度而异,一般夏季约需 1 天,冬季常需 3 天以上;加热并加强搅拌或充气可提高除氯效率。

(2)原水硬度较高时应进行必要的处理(如蒸馏或电渗析等),以除去其中大量无机盐类,然后再进行交换处理,以延长交换柱的工作周期。

(3)使用复合床制备纯水时最好是连续生产。当复合床内的树脂经再生处理后重新使用,或间歇工作再继续制水时,其最初出水的质量都较差,电阻率常低于 $10^5\Omega\cdot cm$,因而须待出水电阻率符合要求时才能收集使用。对先出的质量低劣交换水可重新入床进行交换处理。

(4)用离子交换法制得的纯水一旦接触空气,其电阻率随即迅速下降;用玻璃容器储存时,其电阻率将随储存时间的延长而继续降低。

(5)去离子水金属离子杂质含量极低,适于配制痕量金属分析用的试液。

(6)去离子水常含有微量树脂浸出物和树脂崩解微粒(部分微粒可用孔径 $0.2\sim0.45\mu m$ 的滤膜滤除),不宜用以配制有机物质分析试液。

(7)一些电化学仪器的电极表面因受微量有机物轻度污染而严重钝化;频繁处理电极会影响其重复性,应切实注意去离子水对这些仪器的影响。

(8)树脂再生处理的质量好坏决定制备的去离子水纯度。因此,必须使用足够量的再生剂充分处理树脂,并彻底洗净残留的再生剂和再生交换液。尤其是混合树脂,若经再生处理后未能充分洗净,重新混合后将因交互污染而显著降低其交换能力和有效交换容量。

7.3.1.4 普通试液

试剂以分子、原子或离子状态分散于溶剂中构成均匀而又稳定的体系称为试液。未规定精确浓度,只用于一般实验的试液称为普通试液。

1. 一般规定

1)水和溶剂

(1)水。配制普通试液的实验用水必须符合 GB/T 6682—2008《分析实验室用水规格和试验方法》中三级水的质量要求。

(2)溶剂。有机溶剂与所用溶质的纯度应相当,若其纯度偏低,需经蒸馏或分馏提纯,收集规定沸程内的馏出液,必要时进行检验,质量合格后再使用。

2)溶质

配制普通试液所用的溶质分为固体试剂和液体试剂,其纯度应满足实验准确度的要求。在质量监督检验中配制试液时,凡未作特殊说明的,试剂纯度为分析纯。

3)容器

一般常用聚乙烯瓶或硬质玻璃试剂瓶盛放试液。玻璃容器耐碱性较差,腐蚀后溶出物将污染试液,故一般用聚乙烯瓶储存碱性试液。软质玻璃耐酸性和耐水性也比较差,因此不适宜长期盛放试液。聚乙烯瓶必须具有内盖,玻璃试剂瓶的磨口必须与瓶盖密合,以免气态杂质侵入或溶剂与溶质挥发逸出。

需避光的试液应盛放在棕色瓶中,必要时加黑纸包裹试剂瓶。

2. 浓度表示方法

组分 A 的物质的量浓度(简称组分 A 的浓度,符号 CA)定义为组分 A 的物质的量被该混合物的体积除(参见 ISO 31/8,"物理化学和分子物理学的量和单位")。

1)物质的量浓度(原称摩尔浓度)

摩尔(mol)是一个体系的物质的量的单位,该体系所含的诸多基本单元数与 0.012kg 碳 -12(12C)的原子数相等。使用摩尔时,基本单元必须指定,可以是原子、分子、离子、电子、其他微粒或这些微粒的特定基团。物质的量浓度定义为单位体积(m^3 或 L)内物质的量(以 mol 计),单位为 mol/m^3 或 mol/L。

2)质量分数浓度(原称重量百分比浓度)

以溶质的质量与溶液(溶质+溶剂)质量之比表示的浓度称质量分数浓度,常以%(W/W)表示。

3)体积分数浓度(原称体积百分比浓度)

体积分数浓度是指 100 份体积溶液中所含溶质体积的份数。当溶质是液体试剂时,通常以%(V/V)表示。

4)体积比浓度

由 A 体积的试剂与 B 体积的稀释剂混合而成,以 A+B 的形式表示。

3. 试液的使用和保存

化学试剂中有关"试剂的使用和保存"中大部分内容均适用于试液。

(1)吸取试液的吸管应预先洗净、控干。多次或连续使用时,每次用后均应妥善存放,避免污染,不允许裸露干放在桌面或插在试液瓶内。

(2)同时取用相同容器盛放的几种试液,特别是当两人以上在同一实验台操作时,应注意防止盖错瓶塞,造成交叉污染。

(3)试液瓶内液面以上的内壁,常有水汽凝成的成片水珠,用前应振摇混匀以保证试液的浓度准确。

(4)每次取用试液后应随即盖好瓶塞,不能为省事而使试液瓶口在整个分析操作过程中长时间敞开。

(5)已经污染、变质或失效的试液应随即处理,以免与新配试液混淆而被误用。

(6)试液在使用或保存过程中,试液瓶附近禁止放置加热设备,以防试液温升变质或引起浓度变化。

(7)储有试液的容器应放在试液橱内或无阳光直射的试液架上。试液架应安装玻璃拉门,以免灰尘积聚在瓶口上,导致倒取试液时引进污染。必要时可在瓶口罩上烧杯防尘。

4. 指示剂和指示液

化学分析中,常以化学反应的外观变化指示物质反应的进行程度。对难以由其外观变化做出明确判断的反应,常需借助一种辅助试剂,以它在反应进行中所发生的外观变化指示反应的进行程度,这种辅助试剂就是指示剂。

(1) 一般规定。指示剂应使用系统的化学名称或染料索引号(Color Index, CI),不应使用商品名称。

(2) 浓度。配指示液时,若所用指示剂为液体,指示液的浓度应以体积分数表示;若指示剂为固体,指示液以质量浓度(g/L)表示。

(3) 水和溶剂。配制指示液的实验用水须符合 GB/T 6682—2008《分析实验室用水规格和试验方法》中三级水的要求,所用溶剂如乙醇应为中性,纯度在分析纯以上。

1) pH 指示剂

pH 指示剂又称酸碱中和指示剂,这类指示剂在一定范围内依溶液中氢离子活度的高低进行不同程度的解离,并重新形成不同比例的分子和离子,因其分子与离子的颜色不同,可用以指示溶液的 pH 值或酸碱反应的终点。常用 pH 指示剂有以下几种:

(1) 氧化还原指示剂。每种氧化还原指示剂都有其特有的标准氧化还原电位,遇氧化还原电位较高的氧化剂即失去电子,显示氧化剂的颜色;遇氧化还原电位较低的还原剂又获得电子,而成为有另一种颜色的还原型指示剂分子。在氧化还原反应中,指示剂由极少过量的氧化剂或还原剂而改变颜色来指示反应终点。

(2) 络合指示剂。络合指示剂又称金属指示剂,能与金属离子生成络合物而改变原有颜色。在络合反应中,指示剂因得失金属离子改变颜色而指示滴定终点。

(3) 吸附指示剂。

(4) 荧光指示剂。

2) 试纸

试纸是滤纸条在某种指示液中浸渍后晾干制成的,试纸只能用于定性实验。使用时,应根据各种试纸的功能及特性控制接触被测试液体或气体的时间以达到指示反应的目的。试纸应在干燥处避光密封保存,注意隔绝空气,以防变质失效。

3) pH 指示液

pH 指示剂多溶于 20%~90% 的乙醇中,而其盐类则能溶于水或加一定量的氢氧化钠溶液,研匀使其溶解,可制成水溶液。

4）缓冲溶液

缓冲溶液是一种能对溶液酸碱度起稳定作用的试液。它能耐受进入其中的少量强酸或强碱性物质，以及用水稀释的影响而保持溶液 pH 值基本不变。

(1) 一般规定。

① 配制缓冲溶液必须使用符合 GB/T 6682—2008《分析实验室用水规格和试验方法》中的三级水要求的新鲜蒸馏水。配制 pH 值为 6 以上的缓冲溶液时，必须除尽水中的二氧化碳并避免其侵入。

② 所用试剂纯度应在分析纯以上。

③ 所有缓冲溶液都应避开酸性或碱性物质的蒸汽，保存期不得超过三个月。出现浑浊、沉淀或发霉等现象时，溶液应废弃。

(2) 缓冲溶液的种类。缓冲溶液根据其组成中各成分性质的不同分为 4 类：

① 弱酸与弱酸盐缓冲溶液。

② 弱碱与弱碱盐缓冲溶液。

③ 酸式盐与碱式盐缓冲溶液。

④ 单一盐缓冲溶液。

5）废液

在质量检验过程中产生的废液，常有腐蚀性、剧毒性以及致癌性物质存在，这类废液直接排放于下水管道中将会污染环境，有害人身安全和健康。因此，尽管实验过程中所产生的废液量不多，也必须对其进行有效的处理后再行排放。

(1) 废液的储存。化验室废液种类很多，但数量不大，通常质量检验过程产生的废液在储存到一定数量时才集中处理。储存废液的要求如下：

① 用于回收的废液应分别用洁净的容器盛装，禁止混合储存，以免发生剧烈的化学反应而造成事故。

② 同类废液中浓度高的应集中储存，以便于回收某些组分，浓度低的经适当处理达到排放标准即可排出。

③ 废液应用密闭容器储存，防止挥发性气体逸出而污染实验环境。

④ 储存废液的容器必须贴上明显的标签，标明种类、储存时间等。

⑤ 废液也应避光、远离热源，以免加速废液的化学反应。储存时间不宜过长。

⑥ 剧毒、易燃、易爆药品的废液，其储存应按照相应的规定执行。

(2) 废液的回收利用。

① 有机溶剂的回收。实验用过的有机溶剂有些可以回收。回收有机溶剂通常先在分液漏斗中洗涤，将洗涤后的有机溶剂进行蒸馏或分馏处理加以精制、纯化。整个回收过程应在通风柜中进行。如果回收所得有机溶剂纯度较

高,可供化验室重复使用。

② 银的回收。含银废液在搅拌下加入过量浓盐酸,使生成氯化银沉淀;用倾泻法洗涤沉淀以除去三价铁和氯离子;在1+4硫酸或10%~15%氯化钠溶液中加入锌粒或插入锌棒还原氯化银沉淀,得到暗灰色银粉;洗涤和干燥后即可。

③ 废液的处理。含酚、氰、汞、铬、砷的废液必须经处理合格后才能排放。

在化学化验室中,安全是非常重要的,它常常潜藏着诸如发生爆炸、着火、中毒、灼伤、割伤、触电等事故的危险性,如何来防止这些事故的发生,以及万一发生又如何来急救,是每一个化学实验工作者必须具备的素质。

7.3.2 常用溶液的配制

▶ 7.3.2.1 标准溶液

1. 定义

用基准试剂配制成已知准确浓度的溶液称为标准溶液。标准溶液可用其他方法标定其准确浓度。

2. 一般要求

1) 溶剂

配制标准溶液需用 GB/T 6682—2008《分析实验室用水规格和试验方法》规定的二级以上纯水或优级纯(不得低于分析纯)溶剂。

2) 试剂

配制或标定标准溶液所用试剂必须是基准试剂或纯度不低于优级纯的试剂。

3) 仪器

工作中使用的分析天平、砝码、滴定管、量瓶和移液管均需检定或校正。

4) 浓度

用于容量分析的标准溶液浓度单位为 mol/L,光度分析法所用标准溶液则以其中待测物的含量表示,如 mg/L、μg/L 等。通常,标准溶液浓度是指20℃时的浓度,否则应校正。

3. 标准溶液的配制

1) 基准试剂

用于配制或标定标准溶液浓度的高纯度化学试剂称为基准试剂或基准物质。基准试剂需要满足以下需求:

(1) 纯度高,杂质含量一般不得超过0.01%(4个9以上),个别的基准试剂杂质含量不超过0.02%。

(2)有已知灵敏度的定性方法,检验其纯度。

(3)易获得、易精制、易干燥,使用时易溶于水(或稀酸、稀碱溶液)。

(4)稳定性好,不易吸水,不吸收二氧化碳,不被空气氧化,干燥时不分解,便于精确称量和长期保存。

(5)使用中符合化学反应的要求,组成恒定,标定时能按化学反应式定量完成。没有副反应或逆反应等,便于计算。

(6)为了减小称量的相对误差,选用的基准试剂中,目标元素的质量比应较小,这样可增大其称用量。

2)配制方法

(1)直接法。准确称量一定量的基准试剂,溶解后移入量瓶中,用溶剂稀释到标线。根据所取的基准试剂量和量瓶的容量直接计算溶液的准确浓度。

(2)间接法。先配成稍高于所需浓度的溶液,再用基准试剂或已知浓度的标准溶液准确标定其浓度。必要时再用稀释法调整其浓度至所需值。

3)标定

标准溶液常用酸碱滴定法、氧化还原滴定法或络合滴定法等容量法进行标定。标定时须做到:

(1)基准试剂必须在充分干燥后称量。当指定使用含结晶水的试剂时,只能将其放在适宜的干燥器内进行干燥而不得加热,必要时应精制后再称量。

(2)标定标准溶液必须分别独立称量2~3份基准试剂进行平行测定,不允许只称量一份基准试剂配成溶液后从中分取几份进行标定。平行标定结果应有严格的一致性(相对误差<2‰),否则需重新标定。

(3)每份基准试剂的称用量不应过小。使用25mL的滴定管时,以能消耗滴定液20mL左右为宜;如使用50mL的滴定管,则滴定液的消耗量应在45mL左右。

(4)对浓度不稳定的标准溶液,应酌情定期重新标定,最好在每次使用前进行标定。

(5)一种标准溶液能分析多种物质时,如EDTA标准液,应采用含有被测物质,且又符合基准试剂条件的试剂作为标定剂。例如,测定水的硬度时,使用碳酸钙标定EDTA–Na2标准溶液。

4. 标准溶液的管理

标准溶液是相对分析方法中赖以比较的物质基础,其质量的优劣直接关系着监测结果的精密度、准确度和可比性。因此,在质量检验工作中,各化验室应十分重视标准溶液的质量。标准溶液在保存和使用中的要求和注意事项如下:

(1) 各种标准溶液必须按其化学性质进行配制和保存。对于在稀溶液中不稳定的物质,应先配制浓度较高的储备标准溶液,使用前再按分析方法的要求稀释成工作标准溶液(标准使用溶液)。

(2) 配制好的标准溶液应使用能密塞的硬质玻璃瓶或塑料瓶储存,不得长期保存在量瓶中。

(3) 工作标准溶液应在每次实验时现行稀释,一次性使用不宜保留。

(4) 标准溶液(水溶液)应低温储备,用前充分摇匀,适量倾倒在干燥洁净的容器中,置室温下平衡温度后使用。剩余部分不得倒回原瓶,应即弃去。

(5) 用有机溶剂配制的储备标准溶液不宜长期大量存放在冰箱内,以免相互污染或发生危险。

(6) 对光敏感的物质,其储备标准溶液应装储在棕色容器内,密塞后保存于阴凉避光处。

(7) 标准溶液的容器标签上必须准确标注配制日期、浓度和配制人姓名。

(8) 一般的标准溶液不宜长期保存。随时检查发现有变质或可疑情况(如瓶口破损,瓶塞松动,标签模糊、涂改或损毁,溶液量有不明原因的增加或减少等异常现象)时,应即废弃。

(9) 高浓度剧毒或有毒物质的储备标准溶液应按有毒试剂的使用和管理规定执行,妥善保管,不得随意放置。

7.3.2.2 常用标准溶液的配制

1. 0.1N 盐酸标准溶液的配制与标定

1) 配制

量取比重为 1.19 的盐酸 8.4mL,注入 1000mL 容量瓶中,加水稀释至刻度(边稀释边摇匀)。

2) 标定

精确称量 0.15~0.20g 无水碳酸钠溶于 50mL 水中,加甲基橙指示剂 3~4 滴,用标准液滴定至呈红色为终点。

3) 浓度计算

盐酸标准溶液的实际当量浓度(N)按下式计算:

$$N = \frac{m}{0.053} \times V \quad (7-1)$$

式中　m——无水碳酸钠质量(g);

　0.053——碳酸钠的毫克当量;

　　V——盐酸溶液的用量(mL)。

2. 0.1N 氢氧化钠标准溶液的配制与标定

1)配制

称量氢氧化钠(分析纯)4.5g,置于烧杯中,加入 50～60mL 水使其溶解,然后加入 2～3mL10% 氯化钡溶液以沉淀碳酸盐,静置至溶液澄清时,将溶液移入 1000mL 容量瓶中,用煮沸过的不含二氧化碳的冷却水稀释至刻度。

2)标定

方法1:精确称量0.15g草酸溶于70mL水中,加酚酞指示剂3～4滴,用标准液滴定呈红色为终点。

浓度计算

氢氧化钠标准溶液实际当量浓度(N)按下式计算:

$$N = \frac{m}{0.063034} \times V \tag{7-2}$$

式中　m——草酸的质量(g);
　0.063034——换算系数;
　　　V——氢氧化钠溶液的用量(mL)。

方法2:用已知浓度相近的标准酸液进行标定,从滴定管放出25mL标准盐酸溶液于锥形瓶中,加入3～4滴酚酞指示剂,用标准碱液滴定呈淡红色为终点。

浓度计算:

氢氧化钠标准溶液的实际当量浓度(N)按下式计算:

$$N = N_1 V_1 / V \tag{7-3}$$

式中　N_1——盐酸标准溶液的当量浓度;
　　　V_1——盐酸标准溶液的用量(mL);
　　　V——氢氧化钠溶液的用量(mL)。

3. 0.1N 高锰酸钾标准溶液的配制与标定

1)配制

称量3.2g分析纯高锰酸钾,溶于500mL蒸馏水中,在电炉上加热煮沸,冷却后用铺有玻璃丝的漏斗过滤到1000mL的棕色容量瓶中,用煮沸冷却后的蒸馏水稀释至刻度,摇匀,7天后标定。

2)标定

精确称量0.15g草酸钠(或0.15g草酸)于250mL锥形瓶中,加入50mL蒸馏水、20mL 2N硫酸,加热至80～90℃,用已配好的高锰酸钾溶液滴定呈粉红色(在30s内不消失)为终点。

3) 浓度计算

高锰酸钾标准溶液实际当量浓度(N)按下面两式计算：

$$N = \frac{G_1}{0.06701 \times V_1} \quad (7-4)$$

$$N = \frac{G_2}{0.063034 \times V_2} \quad (7-5)$$

式中　G_1——草酸钠重量(g)；
　0.06701——草酸钠的毫克当量；
　V_1——高锰酸钾溶液滴定草酸钠的用量(mL)；
　G_2——草酸重量(g)；
　0.063034——草酸的毫克当量；
　V_2——高锰酸钾溶液滴定草酸的用量(mL)。

4. 0.03N 硫酸亚铁铵标准溶液的配制与标定

1) 配制

将 12g 硫酸亚铁铵((NH_4)$_2SO_4 \cdot FeSO_4 \cdot 6H_2O$)溶解在比例为 5∶95 的硫酸溶液中,溶解后用同一酸液稀释至 1000mL,摇匀。

2) 标定

从滴定管放下 25~30mL 浓度相近的重铬酸钾溶液,加水 30mL,加苯基代邻氨基苯甲酸指示剂 5 滴,用已配好的硫酸亚铁铵溶液滴定至绿色为终点。

3) 浓度计算

硫酸亚铁铵标准溶液实际当量浓度(N)按下式计算：

$$N = N_1 V_1 / V \quad (7-6)$$

式中　N_1——重铬酸钾标准溶液的当量浓度；
　V_1——重铬酸钾标准溶液的用量(mL)；
　V——硫酸亚铁铵溶液的用量(mL)。

5. 0.1N 硝酸银标准溶液的配制与标定

1) 配制

取分析纯硝酸银于 120℃ 干燥 2h,在干燥器内冷却,用分析天平称量 17.000g,溶解于水中,在容量瓶中稀释至 1000mL,储于棕色瓶中。其浓度为 0.1000N 可不标定。对精确的分析工作可称量 17g 硝酸银,配成 1L 溶液用下法标定。

2) 标定

称量 0.2g 在 110℃ 干燥过的分析纯氯化钠,置于 250mL 锥形瓶中,加 100mL 水,使之溶解,加入 1mL 10% 铬酸钾,用已配好的硝酸银液溶,滴定至由白色沉淀转砖红色为终点。

3）浓度计算

硝酸银标准溶液实际当量浓度（N）按下式计算：

$$N = \frac{m}{0.05845 \times V} \qquad (7-7)$$

式中　m——氯化钠的质量（g）；

　　0.05845——氯化钠的毫克当量；

　　V——硝酸银溶液的用量（mL）。

6. 0.1N 硫氰酸钾标准溶液的配制与标定

1）配制

称量 10g 分析纯硫氰酸钾，以水溶解后，稀释至 1L。

2）标定

用移液管移取 25mL 0.1N 硝酸银标准液，置于 250mL 锥形瓶中，加 25mL 水及 10mL 煮沸过的冷 6N 硝酸，加 5mL 铁铵矾指示剂，用配制好的硫氰酸钾溶液，滴定至出现不消失的淡红色为终点。

3）浓度计算

硫氰酸钾标准溶液的实际当量浓度（N）按下式计算：

$$N = \frac{N_1 \times 25}{V} \qquad (7-8)$$

式中　N_1——硝酸银标准溶液的当量浓度；

　　25——硝酸银标准溶液的用量（mL）；

　　V——硫氰酸钾溶液的用量（mL）。

7. 0.1N 硫代硫酸钠标准溶液的配制与标定

1）配制

称量 25g 分析纯硫代硫酸钠（$Na_2S_2O_3 \cdot 5H_2O$），溶解于水，加入 0.1g 碳酸钠，稀释至 1L。

2）标定

方法 1：以铜标定。称取 0.2g 纯铜置于 300mL 锥形瓶中，加入 10mL 1∶1 硝酸使之溶解。溶解完毕后加入 5mL 硫酸（比重 1.84），加热至冒白烟、冷却，缓缓加 50mL 水摇动使盐类溶解、滴加氨水至溶液开始呈深蓝色，冷却，加 3g 氟化氢铵，摇匀。加入 20% 碘化钾溶液 15mL、摇匀后立即用配制好的硫代硫酸钠溶液滴定至淡黄色，加入 5mL 碘粉指示剂，再滴定至蓝色将近消失时加入 10% 硫氰酸铵溶液 10mL，滴定至蓝色突然消失为终点。

浓度计算：

硫代硫酸钠标准溶液的实际当量浓度（N）按下式计算：

$$N = \frac{m}{0.06354} \times V \qquad (7-9)$$

式中　m——铜的质量（g）；

0.06354——铜的毫克当量；

　　V——硫代硫酸钠溶液的用量（mL）。

方法2：以重铬酸钾标定。用移液管吸取25mL标准0.1N重铬酸钾溶液，置于300mL的带玻璃塞的锥形瓶中，加水60mL，碘化钾2g及1∶2盐酸5mL，立即盖好瓶塞，放置10min，用配好的硫代硫酸钠溶液滴定至黄绿色，加入5mL淀粉指示剂，继续滴定至蓝色消失为终点。

浓度计算：

硫代硫酸钠溶液的实际当量浓度（N）按下式计算：

$$N = N_1 V_1 / V \qquad (7-10)$$

式中　N_1——重铬酸钾标准溶液的当量浓度；

　　V_1——重铬酸钾标准溶液的用量（mL）；

　　V——硫代硫酸钠溶液的用量（mL）。

8. 0.05mol/L EDTA 标准溶液的配制与标定

1）配制

称量8.6g分析纯乙二胺四乙酸二钠（$C_{10}H_{14}N_2O_8Na_2 \cdot 2H_2O$），先溶解于100mL热蒸馏水中，溶解后稀释至1L。

2）标定

称量0.4g分析纯金属锌（4位有效数字）于250mL锥形瓶中，以少量1∶1盐酸溶解，加热使溶液溶解，完全冷却后移置100mL容量瓶中，加水至刻度，摇匀。用移液管吸20mL于250mL锥形瓶加水50mL，用氨水调节至微氨性，加入pH=10缓冲液10mL及铬黑T指示剂数滴，摇匀。以配制好的EDTA标准溶液滴定至蓝色为终点。

3）浓度计算：

乙二胺四乙酸二钠标准溶液实际摩尔浓度 C（mol/L）按下式计算：

$$C(\text{mol/L}) = \frac{m \times 2/100}{0.06538} \times V \qquad (7-11)$$

式中　m——锌的质量（g）；

0.06538——每mL锌溶液中含有锌的摩尔数；

　　V——乙二胺四乙酸二钠溶液的用量（mL）。

9. 化验分析中常用溶液和指示剂的配制

1) 化验分析中常用溶液配制

(1) 硫磷混合酸。将 100mL 浓硫酸加入 500mL 蒸馏水中,冷却后再加入 100mL 磷酸,混匀后用水稀释至 1000mL。

(2) 6%氯化锡溶液。将 6g 氯化锡（$SnCl_2 \cdot 2H_2O$）溶于 15mL 浓盐酸中,以水稀释至 100mL。

(3) pH 值 = 10 的缓冲溶液。将 54g 氯化铵溶于蒸馏水中,加入 350mL 氨水(比重 0.89),以水稀释至 1L。

2) 化验室中常用指示剂的配制

(1) 酚酞指示剂。称量 1g 酚酞溶解于 80mL 酒精中,溶解后以水稀释至 100mL。

(2) 甲基橙指示剂。称量 0.1g 甲基橙溶解于 100mL 热水中,如有不溶物应过滤。

(3) 溴麝香草酚兰指示剂。称量 0.1g 溴麝香草酚蓝溶解于 100mL 20% 的酒精水溶液中。

(4) 混合指示剂。称量 0.083g 次甲基蓝溶于 15mL 水中。另称量 0.125g 甲基红溶于 100mL 酒精中(在水浴上微热)。将上述两溶液混合,滴加 1~2 滴 1%硫酸。

(5) 苯基代邻氨基苯甲酸指示剂。称量 0.2g 苯基代邻氨基苯甲酸,加热溶解在 100mL 0.2%碳酸钠溶液中,冷却后过滤备用。

(6) 二苯胺指示剂。将 1g 二苯胺在搅拌下溶解于 100mL 比重 1.84 的硫酸或 100mL 比重 1.70 的磷酸中。

(7) 铬黑 T 指示剂。称量 0.5g 铬黑 T 及 4g 盐酸羟胺溶解于 100mL 酒精中或将 0.5g 铬黑 T 溶解于 100mL 温热的三乙醇胺中。

(8) 淀粉指示剂。称量 0.5g 淀粉溶于 100mL 煮沸的水中,煮沸 5min 冷却,一般使用前配制。

(9) 铬酸钾指示剂。称量 10g 铬酸钾溶于 100mL 水中。

(10) 钙指示剂。称量 0.2g 紫尿酸铵与 20g 氯化钠在玛瑙研体中研至均匀。

7.3.3 化验检测安全常识

7.3.3.1 安全用电常识

违章用电常常造成人身伤亡、火灾、损坏仪器设备等严重事故。物理化学化验室使用电器较多,特别要注意用电安全。下面介绍 50Hz 交流电通过人体的反应情况。

不同电流强度时的人体反应:电流强度在 1~10mA,人体有麻木感;电流强度在 10~25mA,肌肉强烈收缩;电流强度在 25~100mA,呼吸困难;电流强度在 100mA 以上,心脏心室纤维性颤,甚至停止呼吸,死亡。

为了保障人身安全,一定要遵守化验室安全规则。

1. 防止触电

(1)不用潮湿的手接触电器。
(2)电源裸露部分应有绝缘装置(如电线接头处应裹上绝缘胶布)。
(3)所有电器的金属外壳都应保护接地。
(4)实验时,应先连接好电路后再接通电源。实验结束时,先切断电源再拆线路。
(5)修理或安装电器时,应先切断电源。
(6)不能用试电笔去试高压电。使用高压电源应有专门的防护措施。
(7)如有人触电,应迅速切断电源,然后进行抢救。

2. 防止引起火灾

(1)使用的保险丝要与化验室允许的用电量相符。
(2)电线的安全通电量应大于用电功率。
(3)室内若有氢气、煤气等易燃易爆气体,应避免产生电火花。继电器工作和开关电闸时,易产生电火花,要特别小心。电器接触点(如电插头)接触不良时,应及时修理或更换。
(4)如遇电线起火,立即切断电源,用沙子或二氧化碳、四氯化碳灭火器灭火,禁止用水或泡沫灭火器等导电液体灭火。

3. 防止短路

(1)线路中各接点应牢固,电路元件两端接头不要互相接触,以防短路。
(2)电线、电器严禁被水淋湿或浸在导电液体中,如化验室加热用的灯泡接口严禁浸在水中。

4. 电器仪表的安全使用

(1)在使用前,先了解电器仪表要求使用的电源是交流电还是直流电;是三相电还是单相电以及电压的大小(380V、220V、110V 或 6V)。需弄清电器功率是否符合要求及直流电器仪表的正、负极。
(2)仪表量程应大于待测量。若待测量大小不明时,应从最大量程开始测量。

(3)实验之前要检查线路连接是否正确。经教师检查同意后方可接通电源。

(4)在电器仪表使用过程中,如发现有不正常声响,局部温升或嗅到绝缘漆过热产生的焦味,应立即切断电源,并报告教师进行检查。

7.3.3.2 使用化学药品的安全防护

1. 防毒

(1)实验前,应了解所用药品的毒性及防护措施。

(2)操作有毒气体(如 H_2S、Cl_2、Br_2、NO_2、浓 HCl 和 HF 等)应在通风橱内进行。

(3)苯、四氯化碳、乙醚、硝基苯等的蒸汽会引起中毒。它们虽有特殊气味,但久嗅会使人嗅觉减弱,所以应在通风良好的情况下使用。

(4)有些药品(如苯、有机溶剂、汞等)能透过皮肤进入人体,应避免与皮肤接触。

(5)氰化物、高汞盐($HgCl_2$、$Hg(NO_3)_2$ 等)、可溶性钡盐($BaCl_2$)、重金属盐(如镉、铅盐)、三氧化二砷等剧毒药品,应妥善保管,使用时要特别小心。

(6)禁止在化验室内喝水、吃东西。饮食用具不要带进化验室,以防毒物污染,离开化验室及饭前要洗净双手。

2. 防爆

可燃气体与空气混合,当两者比例达到爆炸极限时,受到热源(如电火花)的诱发,会引起爆炸。一些气体的爆炸极限见表 7-6。

表 7-6 与空气相混合的某些气体的爆炸极限(20℃,1atm)

气体	爆炸高限/V%	爆炸低限/V%	气体	爆炸高限/V%	爆炸低限/V%
氢	74.2	4.0	醋酸		4.1
乙烯	28.6	2.8	乙酸乙酯	11.4	2.2
乙炔	80	2.5	一氧化碳	74.2	12.5
苯	6.8	1.4	水煤气	72	7.0
乙醇	19.0	3.3	煤气	32.0	5.3
乙醚	36.5	1.9	氨	27.0	15.5
丙酮	12.8	2.6			

(1)使用可燃性气体时,要防止气体逸出,室内通风良好。

(2)操作大量可燃性气体时,严禁同时使用明火,还要防止发生电火花及其他撞击火花。

(3) 有些药品如叠氮铝、乙炔银、乙炔铜、高氯酸盐、过氧化物等受震和受热都易引起爆炸,使用时要特别小心。

(4) 严禁将强氧化剂和强还原剂放在一起。

(5) 久藏的乙醚使用前应除去其中可能产生的过氧化物。

(6) 进行容易引起爆炸的实验,应有防爆措施。

3. 防火

(1) 许多有机溶剂如乙醚、丙酮、乙醇、苯等非常容易燃烧,大量使用时室内不能有明火、电火花或静电放电。化验室内不可存放过多这类药品,用后还要及时回收处理,不可倒入下水道,以免聚集引起火灾。

(2) 有些物质如磷、金属钠、钾、电石及金属氢化物等,在空气中易氧化自燃。还有一些金属如铁、锌、铝等粉末,比表面积大,也易在空气中氧化自燃。这些物质要隔绝空气保存,使用时要特别小心。

化验室如果着火不要惊慌,应根据情况进行灭火,常用的灭火剂有水、沙、二氧化碳灭火器、四氯化碳灭火器、泡沫灭火器和干粉灭火器等。可根据起火的原因选择使用,以下几种情况不能用水灭火:

① 金属钠、钾、镁、铝粉、电石、过氧化钠着火,应用干沙灭火。比水轻的易燃液体,如汽油、苯、丙酮等着火,可用泡沫灭火器。

② 有灼烧的金属或熔融物的地方着火时,应用干沙或干粉灭火器。

③ 电器设备或带电系统着火,可用二氧化碳灭火器或四氯化碳灭火器。

4. 防灼伤

强酸、强碱、强氧化剂、溴、磷、钠、钾、苯酚、冰醋酸等都会腐蚀皮肤,特别要防止溅入眼内。液氧、液氮等低温也会严重灼伤皮肤,使用时要小心。一旦灼伤应及时治疗。

5. 汞的安全使用

汞中毒分急性和慢性两种。急性中毒多为高汞盐(如 $HgCl_2$ 入口所致,$0.1\sim0.3g$ 即可致死。吸入汞蒸汽会引起慢性中毒,症状有食欲不振、恶心、便秘、贫血、骨骼和关节疼、精神衰弱等。汞蒸汽的最大安全浓度为 $0.1mg/m^{-3}$,而 20℃ 时汞的饱和蒸汽压为 $0.0012mmHg$,超过安全浓度 100 倍。所以使用汞必须严格遵守安全用汞操作规定:

(1) 不要让汞直接暴露于空气中,盛汞的容器应在汞面上加盖一层水。

(2) 装汞的仪器下面一律放置浅瓷盘,防止汞滴散落到桌面上或地面上。

(3) 一切转移汞的操作,也应在浅瓷盘内进行(盘内装水)。

(4)实验前要检查装汞的仪器是否放置稳固。橡皮管或塑料管连接处要缚牢。

(5)储汞的容器要用厚壁玻璃器皿或瓷器。用烧杯暂时盛汞,不可多装以防破裂。

(6)若有汞掉落在桌面上或地面上,先用吸汞管尽可能将汞珠收集起来,然后用硫黄盖在汞溅落处,并摩擦使之生成HgS,也可用$KMnO_4$溶液使其氧化。

(7)擦过汞或汞齐的滤纸或布必须放在有水的瓷缸内。

(8)盛汞器皿和有汞的仪器应远离热源,严禁把有汞仪器放进烘箱。

(9)使用汞的化验室应有良好的通风设备,纯化汞应有专用的化验室。

(10)手上若有伤口,切勿接触汞。

▶ **7.3.3.3 化验室安全要求**

化验室安全要求如下:

(1)充分准备。试验前熟悉资料、试验规程,明确试验目的和要求,了解试验内容和原理,熟悉仪器设备、药品的性能和性质,拟出试验计划,做到心中有数。

(2)认真操作。全神贯注,细心观察,积极思考。

(3)保持整洁。仪器摆放应井然有序。废酸废碱应设废液缸,废纸、破碎玻璃应有废物箱。

(4)严禁事故。试验前应周密考虑可能发生的事故和万一发生事故后应采取的措施。在做易燃易爆品试验时应特别小心。

(5)做有可能发生危险的试验时,应戴上防护眼镜、面罩、橡皮手套等防护用品。

(6)熟悉试验间内安全措施、设备的位置,并能熟练掌握;熟悉门、窗通道、出入口、水、电、气等设备的开关、阀门的位置。一旦被化学药品灼伤,立即用清水冲洗受伤害的身体部位。如果灼伤由强酸引起,用大量冷水或5%的碳酸氢钠溶液清洗灼伤的部位;如果灼伤是强碱引起的,用5%的乙酸溶液淋洗。连续冲洗10min。

(7)易燃易爆品应尽可能远离火源,不得冲击和重压易燃易爆品。

(8)试验药品均不得入口,以免中毒,不准接触伤口。

(9)反应过程生成有毒品、有腐蚀性和刺激性气体的试验应在通风橱内进行。

(10)了解灭火器放置的位置并能熟练使用。不准在实验室内吸烟。实验室内应配备足够的各类消防器材。

(11)试验完毕离开实验室时,应把水、电、气等开关关好。整理好仪器设备,回收剩余的样品,并入库保管,关好门窗再离开实验室。

离开化验室应该注意:

(1)关掉仪器的电源。

(2)清理试验台面。

(3)整理试验记录。

(4)关水电开关。

(5)关窗锁门。

7.3.3.4 使用有机溶剂安全规则

使用有机溶剂有以下几个安全规则:

(1)有机溶剂应存放于专用库房。实验室禁止存放过量的易燃溶剂;试验待用,应隔离放置,远离火源。

(2)在提取或蒸馏有机溶剂时,应使用水浴或油浴,要注意检查系统的密封,防止漏气,并有专人看管,不得擅自离开。

(3)处理有机溶剂要在通风橱内进行,蒸馏时,溶剂每次加入量不得超过蒸馏瓶体积的2/3;要缓慢升温,防止崩沸及局部过热,不可向热烧瓶或在明火附近加溶液。

(4)使用有机溶剂冲洗物资或器皿时,周围禁止有暴露的火焰,严禁吸烟或使用火柴。

(5)废有机溶剂要进行回收或烧毁,严禁倒入下水道。

7.4 保养包装材料检测方法

7.4.1 检测材料取样

包装材料在进行检测时,可在批量的5%包装单位中采样,但每批不得少于3件。

纸张、薄膜等成卷包装材料先弃去头部1m后,再从中裁下1m,剪去边缘20cm作为检测试样。如有争议,按GB/T 450—2008《纸和纸板试样的采取及试样纵横、正反面的测定》规定采样。

液体材料开桶前要充分振荡,打开桶从三个不同部位取样,放入干净容器中混合均匀。

膏状物质打开桶后,刮去上部1cm表层,从三个不同部位取样,放入干净容器中混合均匀。

固体物质打开桶(瓶)后,从上、中、下三个不同位置取样,放入干净容器内混合均匀。

7.4.2 防锈油的检测

7.4.2.1 防锈油脂试验试片制备

1. 方法一

1)方法概要

用规定的金属试片,经打磨和清洗后,制备符合各种防锈油脂试验用的试片。

2)仪器、材料与试剂

(1)仪器。

① 干燥器。

② 吹风机:冷热两用。

③ 搪瓷杯。

④ 恒温浴:恒温范围37~100℃,波动范围±1℃。

⑤ 水银温度计:0~100℃,分度值为1℃。

(2)材料。

① 金属试片。材质:10#钢,符合GB/T 711—2017《优质碳素结构钢热轧钢板和钢带》的规格。规格尺寸:80mm×60mm×(1.0~3.0)mm。在试片上钻两个直径为2mm的小孔,以便能使试片吊起来。

② 脱脂棉或医用纱布。

③ 纱布(或砂纸),粒度为240#。

④ 吊钩(用不锈钢丝制作)。

(3)试剂。

① 无水乙醇:化学纯。

② 石油醚:60~90℃,分析纯。

3)试片的制备

(1)试片的打磨方法。在干燥情况下,将试片的两面用240#砂纸打磨至表面粗糙度为V—V,同时把试片的边缘磨圆。进行防锈油人汗洗净性试验和防锈油脂盐雾试验时,试片平行于短边打磨,其他试验用试片均平行于长边打磨。

（2）试片的清洗方法。将试片依次浸入35℃的石油醚和(60±2)℃的无水乙醇中，用纱布或脱脂棉擦拭，直至洗净试片上的油污。

（3）试片的保存方法。打磨好的、暂时不用的试片，应储存于干燥器中，但超过24h以上的试片必须重新打磨。

2. 方法二

1）方法概要

按试验要求，选择金属试片的大小和尺寸，经打磨、清洗后，把试样涂在金属试片上。

2）仪器与材料

（1）仪器。

① 干燥器。

② 吹风机：冷热两用。

③ 提升器：提升速度为100mm/min。

④ 镊子；吊钩，用不锈钢丝制作。

⑤ 搪瓷杯。

⑥ 刮刀。

（2）材料。

① 医用纱布或脱脂棉。

② 纱布（或砂纸）：粒度分别为150#、180#和240#。

③ 金属试片。

④ 根据试样的产品规格要求，按表7-7选用或增补其他材料。

⑤ 盐雾试验、湿热试验、半暴露试验、人汗洗净性试验、人汗置换性试验用50mm×50mm×(3~5)mm规格的试片；腐蚀试验用50mm×25mm×(3~5)mm规格的试片。

表7-7 试样的产品规格要求

材料名称	符合标准	试片尺寸/mm
10#钢	GB/T 711—2017 中热轧退火状态	50×50×(3~5)
45#钢	GB/T 711—2017 中高温回火状态	50×50×(3~5)
Z30 一级铸铁	GB 718—2005	50×50×(3~5)
黄铜 H62	GB/T 5231—2001	50×50×(3~5)
黄铜 H62	GB/T 5231—2001	50×25×(3~5)

(续表)

材料名称	符合标准	试片尺寸/mm
锌 Zn-3 或锌 Zn-4	GB/T 470—2008	50×25×(3~5)
铝 LY12	GB/T 3190—2020	50×25×(3~5)
镉 Cd3	YS 72—2005	50×25×(3~5)
镁 ZM5		50×25×(3~5)
铅 Pb-2 或铅 Pb-3	GB/T 469—2013	50×25×(3~5)
铜 T3	GB/T 5231—2022	50×25×(3~5)

(3) 试剂

① 石油醚:60~90℃,分析纯。

② 无水乙醇:化学纯。

3) 试片的制备

(1) 试片的打磨。

① 试片的棱角、4个边及小孔用150#砂纸打磨。

② 试片的试验面用180#砂纸打磨,试片的纹路与两孔中心线平行。腐蚀试验试片的纹路平行于长边。试验所用的试片表面不得有凹坑、划伤和锈迹。钢片和铸铁片也可先用磨床磨光,试验前再经180#砂纸打磨;有色金属片用240#砂纸打磨,最后表面粗糙度都要达到表面粗糙度 Ra 数值0.2~0.4;铅片用刮刀尖刮亮,获得平整的新鲜表面。

③ 试片打磨不得与手接触。

④ 磨好的试片清除砂粒后,用滤纸包好,立即存放于干燥器中,但存放、清洗和涂试样的总时间不得超过24h,否则要重新打磨。

(2) 试片的清洗。取4个清洁的搪瓷杯,分别盛装150mL以上的石油醚,50~60℃的无水乙醇,清洗试片时,用镊子夹取脱脂棉,依次按上述顺序进行擦洗,然后用热风吹干,待冷至室温后,再涂试样。

(3) 试片的涂样。

① 涂试样前试片的检查:涂试样前必须对清洗好的试片进行认真检查,试验面上不得有凹坑、划伤和锈迹。

② 涂防锈油类试样。涂试样前应将防锈油类试样摇动均匀,倒入试样杯中,待气泡消失后涂试样。

涂防锈油类试样时,试样的温度为(25±5)℃。

用吊钩将试片吊起,然后缓缓地将试片全部浸入试样中,1min 后将试片缓缓地提起,试片上不得有气泡,如发现有气泡,则应重复以上过程,浸好试样的试片,挂入沥干箱中,在$(25±5)$℃下,沥干2h。涂稀释型防锈油和置换性防锈油试样,然后进行试验。

③ 涂防锈脂类试样。涂防锈脂类试样温度的选择:要沥干16~26h(准确至0.001g)浸入试样中,直至试片的温度与试样温度相同后,用提升器提出,沥干5min后称重(精确至0.001g)。

涂试样的试片油膜厚度H(mm)按下式计算:

$$H = \frac{m_2 m_1}{\rho_A \times 10} \times V \tag{7-12}$$

式中 m_1——涂试样前试片的质量(g);
m_2——涂试样后试片的质量(g);
ρ_A——试样的密度(如无特殊规定,防锈脂的密度可按0.9g/cm³计算)。

改变防锈脂类试样的温度,重复试验,直至试片上的油膜厚度达到$(0.04±0.005)$mm,记录温度,以后在选择好的温度下,将试片涂上试样,即能得到所要求的油膜厚度。

将试片浸入有防锈脂类试样的杯中,此时,试样要预先加热到选择好的涂试温度,待试片与试样的温度相同时,用提升器提出试片,挂入沥干箱冷却至室温,然后进行试验。

7.4.2.2 防锈油脂防锈试验试片锈蚀评定方法

防锈油脂防锈试验试片的锈蚀评定方法依据标准SH/T 0533—93《防锈油脂防锈试验试片锈蚀评定方法》进行。

1. 主要内容与适用范围

本标准规定了防锈油脂防锈试验试片的锈蚀评定方法,适用于防锈油脂盐雾试验、湿热试验及大气半暴露试验后的金属试片的锈蚀评定。

2. 方法概要

将锈蚀评定板与要进行防锈油脂盐雾试验、湿热试验及大气半暴露试验后需评定的试片重叠起来,使方框正好在试片的正中,对作为有效面积方框中的方格进行观察,总计在有效面积内有锈的格子数目,称为锈蚀度,以百分数表示。

3. 仪器

锈蚀评定板:用50mm×50mm×2mm的无色透明平板制成,正中有40mm×40mm正方框,框内刻有4mm×4mm的正方形格子100个,格子刻线度宽不大于0.1mm。

4. 试验步骤

把锈蚀评定板与被测的试片重叠起来,使方框正好在试片的正中,在光线充足的条件下用肉眼观察,以正中 40mm×40mm 的 100 个方格作为有效面积,总计在有效面积内有锈格子的数目,称为锈蚀度,以百分数表示。

在锈蚀评定板的分割线上或交叉点上的锈点,其大小等于或大于 1mm 时,如果伸到格子内的都称为有锈格子;小于 1mm 时,则以一个格子有锈计算。

5. 结果的判断

(1) 大气半暴露试片评定两面,以两面锈蚀度的算术平均值作为锈蚀度。
(2) 盐雾试验试片评定暴露的一面。
(3) 湿热试验以锈蚀重的一面作为主定面。
(4) 在每一评定面上,按表 7-8 评定锈蚀度级别。

表 7-8 锈蚀度评定级别

评级柱	0	1	2	3	4	5
锈点数	无	1~3	4 点或 4 点以上			
锈点大小		不大于 1mm	不规定			
锈点占格数	无	1~3	4~10	11~25	26~50	51~100
锈蚀度/%	0	1~3	4~10	11~25	26~50	51~100

注:1. 除非另有规定,每块试片评定面上,距边 5mm 的四周以及两孔出现锈蚀,评定时不予考虑;
2. 锈蚀度虽为 1%~3%,但其中有 1 点等于或大于 1mm,评定级定为 2 级

(5) 有色金属的评定范围按下列级别定级:

0 级:无变化(与新打磨的试片比较,光泽无变化)。
1 级:轻微变化(与新打磨的试片比较,有均匀轻微变色)。
2 级:中变化(与新打磨的试片比较,有明显变色)。
3 级:重变化(与新打磨的试片比较,严重变色,腐蚀明显)。

7.4.2.3 防锈油对金属腐蚀性试验方法

防锈油脂对金属腐蚀性试验方法依据标准 SH/T 0080—91《防锈油脂盐雾试验法》进行。

1. 适用范围

本标准规定了防锈油脂对金属腐蚀性的试验方法,适用于防锈油脂。

2. 方法概要

将产品规格要求的多种金属试片组合后浸入试样中,防锈油在 (55 ± 2)℃ 保持 7 天,防锈脂在 (80 ± 2)℃ 保持 14 天,根据试片的质量变化和颜色变化,评

定试样对金属的腐蚀性。

3. 仪器与材料

1)仪器

(1)恒温装置:能保持试样温度在(55±2)℃和(80±2)℃的电热恒温水浴锅或电热恒温干燥箱。

(2)分析天平:感量0.1mg。

(3)游标卡尺:分度值为0.05mm。

(4)广口密闭玻璃容器:直径75~90mm,容量300mL以上。

(5)回流冷凝装置。

(6)试片组合件:由下列零件组成,用聚四氟乙烯树脂材料制作。

圆柱头螺钉:M6mm×1.0mm×60mm。垫圈:ϕ12mm×ϕ6.5mm×4.5mm。螺母:M6mm×1.0mm。

(7)干燥器。

(8)冷热两用吹风机。

2)材料

(1)试片:部分试片的材质规格见表7-9,试片按产品规格要求选取。

(2)金相砂纸:400#刚玉。

(3)耐水砂纸:500#刚玉。

(4)滤纸。

(5)医用纱布或脱脂棉。

(6)橡胶工业用溶剂油:符合 SH 0004—90《橡胶工业用溶剂油》规定。

表 7-9　试片材质规格

材 料 名 称	符 合 标 准	规 格
钢片	GB/T 11—2013 中的 10#	25mm×50mm×(1.0~2.0)mm 中心有一个ϕ6.5的孔
铜片	GB/T 5231—2022 中的 T2	
黄铜片	GB/T 5231—2022 中的 H62	
锌片	GB/T 2056—2005 中的 Zn-4	
铝片	GB/T 3190—2002 中的 LY12	
铅片	GB/T 1470—2014 中的 Pb3	
镁片	GB/T 5153—2016 中的 5#	
镉片	GB/T 2056—2005 中的 Cd-3	
铬片	GB/T 9797—2022 中的 Cu/Ni10bCr	

3) 试剂

无水乙醇:化学纯。

4) 准备工作

(1) 试片处理。

① 钢、铜及黄铜片用400#金相砂纸将试片打磨清洗处理后,放进干燥器冷却。

② 锌、铝、铅、镁和镉片在水流下用500#耐水砂纸沿试片长边将试片打磨光亮,立即依次浸入无水乙醇、橡胶工业用溶剂油、沸腾无水乙醇中清洗干净,放进干燥器冷却。

③ 铬片用橡胶工业用溶剂油洗净后再用无水乙醇清洗干净,放进干燥器。

(2) 试片在干燥器中冷却30min后在分析天平上称量,精确至0.1mg,记录质量 m_1。

(3) 称量后的试片用干净的滤纸拿取,按钢、铜、黄铜、锌、铝、铅、镁、镉、铬顺序,用试片组合件将试片组合为三组。

5) 试验步骤

(1) 将组合试片分别放进三个广口密闭玻璃容器中(试片为垂直状)。

① 防锈油:向广口密闭玻璃容器中注入300mL试样,盖好盖子后,放进(55 ± 2)℃的恒温装置中放置7天,溶剂稀释型防锈油应在水浴中进行,广口瓶要装上回流冷凝装置。

② 防锈脂:预先将试样加热至(80 ± 2)℃再注入广口密闭玻璃容器中,盖好盖子后放进(80 ± 2)℃恒温装置中,放置14天,组合试片必须完全被试样浸没。

(2) 达到规定的试验时间后,取出并分开试片组合件,用蘸有橡胶工业用溶剂油的纱布擦去试片表面和孔内的试样及松浮的腐蚀产物,再在橡胶工业用溶剂油及沸腾的无水乙醇中清洗干净,放进干燥器冷却30min后称量,精确至0.1mg,记录质量 m_2。

(3) 用肉眼观察并记录试片表面颜色变化,有没有痕迹、污物和其他异常情况。

(4) 用游标卡尺测量并计算试片减去与组合件接触部分的表面积 A。

6) 计算

试片腐蚀质量变化按下式计算:

$$C = \frac{m_1 - m_2}{A} \tag{7-13}$$

式中 C——试片腐蚀质量变化(mg/cm^2);

m_1——试片试验前质量(g);

m_2——试片试验后质量(g);

A——试片减去与组合件接触部分的表面积(cm^2)。

7)报告

(1)质量变化:计算质量变化的三块试片算术平均值,取至小数点后两位。

(2)颜色变化(与新打磨试片比较),按下列等级表示:

0级:光亮如初;

1级:均匀轻微变色;

2级:明显变化;

3级:严重变色或有明显腐蚀。

(3)三块试片取颜色变化相同的两块定级,如各不相同则需要重做。

7.4.2.4　防锈油脂盐雾试验方法

防锈油脂盐雾试验方法依据标准 SH/T 0081—91《防锈油脂盐雾试验法》进行。

1. 主题内容与适用范围

本标准规定了用盐雾试验箱评定防锈油脂对金属防锈性能的方法,适用于防锈油脂。

2. 方法概要

涂覆试样的试片,置于规定试验条件的盐雾试验箱内,经产品规格要求的试验时间后,评定试片的锈蚀度。

3. 仪器与材料

1)仪器

(1)盐雾试验箱:由箱体、盐水储罐、空气供给装置、喷雾嘴、试片支持架、加热调节装置等组成,需用耐腐蚀材料制作,该箱应满足下列试验条件。

盐雾箱内温度:(35 ± 1)℃;

空气饱和器温度:(47 ± 1)℃;

盐水溶液浓度:(5 ± 0.1)%;

喷嘴空气压力:(98 ± 10)kPa;

盐雾沉降液的液量:$(1.0 \sim 2.0)$ mL/h·$80cm^2$;

盐雾沉降液的pH值:(35 ± 1)℃ 6.5~7.2;

盐雾沉降液的密度:20℃为$(1.026 \sim 1.041)$ g/cm^3。

注:盐雾不得直接喷射至试片表面上,已经喷过的盐水不得再次用于喷雾。

(2)密度计:分度值 0.001g/cm^3。

(3)吹风机:冷热两用。

2)材料

(1)试片:符合 ZB E41 010A《防锈油脂试验试片制备法》规定的材质要求,规格尺寸 80mm×60mm×(1~3)mm,两孔打在短边的钢片。

注:也可按产品规格要求,选用其他规格和材质的试片。

(2)玻璃漏斗:直径 100mm。

(3)锥形烧瓶:100mL。

(4)橡胶工业用的溶剂油:符合 SH 0004—90《橡胶工业用溶剂油》要求。

(5)精密 pH 试纸:6.5~7.5。

3)试剂

(1)氯化钠:化学纯。

(2)盐酸:化学纯。

(3)无水碳酸钠:化学纯。

4)准备工作

(1)盐水溶液的配制。

① 称量氯化钠与蒸馏水配制浓度为(5±0.1)%盐水溶液。

② 用盐酸或无水碳酸钠水溶液调整其 pH 值为 6.5~7.2。再用密度计测定盐水溶液 35℃密度,其值在 1.029~1.030g/cm³ 范围内方可使用。

(2)盐雾沉降液量的测定。盐雾沉降液量为每小时在 80cm² 面积上,盐雾沉降液的毫升数,每次试验至少测定一次盐雾沉降液量,并且同时测定箱内三个以上不同位置(在中心向四周喷雾的盐雾试验箱允许只测定两个不同位置)。

盐雾沉降液量的测定方法:预先将玻璃漏斗和锥形烧瓶洗净烘干。玻璃漏斗置于锥形瓶中,一起称量精确至 0.1g,记录质量 m_1,再放置于盐雾试验箱内,然后按试验条件开动盐雾试验箱连续喷雾 8h,试验终了,取出玻璃漏斗和锥形烧瓶,用纱布或滤纸擦干外表的盐水溶液,然后再称量精确至 0.1g,记录质量 m_2。

盐雾沉降液量按下式计算:

$$V = \frac{m_1 - m_2}{8\rho \frac{\pi R^2}{80}} = \frac{10(m_2 - m_1)}{\rho \pi R^2} \qquad (7-14)$$

式中　V——盐雾沉降液量(mL/h·80cm²);

m_2——喷雾后玻璃漏斗及锥形烧瓶质量(g);

m_1——喷雾前玻璃漏斗及锥形烧瓶质量(g);

8——喷雾时间(h);

ρ——盐水溶液的密度(g/cm³);

R——漏斗半径(cm)。

(3) 试片的制备。

① 按 ZB E41 010 将三块试片打磨,清洗干净。

② 试片涂膜。

防锈油:将摇动均匀的 500mL 试样倒入烧杯中,除去试样表面气泡,并调整其温度在(23±3)℃,用吊钩把干净的试片垂直地浸入试样 1min,接着以约 100mm/min 的速度,提起试片挂在架子上。

防锈脂:将试样加热使其熔融,取 500mL 置于烧杯中,用吊钩把干净的试片垂直地浸入熔融的试样,待试片与试样温度相同后,调整温度使膜厚为(38±5)μm,接着以约 100mm/min 的速度提起挂在架子上。

涂覆试样的试片挂在相对湿度 70% 以下,温度(23±3)℃,无阳光直射和通风小的干净地方沥干 24h。

5) 试验步骤

(1) 启动盐雾试验箱,待达到试验条件后暂停喷雾。

(2) 将试片放进箱内试片支持架上,评定面朝上,与垂直面成 15°,并与雾流方向相交,然后按产品规格要求的试验时间进行连续喷雾运转。

(3) 每 24h 暂停喷雾,打开盐雾试验箱检查一次,取出已到期或已锈蚀的试片,平时注意检查和调整温度、盐水深度、盐水 pH 值到规定的要求。

(4) 取出的试片,先用水冲洗,用热风吹干,再用橡胶用溶剂油洗净涂覆油膜,最后用热风吹干。

6) 结果判断

按 SH/T 0217—98《防锈油脂试验试片锈蚀度试验法》判断三块试片评定面的锈蚀度。

7) 报告

计算三块试片锈蚀度的算术平均值,修约到整数,按 ZB E41 009《防锈油脂试验试片锈蚀度试验法》规定的锈蚀等级表示。

7.4.2.5 防锈油盐水浸渍试验法

防锈油盐水浸渍试验方法依据标准 SH/T 0025—1999《防锈油盐水浸渍试验法》进行。

1. 主题内容与适用范围

本标准规定了防锈油盐水浸渍的试验方法,适用于防锈油。

2. 方法概要

将涂好试验油膜的试片按规定的温度和时间垂直地放入 5% 的氯化钠溶液中,检查试片的锈蚀情况。

3. 仪器、材料及试剂

(1) 仪器。

① 恒温水浴:能保持水浴温度恒定在(25±2)℃。

② 干燥器。

③ 吹风机:冷热两用。

④ 带盖的搪瓷杯或玻璃烧杯:500mL。

⑤ 温度计:0~50℃,分度值为1℃。

⑥ 不锈钢吊钩。

⑦ pH 值测定仪(或酸度计):测量精度为0.1。

⑧ 不锈钢镊子。

(2) 材料。钢片:10#钢,符合 GB/T 711—2017《优质碳素结构钢热轧钢板和钢带》要求;规格:80mm×60mm×(1.0~3.0)mm(长×宽×厚)。

(3) 试剂。

① 氯化钠:分析纯。

② 无水碳酸钠:分析纯。

③ 石油醚:分析纯,60~90℃。

④ 无水乙醇:分析纯。

4. 准备工作

(1) 取三块钢片,在作评定白面上做好标志(每块试片仅用一个面作为评定面)备用。

(2) 5%碳酸钠溶液的配制:称量无水碳酸钠,用蒸馏水配成5%碳酸钠溶液,充分摇荡,溶解后备用。

(3) 5%氯化钠溶液的配制。

称量氯化钠,用蒸馏水配成5%的氯化钠溶液,待充分摇荡溶解后,用 pH 值测定仪测定 pH 值,并用5%碳酸钠溶液调整溶液 pH 值至8.0~8.2。如果配制好的溶液经过7天以上的储存,则在每次试验前,应重新校核 pH 值,并经调整后再使用。

5. 试验步骤

(1) 将已制备好的三块钢试片,按 SH/T 0105—92《溶剂稀释型防锈油油膜厚度测定法》涂层试片的制备方法涂油后,将涂油试片放在无阳光直射、吹风和灰尘的条件下静置淌油20h。

(2) 将上述试片依次挂入准备好的搪瓷杯或玻璃杯内,并保持试片呈垂直状态(注意试片之间不要接触,也不要碰杯壁)。然后将配制好的5%氯化钠溶液,沿杯壁缓慢倒入杯中,直到浸没过试片 10~15mm,不要把溶液直接倒在试片上以免冲破油膜。

(3)将搪瓷杯(或玻璃杯)盖上盖子,放入(25±2)℃的恒温水浴中,20h 或按试样规格规定的时间取出试片。

(4)用石油醚清洗试片表面,再用滤纸吸干。仔细观察锈蚀变色情况,然后再按 SH/T 0217—98《防锈油脂试验试片锈蚀度试验法》评级。

6. 结果判断

三块试片中的两块试片锈蚀级相差超过两级,就不能定级,如三块试片分别是 A 级、B 级和 D 级,则不能定级;三块试片相差在两级以内(包括两级),并有两块试片同级,则按同级的两块试片级别定级;三块试片锈蚀级各不相同,如三块试片分别是 A 级、B 级和 C 级,则定为 B 级。

7. 报告

报告试样的锈蚀级。如果试片有变色变暗情况,需在报告中说明。

7.4.2.6 防锈油水置换性试验法

防锈油水置换性能的试验方法依据标准 SH/T 0036—90《防锈油水置换性试验法》进行。

1. 主题内容与适用范围

本标准规定了防锈油水置换性能的试验方法,适用于防锈油。

2. 方法概要

将浸润过蒸馏水的试片,浸入试样 15s 后,放入恒温湿热槽,在(23±3)℃下放置 1h,观察试片上有无锈蚀污斑。

3. 仪器、材料与试剂

1)仪器

(1)培养皿:直径 129mm。

(2)磨口锥形瓶:150mL。

(3)恒温湿热槽:可控制温度(234±2)℃(或用盛有少量蒸馏水的干燥器)。

(4)秒表:分度为 0.2s。

2)材料

(1)金属试片:符合 SH/T 0218—1993 法中钢片的材质和尺寸规格要求,但两个孔都打在试片 60mm 的边上。

(2)纱布(或砂纸):粒度为 100# 的刚玉纱布(或砂纸)。

(3)橡胶工业用的溶剂油,符合 SH 0004—90《橡胶工业用溶剂油》的要求。

3）试剂

无水乙醇：分析纯。

4. 准备工作

1）试样的制备

在(23±3)℃时量取 50mL 试样，置于磨口锥形瓶中，再加入 5mL 的蒸馏水，盖上盖子，以上下倒置为一次，约倒置 10 次，使其混合均匀。在(55±2)℃下放置不少于 12h，取出后静止冷却至(23±3)℃，摇匀后倒入培养皿中备用。

2）试片的制备

（1）试片的打磨。

① 试片的棱角、四边、两孔和试验面要用 100#砂纸打磨，试验面纹路与两孔中心连线平行，试验所用的试片表面不得有凹坑、划伤和痕迹。试片打磨后不得直接用手接触。

② 磨好的试片用脱脂棉擦去砂粒等附着物后，用滤纸包好，立即放入干燥器中，但存放清洗和涂试样的总时间不得超过 24h，否则要重新打磨。

（2）试片的清洗：用镊子夹住脱脂棉，将试片在无水乙醇和沸腾的无水乙醇中按顺序进行擦洗，在沸腾的无水乙醇中擦洗后立即用热风吹干，然后放在清洁的干燥器内冷却至(23±3)℃。

5. 试验步骤

（1）将三片试片浸入蒸馏水中，使其充分浸润（否则应重新处理）后，立即将其提起并保持垂直，用定性滤纸吸取底部余水，迅速地将其水平浸入盛有试样的培养皿中，试片提起到浸入试样的时间不得超过 5s。

（2）试片在试样中静止 15s 后，立即提起，在(23±3)℃下挂置 15min，以沥去多余油滴。

（3）将试片水平放置于恒温湿热槽内，在(23±3)℃下放置 1h，取出试片并用橡胶工业用溶剂油洗去油膜进行检查。

6. 结果判断

以试片在恒温湿热槽中的上表面为判断面。如三片试片均无锈迹污斑，则判断为合格。

▶ **7.4.2.7　防锈油人汗防蚀性试验法**

试验防锈油人汗防蚀性能的方法依据标准 SH/T 0106—92《防锈油人汗防蚀性试验法》进行。

1. 主题内容与适用范围

本标准规定了试验防锈油人汗防蚀性能的方法，适用于防锈油。

2. 方法概要

涂有试样的试片经打印人工汗液,在(23±3)℃下放置24h后,观察试片有无锈蚀。

3. 仪器材料与试剂

1)仪器

(1)恒温箱:防爆型,能保持(22±3)℃。

(2)简易润湿槽:底部装有少量蒸馏水的干燥器。

2)材料

(1)试片:符合 SH/T 0218—1993 法中试片的材质和规格要求,两个孔可打在试片的长边或短边上。

(2)玻璃板:150mm×150mm×5mm。

(3)纱布:脱脂纱布 35mm×35mm。

(4)橡胶塞:印汗面直径为 26mm。

(5)砝码:(1±0.2)kg。

(6)砂纸(或纱布):粒度为 240#的刚玉砂纸(或砂布)。

3)试剂

(1)甲醇:化学纯。

(2)氯化钠:化学纯。

(3)尿素:化学纯。

(4)乳酸:化学纯 85%。

4. 准备工作

(1)人工汗液按下列组成配制。蒸馏水:500mL;甲醇:500mL;氯化钠:(7±0.1)g;尿素:(1±0.1)g;乳酸:(4±0.1)g。

(2)用1体积人工汗液和2体积甲醇配成溶液作打印液。

(3)橡胶塞的印汗面用240#砂纸(或纱布)打磨粗糙,依次用中性洗涤剂、蒸馏水洗净,然后干燥。

(4)按 SH/T 0218—1993 法规定制备试片。

5. 试验步骤

(1)把准备好的试片垂直地浸入(23±3)℃的试样中,浸没1min后,以约100mm/min 的速度垂直提起,其中三片干燥 30min 后按下述(2)规定印汗,另外三片干燥 16h 后按下述(2)规定印汗。

(2)将32块纱布重叠放在玻璃板上,在其中心滴下上面4(2)配成的打印液1.5mL,用适当的方法加砝码于橡胶塞上,将橡胶塞粗糙面向下,置于重叠的纱布约 2s 后,连同砝码一起立即移向干燥过的试片中心打印约 1s,纱布打印一次必须更换,每块试片从打印液滴到纱布开始到打印完毕所需时间为 $(20\pm5)s$。

(3)将打印好的试片放入简易润湿槽中,于 (23 ± 3)℃下放置 24h。

(4)取出试片,目测试片打印处有无锈蚀。

6. 结果判断

当 6 片试片打印处均无锈蚀时,则判断试片为无锈蚀,否则为锈蚀。

7. 报告

如试片为"无锈蚀",则试样报告为"合格",否则为"不合格"。

7.4.2.8 防锈油人汗洗净性试验法

试验防锈油人汗洗净性能的方法依据标准 SH/T 0107—92《防锈油人汗洗净性试验法》进行。

1. 主题内容与适用范围

本标准规定了试验防锈油人汗洗净性能的方法,适用于防锈油。

2. 方法概要

将印有人工汗液的试片在试样中摆洗 2min,在 (23 ± 3)℃条件下放置 24h,观察试片印汗面锈蚀情况。

3. 仪器、材料与试剂

1)仪器。

(1)试片摆洗器:摆洗往复速度为每分钟 (30 ± 2) 次,摆洗距离约为 50mm(单程)。

(2)恒温箱:防爆型,能保持 (120 ± 2)℃恒温。

(3)砝码:质量 (1 ± 0.02)kg。

(4)干燥器:干燥剂为硅胶。

(5)简易润湿槽:可用底部装有少量蒸馏水的干燥器。

(6)容器:约为 $80mm\times110mm\times130mm$。

2)材料

(1)试片:符合 SH/T 0218—1993 法中试片的质量和规格要求,两个孔可打在试片的短边上。

(2)溶剂:橡胶工业用的溶剂油符合 SH 0004—90《橡胶工业用溶剂油》要求,或 60~90℃石油醚。

(3)玻璃板:$150mm\times150mm\times5mm$。

(4)纱布:脱脂纱布 $35mm\times35mm$。

(5)橡胶塞:印汗面直径为26mm。

(6)砂纸(或纱布):粒度为240#的刚玉砂纸(或纱布)。

3)试剂

(1)甲醇:化学纯。

(2)氯化钠:化学纯。

(3)尿素:化学纯。

(4)乳酸:化学纯,85%。

4. 准备工作

(1)人工汗液按下列组成配制。

蒸馏水:500mL;甲醇:500mL;氯化钠:(7 ± 0.1)g;尿素:(1 ± 0.1)g;乳酸:(4 ± 0.1)g。

(2)橡胶塞的印汗面用240#砂纸(纱布)打磨粗糙,依次用中性洗涤剂,蒸馏水洗净,然后干燥。

(3)按 SH/T 0218—1993 法规定制备试片,要在8h内使用。

5. 试验步骤

(1)将32块纱布重叠放在玻璃板上,在其中心滴下人工汗液1.5mL,然后用适当的方法加砝码于橡胶塞上,将橡胶塞粗糙面向下,置于重叠的纱布上约2s后,连同砝码一起立即移向试片中心打印约1s。纱布打印一次必须更换,每块试片从人工汗液滴到纱布开始到打印完毕,所需时间为(20 ± 5)s。

(2)打印后5s内,将试片放入(120 ± 2)℃的恒温箱中干燥5min后,再取出放入干燥器内冷却至室温。

涂两种油的试片经30min沥油后,各取一片为一组,平放在玻璃板上,取2mL人工汗液按 SH/T 0312—1992 的规定印汗,每块试片印汗后,应更换洁净的印汗橡胶塞,或将橡胶塞用溶剂油或无水乙醇充分洗涤后再用,印汗完毕,将两块试片放入沥干箱中悬挂放置16h。

(3)另一组两块试片,放在沥干箱中悬挂16h后,仍按上述操作进行印汗,印汗后将两组共4块试片连同玻璃板移入湿润槽中,于(25 ± 5)℃下静置24h。

6. 结果的判断

试验结束后,用溶剂油洗去油膜,检查印汗处锈蚀情况,涂 L – AN15 全损耗系统用油的对比试片印汗处应有锈蚀,合格的试样两片印汗处应无锈,否则试验应重做。

▶ **7.4.2.9 置换型防锈油人汗置换性能试验方法**

置换型防锈油对人汗的置换性能的试验方法依据标准 SH/T 0311—92《置

换型防锈油人汗置换性能试验方法》进行。

1. 主题内容与适用范围

本标准规定了置换型防锈油对人汗的置换性能的试验方法,适用于置换型防锈油。

2. 方法概要

在金属试片上印人工汗液后,立即在印汗处滴上置换型防锈油,放入湿润槽中,经规定时间后,观察人汗处锈蚀情况,以评定置换型防锈油对人汗的置换性能。

3. 仪器、材料与试剂

1)仪器

(1)湿润槽:直径300mm 的干燥器,底部盛装2000mL 蒸馏水。

(2)印汗橡胶塞:按 SH/T 0312—1992 中的规定。

(3)人工汗打印盒:按 SH/T 0312—1992 中的规定。

(4)吹风机:冷热两用。

(5)秒表。

(6)玻璃板:60mm×110mm。

(7)移液管:2mL。

(8)滴管。

2)材料

(1)溶剂油:符合 SH 0004—90《橡胶工业用溶剂油》要求。

(2)L – AN15 全损耗系统用油:符合 GB/T 443—89《L – AN 全损耗系统用油》中 L – AN15 要求。

(3)钢片:符合 SH/T 0218—1993 中钢片的材质和规格要求。

3)试剂

(1)氯化钠:化学纯。

(2)尿素:化学纯。

(3)乳酸:化学纯85%。

(4)甲醇:化学纯。

4. 准备工作

(1)将试验用的6 块钢片按 SH/T 0218—1993 规定进行打磨和清洗,置于干燥器中备用。

(2)人工汗液的配制。称量氯化钠(7 ± 0.1)g;尿素(1 ± 0.1)g 和乳酸(4 ± 0.1)g,用 1∶1 甲醇蒸馏水溶液溶解并稀释至 1000mL。

5. 试验步骤

（1）取三块按上述4(1)规定准备好的试片，平放在玻璃板上，然后按 SH/T 0218—1993 的规定印汗，印汗后，立即用热风吹干印汗面，用滴管吸取试样少许，自试片印汗处上方 10~15mm 高处滴下 1~2 滴(0.10~0.15mL)至印汗处中心，使试样完全覆盖印汗处。

（2）再取三块试片，用 L-AN15 全损耗系统用油代替试样，重复上述操作，作为对比用的试片。

（3）将上述6块试片平放在沥干箱中经放置16h，然后再将试片移入湿润槽中，在(25±5)℃下静置24h。

6. 结果的判断

试验结束后，用溶剂油洗去油膜，仔细检查试片印汗处锈蚀情况，滴 L-AN15 全损耗系统用油的三块对比试片印汗处应有锈蚀，否则试验应重做。合格的试样在其余三块试片的印汗处应无锈蚀。

▶ 7.4.2.10 置换型防锈油人汗洗净性能试验方法

置换型防锈油对人汗的洗净性能的试验方法依据标准 SH/T 0312—1992 进行。

1. 主题内容与适用范围

本标准规定了置换型防锈油对人汗的洗净性能的试验方法，适用于置换型防锈油。

2. 方法概要

将印有人工汗液的试片，在防锈油中进行清洗，清洗后的试片放入湿润槽中，经一定时间后观察印汗面锈蚀情况，以评定置换型防锈油对人工汗液的洗净性能。

3. 仪器、材料与试剂

1）仪器

（1）电热恒温烘箱。

（2）试片摆洗器：摆洗速度每分钟往复(30±2)次，摆洗距离(50±6)mm (单程)每次摆洗一块或两块试片。

（3）吹风机。

（4）印汗橡胶塞：带有金属砝码，调整总质量为100g 的硬橡胶塞，此印汗橡胶塞印汗面的直径为(26±1)mm(相当于7#胶塞)。

（5）人工汗打印盒：用有机玻璃或玻璃制成40mm×40mm 的方盒并且有盖

子,或直径(55~60)mm 的培养皿,其中间放置 16 层 35mm×35mm 的纱布。

(6)搪瓷杯或烧杯:600mL。

(7)摆洗槽:长方形的玻璃缸带盖,长为 120mm,宽为 100mm,高为(80~100)mm。

(8)湿润槽:直径 300mm 的干燥器,底部盛蒸馏水 2000mL。

(9)试片悬挂架。

(10)直管吸管(刻度吸管)。

2)材料

(1)钢片:符合 SH/T 0218—1993 中钢片的材质和规格要求。

(2)脱脂纱布:32 块医用纱布,用 95% 乙醇回流煮洗 15min 后热风吹干。

(3)纱布(或砂纸):粒度为 120#。

(4)溶剂油:符合 SH 0004—90《橡胶工业用溶剂油》要求。

3)试剂

(1)甲醇:化学纯。

(2)95% 乙醇:化学纯。

(3)无水乙醇:化学纯。

(4)氯化钠:化学纯。

(5)尿素:化学纯。

(6)乳酸:化学纯,85%。

4. 准备工作

(1)人工汗液的配制。称量氯化钠(7±0.1)g;尿素(1±0.1)g 和乳酸(4±0.1)g1:1 甲醇蒸馏水溶液溶解并稀释至 1000mL。

(2)试片打磨与清洗。按 SH/T 0218—1993 中的规定进行,清洗后放入干燥器中备用。

(3)印汗橡胶塞印汗面用 120#纱布打磨至表面粗糙,再依次用肥皂水、自来水、蒸馏水及无水乙醇进行洗净,干燥以备印汗。

5. 试验步骤

(1)将人工汗液打印盒放在试验台上,用吸量管准确吸取 1.5mL 的人工汗液移至印汗纱布中心,印汗时将 5 块试片逐片取出,平放在试验台的平板玻璃上。

(2)把印汗橡胶塞放在吸有人工汗液的纱布打印盒正中位置停留 30s,然后迅速将印汗橡胶塞移至试片中心位置印 1s,移开印汗橡胶塞,立即用热风吹干试片印汗片,最后把试片放在干燥器中,于室温(25±5)℃下冷却。

(3) 取 5 块印汗试片中的第一块,放在沸腾的甲醇中摆洗 2min(作为 100% 人汗洗净力对照用试片),然后取第 5 块印汗试片(作为 0% 人汗洗净力对照用的试片),顺次在两个溶剂油摆洗槽中各摆洗 1min,最后在室温下晾干 15min,其余三块印汗试片先在试样中摆洗 2min,然后,同样在两个溶剂油摆洗槽中各摆洗 1min,在室温下晾干 15min。每次评定一个试样,甲醇、试样、溶剂油用量各约 400mL。

(4) 将 5 块试片平放在玻璃板上,然后移入湿润槽中,于室温 (25 ± 5)℃下静置 24h。

6. 结果的判断

试验结束后取出试片,在光线充足下检查,人汗洗净力为 100% 的试片,其印汗处应不产生锈蚀;人汗洗净力为 0% 的试片,其印汗处必须显示明显锈蚀,则本次试验可靠,否则试验需重做。合格的试样在其余三块试片印汗处应无锈蚀。

▶ 7.4.2.11 防锈油脂湿热试验方法

防锈油脂湿热试验方法依据标准 GB/T 2361—92《防锈油脂湿热试验法》进行。

本方法是在高温高湿条件下,评定防锈油脂对金属的防锈性能。

1. 方法概要

涂有防锈油脂的金属试片在湿热试验箱中经规定的试验周期后,取出检查,以试片表面有效区域锈点的数量和大小来判断防锈油脂的防锈性能。

2. 仪器与材料

1) 仪器

湿热试验箱由试片旋转架、空气输送装置、湿度调节控制装置、过滤器及气体流量计等构成。该箱应符合下列技术要求:

(1) 暴露区温度 (49 ± 1)℃。

(2) 箱内相对湿度 95% 以上。

(3) 空气输送,每小时空气通入量为箱内有效体积的 3 倍。送入箱内的空气经过滤器(活性炭或玻璃棉的过滤器或其他材料的过滤器)除去尘埃或油脂等污物后,再进入箱内,并通过箱体底部水深 200mm 的水层进入试验暴露区。

(4) 箱体底部水层(蒸馏水)的 pH 值为 5.5~7.5。

(5) 试片旋转架上的挂片槽相互距离不小于 35mm。

(6) 试片架旋转(满架时的速度)为 (0.33 ± 0.03)r/min。

(7) 箱盖凝露的水滴不允许落在试片上,试片上淌下的油脂在接油盘中不得污染箱底的水层。

(8) 湿热试验箱采用防腐蚀材质制造。

(9) 湿热试验箱应放置在空气清洁、无污染的室内,环境湿度保持在 15～35℃。

2) 材料

(1) 试片:规格和材质要符合 SY 2755—76S《防锈油脂防锈试验试片制备方法》中的规定。

(2) 不锈钢片 1Cr18Ni9Ti,50mm×50mm×(1～2)mm。

3. 试剂

(1) 石油醚:化学纯。

(2) 溶剂油。

4. 试验步骤

(1) 试片的打磨、清洗和涂油按 SY 2755—76S《防锈油脂防锈试验试片制备方法》进行,每次试验需用三块相同材质的试片。

(2) 涂油的试片按 SY 2755—76S《防锈油脂防锈试验试片制备方法》规定的时间沥干后,挂入湿热试验箱的试片旋转架的槽中,试片架上的空槽位置应用不锈钢片挂满。

(3) 湿热试验箱在达到各项规定的试验条件时,记录时间,连续运转 8h,然后停止运转(停止加热、通气和旋转),使试片静止在箱内 16h,作为一个试验周期(天)。

(4) 每天检查调整两次箱内温度,输送量,箱底水层深度及 pH 值(用精密 pH 试纸测定)。

(5) 在试验周期中止前的检查中,发现有腐蚀并取出已锈蚀的试片后,应同时补挂入等量的不锈钢片。试片取出或挂入都应在湿热试验开始运转之前进行。

5. 试验结果的评级

试验按试油要求的规格进行。试验完毕后,取出试片,用石油醚或溶剂油擦洗,除去试片表面油脂,仔细观察并记录试片表面锈蚀情况,然后金属试片按 SH/T 0533—93《防锈油脂防锈试验试片锈蚀评定方法》和 SH/T 0080—91《防锈油脂腐蚀性试验法》分别进行评级。

(1) 三块试片腐蚀级别相同时,按同级定级。

(2) 三块试片锈蚀级别相差在两级以内(包括两级),并且其中两块试片是同级的,则按同级两块试片的级别定级。

(3) 三块试片中锈蚀级别各不相同,但属相邻的级别时,则按中间一块试片级别定级。

(4)三块试片中的两块试片锈蚀级别超过 2 级时,则不能定级,试验需重做。金属试片如有变色或变暗的情况,需在试验报告中注明。

▶ 7.4.2.12 防锈油干燥性试验法

防锈油干燥性试验法依据标准 SH/T 0063—91《防锈油干燥性试验法》进行。

1. 主题内容与适用范围

本标准规定了防锈油膜自然干燥的试验方法,适用于溶剂稀释型防锈油。

2. 方法概要

经涂覆过试样的试片在 23±3℃下,按规定的时间经自然干燥后,检查其干燥状态。

3. 仪器、材料与试剂

(1)仪器

① 干燥器。

② 冷热两用吹风机。

③ 恒温水浴锅。

④ 水银温度计:0~50℃,分度值为 1℃。

⑤ 烧杯:600mL。

(2)材料

① 金属试片:符合 ZB E41 010A《防锈油脂试验试片制备法》法中试片的材质和规格尺寸要求。可用 600mm×80mm,两孔都打在 80mm 边上的试片,也可以用 60mm×80mm 两孔都打在 60mm 边上的试片。

② 砂布:粒度为 240 号。

③ 脱脂棉:应干燥。

④ 不锈钢丝钩:直径约 1mm。

⑤ 架子:能把试片垂直挂起。

(3)试剂

① 石油醚:60~90℃,分析纯。

② 无水乙醇:化学纯。

4. 试验步骤

(1)按照 ZB E41 010《防锈油脂试验试片制备法》进行试片打磨,清洗和吹干。

(2)将摇匀的试样 500mL 倒入烧杯中,除去试样表面气泡。

(3)将步骤(1)准备好的试片用不锈钢丝钩吊起,垂直地浸入(23±3)℃的试样中,浸没 1min 后,以每分钟 100mm 的速度往上提升。

(4)涂油后的试片挂在架子上,置于(23±3)℃干净场所自然干燥。

(5)按产品标准规定的干燥时间进行试验,然后用手指触及法检查涂覆油膜的干燥状态。

5. 结果判断

干燥性的表示方法分为 4 类:

(1)油状态:油膜的状态。

(2)柔软状态:在涂油试片的油膜上,和手指尖轻轻地擦一下,就留下划痕,该状态为柔软状态。

(3)指触干燥状态:用手指尖轻轻地触及涂膜试片中央,指尖不被试样所沾污的状态即为指触干燥状态。

(4)不黏着状态:用手指尖轻轻地摩擦涂膜试片中央,在涂膜上不留划痕,该状态即为不黏着状态。

6. 报告

按照上述第 5 条的油状态、柔软状态、指触干燥状态和不黏着状态等内容写出报告。

▶ **7.4.2.13 防锈油脂流下点试验法**

防锈油脂流下点试验法依据标准 SH/T 0082—91《防锈油脂流下点试验法》进行。

1. 主题内容与适用范围

本标准规定了试验防锈油脂流下点的方法,适用于防锈油脂。

2. 方法概要

在规定的温度下,将涂有试样的试片加热 1h 后,在(23±3)℃下自然冷却,观察油膜是否流下的现象来判断防锈油脂的流下点。

3. 仪器、材料与试剂

1)仪器

(1)电热鼓风恒温箱:恒温范围室温约 100℃,温度波动±2℃。

(2)电炉:500W。

(3)游标卡尺:分度值为 0.02mm,长度为 0~120mm。

(4)温度计:0~150℃,分度值为 1℃。

(5)烧杯:100mL。

(6)刻刀:单面刀片。

2) 材料

(1) 金属试片:符合 SH/T 0218—1993 中 A 法要求的钢片,尺寸为 80mm × 60mm × (1~3)mm。

(2) 脱脂棉。

(3) 砂纸:粒度为 240#。

(4) 吊钩:用直径为 1mm 的不锈钢丝或镍铜合金制成,全长为 90~100mm。

(5) 黏着胶带:绝缘胶带,宽 25mm,从试片上剥下后,在试片表面不留下黏胶的胶带。

3) 试剂

(1) 石油醚:分析纯,60~90℃。

(2) 无水乙醇:化学纯。

4. 准备工作

(1) 将两块金属试片按 SH/T 0218—1993 法打磨、清洗、吹干。

(2) 用游标卡尺在试片上量出距离试片下端 22mm 处,在此处用刻刀画一条平行于底边的基准线。

(3) 从试片下端起到 25mm 部分贴上黏着胶带。

(4) 将贴有黏着胶带的试片进行涂膜。

① 防锈油试样的涂膜。取 500mL 试样倒入烧杯中,充分搅拌,去除浮在表面上的气泡。把试样调整到 (23 ± 3)℃,用吊钩把经上述(1)~(3)处理的试片垂直地浸入试样中 1min,接着以约 100mm/min 的速度往上提。

② 防锈脂试样的涂膜。把试样加热到约 80℃ 使其完全熔化,取 500mL 置于烧杯中,用吊钩把经上述(1)~(3)处理的试片垂直地浸入完全熔化的试样中,直到试片的温度达到试样温度,调整温度使膜厚为 $(38 \pm 5)\mu m$(按 SH/T 0218—1993 测定膜厚),然后以约 100mm/min 的速度往上提。

5. 试验步骤

(1) 沿着黏着的胶带上端用刻刀在涂膜上画出一条缝,然后剥下黏着胶带。

(2) 将涂膜试片的除膜部分向下,用吊钩把试片垂直地悬挂于电热鼓风恒温箱内,按产品规格要求在 (40 ± 2)℃ 或 (80 ± 2)℃ 恒温空气浴中保持 1h。

(3) 将试片取出,在 (23 ± 3)℃ 的温度下冷却,观察切剩膜的边线与基准线的相对位置有无变化,从而判断涂膜有无流下。

6. 结果判断

(1) 若两片试片的涂膜均未流下,则说明试样在此试验温度下流下点合格。

(2) 若两片试片的涂膜都流下,则说明试样在此试验温度下流下点不合格。

(3)若两片试片中有一片的涂膜流下,则需重复试验。
7. 报告
报告试验温度流下点合格或不合格。

▶ **7.4.2.14 防锈油耐候试验法**

防锈油耐候试验法依据标准 SH/T 0083—91《防锈油耐候试验法》进行。

1. 主题内容与适用范围

本标准规定了用模拟光照、温度、湿度、降雨等条件,试验防锈油的耐老化和防锈性能的方法,适用于溶剂型、稀释型硬膜防锈油。

2. 方法概要

将涂有试样的试片放置于耐候试验机中,经规定的试验时间后,取出试片,检查油膜的耐老化和防锈性能。

3. 设备、材料与试剂

1)设备

耐候试验机:应具有光源、温度、湿度、降雨、旋转试架等自动调控装置,以模拟适宜人工气候条件。此设备能满足以下试验条件。

(1)光源。

① 氙灯规格:6kW 水冷式氙灯,使用 600h 后必须更换新灯。

② 光源与样板距离:(37±2)cm。

③ 氙灯冷却水:用蒸馏水循环冷却,以防止灯管结垢。

(2)温度。

① 试片温度:以黑板温度计(63±3)℃为标准,黑板温度计放在与试片相同的位置。

② 工作温度:干球为(49±1)℃。

(3)相对湿度:(80±5)%。

(4)降雨。

① 降雨时间:12min/h。

② 喷嘴:共4个,能对试片作均匀的喷雾。

③ 降雨水压:78~118kPa。

④ 降雨水量:2.0~2.2L/min。

⑤ 降雨水质:蒸馏水,pH 值在 6~8。

(5)试片架。

① 试片架用铝合金制造。

② 试片架转速:1r/min,使试片均匀地承受照射和雨淋。

(6)环境。放置耐候试验机的环境应保持良好,严格防止腐蚀性气体(如二氧化硫、硫化氢、氨气等)的污染。

2)材料

试片材质,大小符合 SH/T 0218—1993 法中的钢片,但两孔打在 60mm 的边上。

3)试剂

(1)石油醚:分析纯,60~90℃。

(2)橡胶工业用溶剂油:符合 SH 0004—90《橡胶工业用溶剂油》的要求。

4. 试验步骤

(1)试片的制备

① 按 SH/T 0218—1993 法将试片打磨清洗干净,每个试样需三块试片。

② 将摇动均匀的 500mL 试样倒入烧杯中,除去试样表面气泡并调整其温度在(23±3)℃,用吊钩把干净的试片垂直浸入试样 1min,接着以 100mm/min 的速度提起,挂在相对湿度 70% 以下,温度(23±3)℃,无阳光直射和通风小的干净地方沥干 2h。

(2)将沥干后的试片,放在耐候试验机试片架上,试片与底座间用一块 70mm×150mm 聚乙烯塑料膜隔开。

(3)按上述(1)规定的条件调节好耐候试验机的各部分开关,启动设备,使其在 1h 之内达到各项规定的试验条件,记录试验开始时间。在此规定的条件下连续运转。每天开机 23h,然后停机 1h,以便检查时装取试片。试验时间计算为 24h。

(4)试片取出检查或装入应在 1h 停机期间内进行。

(5)试验操作记录。

① 氙灯电流。

② 降雨压力与蒸馏水 pH 值。

③ 黑板温度计之指示温度和工作室温度、湿度。

④ 试验中断时间与次数。

5. 结果判断

(1)试片按规定的时间进行试验,期满后取出,用工业滤纸吸干表面水珠,用肉眼检查和记录光照面膜裂痕、脱落等情况。

(2)用石油醚和橡胶工业用溶剂油清洗试片表面油膜,并干燥光照面,按 SH/T 0217—98《防锈油脂试验试片锈蚀度试验法》规定评定锈蚀度。

6. 报告

取规定试验时间后的三块试片锈蚀度平均值,修约到整数,按 SH/T 0217—

98《防锈油脂试验试片锈蚀度试验法》,以锈蚀等级评定。

▶ 7.4.2.15 溶剂稀释型防锈油油膜厚度测定法

溶剂稀释型防锈油油膜厚度测定法依据标准 SH/T 0105—92《溶剂稀释型防锈油油膜厚度测定法》进行。

1. 主题内容与适用范围

本标准规定了溶剂稀释型防锈油油膜厚度的测定方法,适用于溶剂稀释型防锈油。

2. 方法概要

将试片放入 500mL 试样中浸 1min,提起,垂直悬挂 24h 后测定试片涂膜质量。由油膜的密度和质量计算涂膜厚度。

3. 仪器、材料与试剂

1) 仪器

(1) 分析天平:感量为 1mg。

(2) 游标卡尺:分度值为 0.02mm。

(3) 防爆空气浴:保持温度恒定在 (107±2)℃ (或超级恒温器:恒温范围 50~100℃)。

(4) 平底瓷蒸发皿:直径为 90mm。

(5) 恒温水浴:保持水浴温度恒定于 (23±3)℃。

(6) 水银温度计:0~50℃,分度值为 0.1℃;0~150℃,分度值为 1℃。

(7) 比重瓶:符合 GB/T 13377—2010《原油和液体或固体石油产品 密度或相对密度的测定 毛细管塞比重瓶和带刻度双毛细管比重瓶法》中广口型要求,瓶颈上带有标线或毛细管磨口塞子,体积 25mL。

(8) 玻璃吸管:带有橡胶帽。

(9) 烧杯:600mL。

(10) 干燥器。

(11) 吹风机:冷热两用。

2) 材料

(1) 试片:符合 SH/T 0218—1993 法中试片的材质和规格要求,两孔打在试片短边上。

(2) 涤轮胶黏带:绝缘胶带,宽 15mm。

(3) 脱脂棉或医用纱布。

(4) 纱布(或砂纸):粒度为 240#。

(5) 吊钩:用不锈钢丝制作,直径约 1mm。

(6)白油:符合 NB/SH/T 0006—2017《工业白油》中 32#要求或符合 NB/SH/T 0007—2015《化妆品级白油》中 26#或 36#要求供油浴用。

3)试剂

(1)石油醚:60～90℃,分析纯。

(2)无水乙醇:化学纯。

4. 试验步骤

1)涂膜试片的制作

(1)试片的处理。

第一步,将两片试片按 SH/T 0218—1993 法中试片的制备进行处理。

第二步,用游标卡尺测量每块金属试片的长、宽、厚及两孔直径(准确到0.02mm),放入干燥器中,然后计算试片上涂膜部分的总面积。

第三步,将以上金属试片用不锈钢丝钩钩牢进行称重,并记录质量 m_1。

第四步,在距试片下边缘 15mm 部分,用涤纶胶黏带将其表面覆盖。

(2)试片的涂覆方法。

第一步,将摇匀的防锈油 500mL 倒入烧杯中,充分搅拌,除去试样表面气泡,并调整其温度在(23±3)℃内。

第二步,用吊钩将准备好的试片垂直浸入(23±3)℃的试样中浸 1min 后,以约 100mm/min 的速度垂直提起。

第三步,涂膜后的试片垂直地挂在架子上,并使试片上边和下边呈水平状态,在相对湿度 70%以下,温度(23±3)℃,没有阳光直射和通风小的干净场所自然干燥 24h。

(3)待涂膜试片达到规定的干燥时间后,将刀片插入已被涂膜覆盖的涤纶胶黏带与试片的接缝中剥下涂涤纶胶黏带(也可用手直接扯下涤纶胶黏带)。

(4)用上述的不锈钢丝钩钩牢涂膜试片,进行第二次称重,记录质量 m_2。

2)油膜密度的测定

(1)油膜密度试样的制备。

第一步,将防爆空气浴或超级恒温器调温至(107±2)℃。

第二步,在两只直径为 90mm 平底蒸发皿中分别装入 25g,混合均匀的试样,在(107±2)℃防爆空气浴或超级恒温器中恒温 16h,把蒸得的残留物合并一起,作为测定油膜密度的试样(取试样量不少于 5g),使用超级恒温器时,应在通风柜中进行,注意应无明火。

(2)按 GB/T 13377—2010《原油和液体或固体石油产品密度或相对密度的测定　毛细管塞比重瓶和带刻度双毛细管比重瓶法》测得油膜密度 ρ。

5. 计算

(1)每片金属试片涂膜部分的总面积按下式计算。

$$A = 2(a-1.5)\times b + 2(a-1.5)\times c + 2bc + 2\pi dc - \pi d^2 \qquad (7-15)$$

式中　A——涂膜部分的总面积(cm^2);

　　　a——试片的长(cm);

　　　b——试片的宽(cm);

　　　c——试片的厚(cm);

　　　d——圆孔的直径(cm);

　　1.5——涤纶胶黏带的宽(cm)。

(2)每片金属试片油膜厚度按下式计算。

$$H = \frac{m_1 - m_2}{\rho A}\times 10^4 \qquad (7-16)$$

式中　H——油膜厚度(μm);

　　　m_1——试片涂膜前质量(g);

　　　m_2——试片涂膜后质量(g);

　　　ρ——油膜密度(g/cm^3);

　　　A——试片上涂膜部分的总面积(cm^2)。

6. 报告

取两片试片油膜厚度的算术平均值作为测定结果,并修约到小数点后第一位。

▶ 7.4.2.16　石油产品水溶性酸及碱测定法

石油产品水溶性酸及碱测定法依据标准GB 259—88《石油产品水溶性酸及碱测定法》进行。

本方法适用于测定液体石油产品,添加剂、润滑脂、石蜡、地蜡及含蜡组分的水溶性酸或水溶性碱。

1. 方法概要

用蒸馏水或乙醇水溶液抽提试样中的水溶性酸或碱,然后,分别用甲基橙或酚酞指示剂检查抽出液颜色的变化情况,或用酸度计测定抽提物的pH值,以判断有无水溶性酸或碱的存在。

2. 仪器、材料与试剂

1)仪器

(1)分液漏斗:250mL 或 500mL。

(2)试管:直径为15~20mm;高度为140~150mm,用无色玻璃制成。

(3)漏斗:普通玻璃漏斗。

(4)量筒:25mL、50mL 和 100mL。

(5)锥形烧瓶:100mL 和 250mL。

(6)瓷蒸发皿。

(7)电热板及水浴。

(8)酸度计:具有玻璃-氯化银电极(或玻璃-甘汞电极)、精度为 pH≤0.01。

2)材料

(1)滤纸:工业滤纸。

(2)溶剂油:符合国标 GB 1922—2006《油漆及清洗用溶剂油》中 NY-120 规定。

(3)蒸馏水:符合国标 GB/T 6682—2008《分析实验室用水规格和试验方法》中三级水规定。

3)试剂

(1)甲基橙:配成 0.02% 甲基橙水溶液。

(2)酚酞:配成 10% 酚酞乙醇溶液。

(3)95% 乙醇:分析纯。

3. 准备工作

(1)试样的准备。

① 将试样置于玻璃瓶中,不超过其容积的 3/4,摇动 5min,黏稠的或石蜡试样应预先加热至 50~60℃再摇动。

② 当试样为润滑脂时,用刮刀将试样的表层(3~5mm)刮掉,然后,至少在不靠近容器壁的三处,取约等量的试样置入瓷蒸发皿,并小心地用玻璃棒搅匀。

(2)95% 的乙醇必须用甲基橙和酚酞指示剂,用酸度计检验呈中性后,方可使用。

4. 试验步骤

(1)当试验液体为石油产品时,将 50mL 试样和 50mL 蒸馏水放入分液漏斗,加热至 50~60℃,轻质石油产品,如汽油和溶剂油等均不加热。

对 50℃ 运动黏度大于 75mm^2/s 的石油产品,应预先在室温下与 50mL 汽油混合,然后加入 50mL 加热至 50~60℃ 的蒸馏水。

将分液漏斗中的试验溶液,轻轻地摇动 5min,不允许乳化。放出澄清后下部的水层,经滤纸过滤后,滤入锥形烧瓶中。

(2)当试验润滑脂、石蜡、地蜡和含蜡组分时,取 50g 预先熔化好的试样,准确称量至 0.01g，将其置于瓷蒸发皿或锥形烧瓶中，然后，注入 50mL 蒸馏水，煮沸至完全熔化。

冷却至室温后，小心地将下部水层倒入有滤纸的漏斗中，滤入锥形烧瓶。对已凝固的产品（如石蜡和地蜡等），则事先用玻璃棒刺破蜡层。

(3) 当试验添加剂产品时，向分液漏斗中注入 10mL 试样和 40mL 溶剂油，再加入 50mL 加热至 50~60℃ 的蒸馏水，将分液漏斗摇动 5min，澄清后分出下部水层。经有滤纸的漏斗，滤入锥形烧瓶。

(4) 若当石油产品用水混合，即用水抽提水溶性酸或碱，产生乳化时，则用 50~60℃ 的 1∶1 的 95% 乙醇水溶液代替蒸馏水处理，以后的步骤按上述 (1) 或 (3) 进行。

注：试验柴油、碱洗润滑油、含添加剂润滑油和粗制的残留产品时，遇到试样的水抽出液对酚酞呈现碱性反应（可能由于皂化物发生水解作用引起）时，也可按本条步骤进行试验。

(5) 将上述 (1)、(2)、(3) 或 (4) 试验所得抽提物，用酸度计或指示剂测定水溶性酸或碱。

表 7-10　试样抽提物水溶液或乙醇水溶液特性与 pH 值对应关系表

石油产品水（或乙醇水溶液）抽提物特性	pH 值
酸性	<4.5
弱酸性	4.5~5.0
无水溶性酸或碱	5.0~9.0
弱碱性	9.0~10.0
碱性	>10.0

① 用酸度计测定水溶性酸或碱。向烧杯中注入 30~50mL 抽提物，电极浸入深度为 10~12mm，按酸度计使用要求测定 pH 值，根据表 4-5 确定试样抽提物水溶液或乙醇水溶液中有无水溶性酸或碱。

② 用指示剂测定水溶性酸或碱。向两个试管中分别放入 1~2mL 抽提物，在第一支试管中，加入 2 滴甲基橙溶液，并将它与装有相同体积蒸馏水和甲基橙溶液的第三支试管相比较。如果抽提物呈玫瑰色，则表示所试石油产品里有水溶性酸存在。

在第二支盛有抽提物的试管中加入 3 滴酚酞溶液。如果溶液呈玫瑰色或红色，则表示有水溶性碱存在。

当抽提物用甲基橙或酚酞作指示剂,没有呈现玫瑰色或红色时,则认为没有水溶性酸或碱。

③当对石油产品质量评价出现不一致时,则水溶性酸或碱的仲裁试验按上述(1)进行。

5. 精密度

(1)本精密度规定仅适用于酸度计法。

(2)同一操作者所提出的两个结果 pH 之差不应大于 0.05。

6. 报告

取重复测定两个 pH 值的算术平均值作为试验报告的测量结果。

7.4.3 气相防锈材料的检测

7.4.3.1 气相防锈甄别试验

1. 仪器和器皿

(1)电热鼓风恒温箱。

(2)玻璃试管内径 $\varphi(31\pm1)$mm,长(220 ± 5)mm。

(3)橡皮塞 7~9#。

(4)试管架。

(5)金属试片:50mm×25mm×(3~5)mm。

2. 试剂

(1)蒸馏水。

(2)溶剂汽油 120#。

(3)无水乙醇:化学纯。

3. 试片准备

(1)试片用 180~240#水磨砂纸打磨光亮,打磨纹路应平行一致。

(2)试片的棱角及边孔用 150#砂纸打磨。

(3)打磨好的试片需用摄子夹住,用另一只摄子夹取脱脂棉,依次在 120#溶剂汽油、无水乙醇中清洗两遍,再用 50~60℃热无水乙醇中清洗,然后用热风吹干或用医用纱布擦干,置于干燥器内冷却至室温备用,但必须在 24h 内使用,否则应重新打磨清洗。

4. 试验条件

(1)温度:(50 ± 2)℃。

(2)相对湿度:RH95%。

5. 试验操作

(1)将(120±150)mm 的气相防锈纸卷成圆筒,装入洗净烘干的试管中,贴附管壁。盖上橡皮塞,置于(50±2)℃的烘箱中恒温 2h 取出。将处理好的试片,迅速挂在橡皮塞吊钩上,盖好橡皮塞,试片恰好置于试管中央部位,记录试管编号,再置于(50±2)℃烘箱中恒温 2h,做三片平行试验,同时做空白试验。

(2)取出试管,分别注入 15mL 蒸馏水,放入试管架上,再放进(50±2)℃的烘箱中开始试验,并记录开始试验的时间。

(3)本试验每天工作 8h,停止加热 16h,计 24h 为 1 周期。

(4)本试验所用的试管和橡皮塞,应依次用自来水、热肥皂液或碱液、自来水、蒸馏水清洗干净,烘干后保存备用。

6. 结果评定

(1)经过规定的时间内进行检查,可按下列规定评定。试片边缘 2mm 内锈点及边角,孔洞引起锈蚀除外。

(2)钢试片空白试验已锈,防锈试片三片均无锈,为合格,若其中一片锈蚀,试验重做,重复试验结果仍有一片锈蚀则为不合格。

(3)黄铜试片应无发黑、发绿和严重变色。轻微变色变暗或用甲醇能擦去的变色可不按腐蚀处理。

(4)铝试片和镀锌钝化试片应无腐蚀堆积物产生,允许轻微变暗、变深。

(5)其他有色金属试片可参考本方法进行评定。

7.4.3.2 气相防锈纸动态接触湿热试验

1. 仪器和器皿

(1)湿热试验箱(SY25 型)。

(2)聚乙烯薄膜(0.05±0.01)mm。

(3)尼龙丝或塑料丝。

(4)不锈钢或玻璃 S 型吊钩。

(5)金屑试片:50mm×25mm×(3~5)mm。

2. 试剂

(1)蒸馏水。

(2)溶剂汽油:120#。

(3)无水乙醇:化学纯。

3. 试验条件

(1)温度:(49±1)℃。

(2)相对湿度:RH95%。

4. 试片准备:

(1)试片用180~240#水磨砂纸打磨光亮,打磨纹路应平行一致。

(2)试片的棱角及边孔用150#砂纸打磨。

(3)打磨好的试片需用摄子夹住,用另一只摄子夹取脱脂棉,依次在120#溶剂汽油、无水乙醇中清洗两遍,再用50~60℃热无水乙醇中清洗,然后用热风吹干或用医用纱布擦干,置于干燥器内冷却至室温备用,但必须在24h内使用,否则应重新打磨清洗。

5. 试验操作

(1)将处理好的试片,用预先裁好的160mm×160mm的气相防锈纸涂药面紧贴试片包好;如果是背面未涂塑的防锈纸,用同样方法再包一层(0.05±0.01)mm的聚乙烯薄膜做外包装;然后用尼龙丝按十字形缠紧,同时做三片严行试验,记录试片编号;用吊钩将试片挂在湿热箱内旋转架上,开动试验设备,记录试验开始时间。

(2)湿热试验每天工作8h,然后停止运转16h,计24h为1周期。

6. 结果评定

(1)经过规定的时间内进行检查,可按下列规定评定。试片边缘2mm内锈点及边角,孔洞引起锈蚀除外。

(2)钢试片空白试验已锈,防锈试片三片均无锈,为合格,若其中一片锈蚀,试验重做,重复试验结果仍有一片锈蚀则为不合格。

(3)黄铜试片应无发黑、发绿和严重变色。轻微变色变暗或用甲醇能擦去的变色可不按腐蚀处理。

(4)铝试片和镀锌钝化试片应无腐蚀堆积物产生,允许轻微变暗、变深。

(5)其他有色金属试片可参考本方法进行评定。

7.4.3.3 气相防锈纸气相缓蚀能力试验

1. 仪器和器皿

(1)电热鼓风恒温箱。

(2)1L广口瓶。

(3)铝管:16mm×1.5mm×110mm。

(4)橡皮塞:9#、13#。

(5)回形针。

(6)凹形试片:$\phi16\times13$mm,内孔$\phi10\times10$mm。

2. 试剂

(1)甘油水溶液:25℃时比重1.083。

(2)溶剂汽油。

(3)无水乙醇:化学纯。

3. 试验条件

(1)温度:(50±2)℃。

(2)相对湿度:RH95%。

4. 试片准备

(1)试片用180~240#水磨砂纸打磨光亮,打磨纹路应平行一致。

(2)试片的棱角及边孔用150#砂纸打磨。

(3)打磨好的试片需用摄子夹住,用另一只摄子夹取脱脂棉,依次在120#溶剂汽油、无水乙醇中清洗两遍,再用50~60℃热无水乙醇中清洗,然后用热风吹干或用医用纱布擦干,置于干燥器内冷却至室温备用,但必须在24h内使用,否则应重新打磨清洗。

5. 试验操作

(1)将处理好试片的试验面垫在干净滤纸上,将试片凹形面压入9#橡皮塞内,试验面露出部不超过3mm。压装后的试片试验面用浸有无水乙醇脱脂棉或纱布擦洗两遍,用热风吹干。

(2)将预先裁好两张25mm×150mm的气相防锈纸,用图钉对称地固定在13#橡皮塞两侧,防锈纸的涂药面应相对,纸条底部用回形针固定,使其垂直。

(3)对上述装置盖在预先注有30mL已配好的甘油水溶液的广口瓶上,置于(40±2)℃烘箱内,经4h后,在烘箱旁迅速向铝管内注入16mL温度为(18±2)℃的自来水,再放回40℃的烘箱内,保持3h后倒出自来水,立即观察凝露现象。用无水乙醇脱脂棉擦洗试样,吹干后立即检查。

(4)平行试验三组,同时在同样条件下进行空白试验,空白试验不放气相防锈纸,如空白试验试片未锈,试验则需重新进行。

6. 结果评定

(1)在规定的时间内进行检查,可按下列规定评定。试片边缘2mm内锈点及边角,孔洞引起锈蚀除外。

(2)钢试片空白试验已锈,防锈试片三片均无锈,为合格,若其中一片锈蚀,试验重做,重复试验结果仍有一片锈蚀则为不合格。

(3)黄铜试片应无发黑、发绿和严重变色。轻微变色变暗或用甲醇能擦去的变色可不按腐蚀处理。

(4)铝试片和镀锌钝化试片应无腐蚀堆积物产生,允许轻微变暗、变深。

(5)其他有色金属试片可参考本方法进行评定。

7.4.3.4 气相防锈纸适应性试验

1. 仪器和器皿

(1)玻璃干燥器:ϕ150~160mm。

(2)电热鼓风恒温箱。

(3)不锈钢或玻璃 S 型吊钩。

(4)黄铜 H62、铝 LY12、45#钢镀锌钝化试片 50mm×25mm×(3~5)mm。

2. 试剂

(1)甘油水溶液:25℃时比重 1.104。

(2)溶剂汽油 120#。

(3)无水乙醇:化学纯。

(4)凡士林:医用。

(5)胶黏纸带。

3. 试验条件

(1)试验温度:(65±1)℃。

(2)相对湿度:RH(82~88)%。

4. 试片准备

(1)把试片用 180~240#水磨砂纸打磨光亮,打磨纹路应平行一致。

(2)试片的棱角及边孔用 150#砂纸打磨。

(3)打磨好的试片需用摄子夹住,用另一只摄子夹取脱脂棉,依次在 120#溶剂汽油、无水乙醇中清洗两遍,再用 50~60℃热无水乙醇中清洗,然后用热风吹干或用医用纱布擦干,置于干燥器内冷却至室温备用,但必须在 24h 内使用,否则应重新打磨清洗。

5. 试验操作

(1)裁取 400mm×60mm 的气相防锈纸。将非涂药面贴紧干燥器上部内壁,然后放置好试片架。在干燥器底部注入 40~50mL 比重为 1.104(25℃时)的甘油水溶液。再将处理好的试片悬挂在试片架上,试片与防锈纸距离不超过 30mm,试片悬挂高度正好在防锈纸面高度的中间。在干燥器盖的磨口边上涂少量凡士林,将盖盖好后再用胶黏纸固定。然后将干燥器置于(65±1)℃的烘箱中进行试验。

(2)适应性试验需同时取三块试片进行平行试验。

(3)试验每天加温8h,停止加温16h,计24h为1周期,3周期后用无水乙醇清洗并吹干试片后检查试验结果。

6. 结果评定

(1)在规定的时间内进行检查,可按下列规定评定。试片边缘2mm内锈点及边角、孔洞引起锈蚀除外。

(2)钢试片空白试验已锈,防锈试片三片均无锈,为合格;若其中一片锈蚀,试验重做,重复试验结果仍有一片锈蚀则为不合格。

(3)黄铜试片应无发黑、发绿和严重变色;轻微变色变暗或用甲醇能擦去的变色可不按腐蚀处理。

(4)铝试片和镀锌钝化试片应无腐蚀堆积物产生,允许轻微变暗、变深。

(5)其他有色金属试片可参考本方法进行评定。

7. 对其他有色金属和镀层的适应性试验可参照本方法进行。

7.4.3.5 暴露后气相缓蚀性能试验

本方法试验经高温暴露后的气相防锈纸的气相防锈性能。

将气相防锈纸切成200mm×300mm大小,取大小相近的干净、光滑的玻璃板上放5张滤纸,再放上气相纸。将防锈纸面朝上,并在纸的四角压上压铁,使其不卷曲,然后将其放入(60±2)℃的无压力循环的恒温箱内,经120h后取出,冷却至室温后,由纸的中间切成25mm×150mm的纸条6条,按气相缓蚀能力试验方法做三个平行试验,须无腐蚀。

7.4.3.6 气相粉末快速甄别试验

气相粉末快速甄别试验为静态粉末法。其试验操作是:将250mL锥形烧瓶洗净、烘干,将气相剂粉末放入盛皿中,盖好盖子,置入(50±2)℃烘箱内饱和2h;再将打磨、洗净、吹干的50mm×25mm×3mm的试片挂在橡皮塞上,置入烧瓶中,悬挂于器皿上方,迅速盖严橡皮塞,把烧瓶置于(50±2)℃的烘箱中2h;再迅速打开盖,用移液管注入30mL蒸馏水,盖好盖,移置50℃的恒温箱中进行试验;每日检查一次,观察试片锈蚀情况,记录出现锈蚀的时间;7昼夜后测腐蚀失重,并计算缓蚀率。

7.4.3.7 气相防锈油气相防锈能力试验

室温下称量3g试油,置于直径为5~6.5cm的表面皿中,放入$\phi 9\times 10$cm磨口标样瓶中;加50mm高的蒸馏水,盖紧瓶塞、摇匀;取钢片和黄钢片各三片用不锈钢钩挂在瓶中,试片下端离液面10~20mm,放置10~15min后再移至恒温箱内,于(55±1)℃下保持8h;自然升温降温16h,24h为1周期,连续2周期后,取出评级。钢片不超过1级为合格,黄钢片不大于1级为合格。

7.4.3.8 气相防锈油消耗后的气相防锈能力试验

消耗后的气相防锈能力试验,是在内径6.5cm的培养皿中,称量15g试油,将称好的试油放入(100±1)℃下,自然暴露6h后,盖好培养皿盖,冷却至室温,然后称量4g暴露后的试油(Ⅱ类油称量5g),按气相防锈油气相防锈能力试验方法进行试验评定。

7.4.3.9 气相防锈纸的氯化物含量的分析

测定方法是在含有氯离子的气相防锈纸水抽出液中,滴入易离解的硝酸汞标准溶液,此时汞离子立即与氯离子作用而生成在溶液中微离解的氯化汞,在滴定液中加入过量乙醇,以降低其离解度,当溶液中氯离子全部变成氯化汞后,微过量的汞离子立即与溶液中的二苯偶氮碳酰肼指示剂作用,形成紫色的汞化物。

1. 应用的仪器及器皿

(1)电水浴。

(2)三角瓶:500mL。

(3)冷凝管:40cm。

(4)三角漏斗。

(5)微量滴定管:5mL。

(6)吸液管:30mL、10mL。

(7)容量瓶:50mL。

(8)量筒:200mL。

2. 试剂及溶液

(1)1% 二苯基偶氮碳酰肼(溶于乙醇中)。

(2)0.1% 溴酚蓝指示液(溶于乙醇中)。

(3)1N 硝酸溶液,0.05N 硝酸溶液。

(4)1N 氢氧化钠溶液。

(5)乙醇:分析纯。

(6)0.01N 硝酸汞标准溶液。

① 配制:将3.4g 硝酸汞($Hg(NO_3)_2 \cdot H_2O$)溶于500mL 0.01N 硝酸溶液中,用去离子水稀释至1L。

② 标定:精确称量于500~600℃灼烧至恒重的基准氯化钠0.01~0.02g放入250mL 三角瓶中,加5mL 去离子水,20mL 乙醇和3滴溴酚蓝,小心滴入0.05N 硝酸溶液,直至溶液由蓝变黄($pH=3.6$)。然后精确加至0.5mL0.5N 硝酸溶液,此时 pH 值适合在要求的范围内,加10滴二苯偶氮碳酰肼指示剂,用硝

酸汞标准溶液滴定到溶液由淡黄到紫色为终点。

③ 计算

$$N = \frac{G}{V \cdot 0.05845} \quad (7-17)$$

式中　V——滴定时耗去的硝酸汞溶液体积(mL)；

0.05845——每毫克当量氯化钠的克数(g)。

　　　　G——氯化钠重量(g)。

3. 取样及处理

按照 GB/T 740—2003《纸浆试样的采取》进行纸样的采样。将纸样剪成尺寸约为 5mm×5mm 的小块，置于有色的广口瓶中 24h，待水分平衡后再作分析取样用，在取样的同时称量测定水分的样品。

4. 测定方法和计算

称量已剪成小块的气相防锈纸 20g(称准至 0.01g)，同时另称量试样测定水分，在 500mL 三角瓶中，准确加入 200mL 去离子水，放入已沸腾的水浴中，装上回流冷凝管煮沸，并不断摇荡；煮沸 1h(从放入三角瓶后，再次煮沸的时间算起)，将三角瓶自水浴中取出，然后用去离子水洗涤并烘干的紧密滤纸进行过滤，弃去滤出的最初少量滤液。

用吸液管吸取 30mL 上述滤液，置于 50mL 容量瓶中，加 1N 硝酸溶液 3mL，用去离子水稀释至刻度，摇匀后用干漏斗和干滤纸将溶液过滤于一洁净干燥的三角瓶中(最初几滴弃去)，用吸液管吸取此滤液 10mL 于 250mL 三角瓶中，加 3 滴溴酚蓝指示剂，用 1N 氢氧化钠溶液调至溶液变蓝色，再用 1N 硝酸溶液调至溶液由蓝变黄(pH=3.6)，然后再过量 0.5mL，加入 20mL 乙醇、30 滴二苯偶氮碳酰肼指示剂，用 0.01N 硝酸汞标准溶液滴定至溶液出现蓝紫色为终点，以同样方法进行空白试验。

水分测定：与样品同时称量 10g 已剪成小块的气相防锈纸于表面皿中，放入直径 300mm 装有 500g 无水氯化钙的干燥器中，放置 24h，取出称重。

水分以 W 计：

$$W = \frac{G_1 - G_2}{G_1} \times 100\% \quad (7-18)$$

式中　G_1——试样重(g)；

　　　　G_2——放置后的试样重(g)；

水溶性氯化物(Cl^-)按下式计算：

$$Cl^-(\%) = \frac{(V - V_0) \times N \times 0.03545}{3G \times (100 - W)} \times 10^6 \quad (7-19)$$

式中　　V——滴定样品时所耗用的硝酸汞标准液体积(mL)；

　　　　V_0——滴定空白时所耗用的硝酸汞标准溶液体积(mL)；

　　　　N——硝酸汞标准溶液的当量浓度；

　　　　G——试样重(g)。

▶ 7.4.3.10　气相防锈纸的硫酸根含量的分析

测定方法是在一定条件下在气相防锈纸水抽出液中,加入氯化钡,使其中含有的硫酸根沉淀为均匀的硫酸钡细粒,再加上淀粉溶液作为保护胶,以防止悬浮质点迅速沉降,然后将此混抽液在光电比色计中进行比浊。

1. 应用的仪器及器皿

(1) 光电比色计或分光光度计。

(2) 电水浴。

(3) 三角瓶:500mL。

(4) 冷凝管:40cm。

(5) 容量瓶:50mL、100mL。

(6) 吸液管:5mL、20mL、50mL。

(7) 量筒:200mL。

2. 试剂及溶液

(1) 硫酸钠标准溶液:1mL＝0.0003g 硫酸根。

配制方法:称量 0.4437g 在(105±1)℃干燥过的硫酸钠,置于 1000mL 容量瓶中,用去离子水溶解并稀释至刻度。

(2) 24% 氯化钠－1.8N 盐酸溶液。

配制方法:称量 24g 氯化钠溶于 100mL 去离子水中,加入 18mL 浓盐酸。

(3) 氯化钡晶体(取 20～40 筛目者备用)。

(4) 2N 盐酸溶液。

(5) 0.25% 淀粉溶液(现用现配)。

(6) 15% 的双氧水溶液。

3. 取样及处理

按照 GB/T 740—2003《纸浆试样的采取》进行采样。先将纸样剪成尺寸约为 5mm×5mm 的小块,储于有塞的广口瓶中放 24h,待水分平衡后,再作分析取样用,在取样的同时称量将测定水的分样品。

4. 测定方法及计算

1) 标准曲线的绘制

取 50mL 容量瓶 5 个,分别用吸液管准确加入 1.00mL、2.00mL、3.00mL、

4.00mL、5.00mL 硫酸钠标准溶液,各加入 1mL 2N 盐酸溶液、20 滴 15% 双氧水溶液,稍放片刻,依次各加入 4mL 氯化钠 - 盐酸溶液、5mL 新配制的 0.25% 淀粉溶液,然后加水稀释至刻度,摇匀,最后依次于 1min 内分 5 次将 0.1g 氯化钡晶体加入,塞紧瓶塞往复摇荡 1min,取出一定量混浊液于比色槽,置于光电比色计,用蓝紫双层滤光片(或 420~440μm 波数)测定其光密度,加入氯化钡晶体后,从加入试剂算起,在第 5min 读出光密度,然后以硫酸根浓度(单位为克)为横坐标,光密度为纵坐标,绘成标准曲线。

2)试样分析

称量已剪成小块的气相防锈纸 20g(称准至 0.01g)于 500mL 三角瓶中,准确加入 200mL 去离子水,放入已沸腾的水浴中,装上回流冷凝管煮沸,并不断摇荡;煮沸 1h(从装入三角瓶后再次煮沸的时间算起)后,将三角瓶自水浴中取出,用去离子水洗涤并以干燥的紧密滤纸过滤,弃去滤出的最初少量滤液。

用吸液管吸取 50mL 试样溶液于 100mL 容量瓶中,依次加入 15% 的双氧水 20 滴,氯化钠 - 盐酸溶液 4mL,0.25% 淀粉溶液 5mL,用去离子水稀释至刻度、摇匀,称量 0.1g 氯化钡晶体于 1min 内分作 5 次加入,塞紧瓶塞,往复摇荡 1min(时间与速度应与绘制标准曲线同),在第 5 分钟于光电比色计上读取光密度,每种试样溶液要同时吸两份,其中一份不加氯化钡晶体,其他条件都相同,不加氯化钡的为空白,样品光密度为减掉空白后的光密度,然后在标准曲线上查找。

3)水分测定

与样品同时称量 10g 已剪成小块的防锈纸于表面皿中,放入直径 300mm 干燥器中(内已装有 500g 无水氯化钙),放置 24h 后,取出称重,水分的百分含量以 W 计:

$$W = \frac{G_1 - G_2}{G_1} \times 100\% \qquad (7-20)$$

式中　G_1——试样重(g);

　　　G_2——放干燥后试样重(g)。

水溶性硫酸根按下式计算:

$$SO_4^- \% = \frac{40 \times R}{3G(100 - W)} \times 100\% \qquad (7-21)$$

式中　R——由标准曲线求得相当硫酸根的量;

　　　G——试样重(g);

　　　W——试样水分(%)。

7.4.4 包装材料的检验

7.4.4.1 包装纸定量的测定

1. 操作手续

从每张试样上切取 100mm×100mm 的试样至少 5 张作为一组,放入称量瓶中进行称量。定量在 $100g/m^2$ 以下者,应称准至 0.02g,定量在 $100g/m^2$ 以上者,应称准至 0.1g。

2. 结果计算

定量 $G(g/m^2)$ 按下式计算:

$$G = \frac{g}{f} \tag{7-22}$$

式中　g——试样总重量(g);
　　　f——试样总面积(m^2)。

3. 报告

从抽样的一包装单元中,取出三组试样分别测定,以所有测定值的算术平均值写出报告。

7.4.4.2 包装纸水分的测定

包装纸水分是指在 100~105℃下烘干至恒重时所减少的重重与试样原重量之比,以百分率表示。

1. 试验步骤

称量小块试样5g,置于已知重量的称量瓶中,在 100~105℃下烘干至恒重,然后在干燥器中冷却,再次称量。每次称量称准至 0.001g。

2. 结果计算

水分 $X(\%)$ 按下式计算:

$$X = \frac{g_2 - g_1}{g_2} \times 100\% \tag{7-23}$$

式中　g_2——干燥前的试样重量(g);
　　　g_1——干燥后的试样重量(g)。

计算结果修约至 0.1%。

7.4.4.3 包装纸水抽出物反应的测定

纸的水抽出物反应是以酚酞指示剂、甲基橙指示剂分别测定纸水抽出液的酸碱性。

1. 应用试剂

(1) 1%的酚酞指示剂。

(2) 0.1%的甲基橙指示剂。

2. 操作手续及结果的判断

称量约5g已切成小片(5mm×5mm)的纸张,将其移于锥形瓶中,加入200mL蒸馏水,加热并维持近沸温度1h,过滤溶液,从滤液中取5~10mL置于试管中(取2份),在一个试管中加入2滴甲基橙指示剂,在另一个试管中加入2滴酚酞指示剂,观察其颜色的变化。加甲基橙呈红色,则指示有酸存在;加酚酞呈红色,则指示有碱存在。

▶ **7.4.4.4 包装纸水溶性氯化物的测定**

本测定是应用标准硝酸银溶液滴定包装纸氯化物含量,以氯化钠(NaCl)百分数表示。

1. 应用试剂及仪器

(1) 250mL锥形瓶(附冷凝器)。

(2) 标准0.05N硝酸银溶液。

(3) 10%的铬酸钾指示剂。

2. 操作手续及结果计算

称量5g已切成小片(约5mm×5mm)(另取样测定水分)的纸张,准确称量至0.01g,将其移于锥形瓶中,注入100mL蒸馏水,装上冷凝器,加热并维持近沸温度1h,过滤,用热水洗涤3~4次,滤液中加入1mL10%的铬酸钾指示剂,用标准0.05N硝酸银溶液滴定,使溶液呈琥珀色。用蒸馏水按同样操作进行空白试验,应同时进行不少于两次的测定。

3. 结果计算

$$\mathrm{NaCl}(\%) = \frac{N(V_2 V_1) \times 0.05846 \times 100}{W(1 - 水分\%)} \quad (7-24)$$

式中　N——标准硝酸银溶液的当量浓度;

　　　V_2——滴定试样耗用 AgNO(mL);

　　　V_1——空白试验耗用 AgNO(mL);

　　　W——称量试样重(g)。

▶ **7.4.4.5 包装纸水溶性硫酸盐的测定**

本测定是使试样抽出液所含硫酸盐成沉淀析出求得纸中硫酸盐含量,以硫酸钠百分数表示。

1. 应用试剂及仪器

(1) 300mL 锥形瓶(附冷凝器)。

(2) 0.1% 甲基橙指示剂。

(3) 1∶1 盐酸溶液。

(4) 10% 氯化钡溶液。

2. 操作手续

称量 5g 已切成小片(约 5mm×5mm)(另取样测定水分)的纸张,准确至 0.01g,将其移于锥形瓶中,注入 200mL 蒸馏水,装上冷凝器,煮沸 1h 过滤,将滤液浓缩至 100mL 左右,加甲基橙 1 滴,再加 2mL 1∶1 的盐酸,煮沸溶液,再加 10% 氯化钡溶液 10mL,加入时速度要缓慢并不断搅拌,加完后,溶液在 70~80℃下保温 2h,放置过夜。用无灰滤纸过滤,用热水洗涤 5~6 次,移至坩埚进行灰化(注意不让其燃烧),在 800℃下灼烧 40min,然后移于干燥器中,放 30min 后称重。

3. 结果计算

$$Na_2SO_4(\%) = \frac{W_1 \times 0.6088 \times 100}{W(1-水分\%)} \quad (7-25)$$

式中　W_1——沉淀重量(g)。

　　　W——称量试样重量(g)。

▶ **7.4.4.6　包装纸抗水度的测定**

包装纸的抗水度是以液体透过纸页所需的时间来表示的。

1. 应用试剂

(1) 1% 的酚酞溶液。

(2) 2% 碳酸钠溶液。

2. 操作手续

将 30mm×30mm 试样的四边折起来做成一底约 20mm×20mm 的小船,然后将小船浮置于碳酸钠溶液的液面上,同时用滴管在小船内滴入 1 滴(0.1mL)酚酞溶液,立即启动秒表至酚酞溶液中刚一出现红点时停止秒表,记取时间。

3. 结果计算

从每一包装单位中取出的不同纸样上切取 10 个试样,以 5 个试样的正面,5 个试样的反面分别漂浮在碳酸钠溶液上进行测定,以所有测定值的算术平均值报告测定结果。

7.4.4.7 包装纸腐蚀性的试验

本试验是一定温度下在无腐蚀性的试油中测定纸对金属的腐蚀性。

1. 应用仪器及试剂

(1) Φ30mm 大试管(带木塞)。

(2) 25mm×50mm×(2~3)mm 紫铜试片。

(3) 无腐蚀性机油(或变压器油)。

(4) 化学纯二甲苯(或航空汽油)。

(5) 化学纯无水中性酒精。

2. 操作手续及结果判断

(1) 试片经充分打磨光洁后,用化学纯二甲苯(或航空汽油)将试片表面油脂及尘埃除净,再用中性无水化学纯酒精洗涤一次,用洁净脱脂棉抹干。

(2) 切取小块纸样紧贴试片包装严实,放入干燥洁净的试管中,注入预先检查好的无腐蚀性机油(或变压器油),浸没整个试片。用木塞紧塞管口(也可在木塞上包脱脂棉),在50℃的水浴中保温3h后,取出进行检查。紫铜片表面不变色时,认为纸样没有腐蚀性(合格)。

7.5 器材保养封存质量检测

7.5.1 器材除油质量检验

目前,国内外对器材表面除油后表面质量按照国军标的规定,一般用清洁度来评定,可以利用表面的各种性质作为评价清洁度的依据。但目前没有一种评价方法是万能的,只能根据具体需要选定合适的评价方法。

7.5.1.1 取样方法

正确地测定清洗器材的清洁程度是有一定难度的。由于形状复杂,其污垢分布常是不均匀的,局部表面测定的结果不一定能完全代表整体的污垢及清洁程度的情况。另外,用测量接触角作为判断洁净度依据时,其测定结果也只能表示与水滴接触部位的局部洁净度。

因此,在器材保养的现场要采用一些能提高测定准确性的取样方法,主要有以下几种:

1. 随机取样测定

当清洗数目很多的同一种小型器材时,为了减少测定次数,往往随机取出个别样品进行测定,用它的测定结果判定全体样品的污染情况和洁净度。此时,随机取样的数目要达到一定数量才能较准确地反映整体的情况。

2. 对某种特定污垢进行专门测定

该测定即选择影响最大的污垢进行测定,即测定的重点是油性污垢而不必对其他污垢进行专门测定。

3. 以污染最严重的部位为标准进行测定

该测定即将器材物表面污垢最多,附着最顽固的部位作为测定标准进行测定。如果该部位在清洗后能达到所要求的洁净度,其他部位肯定已达到更好的洁净度。

7.5.1.2 简易定性评价洁净度的方法

在清洗现场除用视觉和触觉进行定性评价之外,还经常使用以下定性方法进行评价。

用干净的布擦拭清洗器材表面,通过看有无附着的污垢来测定表面洁净度是一种简便而常用的方法。通常是用干燥洁净不起毛的布(如纱布)擦拭器材表面,根据布脏的程度进行判断,但不精确。

由于清洁的金属表面可以被水润湿,根据接触角的原理,经常用水滴法、水膜法、喷雾法、呼气法和肉眼观察法等来检验。但只有熟练掌握上述方法的操做时才能做出正确的判断,而且当有碱和表面活性剂吸附残留在表面时,有时会做出错误的判断。

1. 水滴法

滴在表面上的水滴体积一定的条件下(一般可认为从滴管中滴出的每滴水体积是相同的),在表面展开的水滴直径越大,接触角越小,洁净度越高。因此,可以把表面上形成的水滴直径大小和形状作为比较洁净度的依据。

2. 水膜法

把清洗后的器材浸泡在水中并使物体表面与水面成垂直方向向上拉,离开水面后如果器材表面形成的水膜能均匀地占满全部表面则说明洁净度高,如表面有部分形不成水膜则说明那里不够洁净。这是一种最简便的试验方法,但不是一种精密的判定方法。

3. 喷雾法

用喷雾器把均匀的微粒状水滴喷射到清洗后的干燥表面上,通过形成水滴的情况可以判断其洁净度。当表面十分洁净时,微粒状水滴会在表面上均匀地润湿铺层,而且干燥后凝聚水膜周边形状呈规则的圆形。

4. 呼气法

对着干燥的清洗器材表面呼气,水蒸气在表面上冷凝时会在表面形成混浊的雾斑。表面洁净时产生均匀的雾斑,而表面不洁净时产生不均匀的雾斑。当表面十分平滑洁净时,雾斑会在很短时间内消失。

5. 肉眼观察法

通过用肉眼直接观察式,借助放大镜、检测管等仪器观察表面的油脂等污垢。也可以用照射在器材表面的反射光强度了解污染的情况,事先应对不同洁净度的样品定出标准,然后将待测样品与已知样品进行比较。这种方法的优点是测定速度快,不必破坏样品。但要求实验者有一定的经验。该方法测定颗粒状污垢效果较好,对有机物形成的薄膜污垢判断准确性差。使用的设备中光源要保证有一定光强度,才能产生较强的反射散射光。

7.5.1.3 定量测定方法

在现场进行比较准确的定量方法主要有重量法、紫外线吸光光度法和接触角法三种。

1. 重量法

重量法具体的步骤如下。

1) 称量清洗器材质量

用电子天平称量三次(每次称量 10 个样品,电子天平的灵敏度可达 $10\mu g$),即称量清洗前器材的质量 m_x,清洗后物体的质量 m_y,和清洗后再用脱脂能力优的溶剂,完全洗净后的质量 m_z。

2) 计算

附着在器材表面的污垢量为 $(m_x - m_z)$,清洗后去除的污垢量为 $(m_x - m_y)$,残留的污垢量为 $(m_y - m_z)$。清洗后污垢去除率为 $(m_x - m_y)/(m_x - m_z)$;用残留污垢量 $(m_y - m_z)$ 除以物体的表面积,即得到单位面积的污垢残留的量,用 10 个样品试验求出平均值。

使用这种方法应注意的问题:为防止温度、湿度的变化及被测物体与电子天平间的温度差造成实验误差,在测量过程中要对温度、湿度进行调整。一般把样品放在恒温恒湿条件下 30~60min 再开始测量,而且要求熟练地进行称量操作。使用天平灵敏度为 $10\mu g$ 的电子天平,称量 5 个样品,求平均值,确定的残留污垢误差范围在 50~100μg。不能用天平称量的物体不能用此方法。

2. 紫外线吸光光度法

这是一种使用紫外线分光光度计测量残留污垢的方法,可以作为前面重量测定法的一种替代方法。把洗净后的器材放在对污垢有强去除作用的溶剂中清洗,溶剂中溶解的污垢数量用紫外线吸收法加以测定,这是一种准确度更高的方法。特别是当污垢残留量很低时($0.01\mu g/cm^2$左右)用这种方法较准确。

表7-11对重量法和紫外线吸光光度法的测定范围进行比较,由表中数据可知,紫外线吸光光度法是准确度更高的方法。

表7-11 对比重量法和紫外线吸光光度法

测定条件	清洗对象表面积<$50cm^2$,质量<$50g$ 重量法:天平感量$10\mu g$,取样数10个;紫外线吸光光度法:溶剂量$100cm^3$,取样数10个
测定范围	单位面积上的污垢量 重量法:≥$0.1\mu g/cm^2$;紫外线吸光光度法:≥$0.01\mu g/cm^2$

紫外线吸光光度法存在的问题:需要事先了解污垢的种类,掌握这类污垢浓度与紫外光吸光度之间的关系,并制成对应关系的标准曲线。

与重量法共同应注意:在用溶剂去除污垢时,该溶剂不能对清洗对象造成腐蚀。特别是由多种材料组成的物体会存在这个问题。

紫外线吸光光度法使用的溶剂受吸收光谱的制约,并非所有溶剂都适用紫外线吸光光度法,要避免使用的溶剂对污垢的检验造成干扰。

3. 接触角法

水滴球面与物体表面接触点所作的球面切线与表面形成的夹角(θ)称为触角。

图7-10所示为水滴在不同物质表面上形成的接触角示意图。

接触角的大小与构成表面的材料性质有关,并随材料表面的光洁度等物质性质而变化。往往实际测量值与理论数值存在一定偏差。

对于可被水润湿的物质构成的材料,可以用接触角了解其表面的洁净程度(一般水滴在亲水表面上润湿,以接触角90°为分界,接触角小于90°,认为是可被水润湿的物体)。对于由同一种材料制成的器材,通过比较其接触角可以了解相应的洁净程度。接触角越小表明其表面洁净度越高。例如,钢铁、不锈钢等材料构成的器材,理论上与水接触角可达10°以下,但是沾有污垢的这些表面在用有机溶剂、表面活性剂水溶液和碱液等清洗剂清洗后还有厚度为几个分子的污垢层在表面吸着残留,所以清洗后接触角最多可达30°。通过电解、研磨和等离子体处理之后能使上述吸附的污垢剥离,或用强烈的氧化方法也能去除吸附层,从而得到接触角在10°以下的超洁净的表面。

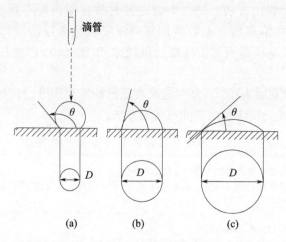

图 7-10 水滴在不同物质表面上形成的接触角

利用各种接触角测定装置(图 7-11)得到的测定值只能作为判断洁净度的相对标准,因为即使用精密度很高的装置测量,由于水滴下落的高度以及水滴直径大小的变化都会使结果发生变化。

使用接触角法时应注意,接触角法只适合于测定平滑的物质表面的洁净度,对粗糙表面物体不适用。用碱液和表面活性剂水溶液清洗表面之后会有一些吸附物残留在表面,碱和表面活性剂会使接触角减小,因此影响测量的准确性。

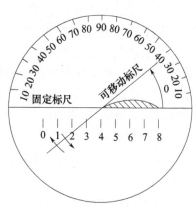

图 7-11 角测定示意图

7.5.2 器材除锈质量检验

除锈标准是检查装甲装备器材除锈质量的主要依据,许多国家对除锈质量都定有标准,如瑞典标准 SIS 055900、美国标准 SSPC、德国标准 DIN 55928、英国标准 BS 4232、日本标准 SPSS、中国标准 GB/T 8923.1—2011 等。

表面除锈质量的检测方法主要是目测法和对照法。

目测法是根据表面除锈质量等级的标准定义进行目测、观察、分析,然后评定表面除锈质量等级。

对照法是将实际加工工件与标准样板和标准照片进行对照,然后评定表面除锈质量。国家为评定表面除锈质量等级，专门制定了 St2、St3、Sa1、Sa2、Sa2.5、Sa3 各等级的标准样板和标准彩色照片。可根据这些标准样板和标准彩色照片与实际工件表面的接近程度评定表面除锈质量。

我国标准是将除锈质量标准分为手工除锈质量等级、喷丸(砂)除锈表面质量等级、化学酸洗除锈表面质量等级、化学碱洗除锈表面质量等级等。

▶ 7.5.2.1 手工除锈质量等级

钢材表面经手工除锈(用铲刀、钢丝刷等)分两个除锈质量等级 St2、St3。手工除锈的质量检验见表 7-12。

表 7-12 手工除锈的质量检验

除锈方法	质量等级	所需设备及器材	检测方法	检测原理	评定结果
手工除锈	St2	St2 标准样板和标准彩色照片	目测和对照法。实际加工工件与标准样板和标准照片进行对照，然后评定表面除锈质量	彻底地用铲刀铲刮、用钢丝刷擦刷、用砂轮打磨等，除去疏松的氧化皮、锈和污物，然后用吸尘器、清洁干燥的压缩空气或干净的刷子清理表面，这时，工件表面应有淡淡的金属光泽	符合原理所述为基本合格
	St3	St3 标准样板和标准彩色照片		非常彻底地用铲刀、钢丝刷或砂轮清理工件表面，除去疏松的氧化皮、锈和污物，然后用吸尘器、清洁干燥的压缩空气或干净的刷子清理表面，工件表面应有明显的金属光泽	符合原理所述为合格

▶ 7.5.2.2 喷丸(砂)除锈表面质量等级

根据 ISO 8501 标准，钢材经喷丸(砂)除锈后，表面质量等级分：Sa3、Sa2.5、Sa2、Sa1 共 4 等。喷丸(砂)除锈的质量检验见表 7-13。

表 7-13 喷丸(砂)除锈的质量检验

除锈方法	质量等级	所需设备及器材	检测方法	检测原理	评定结果
喷丸(砂)除锈	Sa3 最彻底清理级	Sa3 标准样板和标准彩色照片	目测和对照法。实际加工工件与标准样板和标准照片进行对照，然后评定表面除锈质量	表面呈一致的灰白色，有一定的粗糙度以提高涂层的附着力。表面上的油脂、污垢、氧化皮、锈、腐蚀物和其他杂质均被彻底清除	完全合格

（续表）

除锈方法	质量等级	所需设备及器材	检测方法	检测原理	评定结果
喷丸（砂）除锈	Sa2.5 很彻底清理级	Sa2.5 标准样板和标准彩色照片	目测和对照法。实际加工工件与标准样板和标准照片进行对照，然后评定表面除锈质量	表面上所有的油脂、污垢、氧化皮、腐蚀物、旧漆和其他杂质被清除，允许存在由于清理不彻底而出现的阴影或色差，但至少要有95%的表面达到Sa3的水平，5%的表面仅出现轻度色差	合格
	Sa2 较彻底清理级	Sa2 标准样板和标准彩色照片		表面上所有的油脂、污垢、锈皮和其他杂质全部清除，锈、氧化皮和旧漆被清除，允许存在由于锈和氧化皮清除不够彻底而出现的阴影或色差。如果钢材表面已发生点蚀，蚀点深处会存在少量的锈或旧漆	基本合格
	Sa1 非彻底清理级	Sa1 标准样板和标准彩色照片		表面经全面清理、油脂、污垢、松动的锈皮、松动的氧化皮和松动的漆皮被清除，与基材结合牢固的氧化皮、锈、油漆和涂层允许在喷丸清理后残留在表面，表面上出现大量的分布均匀的金属斑点	不合格

▶ 7.5.2.3 化学酸洗除锈表面质量等级

钢材经化学酸洗除锈后，表面质量等级分为 Acdr4 最彻底清理级、Acdr3 很彻底清理级、Acdr2 彻底清理级、Acdr1 非彻底清理级 4 级。化学酸洗除锈的质量检验见表 7-14。

表 7-14 化学酸洗除锈的质量检验

除锈方法	质量等级	所需设备及器材	检测方法	检测原理	评定结果
化学酸洗除锈	Acdr4 最彻底清理级	超声波清洗设备和金属水基除锈剂	Acdr4 标准样板和标准彩色照片	对照法。实际加工工件与标准样板和标准照片进行对照，然后评定表面除锈质量	表面上的油脂、污垢、氧化皮、锈、腐蚀物和其他杂质均被彻底清除	完全合格
	Acdr3 很彻底清理级		Acdr3 标准样板和标准彩色照片		表面上所有的油脂、污垢、氧化皮、腐蚀物、旧漆和其他杂质被清除，存在阴影或色差，有95%的表面达到Acdr4的水平	合格

(续表)

除锈方法	质量等级	所需设备及器材	检测方法	检测原理	评定结果
化学酸洗除锈	Acdr2 彻底清理级	超声波清洗设备和金属水基除锈剂	Acdr2 标准样板和标准彩色照片	对照法。实际加工工件与标准样板和标准照片进行对照,然后评定表面除锈质量	表面上所有的油脂、污垢、锈皮和其他杂质全部清除,锈、氧化皮和旧漆被清除。如果钢材表面已发生点蚀,蚀点深处会存在少量的锈或旧漆	基本合格
	Acdr1 非彻底清理级		Acdr1 标准样板和标准彩色照片		与基材结合牢固的氧化皮、锈、油漆和涂层允许在喷丸清理后残留在表面,表面上出现大量的分布均匀的金属斑点	不合格

▶ **7.5.2.4 化学碱洗除锈表面质量等级**

钢材经化学碱洗除锈后,表面质量等级分 Aldr4 最彻底清理级、Aldr3 很彻底清理级、Aldr2 彻底清理级、Aldr1 非彻底清理级 4 级。化学碱洗除锈的质量检验见表 7-15。

表 7-15 化学碱洗除锈的质量检验

除锈方法	质量等级	所需设备及器材	检测方法	检测原理	评定结果
化学碱洗除锈	Aldr4 最彻底清理级	超声波清洗设备和金属水基除锈剂	Aldr4 标准样板和标准彩色照片	对照法。实际加工工件与标准样板和标准照片进行对照,然后评定表面除锈质量	表面上的油脂、污垢、氧化皮、锈、腐蚀物和其他杂质均被彻底清除	完全合格
	Aldr3 很彻底清理级		Aldr3 标准样板和标准彩色照片		表面上的油脂、污垢、氧化皮、锈、腐蚀物和其他杂质均被彻底清除,存在阴影或色差,有95%的表面达到 Acdr4 的水平	合格
	Aldr2 彻底清理级		Aldr2 标准样板和标准彩色照片		表面上所有的油脂、污垢、锈皮和其他杂质全部清除,锈、氧化皮和旧漆被清除。如果钢材表面已发生点蚀,蚀点深处会存在少量的锈或旧漆	基本合格
	Aldr1 非彻底清理级		Aldr1 标准样板和标准彩色照片		与基材结合牢固的氧化皮、锈、油漆和涂层允许在喷丸清理后残留在表面,表面上出现大量的分布均匀的金属斑点	不合格

▶ 7.5.2.5 化学除锈后出现的问题及解决办法

装甲装备器材经化学除锈后往往会出现很多问题,其解决办法见表 7–16。

表 7–16 化学除锈出现的问题及解决办法

出现的问题	原　因	解决办法
锈除不掉	化学除锈浓度过低	加大浓度
	温度过低	提高温度
	除锈液使用时间过长比例改变	分析除锈液成分,重新调整比例
器材表面粗糙变色,过腐蚀	除锈时间过长	减少浸泡时间
	缓蚀剂或失效	添加缓蚀剂
	器材表面生成铁的转化层	控制温度、时间
	温度过高	降低温度
除锈后器材表现出现红棕色浮锈	缓蚀剂少或失效	添加缓蚀剂
	除锈后时间停留过长	缩短停留时间,尽快放入中和液
	冲洗不彻底	加大冲洗水流压力,冲洗干净
除锈后器材表面黏附着一层淡绿色薄膜	除锈液中,亚红盐含量过多,黏附在表面	更换除锈液,沉淀过滤亚铁盐
除锈后零件平面有圆环状红锈	零件互相重叠,贴得太紧,除锈液进不去	零件摆放时不要重叠,有孔的器材要倾斜向上

7.5.3 器材封存质量检测

▶ 7.5.3.1 软包装容器透湿度试验

1. 试验原理

将内装干燥剂密封的软包装容器置于规定的湿热试验大气条件下一定时间,以透入内部保持干燥状态的容器的水蒸气量,来确定该容器的透湿度。

2. 试验设备

1)试验箱(室)

试验箱(室)应符合 GB/T 43489—2023 中的"普通恒定湿热试验箱"的要求。

2)称量天平

适宜的实验室天平,灵敏度为 1mg(当用质量在 1kg 及其以上的器材中进行试验时,天平的灵敏度应不低于产品包装质量的万分之一)。

3. 试验程序

1) 试验样品准备

(1) 选择具有代表性的典型容器,同类试验容器样品的表面尺寸和形状应尽可能一致,试验容器的数量一般为5个,对特殊器材专用的包装容器,由有关专业标准自定,但不得少于2个。

(2) 选择合适的干燥剂,通常使用的干燥剂为细孔硅胶或性能与其相当的其他物质,如无水氯化钙等。干燥剂使用前应进行干燥处理,细孔硅胶在150℃条件下干燥时间不少于5h。无水氯化钙在200℃干燥时间不少于24h。烘干时干燥剂放置的厚度不应超过25mm。

(3) 将选定的干燥剂放入试验用的容器中,干燥剂的放置量应保证容器在试验期间保持内部干燥,每个容器内放入80~100g。当实际容器可容纳的干燥剂小于80g时,则应装入其容量的一半。

(4) 按实际的密封操作方法对试样品进行密封。

(5) 对试验样品的各部位进行编号标示。

2) 记录

记录试验场地的温、湿度。

3) 预热处理

将试验样品放入温度试验箱内缓缓地加热到预定温度。

4) 湿热试验

将预热的试验样品立即转入恒定湿、热条件试验箱(室)进行湿热试验。若原来在湿热试验箱内预热的,则对箱内空气进行加湿,并控制规定湿热试验条件,对样品进行持续的试验。

湿热试验条件是指相对湿度保持在88%~92%,温度保持在(40±1)℃的恒定湿热试验时的空气条件。

试验时间一般为30天,也可根据包装容器的特点给予适当延长。

5) 定期称量

根据包装容器材料透湿度的大小,以适当的时间间隔对样品进行称量,求出质量随时间变化的增量,并作出增量与时间的关系图。试验持续至少有三个连续点成一直线时止,曲线这部分直线的斜率,即为恒定增量速率期间的透湿度值。称量的注意事项有以下几个:

(1) 称量过于频繁会影响试验的精确性。故称量间隔时间应根据对容器透湿度大小的判断来确定。对具有高透湿度的容器,推荐最小的称量间隔时间为3天。对具有低透湿度的容器,推荐(15~30)天称量一次。

(2)称量时最好不要将试验样品取出试验箱(室)外进行,若这样做不可能,则可将试验样品取出试验箱外进行,则可按下列方法之一操作。

(3)将样品一次取出一个,立即称量,称完后立即放回试验箱内。每次称量按同样的先后顺序进行。

(4)将试验样品取出,立即放入带有密封盖的干燥器或桶内(其内不放干燥剂),盖上盖,然后再从中一次取出一个循序称量。称量后立即放入另一个带有密封盖的干燥器或桶内(其内无干燥剂)。每次称量应按同一顺序进行。全部称量完毕后,立即放回试验箱内继续进行试验。

(5)试验样品取出试验箱(室)外称量,允许在称量处放置时间为1h,使温度适当平衡。取出试验箱(室)外的总时间应尽量缩短,一般不应超过3h。

4. 计算透湿度

内放干燥剂的容器按上述定期称量方法进行称量,得到连续三点成直线时止,求出其斜率,将其换算成每30天的透湿度值,即为该容器在恒定湿热度期间的透湿度值。

为了便于与其他类型的容器进行透湿性能的比较,也可以将透湿度换算成外表面积为每平方米时的值[$g/(m^2 \cdot 30$ 天$)$]。

当把干燥器材放入容器进行试验时,有可能得不到恒定增量速率的情况,这时应首先测定试验样品在投入试验前的质量或其含湿量,然后将样品投入试验箱试验预定时间后,再测定其质量及含水量。该时间内的质量或含水量的增加量,即为包装容器的透湿度值。

7.5.3.2 硬包装容器透湿度试验

该试验依据 GB/T 6981—2003《硬包装容器透湿度试验方法》的规定进行。

该方法规定了硬包装容器透湿度的测定方法,不适用于具有吸水性材料制成的硬包装容器的透湿度的测量。

对在测量方面要求较精确的小型包装容器,可按软包装容器透湿度试验方法进行透湿度的测定。

1. 试验目的

(1)评价或筛选包装容器所用的材料、结构和工艺措施的优劣。

(2)比较不同类型包装容器的防潮性能。

(3)确定特殊类型器材专用硬包装容器防潮措施的适宜性。

(4)用来确定包装容器防潮性能要求的指标及对其进行性能控制等。

2. 试验原理

将内装干燥剂密封的硬包装容器置于规定的湿热试验大气条件下一定时

间,以透入内部保持干燥状态容器的水蒸气量,来确定该容器的透湿度。

3. 试验设备

1)试验箱(室)

试验箱(室)应符合恒定湿热试验中有关试验设备的要求。

2)称量天平

天平的灵敏度可为1g以内或为产品质量的1‰以上,选择两者中灵敏度较高的天平。

3)干燥剂储器或称量瓶

使用深(15~25)mm、吸湿、不带密封盖的容器,把干燥剂放入其中,然后将其放入包装容器内进行试验。

4. 试验程序

根据包装容器的结构、种类可分为两种,即用于可重复密封的包装容器和用于不可重复密封的包装容器。

1)可重复密封的包装容器

(1)试验样品准备。选择具有代表性的典型容器,同类试验样品的表面尺寸和形状尽可能相一致,试验容器的数量一般不得少于2个。

(2)选择合适的干燥剂。干燥剂的选择原则及干燥处理方法与GB/T 6982—2003《软包装容器透湿度试验方法》中的有关要求相同。

试验样品中干燥剂的放置量应足够多,以保持容器内部处于干燥状态,用量可超过100g。当容器不能容纳100g时,也应至少装入其容积的一半以上。

将定量的干燥剂放入一个或多个储器(或称量瓶)内,并将其放在试验样品的中心处,需要时可使用不吸湿的支撑物支撑。

干燥剂可装入金属网、纤维纸或细布袋内,也可装入其他不吸收水汽的储器内。当放入试验样品内时应将储器盖取去。

下列情况可使用两个或多个干燥剂储器:

① 根据称量天平的最大称量,当单个储器所装干燥剂量超过最大称量时。

② 干燥剂在试验样品内暴露的面积应不少于试验样品最大截面积的10%,当单个储器内干燥剂的暴露面积小于该值时。

③ 根据干燥剂的使用量,当单个储器容纳不了时。

对使用称量瓶装干燥剂试验的,在试验期间发现干燥剂明显受潮时,也可更换干燥剂后继续进行试验,但对所更换的干燥剂应在投试前精确地称得其质量。

将储器放入选定的容器内,按照与实际相同的方法密封容器。

当试验是用来评定特殊器材包装容器的适宜性时,则可用器材(干燥的)来代替干燥剂,这时应将试验容器填到实际使用的容量。

(3) 根据要求对试验样品的各部位进行编号。

(4) 记录试验场地的温度和湿度。

(5) 将试验样品放入试验箱(室)内,使之缓慢预热到40℃,进行规定条件的试验。

(6) 湿热试验。将预热的试验样品立即转入湿热试验箱(室)内,若原来在湿热试验箱(室)内预热的,则开始加湿。按照交变湿热试验条件对试验样品进行持续试验。

湿热试验条件为相对湿度保持在$(88 \sim 92)\%$,温度保持在(40 ± 1)℃。

试验持续时间一般为30天,也可以根据包装容器的特点给予适当延长。

(7) 取出储器进行称量。对使用称量储器(或称量瓶)装干燥剂试验时的称量步骤如下:

① 从试验箱(室)中取出试验包装容器,打开包装容器。

② 迅速盖上称量储器的盖,取出称量储器。

③ 封闭包装容器,以防外界潮气的浸入。

④ 称量装干燥剂的称量储器。

⑤ 打开包装容器,把称量储器放回,取下储器的盖,重新密封包装容器。

⑥ 迅速地将其放回试验箱(室)内,继续进行试验和定期重复称量。

对使用金属网、纤维纸或细布袋装干燥剂试验时的称量步骤如下:

① 从试验箱(室)中取出试验样品。

② 打开试验样品,取出装干燥剂的网袋,放入称量储器中,并盖上盖。

③ 封闭包装容器。

④ 称量装干燥剂的称量储器。

⑤ 打开试验样品,从称量储器中取出干燥剂网袋,将其放回试验样品中,重新封闭试验样品。

⑥ 迅速地将其放回试验箱内继续进行试验和定期重复称量。

试验的精确度会因过多频繁地称量而受到影响。有关专业标准应根据容器透湿度的大小,自行确定合适的称量间隔时间。推荐采用下列间隔时间。

对具有高透湿度的包装容器,推荐最小称量间隔时间为$(2 \sim 3)$天;对具有低透湿度的包装容器,推荐称量间隔时间为$(15 \sim 30)$天。

试验样品在称量处允许滞留放置时间为1h,使温度适当平衡。取出试验箱外的总时间,每次不得超过3h。

(8) 记录增量值随时间的变化,并作出它们的关系图,试验时间必须持续到获得至少有三个连续测试点成一直线时止,曲线这部分直线的斜率,即为该包装容器稳定增量速率期间的透湿度值。

(9)若用实际器材来代替干燥剂进行试验时,不一定会得到恒定的增量速率。对其进行试验时,应在试验开始前测定其最初的含水量或干燥器材的质量,然后将密封好的试验样品放在湿热试验箱中试验一预定时间取出,测出试验结束时器材的含水量或其质量,由试验前后所测得两次含水量或质量之差,即可求得该期间的透湿度值。

2)不可重复密封的包装容器

(1)试验样品的准备。同可重复密封的包装容器试验样品的准备,选择具有代表性的容器和干燥剂以及将干燥剂进行干燥处理后装入储器(或称量瓶)中。

将选择的容器在某一个侧面或顶部切割一个大小能由此放入和取出干燥剂储器的开孔。

人工封闭开孔。用一块与开孔同样形状,但较大的不透湿的金属薄板或塑料薄板平贴于开孔四周,用石蜡或封泥将其密封,并保证在整个试验期间密封良好。

密封用的石蜡可用高温医用石蜡,封泥可用一般的橡胶封泥。

将按要求装入干燥剂的储器放入试验容器内,迅速密封容器。

当试验是用来评定特殊器材包装容器的适宜性时,则可用器材(干燥的)来代替干燥剂,这时应将试验容器装填到实际的容量。

按试验要求对试验样品的各部位进行编号标示。

(2)记录试验场地的温度和湿度。

(3)将试验样品放入试验箱(室)内,使缓慢预热到40℃,按可重复密封的包装容器的试验方法进行湿热试验。

(4)取出储器进行称量。称量时先从试验箱中取出试验样品,打开试验容器孔盖,盖上干燥剂储器(或称量瓶)盖,并将其从试验容器中取出,将开孔临时封闭,称量储器。打开试验样品开孔,将储器放入,取下储器盖,密封开孔,放入试验箱(室)继续进行试验。并以适当的间隔时间重复进行称量,试验持续到所建立的恒定增量速率时止。

▶ **7.5.3.3 渗漏试验方法**

本方法适用于评定运输储存包装件对气体、液体的防渗漏能力,以及包装对内装器材的保护能力。

1. 试验方法

(1)真空保持法。

(2)充气法。

(3)挤压法。

(4)热水法。

(5)浸没法。

(6)喷淋法。

(7)液压法。

(8)静态检漏法。

2. 试验设备

(1)真空保持法:真空泵、U型水柱压差计。

(2)充气法:压缩空气源、气压表、可浸没试验样品的水槽或起泡剂(如中性肥皂水)。

(3)挤压法:可浸没试验样品的水槽或起泡剂。

(4)热水法:可浸没试验样品的水槽,能保持一定水温的加热装置。

(5)浸没法:可浸没试验样品至一定深度的水槽及升降装置。

(6)喷淋法:可调节喷淋量的喷淋装置及平整不积水的地面。

(7)液压法:液压源或气源、压力表、调压阀及连接装置。

(8)静态检漏法:使试验样品保持各种放置状态的支撑装置。

3. 试验样品

1)试验样品的选定

试验样品为完整的运输包装件或包装容器。如不能使用内装器材,可用模拟器材代替,但模拟器材的质量、重心、硬度、形状应与内装器材相似。若使用的内装器材是不合格品,其缺陷应不影响试验结果判定。内装器材或模拟器材都应按实际包装要求固定、支撑和缓冲。

2)试验样品的密封

包装容器试验样品应按规定进行封闭。

3)试验样品预处理

除另有规定外,按试验样品预处理要求做好试验环境条件下的平衡,平衡时间不少于4h。

4. 试验种类及程序

1)真空保持法

(1)在准备试验样品时,应在包装容器上安装抽真空的管子,并在管子上连接压差计。安装的方法可以将管子焊接在软质隔离材料包装容器的封口端开口处,或在刚性包装容器上钻孔后装配带孔的塞子或气门芯,或使用在试验后包装容器能焊封或密封面不影响其使用性能的其他装置。

(2)接上真空泵,对试验样品抽气,直至达到规定的真空度。除另有规定外,真空压力应为122mm水柱。为确保试验样品内的真空度达到平衡,可以通过多次抽气达到规定的真空度。

(3)记录压差计的读数。

(4)除另有规定外,10min后再记录压差计的读数,计算并记录真空压力的损失。

2)充气法

(1)在准备试验样品时,应将充气管或充气阀安装到包装容器上,并接上压力表。安装的方法参考真空保持法的安装方法。

(2)接通压缩空气源,对试验样品缓缓充气,直至达到规定的试验压力或发现漏气。

(3)充气至规定的试验压力并稳定后,关闭气源,记录压力表的读数。30min后,再次记录压力表的读数。

(4)也可以将充气后的试验样品浸没于水槽内水面以下25~50mm处。保持30s,同时翻动试验样品并观察漏气情况。

(5)记录试验样品是否漏气及漏气部位和程度。

3)挤压法

(1)密封试验样品时,应保持试验样品内保留一定的空气量。

(2)将试验样品浸没到水面以下50mm处,再挤压试验样品,同时观察其焊缝及表面是否漏气。或者将试验样品外部的所有焊缝、接缝及容易漏气的部位涂抹起泡剂,然后挤压试验样品,同时观察各部位是否漏气。

(3)记录试验样品是否漏气及漏气部位和程度。

4)热水法

(1)浸蜡密封的试验样品应预先在10~16℃的条件下达到平衡。

(2)除另有规定外,应将试验样品浸没到比它的平衡环境温度至少高28℃的热水中。对浸蜡密封试验样品,水温不超过44℃,其顶部的浸没深度不大于25mm。检查渗漏情况,至少观察15s。转动试验样品,反复观察其各个部位是否漏气。试验样品在热水中浸没的总时间一般不超过8min。

(3)记录试验样品是否漏气及漏气部位和程度。

5)浸没法

(1)除另有规定外,密封的试验样品可按下列两种方法进行试验。

将试验样品浸没在比它密封时的环境温度至少低22℃的水中,其顶部的浸没深度在(25~50)mm,浸没时间不少于1h。

将试验样品按正常放置状态浸没在比它密封时的环境温度低(0~5)℃的水中,使其顶部的浸没深度为750mm,浸没时间不少于1h。

(2)达到预定浸没时间后,从水中取出试验样品,将要打开的部位仔细擦干。然后打开试验样品,检查内部是否有水迹或直接检查包装容器的渗漏情况。

(3)记录试验样品是否渗漏及渗漏程度。如有可能,应记录渗漏部位。

6)喷淋法

(1)将试验样品按规定放置状态置于喷淋装置下方的平整地面上,使水滴能垂直均匀地喷淋到试验样品顶部及其周围的地面上。除另有规定外,喷淋量为$(100 \pm 25) L/(m^2 \cdot h)$。喷淋时间为4h。当几个试验样品同时进行喷淋试验时,其放置间隔应不小于150mm。

(2)喷淋结束后,打开试验样品前应将要打开部位的外表面仔细擦干,然后打开试验样品,检查渗漏情况,应特别注意接缝和焊接等处是否渗漏。

(3)记录试验样品是否渗漏及渗漏部位,以及喷淋对试验样品产生的有害影响。

7)液压法

(1)试验样品密封前应安装一个合适的、不漏的高压管接头。除另有规定外,试验样品内应装入按下述比例配制的彩色水:

OP-10非离子型湿润剂0.25%;

红色水溶性染料0.25%;

水99.5%;

混合后至少放置4h再用。

(2)用输气管或输水管连接液压源(或气源)、压力表、调压阀及试验样品。在不少于10s的时间内,将试验样品内的压力均匀地增加到规定的试验压力。除另有规定外,试验压力为100kPa,保持5min。

(3)检查试验样品外表的渗漏情况,记录试验样品是否渗漏及渗漏部位和程度。

8)静态检漏法

(1)除另有规定外,应采用按液压法配制的彩色水代替内装器材装入试验样品内,然后按要求密封。

(2)除另有规定外,试验样品应按下述规定的放置状态各放置15min。

直立;

倒立;

一侧面着地(或圆柱面的第一个1/4部位着地);

一端面着地(或圆柱面的第二个1/4部位着地);

另一个侧面着地(或圆柱面的第三个1/4部位着地);

另一个端面着地(或圆柱面的第四个1/4部位着地)。

(3)试验样品在每种状态放置后,应检查并记录其是否渗漏及渗漏部位和程度。

5. 试验报告

试验报告除应符合试验报告的一般内容要求外,还要说明是否渗漏及渗漏的部位和程度。

附注:

最适合的试验方法应根据试验样品的结构、尺寸、质量、材料及所需要的数据和试验设备来选择。

真空保持法适用于检查大型软质包装容器的渗漏,但可能损伤软质包装容器及内装器材,且不能确定渗漏部位。

(1)充气法比液压法更容易检查出微小的渗漏,但可能使强度较差的包装容器产生破裂,应控制充气压力不超过规定的试验压力。

(2)热水法和挤压法适用于检查软质包装容器的渗漏。

(3)浸没法适用于检查包装容器的抗渗水性,但不易确定渗漏部位,也不如气体渗漏试验灵敏。

(4)喷淋法适用于检查较大的运输包装件的渗漏,能在一定程度上说明包装容器所用材料是否受水的影响。

(5)静态检漏法仅适用于检查包装容器置于不同放置状态时,内装液体是否渗漏。

▶ 7.5.3.4 防霉试验

本试验是模拟包装件在流通过程中历经霉菌生长的环境条件,评定包装件长霉程度和霉菌对包装及内装器材引起的表面变化或性能影响。

1. 试验原理

将包装件外表面喷射一定量的霉菌混合孢子悬浮液后,迅速放入特定的试验箱(室)内一定时间。

2. 试验设备

试验箱(室)应满足以下技术要求:

(1)试验箱(室)的有效空间各点温度应在$(28 \sim 30)$℃,指示点的温度应控制在(29 ± 1)℃。

(2)试验箱(室)内有效试验空间的相对湿度应控制在大于96%,指示点的相对湿度应控制在96%~98%。

（3）试验箱（室）内的有效空间各点温度的波动每小时不得超过1℃。

（4）试验期间箱（室）内每7天进行换气1次，换气期间箱（室）内的温度不低于25℃、相对湿度不低于80%，指示点温度允许在(25~32)℃波动，但换气结束后，在2h内达到大气环境条件试验的规定值。

3. 试验试剂与材料

一般地，采用8种菌种进行试验。表7-17列出了各种菌种对材料预期的侵蚀性能，以供参考。采用这些菌种时，所有菌种应同时混合使用。如果试验时还采用其他菌种或有所变化，必须做出详细的说明，并在试验记录中予以注明。

表7-17 试验用菌种

序号	菌名	菌号	性能
1	黑曲霉	3,3928	对铜盐有抗性，侵蚀多种材料
2	土曲霉	3,3935	侵蚀塑料
3	出芽短梗霉	3,3984	侵蚀涂料和油漆
4	宛氏拟青霉	3,4253	侵蚀塑料和皮革
5	绳状青霉	3,3872	侵蚀多种材料，特别是纺织品
6	柄帚霉	3,3985	侵蚀橡胶
7	赭绿青霉	3,4302	对铜盐有抗性，侵蚀塑料和织物
8	绿色木霉	3,2942	侵蚀纤维织物和塑料

菌种应放在有琼脂作培养基的试管内。培养霉菌用的培养基有以下两种：

（1）查氏培养基。查氏培养基的组成包括硝酸钠($NaNO_3$)3.0g、磷酸氢二钾(K_2HPO_4)1.0g、硫酸镁($MgSO_4 \cdot 7H_2O$)0.5g、氯化钾(KCl)0.5g、硫酸亚铁($FeSO_4 \cdot 7H_2O$)0.01g、蔗糖30g、琼脂15~20g、蒸馏水1000cm^3、灭菌压力/时间为1.1kg/30min。

（2）土豆、葡萄糖琼脂培养基。土豆用水洗净，去皮挖去芽眼，切成小块。称量200g，加1000cm^3蒸馏水，加热煮沸1h。然后用双层纱布挤出滤液，将滤液加1000cm^3蒸馏水，加入20g葡萄糖、20g琼脂，加热熔化，然后灭菌。灭菌压力为0.6kg/cm^2，维持30min。

菌种应保存在(5~10)℃的冰箱内。

制备孢子悬浮液的霉菌，培养周期为(14~21)天，但不得少于14天和多于28天。

不到制备孢子悬浮液时,不得拔去棉塞。一支菌管中的菌种,只供制备一次悬浮液,每次制备孢子悬浮液必须使用新培养的菌种。

孢子悬浮液的制备如下:

孢子悬浮液用蒸馏水调制,蒸馏水中可加入 0.05% 的无杀菌作用的 Tween80(聚羟基乙烯油酸山梨醇酐)或 Tween60(聚羟基乙烯硬脂酸山梨醇酐)的润湿剂。

向每只三角烧瓶或每支试管中注入 30mL 或 10mL 水的溶液(可含有润湿剂),将接种针进行灭菌消毒,然后用接种针轻轻刮取菌种表面的孢子放入水溶液中。

每种霉菌的孢子数为 $(0.5 \sim 1.0) \times 10^7/\mathrm{mL}$。每种霉菌孢子数及计数法为

孢子数/mL = 5 中格孢子总数/5 × 2501000 × 稀释倍数

若无稀释倍数则无须乘以稀释倍数。

将 8 种菌种的悬浮液混在一起,剧烈振荡,使其充分混合且散开所有孢子团。孢子悬浮液必须在当天内使用,不得储存待将来使用。

对照纸条:试验中所用的对照纸条应由纯净的白滤纸制成。

用于制备对照纸条的培养基溶液配方如下:磷酸二氢钾(KH_2PO_4)0.7g、磷酸二氢钾(K_2HPO_4)0.3g、硫酸镁($MgSO_4$)0.5g、硝酸钠($NaNO_3$)2.0g、氯化钾(KCl)0.5g、硫酸亚铁($FeSO_4 \cdot 7H_2O$)0.01g、蔗糖 30g、蒸馏水 1000cm^3。

纸条放入培养皿内,并用上述培养基溶液覆盖。使用前把纸条取出滴干。

纸条应在当天制备。

每批对照纸条,应采用新鲜的培养基溶液制备。

菌种条件有以下两点:

(1)菌种应由正式的菌学研究机构供应。

(2)菌种在不断培养的过程中,有可能对某些材料的侵蚀能力发生变化,鉴定这些变化需要微生物学方面的经验。供应试验菌种的实验室,应保证供应适用于本试验方法合格的相同的菌种。

4. 试验程序

按照 7.1 节的要求对试验样品的各部位进行编号标示,必要性时进行温湿度预处理。

用喷雾器将制备的霉菌混合孢子悬浮液喷射在试验样品外表面,孢子悬浮液在包装件外表面上形成细雾状。

用于喷射孢子悬浮液的喷嘴孔径应不大于 0.5mm。

喷射有霉菌混合孢子悬浮液的试验样品,应迅速放入试验箱(室)内(菌种

活力检查一般不超过15min）。

往对照纸条或棉布条5cm×10cm及试验样品同时进行喷菌，以作菌种活力检查。对照条不少于3条。对照条感染的菌种，经检查，7天内不长霉，试验无效。应重新喷菌试验。

5. 试验周期

试验周期一般为28天。如有特殊需要（如需对器材作性能测试），也可以延长试验周期（56天或84天）或按有关标准规定的其他试验周期进行试验。

6. 结果评定

经预定时间试验后，从箱（室）内取出试验样品，按照GB/T 4768—2008《防霉包装》中的防霉等级要求检查试验样品，进行防霉等级的评定。

当试验结束后，要求试验样品在潮湿状态下进行测量时，测量完成之前试验样品周围的湿度不允许过多地降低。

当要求试验样品在恢复后作测量时，试验样品取出后，应暴露于标准恢复条件下24h，然后进行测量。

7.6 包装防护容器质量检测技术

包装件质量试验主要检测在一定的流通条件下，包装件可能发生的损坏及包装的防护性能是否满足要求；考查是否存在包装不足或包装过分的情况，通过试验获得包装件改进的信息；另外通过运输包装件试验，还可以检查包装件及运输包装容器的性能是否符合有关标准、规范和法令的要求，比较不同包装的优劣，以便控制包装质量。总之，包装件试验的根本目的就是尽可能使产品包装达到合理水平。合理的包装既要能保护产品不受损害，还要尽可能降低成本，所以若想使产品包装达到合理水平，需要综合考虑科学、适用、经济等各个方面因素。

7.6.1 包装件标示方法

为了正确反映试验时（或后）试验样品各部位的影响情况，对其各部位的标示应统一规定。根据GB/T4857.1-2019《包装运输包装件基本试验第1部分：试验时各部位的标示方法》，对包装件标示方法予以介绍。

7.6.1.1 平行六面体包装件

包装件应按照运输时的状态放置,如运输状态不明确,则应将包装件按照最稳定的状态放置。放置后,包装件上有垂直于水平面的接缝时,应将其中任意一条接缝立于标注人员右侧;接缝平行于水平面或无接缝时,应将其任一较小端面对着标注人员。标示方法如图7-12所示。

上表面标示为1面;右侧面标示为2面;底面标示为3面;左侧面标示为4面;近端面标示为5面;远端面标示为6面。

棱由组成该棱的两个面的号码表示,如1-2棱指包装件1面和2面相交形成的棱。

角由组成该角的三个面的号码表示,如1-2-5角指包装件1面、2面和5面相交组成的角。

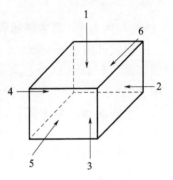

图7-12 平行六面体包装件标示方法

7.6.1.2 圆柱体包装件

包装件按直立状态放置,标示方法见图7-13。

圆柱体的顶面两个相互垂直直径的四个端点用1、3、5、7表示,圆柱体底面相对应的四个端点,用2、4、6、8表示。这些端点分别联成与圆柱体轴线相平行的四条直线,各以1-2、3-4、5-6、7-8表示。

如果圆柱体上有接缝,应将其中的一个接缝放在5-6线位置上,其余按上述方法顺序进行标示。

7.6.1.3 袋体包装件

包装件应卧放,标注人员面对袋的底部。如袋体包装件上有纵向合缝,当其在中间时,应将其朝下放置;当其在边上时,应将其置于标注人员的右侧。标示方法见图7-14。

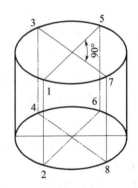

图7-13 圆柱体包装件标示方法

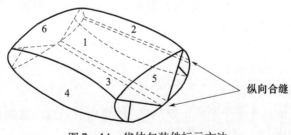

图7-14 袋体包装件标示方法

包装件的上表面标示为1面;右侧面标示为2面;下面标示为3面;左侧标示为4面;袋底(即面对标注人员的端面)标示为5面;袋口(装填端)标示为6面。

7.6.1.4 封套体包装件

包装件应卧放,标注人员面对封套的开口端。封口处向上放置。标示方法见图7-15。

上表面标示为1面;右侧棱标示为2棱;下表面标示为3面;左侧棱标示为4棱;信封开口端标示为5棱;5棱的对面棱标示为6棱。

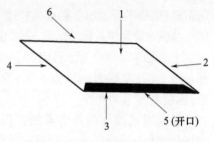

图7-15 封套体包装件标示方法

7.6.1.5 其他形状的包装件

其他形状包装件,可根据包装件的特性和形状,按以上所述方法之一进行标示,也可由供需双方协商确定。

7.6.2 堆码试验

7.6.2.1 静载荷堆码试验

1. 试验目的与原理

1)试验目的

本试验用于评定运输包装件和单元货物在堆码时的耐压强度或对内装物的保护能力。它既可以作为单项试验,也可以作为系列试验的组成部分。

现将GB/T4857.3-2008《包装运输包装件基本试验第3部分:静载荷堆码试验方法》予以介绍。

2)试验原理

采用三种试验方法之一进行试验时,将试验样品放在一个平整的水平平面上,并在其上面均匀施加载荷,施加的载荷、大气条件、承载时间以及试验样品的放置状态等是预先设定的。

应注意,如可行的话,可对试验样品在试验中的上下偏斜或左右偏斜进行测定。

2. 试验设备

(1)水平平面。水平平面应平整坚硬(最高点与最低点之间的高度差不超过2mm)。如为混凝土地面,其厚度应不小于150mm。

(2)加载方法。

① 方法1:包装件组。

该组包装件的每一件应与试验中的试验样品完全相同。包装件的数目应以其总质量达到合适的载荷量而定。

② 方法2:自由加载平板。

该平板应能连同适当的载荷一起,在试验样品上自由地调整达到平衡。载荷与加载平板可以是一个整体。

加载平板的中心置于试验样品顶部的中心,其尺寸至少应较包装件的顶面各边大出100mm。该板应足够坚硬在完全承受载荷下不变形。

应注意,此类载荷有时称为"自由载荷"。

③ 方法3:导向加载平板。

采用导向措施使该平板的下表面能连同适当的载荷一起始终保持水平。

加载平板居中置于试验样品顶部时,其各边尺寸至少应较试验样品的顶面各边大出100mm板应足够坚硬在完全承受载荷下不变形。

应注意,此类载荷有时称为"导向载荷"。

同时,如果应用导向措施确保加载平板保持水平,所采用的措施不应造成摩擦而影响试验结果。

(3)偏斜测试方法(如有必要测试时用)应精确到±1mm,并能指示出倾斜尺寸的增减情况。

(4)试验中所加载荷的稳定性和安全性除了取决于试验样品的抗变形能力,还取决于其顶面和加载平板件底面之间的摩擦力。为此,应提供一套稳妥的试验设施,并能在一旦发生危险的情况下,保证载荷受到控制,以便防止对附近人员造成伤害。

3. 试验样品的准备

将预装物装入试验样品中,并按发货时的正常封装程序对包装件进行封装。如果使用的是模拟内装物,其尺寸和物理性质应尽可能接近于预装物的尺寸和物理性质。同样,封装方法应和发货时使用的方法相同。

4. 试验样品的温湿度预处理

按 GB/T 4857.2 的要求选定一种条件对试验样品进行温湿度预处理。

5. 试验程序

(1)试验应在与预处理相同的温湿度条件下进行,而温湿度条件是按照试验样品的材料或用途选定的。如果达不到相同条件,则应在尽可能相近的大气条件下进行试验。

(2)将试验样品按预定状态置于水平平面上,使加载用包装件组(见方法1)、自由加载平板(见方法2)或导向加载平板(见方法3)居中置于试验样品的顶面。

如果使用自由加载平板或导向加载平板的方法,在不造成冲击的情况下将作为载荷的重物放在加载平板上,并使它均匀地和加载平板接触,使载荷的重心处于试验样品顶面中心的上方。重物与加载平板的总质量与预定值的误差应在±2%之内。载荷重心与加载平板上面的距离,不应超过试验样品高度的50%。

如果使用自由加载平板或导向加载平板的方法,对试验样品进行测量。试验样品应在充分预加载后施加压力,以保证加载平板和试验样品完全接触。

(3)载荷应保持预定的持续时间(一般为24h,依材料的情况而定)或直至包装件压坏。

(4)去除载荷,对试验样品进行检查。

试验期间,必要时随时可对试验样品的尺寸进行测定。如果试验特殊加载时,可将合适的仿模楔块放在试验样品的上面或者下面,或可以根据需要上下面都放。如果试验样品置于托盘上或处于堆码状态,应选取并排放置的几个试样进行试验或使用实际的堆码形式进行试验。

6. 试验报告

试验报告应包括下列内容:

(1)说明试验系按本部分执行;
(2)试验室名称和地址,顾客名称和地址;
(3)报告的唯一位标志;
(4)接收试验样品日期和试验完成日期和天数;
(5)负责人姓名、职位和签字;
(6)说明试验结果仅对试验样品有效;
(7)没有试验证明,复印部分报告无效;
(8)试验样品数量;
(9)详细说明:包装容器的名称、尺寸、结构和材料规格、衬垫、支撑物、固定方法、封口、捆扎状态以及其他防护措施,试验样品的总质量,以及内装物的质量,单位为千克(kg);
(10)内装物名称、规格、型号、数量等,如果使用的是模拟内装物,应予以详细说明;
(11)预处理的温度、相对湿度和时间,试验场所的试验期间的温度、相对湿度,这些数值是否符合GB/T4857.2的要求;

(12) 采用 GB/T 4857.1 中规定的标示方法描述试验时试验样品放置的状态;

(13) 总质量[以千克(kg)计,包括加载平板的质量],以及样品承受载荷的持续时间,所使用的加载方法即方法 1、方法 2 或方法 3。是否采用导向装置,若采用,说明采用方式;

(14) 试验样品偏斜测量点的位置,及在什么试验阶段上进行这些偏斜的测量;

(15) 所用仿模楔块的形状和尺寸;

(16) 试验设备的说明;

(17) 说明所用试验方法与本部分的差异;

(18) 试验结果的记录,及观察到的可以帮助正确解释试验结果的任何现象。

7.6.2.2 使用压力机的堆码试验

1. 试验目的与原理

1) 试验目的

本试验用于评定运输包装件在受到压力时的耐压强度及包装对内装物的保护能力。它既可以作为单项试验,也可以作为一系列试验的组成部分。

现将 GB/T 4857.4-2008《包装运输包装件基本试验第 4 部分:采用压力试验机进行的抗压和堆码试验方法》和有关资料予以介绍。

2) 试验原理

将试验样品放置于压力机的压板之间,然后选其中任一方法:

(1) 在抗压试验的情况下,进行加压直至试验样品损坏或达到预定载荷和位移值时为止。

(2) 在堆码试验的情况下,施加预定载荷直至试验样品损坏或持续到预定的时间为止。

2. 试验设备

1) 压力试验机

(1) 压力试验机用电动机驱动。机械传动或液压传动,压板型式要能使一个或两个压板以 10mm/min ± 3mm/min 的相对速度进行匀速移动,对试验样品施加压力。

(2) 压板应符合下列要求:

① 平整。

表面积小于 $1m^2$ 的,任意两点之间的高度差允许 0.1% 的偏差值;

表面积大于 $1m^2$ 的,当水平放置时,其表面最低点与最高点的水平高度差不应越过 1mm。

② 尺寸。

大于与其接触的试验样品的尺寸,两压板之间的最大行程应大于试验样品的高度。

③ 坚硬。

如果采用多向压板时,当试验机将施加载荷的 75% 施加到压板中心 100 mm×100 mm×100 mm 的木块上,或在转座压板的情况下,施加到放置于四角的四块相同木块上时,压板上任一点变形不应超过 1mm,该木块应具有足够的强度承受这一载荷而不发生碎裂。

其中一块压板应保持水平,在整个试验过程中允许其水平倾斜度的偏差值在 0.2% 以内,另一块压板或者安装牢固,使其在整个试验过程中水平倾斜度的偏差值在 0.2% 以内;或者在压板中心位置上安装一个万向接头,使其可向任意方向自由倾斜。

压板工作面可局部凹进以便固定螺钉等。

(3)施加预定载荷方法。

在预定的时间内,预定载荷波动不超过 ±4%,且压板间不能有相对运动,在上压板的任何垂直位移过程中都应保持同一载荷。

2)记录装置

记录装置或其他测量装置在测量记录载荷时的误差不应超过 ±2%,测量记录压板位移的准确度应达到 ±1mm。

3)试验样品尺寸的准确度

测量试验样品尺寸的准确度应达到 ±1 mm。

3. 试验样品的准备

将预装物装入试验样品中,并按发货时的正常封装程序对包装件进行封装,如果使用的是模拟内装物,其尺寸和物理性质应尽可能接近于预装物的尺寸和物理性质,同样,封装方法应和发货时使用的方法相同。

4. 试验样品的温湿度预处理

根据 GB/T 4857.2 的要求选定一种条件对试验样品进行温湿度预处理。

5. 试验程序

(1)试验应在与预处理相同的温湿度条件下进行,而温湿度条件是按照试验样品的材料或用途选定。如果达不到相同条件,则应在尽可能相近的大气条件下进行试验。

如有可能,试验样品的数量最好为 5 件。

(2)抗压试验。

① 将包装与其内装物分别称量,然后填满包装,测量其外部尺寸。

② 将试验样品按预定状态放置于压力试验机的下压板中心。

当载荷未施加到试验样品的整个表面时,为了模拟试验样品在运输过程中的受压情况,应在试验样品与压力机压板之间插入适当的仿模楔块。

③ 通过两块压板以适当的速度所进行的相对运动对试验样品施加载荷,直至达到预定值或在达到预定值之前试验样品出现损坏现象为止,加载时不应出现超过预定峰值的现象,如果试验样品先发生损坏,记录下此时达到的载荷数值。

在测量变形时,应设定一个初始载荷作为基准点,基准点除非另外说明,否则应表 7-18 中给出的初始载荷基准点记录。

表 7-18 初始载荷

平均压缩载荷/N	初始载荷/N
101～200	10
201～1000	25
1001～2000	100
2001～10000	250
10001～20000	1000
20001～100000	2500
……	……

④ 如果需要,在预定时间内保持预定载荷,或直到试验样品损坏为止,如果试验样品先发生损坏,记录下经过的时间。

⑤ 移开压板卸除载荷,检查试验样品,如果发生损坏,测量出它的尺寸,并且检查内装物是否损坏。

⑥ 如果需要测定试捡样品的对角和对棱受外界压力量时的耐压能力,用两块压板均不能自由倾斜的试验机,按照抗压试验①～⑤的程序操作即可。

(3)堆码试验。

① 进行试验样品的堆码试验,需使用 GB/T 4857.3 中提到的施加静载荷的三种方法之一,其过程应按抗压试验①～③所述进行试验,在预定时间内保持预定载荷,或保持预定载荷直到试验样品损坏为止。如试验样品先发生损坏,记录下经过的时间。

② 如果需要测定试验样品在堆码过程中受外界压力载荷时的耐压能力,应选择其中一块压板固定的试验机。

③ 移开压板卸除载荷,检查试验样品,如果发生损坏,测量出它的尺寸,并且检查内装物是否损坏。

④ 在试验过程中的任意时刻,都可能有必要对包装件的尺寸进行测量。

⑤ 如有必要,可在压板间插入代表特定载荷条件的适当的仿摸楔块。

6. 试验报告

试验报告应包括下列内容:

(1)说明试验系按本部分执行;

(2)实验室名称和地址,顾客名称和地址;

(3)报告的唯一性标志;

(4)接收试验物品日期和试验完成日期和天数;

(5)负责人姓名、职位和签字;

(6)说明所用试验方法对试验结果的影响;

(7)没有试验室证明,复印部分报告无效;

(8)试验物品数量;

(9)详细说明:包装容器的名称、尺寸、结构和材料规格、衬垫、支撑物、固定方法、封口、捆扎状态以及其他防护措施;

(10)内装物名称、规格、型号、数量等,如果使用的是模拟内装物,应予以详细说明;

(11)预处理的温度、相对湿度和时间,试验场所的试验期间的温度、相对湿度;

(12)试险时试验物品放置的状态;

(13)说明进行的抗压试验还是堆码试验;

(14)所使用设备的类型,包括压力机是机械传动操作还是液压传动操作,以及两块压板是否是固定安装;

(15)包装件上测量点的位置,以及在什么试验阶段上进行的这些测量;

(16)所用仿模的形状和尺寸;

(17)施加载荷的速度,施加载荷的大小(以牛顿为单位),以及试验样品的承载持续时间;

(18)说明所用试验方法与本部分的差异;

(19)试验结果的记录,及观察到的可以帮助正确解释试验结果的任何现象。

7.6.3 垂直冲击跌落试验

7.6.3.1 试验目的及原理

1. 试验目的

本试验方法模拟了运输包装件在流通过程中历经垂直冲击跌落环境(人工装卸或其他因素引起的跌落情况)时,可能受到的危害,以评定包装件在受到垂直冲击时的耐冲击强度及包装对内装物的保护能力。

现将 GB/T 4857.5—92《包装运输包装件跌落试验方法》和部分先进工业国家规定的相应试验方法中的有关内容予以介绍。

2. 试验原理

提起试验样品至预定高度,然后使其按预定状态自由落下,与冲击台面相撞。

7.6.3.2 试验设备

常用试验设备有吊钩式跌落试验机、回转腕式跌落试验机、翻板式跌落试验机和垂直冲击试验机等。

1. 对试验设备的一般要求

(1) 冲击台面为水平平面,试验时不移动、不变形,并满足下列要求:

① 整块物体重量至少为试验样品重量的 50 倍;

② 要有足够大的面积,以保证试验样品完全落在冲击台面上;

③ 冲击台面上任意两点的水平高度差不得超过 2mm;

④ 冲击台面上任何 $100mm^2$ 的面积上承受 100N 的静负荷时,其变形量不得超过 0.1mm。

(2) 提升装置在提升或下降过程中,不应损坏试验样品。

(3) 支撑装置

支撑试验样品的装置在释放前应能使试验样品处于所要求的预定状态。

(4) 释放装置在释放试验样品的跌落过程中,应使试验样品不碰到装置的任何部件,保证其自由跌落。

2. 常用试验设备的结构特点

根据有关资料介绍,常用跌落试验设备的结构特点如下。

1) 吊钩式跌落试验机

该试验机是利用吊钩的快速脱开,使包装件接近于自由下落并与一个坚硬的水平面相碰撞。试验机主要由提升装置、释放装置和挂钩三部分组成。提升装置常采用电葫芦或其他差动滑车。释放装置有机械式和电磁式两种。如图7-16所示为吊绳起吊跌落试验设备用脱放装置。如图7-17所示为分别用于木箱和纤维板箱不同部位的吊钩。

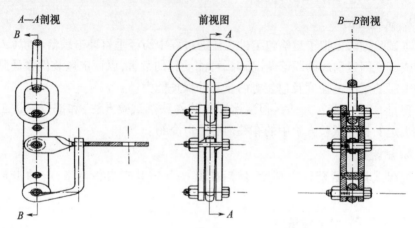

图7-16 吊绳起吊跌落试验设备用脱放装置

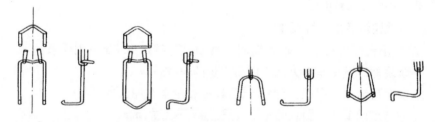

(a) 木箱底部用吊钩　(b) 纤维板箱底部用吊钩　(c) 木箱顶部用吊钩　(d) 纤维板箱顶部用吊钩

图7-17 吊绳起吊跌落试验设备用吊钩

吊钩式跌落试验机结构简单,制造成本低,试验样品的尺寸、重量、跌落高度等可在较大范围内变化,适用范围广。尤其对一些重量较重,以及除平行六面体外的其他形状的试验样品更为适用。但是,因这种试验机较难正确控制试验样品的跌落状态,试验设备上影响试验精度的因素较多,试验重现性差,试验精度低。目前,已逐步被新型的试验装置所代替。

2) 回转腕式跌落试验机

该试验机通过快速旋转托板以释放试验样品并使其自由下落。此试验机的关键是托板中心位置的垂自方向加速度值应大于自由落体加速度值,以此来保证试验样品不受任何阻碍而自由下落。

第7章 装备零部件包装防护质量检测技术

回转腕式跌落试验机由冲击板、升降机构、跌落执行装置和电控箱4部分组成。如图7-18所示为常见的回转腕式跌落试验机的结构简图,回转腕式跌落试验机的主要性能参数见表7-19。

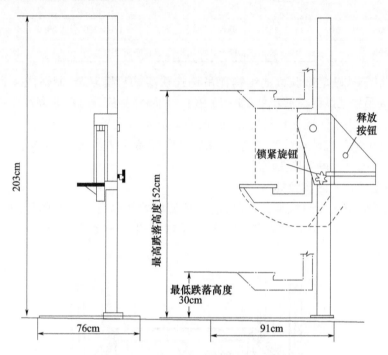

图7-18 回转腕式跌落试验机的结构简图

表7-19 回转腕式跌落试验机的主要性能参数

设备型号	试样最大外形尺寸/mm	试样最大重量/kg	跌落高度/mm	设备重量/kg	安装面积/mm	试验机高度/mm	设备所需动力/W
Y5212Ⅱ/2F	1000×800×1000	100	300~1200		2000×2000	2000	80
DJ-100	1000×800×1000	100	300~1200	600~700	1750×1200	2215	600
DJ-100B			300~1500			2560	
DJ-100C			300~2000			3060	
DT-50	900×600×900	50	250~1000	270	1500×1000	2000	400
DT-100	1000×800×1000	100	300~1000	480	1600×1200	2200	

（续表）

设备型号	试样最大外形尺寸/mm	试样最大重量/kg	跌落高度/mm	设备重量/kg	安装面积/mm	试验机高度/mm	设备所需动力/W
5D-100S	610	45	300~1520		120×760	2030	600
PDT-56E		56	300~1500				

回转腕式跌落试验机的结构比吊钩式跌落试验机复杂，制造成本也较高（一般为吊钩式跌落试验机的 10~15 倍）。试验样品的最低跌落高度受托板长度的限制。为了保证托板迅速回转，试验样品不宜太重（一般不超过 100kg）。但是，这种试验机试验精度较高，易保证试验样品的跌落状态，试验重现性好，目前在国内外已得到广泛应用。

3）翻板式跌落试验机

该试验机是通过快速分离翻板，达到使试验样品自由下落的目的。如图 7-19 所示为常用翻板式跌落试验机的结构简图。一般都由使用单位自行设计制造。

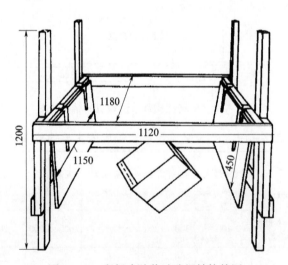

图 7-19 翻板式跌落试验机结构简图

翻板式跌落试验机结构简单，操作方便，制造成本低。但因通过人工操作转动翻板，两个翻板转动的同步性差，再加上试验样品在翻板上放置时其重心与翻板中间接缝不易对中，从而较难保证试验样品的跌落状态，试验精度低，重现性差。而且，试验样品最低跌落高度受到翻板尺寸的限制，目前在实验室内较少使用。

4)垂直冲击试验机

前述三种跌落试验机产生的冲击波形都近似半正弦波,而且不能根据需要改变冲击波的形状。如图7-20所示和表7-20所列为垂直冲击试验机的结构简图和主要性能。该试验机是通过自由跌落台板与一缓冲装置相撞击来达到冲击试验样品的目的。

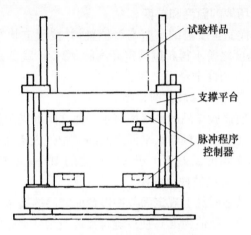

图7-20 垂直冲击试验机简图

表7-20 垂直冲击试验机的主要性能

设备型号	冲击台面尺寸/mm	台面最大推力/kN	台面最大加速度/g	试样最大重量/kg	最小脉冲宽度/ms	最大速度变化/(m/s)		
						波形	自由下落	加速下落
886.361	900×900	2200	600	140(最大自由落下600kg;加速落下200kg)	2	半正弦 矩形 锯齿形(导向) 锯齿形(气动)	6.70 7.40 4.00 2.70	10.10 11.10 6.0 4.0
SDST-500	500×500		10~15 30~90 50~200 80~320	50	20 11 6 3	主要为半正弦波梯形波,也可以得到其他波形		
95/115型			600	1143		7.62		

垂直冲击试验机通过改变汽缸内的压力(或缓冲材料的厚度)达到满足不同的冲击波形、脉冲持续时间和峰值加速度的要求。试验时因托板和试验样品

一起下落,因此,能较好地控制试验样品的跌落状态,试验精度高,重现性好。另外,该试验机除用于进行包装件冲击性能试验之外,也可用来进行产品的脆值试验和缓冲材料的冲击特性试验,是一种较先进的垂直冲击试验设备。

▶ 7.6.3.3 试验程序

(1)按要求对试验样品各部位进行编号标示,必要时进行温湿度预处理。

(2)记录试验场地的温度和湿度。

(3)提起试验样品至所需的跌落高度位置,并按预定状态将其支撑住。其提起高度与预定高度之差不得超过预定高度的±2%。跌落高度是指准备释放时试验样品的最低点与冲击台面之间的距离。

(4)按下列预定状态,释放试验样品。

① 面跌落时,使试验样品的跌落面与水平面之间的夹角最大不超过2°。

② 棱跌落时,使跌落的棱与水平面之间的夹角最大不超过2°,试验样品上规定面与冲击台面夹角的误差不大于±5°夹角的10%(以较大的数值为准)。使试验样品的重力线通过被跌落的棱。

③ 角跌落时,试验样品上规定面与冲击台面之间的夹角误差不大于±5°或此夹角的10%(以较大数值为准),使试验样品的重力线通过被跌落的角。

④ 无论何种状态和形状的试验样品,都应使试验样品的重力线通过被跌落的面、线、点。

(5)实际冲击速度与自由跌落时的冲击速度之差不超过自由跌落时的±1%。

(6)按预定顺序与高度,重复跌落试验样品。

(7)试验后按产品有关标准规定检查包装及内装物的损坏情况,并分析试验结果。

▶ 7.6.3.4 试验顺序与跌落高度

1. 试验顺序

平行六面体形状的试验样品,一般情况是先从某一个角和组成该角的三个面、三条棱开始跌落,形成一个循环。根据要求可确定其循环次数。

对不能倒置的产品,一般可进行底平面连续跌落,不少于6次。其他形状试验样品的跌落顺序,参照平行六面体形状的试验样品的跌落顺序来确定。

2. 跌落高度

跌落高度主要与搬运方式和条件、包装件重量和内装物特点等因素有关。我国国家标准和国际标准中规定:跌落高度一般可在100mm、150mm、300mm、400mm、500mm、600mm、800mm、1000mm、1200mm范围内选择。特定危险情况下从1500mm开始,以300mm为间隔增高。

7.6.4 水平冲击试验

▶ **7.6.4.1 试验目的**

本试验方法模拟了运输包装件在流通过程中遇到水平冲击(紧急启动制动、铁路编组、驼峰溜放作业、叉车叉运托盘组合包装件等)环境时可能受到的危害,从而来评定运输包装件所能承受的水平冲击力和包装对内装物的保护能力。

现将 GB/T4857.11-2019《包装运输包装件基本试验第 11 部分:水平冲击试验方法》和部分先进工业国家规定的相应试验方法中的有关内容予以介绍。

▶ **7.6.4.2 试验原理**

使试验样品按预定状态,以预定的速度与一个同速度方向垂直的挡板相撞。也可以在挡板表面和试验样品的冲击面、棱之间放置合适的障碍物以模拟在特殊情况下的冲击。

▶ **7.6.4.3 试验设备**

1. 水平冲击试验机

水平冲击试验机由钢轨道、台车和挡板组成。

1)钢轨道

两根平直钢轨,平行固定在水平平面上。

2)台车

(1)应有驱动装置,并能控制台车的冲击速度。

(2)台车台面与试验样品之间应有一定的摩擦力,使试验样品与台车由静止到冲击前的运动过程中无相对运动。但在冲击时,试验样品相对台车应能自由移动。

3)挡板

(1)挡板应安装在轨道的一端,其表面与台车运动方向成 $90°±1°$ 的夹角。

(2)挡板冲击表面应平整,其尺寸应大于试验样品受冲击部分的尺寸。

(3)挡板冲击表面应有足够的硬度与强度,在其表面任何 $1cm^2$ 的面积上承受 1568N 的负载时,变形不得大于 0.25mm。

(4)需要时,可以在挡板上安装障碍物,以便对试验样品某一特殊部位做集中冲击试验。

(5)挡板结构架应使台车在试验样品冲击挡板后仍能在挡板下继续行走一定距离,以保证试验样品在台车停止前与挡板冲击。

2. 斜面冲击试验机

斜面冲击试验机由钢轨道、台车和挡板组成。结构简图如图7-21所示。

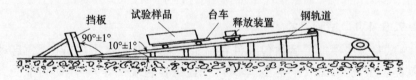

图7-21 斜面冲击试验机结构简图

1) 钢轨道

(1) 两根平直且互相平行的钢轨,轨道平面与水平面的夹角为 10°±1°。

(2) 轨道表面保持清洁、光滑,并沿斜面以50mm 的间距划分刻度。

(3) 轨道上应装有限位装置,以便使台车能在轨道的任意位置上停留。

2) 台车

(1) 台车的滚动装置应保持清洁,滚动良好。

(2) 台车应装有自动释放装置,并与牵引机构配合使用,使台车能在斜面的任意位置上自由释放。

(3) 试验样品与台面之间应有一定的摩擦力,使试验样品与台车由静止到冲击前的运动过程中无相对运动。但在冲击时,试验样品相对台午应能自由移动。

3) 挡板

(1) 挡板应安装在轨道的最低端;其冲击表面与轨道于面成 10±1°的夹角,并满足试验设备的有关要求。

(2) 在挡板的结构架上可以安装阻尼器防止二次冲击。

3. 吊摆冲击试验机

吊摆冲击试验机由悬吊装置和挡板组成,见图7-22。

1) 悬吊装置

(1) 悬吊装置一般由长方形台板组成,该长方形台板四角用钢条或钢丝绳等材料悬吊起来。

(2) 台板应具有足够的尺寸和强度,以满足试验的要求。

(3) 当自由悬吊的台板静止时,应保持水平状态。其前部边缘刚好触及挡板。

(4) 悬吊装置应能在运动方向自由活动,并且将试验样品安置在平台上时,不会阻碍其运动。

2) 挡板

挡板的冲击面应垂直于水平面,并符合以下要求。

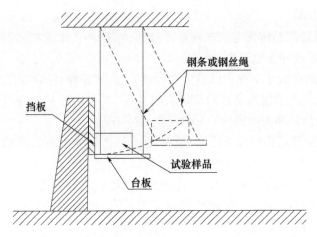

图 7-22 吊摆冲击试验机简图

(1) 挡板冲击表面应平整,其尺寸应大于试验样品受冲击部分的尺寸。

(2) 挡板冲击表面应有足够的硬度与强度,在其表面任何 $1cm^2$ 的面积上承受 1568N 的负载时,变形不得大于 0.25mm。

(3) 需要时,可以在档板上安装障碍物,以便对试验样品某一特殊部位做集中冲击试验。

▶ 7.6.4.4 冲击测试仪器

当需要时,测试仪器应安装在台车或台板上,测量并记录峰值加速度和冲击速率。

▶ 7.6.4.5 试验程序

1. 试验样品的准备

按 GB/T 4857.17 的要求准备试验样品。

2. 试验样品的各部位的编号

按 GB/T 4857.1 的规定,对试验样品各部位进行编号。

3. 试验样品的预处理

按 GB/T 4857.2 的规定,选定一种条件对试验样品进行温湿度预处理。

4. 试验时的温湿度条件

试验应在与预处理相同的温湿度条件下进行,如果达不到预处理条件,则必须在试验样品离开预处理条件 5min 之内开始试验。

5. 试验强度值的选择

按 GB/T 4857.18 的规定,选择试验强度值。

6. 试验步骤

(1) 将试验样品按预定状态放置在台车（水平冲击试验机和斜面冲击试验机）或台板（吊摆冲击试验机）上。

① 利用斜面或水平冲击试验机进行试验时，试验样品的冲击面或棱应与台车前缘平齐；利用吊摆冲击试验机进行试验时，在自由悬吊的台板处于静止状态下，试验样品的冲击面或棱恰好触及挡板冲击面。

② 对试验样品进行面冲击时，其冲击面与挡板冲击面之间的夹角不得大于 20°。

③ 对试验样品进行棱冲击时，其冲击棱与挡板冲击西之间的夹角 α 不得大于 2°。如试验样品为平行六面体，则应使组成该棱的两个面中的一个面与挡板冲击面的夹角 β 误差不大于 ±5°。或在预定角的 ±10% 以内（以较大的数值为准），如图 7-23 所示。

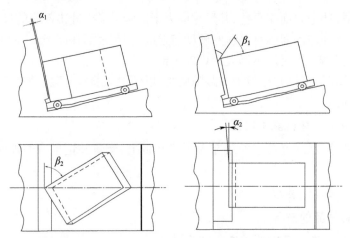

(a) 对一垂直棱的冲击 (α_1, α_2: <2°)　(b) 对一水平棱的冲击 (β_1, β_2: ±5° 或 10%)

图 7-23　对一棱的冲击，试验样品的位置允许误差

④ 对试验样品进行角冲击时，试验样品应撞击挡板，其中任何与试验角邻接的面与挡板的夹角 β 误差不大于 ±50° 或在预定角度的 ±10% 以内，以较大的数值为准（图 7-24）。

(2) 利用水平冲击试验机进行试验时，使台车沿钢轨以预定速度运动，并在到达挡板冲击面时达到所需要的冲击速度。

(3) 利用斜面冲击试验机进行试验时，将台车沿钢轨斜面提升到可获得要求冲击速度的相应高度上，然后释放。

(4)利用吊摆冲击试验机进行试验时,拉开台板,提高摆位,当拉开到台板与挡板冲击面之间距离能产生所需冲击速度时,将其释放。

(5)无论采用何种试验机进行试验,冲击速度误差应在预定冲击速度的±5%以内。

(6)试验后按有关标准规定检查包装及内装物的损坏情况,并分析试验结果。

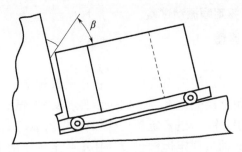

图7-24 对一角的冲击,试验样品的位置允许误差

注:根据斜面平台试验,水平平台试验和吊摆试验应用同样的位置允许误差。

7.6.4.6 试验报告

试验报告应包括下列内容:

(1)说明试验系按本部分执行;

(2)内装物的名称、规格、型号、数量、性能等,如果使用模拟物应加以说明;

(3)试验样品的数量;

(4)详细说明包装容器的名称、尺寸,结构和材料规格,附件、缓冲衬垫、支撑物、固定方法、封口、捆扎状态及其他防护措施;

(5)试验样品和内装物的质量,以千克计,

(6)预处理时的温度、相对湿度和时间;

(7)试验场所的温度和相对湿度;

(8)试验所用设备、仪器的类型;

(9)试验时,试验样品放置状态;

(10)试验样品、试验顺序和试验次数;

(11)冲击速度,必要时,测试冲击时最大减加速度;

(12)如果使用附加障碍物,说明其放置位置及其有关情况;

(13)记录试验结果,并提出分析报告;

(14)说明所用试验方法与本部分的差异;

(15)试验日期、试验人员签字、试验单位盖章。

7.6.5 正弦振动试验

正弦振动试验的目的是在试验室内模拟包装件在实际流通过程中可能经受的振动影响（并不一定是再现实际环境），以评定包装件的耐振性能和包装对内装物的保护能力。

▶ 7.6.5.1 正弦定频振动试验

1. 试验目的及原理

1）试验目的

对某些在运输中不加固定而直接放置在车辆底板上的单个包装件或堆码中由于振动加剧而可能经受重复冲击的包装件，为缩短试验时间，在其危险频率上（或标准规定的频率上）进行定频正弦振动试验，以考核疲劳影响（如在机动运输环境中所激起的），评定运输包装件在正弦定频振动情况下的强度及包装对内装物的保护能力。在某些情况下，为了研究某些个别频率上可能出现的疲劳影响以及试验样品经受振动的总能力，也可在扫频试验前先进行定频试验。

现将 GB/T 4857.7—2019《包装运输包装件基本试验第 7 部分：正弦定频振动试验方法》及部分工业先进国家规定的相应试验方法中的有关内容予以介绍。

2）试验原理

将试验样品置于振动台上经受振动。试验时的温湿度条件、试验持续时间、最大加速度、试验样品放置状态及固定方法皆为预定的。

必要时可在试验样品上添加一定负载，以模拟包装件处于堆码底部条件下经受正弦振动环境的情况。

2. 试验设备

1）振动台

振动台应具有足够的尺寸、足够的强度、刚度和承载能力。将其架在一个机械结构上，该结构应能保证振动台台面在振动时保持水平状态。台面最高点与最低点之间的水平高度差不得超过 10mm。振动台可配备：

（1）低围框用以防止包装件在试验中向两端和两侧移动；

（2）高围框或其他装置用以防止加在试验样品上的负载振动时的移位。

（3）用以模拟运输中包装件的固定方法的装置。

此外，振动台应符合下面所规定的要求。

2)仪器

试验仪器包括加速度计、脉冲信号调节器和数据显示或存储装置,以测量和控制在试验样品表面上的加速度值。测试仪器系统的响应应精确到试验规定的频率范围的 ±5%。

注:也可配备用于监控包装容器和内装物响应的仪器。也可用传感器,记录与振动试验台的受迫振动有关的内装物或可能在包装外表面的振动速度、振幅和频率。

3. 试验程序

1)试验样品的准备

按 GB/T 4857.17 的规定准备试验样品。

2)试验样品各部位的编号

按 GB/T 4857.1 的规定,对试验样品各部位进行编号。

3)试验样品的预处理

按 GB/T 4857.2 的规定,选定一种条件对试验样品进行温湿度预处理。

4)试验时的温湿度条件

试验应在与预处理相同的温湿度条件下进行,如果达不到预处理条件,则必须在试验样品离开预处理条件 5min 之内开始试验。

5)试验强度值的选择

按 GB/T 4857.18 的规定选择试验强度值。

6)试验步骤

(1)记录试验场所的温湿度。

(2)将试验样品按预定的状态放置在振动台上,试验样品重心点的垂直位置应尽可能的接近振动台台面的几何中心。如果试验样品不固定在台面上,可以使用围栏。必要时可在试验样品上添加载荷,其加载程序应符合 GB/T4857.3 的规定。

(3)方法 A。

操作振动台,产生可选范围在 $0.5g \sim 1.0g$ 的加速度,并且使试验样品不与台面分离。

选择一定(正负)峰值之间的位移,在相应的频率范围内确定试验频率,产生在 $0.5g \sim 1.0g$ 的加速度值,进行试验。振幅、峰值加速度及振动频率的关系可参见图 7-25。

图中,$\gamma(g)$ 为在由于重力 g 加速度方面所产生的峰值加速度;α 为峰值与峰值之间的振幅,以毫米表示;f 为频率,以赫兹表示。

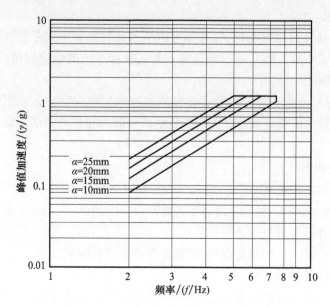

图 7-25 振幅、峰值加速度及振动频率的关系

(4)方法 B。

操作振动台、产生可选范围的加速度、该加速度可以使试验样品从台面分离从而引起相对冲击。

选择预定的振幅,开始使试验样品在 2Hz 的频率下振动,并逐渐的提高频率,直到试验样品即将与振动台分离的状态为止。

在试验期间,沿试验样品的底部移动 -1.5~3.0mm 厚,最小宽度为 50mm 的标准量具,在至少三分之一试验样品底面积的部分,该标准量具可以被插入,即被认为试验样品与振动台分离的状态。

(5)试验后按有关标准规定检查包装及内装物的损坏情况,并分析试验。

4. 试验报告

试验报告应包括下列内容:

(1)说明试验系按本部分执行;

(2)内装物的名称、规格、型号、数量等,如果使用的是模拟内装物,应予以详细说明;

(3)试验样品的数量;

(4)详细说明包装容器的名称、尺寸、结构和材料的规格、附件、缓冲衬垫、支撑物、固定方法、封口、捆扎状态及其他防护措施;

(5)试验样品和内装物的质量,以千克计;

(6)试验设备的说明;

(7)固定措施,是否使用了低围框或高围框;

(8)是否添加载荷,如果加有载荷说明所加载荷的质量(以千克计),及试验样品承受载荷的持续时间;

(9)试验时试验样品放置的状态;

(10)预处理的温湿度条件及时间;

(11)试验场所的温度和相对湿度;

(12)振动台的振动方向、振幅、频率以及试验的持续时间;

(13)试验结果:应详细记录观察到的任何可以帮助正确解释试验结果的现象;

(14)使用的试验方法(方法 A 或方法 B),试验结果分析;

(15)说明所用试验方法与本部分的差异;

(16)试验日期、试验人员签字、试验单位盖章。

▶ 7.6.5.2　正弦变频振动试验

现将 GB/T 4857.10—2019《包装运输包装件基本试验:第 10 部分正弦变频振动试验方法》及其他有关资料的内容予以介绍。

1. 试验目的及原理

1)试验目的

通常认为,稳态振动环境是属于加速度较低的非共振惯性载荷,它不会对包装件(产品)发生破坏作用。而流通过程中产品因振动而损坏的主要原因是共振(即输入的振动频率与产品的固有频率相同)。因此,正弦变频振动试验的目的主要是寻找引起试验样品失效的共振,并验证在此共振作用下产品损坏的可能性。当然,在一般情况下很难将容易引起试验样品失效的共振与甚至在长期振动下不能引起试验样品失效的共振区别开来。而变频试验方法就是将这些困难减少到最小程度。它对模拟运输中的试验样品所经受的振动应力影响更合适。通过试验评定包装件在正弦变频振动或共振情况下的强度及包装对内装物的保护能力。

2)试验原理

将试验样品置于振动台上,在预定的时间内按规定的加速度值及扫频速率在 3~100Hz 之间来回扫描。随后可在 3~100Hz 之间的主共振频率的 ±10% 范围内经受预定时间的振动。

必要时可在试验样品上添加一定载荷,以模拟运输包装件处于堆码底部条件下经受正弦振动环境的情况。

2. 试验设备

1）振动台

应具有充分大的尺寸、足够的强度、刚度和承载能力。结构应能保证振动台台面在振动时保持水平状态，其最低共振频率应高于最高试验频率。振动台应平放，与水平之间的最大角度变化为 0.3°。

振动台可配备：

(1) 低围框：用以防止包装件在试验中向两端和两侧移动；

(2) 高围框或其他装置：用以防止加在试验样品之上的负载振动时产生移位；

(3) 用以模拟运输中包装件的固定方法的装置。

此外，振动台应规定的要求。

2）仪器

测试仪器，包括加速度计、电荷放大器、信息显示器、记录仪或储存装置。对本试验所规定的频率范围的响应应精确到 ±5%。

注：也可配备用于监控包装容器和内装物的仪器。可用传感器记录与振动试验台的强迫振动有关的内装物的或包装件外表面的振动速度、幅值和频率。

3. 试验程序

1）试验样品的准备

按 GB/T 4857.17 的规定准备试验样品。

2）试验样品各部位的编号

按 GB/T 4857.1 的规定，对试验样品各部位进行编号。

3）试验样品的预处理

按 GB/T 4857.2 的规定，选定一种条件对试验样品进行温湿度预处理。

4）试验时的温湿度条件

试验应在与预处理相同的温湿度条件下进行，如果达不到预处理条件，则必须在试验样品离开预处理条件 5min 之内开始试验。

4. 试验步骤

(1) 记录试验场所的温湿度。

(2) 将试验样品按预定的状态放置在振动台上，试验样品重心点的垂直位置应尽可能的接近实际振动台的几何中心。试验样品不固定在台面上，也可以用围框围住。必要时可在试验样品上添加负载，其加载程序应符合 GB/T4857.3 的规定。

(3) 方法 A。

使振动台以选定的加速度作垂直正弦振动，频率以每分钟二分之一倍频程的扫频速率。在 3~100Hz 进行扫频试验,振动持续时间一般由产品标准根据运输环境条件的具体情况规定。若未规定时,推荐:

① 扫频试验,3Hz 到 100Hz 再到 3Hz,重复两次。

② 共振试验,在共振频率上停留 15min。

使用加速度计测量时,要将加速度计尽可能紧贴到靠近包装件的振动台面上,但要有防护措施以防止加速度计与包装件相接触。

当存在水平振动分量时,由此分量引起的加速度峰值不应大于垂直分量的 20%。

(4)方法 B。

按方法 A 的程序进行试验,在一个或多个完整的扫描周期内,采用一个合适的低加速度值(典型的加速度在 $0.2g~0.5g$ 范围内),做共振扫频,并记录在试验样品及振动台上的加速度值。

在主共振频率的 ±10% 范围内进行共振试验,也可在第二和第三共振频率的 ±10% 范围内进行试验。

振动持续时间一般由产品标准根据运输环境条件的具体情况规定。若未规定时,推荐:

① 扫频试验,从 3Hz 到 100Hz 再到 3Hz,重复两次。

② 共振试验,在共振频率上停留 15min。

(5)试验后按有关标准规定检查包装及内装物的损坏情况,并分析试验结果。

5. 试验报告

试验报告应包括下列内容:

(1)说明试验系按本部分执行;

(2)内装物的名称、规格、型号、数量等,如果使用的是模拟内装物,应予以详细说明;

(3)试验样品的数量;

(4)详细说明包装容器的名称、尺寸、结构和材料的规格、附件、缓冲衬垫、支撑物、固定方法、封口捆扎状态及其他防护措施;

(5)试验样品和内装物的质量,以千克计;

(6)试验设备的说明;

(7)是否添加载荷,如果加有载荷,说明所加载荷的质量(以千克计)及试验样品承受载荷的持续时间。

(8)试验时试验样品放置的状态和约束方法;

(9)预处理的温湿度条件及时间;

(10)试验场所的温度和相对湿度;

(11)振动持续时间,加速度和频率范围,如果使用方法 B 时,说明主共振频率及第二、第三共振频率;

(12)试验结果,应详细记录所观察到的任何可以帮助正确解释试验结果的现象;

(13)试验结果分析;

(14)说明所用试验方法与本部分的差异;

(15)试验日期、试验人员签字、试验单位盖章。

7.6.6 喷淋试验

7.6.6.1 试验目的及原理

1. 试验目的

本试验用于评定运输包装件和单元货物对淋雨的抗御性能及包装对内装物的保护能力。它可以作为单项试验,也可以作为系列试验的组成部分。

现将 GB/T4857.9-2008《包装运输包装件基本试验第 9 部分:喷淋试验方法》和有关资料予以介绍。

2. 试验原理

将试验样品放在试验场地上,在一定温度下用水按预定的时间及速率对试验样品表面进行喷淋,喷淋方法分为连续式(方法 A)和间歇式(方法 B)。

7.6.6.2 试验设备和条件

1. 试验场地

试验场地应满足如下要求:

隔热和加热:如有必要对试验场地温度进行控制时,可对场地进行隔热或加热。场地地面应置有格条地板和足够容量的排水口,使喷洒的水能自动排泄出去,不致使试验样品泡在水里。格条地板要有一定的硬度,并且格条间距不能太宽,以防止引起试验样品变形;

高度:试验场地的高度应适当,使喷水嘴与试验样品顶部之间的距离至少为2m,可保证水能垂直喷淋。试验场地面积至少应比试验样品底部面积大50%,使试验样品处于喷淋面积之内。

2. 喷淋装置

喷淋装置应满足 $100(m^2 \cdot h) \pm 20L/(m^2 \cdot h)$ 速率的喷水量。喷出的水要

充分均匀,喷头高度应能调节,使喷嘴与试验样品顶部之间能够至少保持 2m 的距离,应符合试验程序要求。方法 A 和方法 B 安装要求如下:

方法 A(连续式喷淋),喷头排列整齐,固定在试验样品以上,高度可以调整;

方法 B(间歇式喷淋),用一排或几排喷头沿试验样品宽度方向排列,沿大于试验样品长度方向移动喷头,应符合实验程序的要求,连续喷淋间隔时间不大于 30s。

3. 供水系统

按以上要求的速率和压力供应 5～30℃的水。

4. 喷淋装置

喷淋装置如图 7-26 所示。图中单位为 mm。

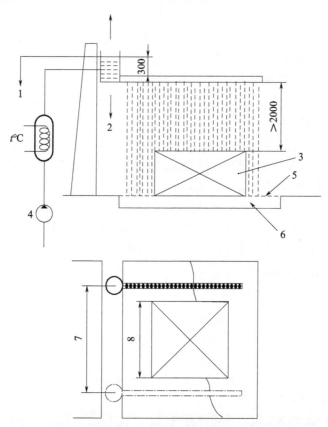

1—溢水口;2—高度调节;3—试验样品;4—循环泵或网状系统;
5—格板;6—排水口;7—喷头移动范围;8—试验样品尺寸。

图 7-26 喷淋装置

7.6.6.3 试验样品的准备

将预装物装入试验样品中,并按发货时的正常封装程序对包装件进行封装。如果使用的是模拟内装物,其尺寸和物理性质应尽可能接近于预装物的尺寸和物理性质。同样,封装方法应和发货时使用的方法相同。按 GB/T 4857.2 的要求选定一种条件对试验样品进行温湿度预处理。

7.6.6.4 试验程序

1. 校准

(1)将喷头安装在距格条地板面上方 2m 处,喷嘴应垂直向下。

(2)将几只完全相同的顶部开口容器均匀地摆在地板上,要求至少应能覆盖地板面积的 25%,每个容器的顶部开孔面积应在 0.25~0.50m² 。其高度应在 0.25~0.50m。

(3)然后打开喷头,并测量出第一只容器和最后一只容器装满水的时间。

(4)第一只容器装满水所需时间,不少于按 120L/(m²·h)速率喷水所需时间;最后一只容器装满水所需时间不多于按 80L/(m²·h)速率喷水所需时间。

2. 试验步骤

(1)调整喷头的高度,使喷嘴与试验样品顶部最近点之间的距离至少为 2m。开启喷头直至整个系统达到均衡状态。除非另有规定,否则喷水的温度和试验场地温度均应在 5~30℃ 之间。

(2)将试验样品放在试验场地,在预定的位置和预定的温度下,使水能够按照校准时的标准落到试验样品上,按预定的时间内持续地进行喷淋。

(3)检查试验样品及其内装物,是否出现防水性能下降或渗水现象。

7.6.6.5 试验报告

试验报告应包括下列内容:

(1)说明试验系按本部分执行;

(2)试验室名称和地址,顾客名称和地址;

(3)报告的唯一性标志;

(4)接收试验物品日期和试验完成日期和天数;

(5)负责人姓名、职位和签字;

(6)说明试验结果仅对试验样品有效;

(7)没有试验室证明,复印部分报告无效;

(8)试验物品数量;

(9)详细说明:包装容器的名称、尺寸、结构和材料规格、衬垫、支撑物、固定

方法、封口、捆扎状态以及其他防护措施,包装件的总重量及内装物的净重,单位为千克;

(10)内装物名称、规格、型号、数量等,如果使用的是模拟内装物,应予以详细说明;

(11)预处理的温度、相对湿度和时间,试验场所的试验期间的温度、相对湿度以及这些数值是否符合 GB/T4857.2 的规定;

(12)使用方法 A 或方法 B;

(13)采用 GB/T 4857.1 中规定的标示方法描述试验时试验样品放置的状态;

(14)试验场所的温度和试验时水的温度;

(15)试验持续时间;

(16)说明所用试验方法与本部分的差异;

(17)试验结果的记录,以及观察到的可以帮助正确解释试验结果的任何现象。

7.6.7 滚动试验

▶ 7.6.7.1 试验目的及原理

1. 试验目的

本试验模拟了流通过程中运输包装件受到滚动冲击的危害,以评定运输包装件承受滚动冲击的强度及包装对内装物的保护能力。

现将 GB/T4857.6《包装运输包装件滚动试验方法》予以介绍。

2. 试验原理

将试验样品放置于一个平整而坚固的平台上,并加以滚动使其每一测试面依次受到冲击。

▶ 7.6.7.2 试验设备

滚动冲击台面应为水平平面。试验时不移动,不变形,并满足下列要求:

(1)冲击台为整块物体,质量至少为试验样品的 50 倍。

(2)台面要有足够大的面积,以保证试验样品完全落在冲击台面上。

(3)冲击台面任意两点的水于高度差一般不得超过 2mm,但如果与冲击台面相接触的试验样品的尺寸中有一个尺寸超过 1000mm 时,则台面上任意两点水平高度差允许不超过 5mm。

(4)冲击台面上任何 $100mm^2$ 的面积上承受 100N 的静负荷,变形不得超过 0.1mm。

7.6.7.3 试验程序

(1) 按预定要求对包装件各部位进行编号标示,必要时进行温湿度预处理。

(2) 记录试验场地的温度和湿度。

(3) 平行六面体形状的试验样品。将试验样品置于冲击台面上,3 号面与冲击台面相接触,见图 7 - 27。使试验样品倾斜直至重力线通过 3 - 4 棱。使试验样品自然失去平衡,使 4 号面受到冲击,见图 7 - 28。

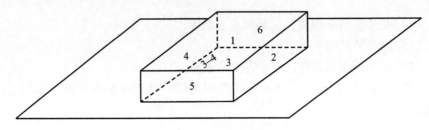

图 7 - 27 滚动试验 1

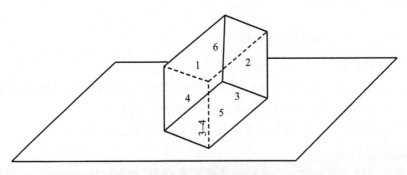

图 7 - 28 滚动试验 2

(4) 其他形状的试验样品滚动方法;可参照(3)条的规定。

(5) 按预定顺序依次试验。如果被冲击面的尺寸较小,有时会出现一次松手后连续出现两次上述的冲击情况,这时可视为分别出现的两次冲击,试验继续进行。

(6) 试验后按有关标准的规定检查包装及内装物的损坏情况,并分析试验结果。

7.6.7.4 试验顺序

滚动试验顺序按表 7 - 21 进行。

表7-21 滚动试验顺序

重力线通过的棱边(编号)	被冲击面(编号)
3-4	4
4-1	1
1-2	2
2-3	3
3-6	6
6-1	1
1-5	5
5-3	3

第 8 章

装备零部件包装防护技术标准研究

8.1 合理划分零部件分类

根据装甲器材（以下简称"器材"）包装工作技术特点，从标准规范的技术可行性、操作指导性和广泛适用性等角度出发，综合考虑陆军各专业器材的材质特点、理化性能和结构功能，以及器材包装材料、方法与工艺的协调一致，将器材分为 5 类：Q1 金属零部件类器材、Q2 非金属类器材、Q3 电子电气类器材、Q4 光学仪器类器材、Q5 总成部件类器材，具体的分类范围及典型器材见表 8-1。

表 8-1 陆军装备维修器材分类

类别代号	类别名称	范围	典型器材
Q1	金属零部件类器材	以力学性能为指标的单一金属零件或部件（含随装金属材质工具），包括以金属零部件为主体且含非金属材料的组合件	齿轮、轴承、轴、盘、管、杆、弹簧、油（水）箱、履带板、轮（轮胎）总成等，以及火炮、枪械及其组件、部件、零件和随炮（枪）备品、附件和工具
Q2	非金属类器材	橡胶、塑料、皮革、纺织品和纸制品等高分子材料，油料等溶液材料以及陶瓷和玻璃等无机非金属材料的零件或部件（含随装非金属材质工具），包括以非金属材料为主体且含金属材料的组合件	橡胶轮胎、密封圈、胶垫、夹布胶管、毡垫、石棉胶垫、纸滤芯、屏蔽腊克线、油液、油脂等
Q3	电子电气类器材	以物理性能为指标的单一电子元器件和电子电气设备及其随机备品、附件和工具	电子器件、半导体分立元件、集成电路、感性元件、机电类器件、电子显示器件、电线电缆和电源等电子元器件；通信设备、仪器仪表、控制系统、计算机、网络设备、雷达和导航设备等电子仪器设备；电机和蓄电池等电气设备

(续表)

类别代号	类别名称	范围	典型器材
Q4	光学仪器类器材	以物理性能为指标的单一光学元器件和光学仪器设备及其随机备品、附件和工具	光电元器件、光电传感器、激光器材料和微光器材料等光学元器件；瞄准镜、潜望镜、望远镜、显微镜、夜视仪、成像仪、监视仪、观测仪、光学测量(测距)仪、光通信仪器、光学成像系统和军用光源等光学仪器设备
Q5	总成部件类器材	以力学性能为指标、由若干零部件装配而成的具有独立功能的总成部件及其随机备品、附件和工具	发动机、变速箱、传动箱、分动箱、水上推进器、驱动桥、离合器、行星转向器、减震器等

8.2 系统明确总体要求

8.2.1 包装环境要求

包装环境要求如下：

（1）器材包装应在室内进行，包装作业的温度环境一般要求在 5～30℃ 范围内；金属零部件类器材、非金属类器材和总成部件类器材包装作业的相对湿度环境不大于70%，电子电气类和光学仪器类器材包装作业的相对湿度环境不大于60%；无粉尘及有害气体。

（2）金属零部件类器材、非金属类器材和总成部件类器材储存环境温度应控制在30℃以下，相对湿度不大于70%；电子电气类、光学仪器类器材储存温度应控制在 5～30℃，相对湿度不大于60%，参照 GJB 2770—1996《军用物资贮存环境条件》的相关规定。

（3）有防静电要求器材的包装工作应在防静电工作区进行，防静电工作区的设置应符合 GJB 3007A—2009《防静电工作区技术要求》的相关规定。

（4）器材包装及储存环境内，应具有安全可靠的搬运、供电、消防、除湿、防雷等设施设备，不得存放酸、碱、盐等腐蚀性物品和其他危险物品。

8.2.2 包装作业要求

包装作业要求如下：
（1）器材包装作业时，相关人员应穿着工作服、戴手套并保持洁净。

(2)严禁携带火种和易燃、易爆物品进入保养场所。包装材料及化学药品应专库存放,专人管理,严格做好出、入库登记统计。

8.2.3 包装技术要求

8.2.3.1 包装前处理

包装前处理有以下技术要求:

(1)器材包装前,应进行维护保养、表面清洁和干燥等前处理,表面应无锈蚀、污物、油脂、霉菌、汗迹以及有机溶剂、水膜、油膜、酸碱残迹等前处理材料沉淀物残留。

(2)器材前处理材料应具有良好的稳定性,不应与器材本身材质发生不良反应;器材前处理后,不应降低器材质量等级、技术要求、表面粗糙度及使用性能。

8.2.3.2 内包装

内包装有以下技术要求:

(1)器材的内包装应根据器材的材质、结构、理化性能和防护包装等级,合理选用防潮、防锈、除氧、防霉、遮光、防蛀、防静电和电磁屏蔽等防护措施,一般采用两种及以上防护措施实施综合防护。

Q1 金属零部件类器材:要求以防潮、防锈为主的内包装。

Q2 非金属类器材:要求以防潮、遮光、除氧、防霉、防蛀为主的内包装。

Q3 电子电气类器材:要求以防潮、防锈、除氧、防静电和电磁屏蔽为主的内包装。

Q4 光学仪器类器材:要求以防潮、除氧、防霉、防静电和电磁屏蔽为主的内包装。

Q5 总成部件类器材:要求以防潮、防锈为主的内包装。

(2)根据器材的防护要求,Q1～Q5类器材的内包装材料选用应符合以下规定:

① Q1～Q5类器材包装膜的防潮、防锈等阻隔性能,以及相应的物理机械性能应符合 GB/T 21302—2007《包装用复合膜、袋通则》的相关规定。

② Q1～Q5类器材防潮用干燥剂的选用参照 GJB 2714—96《包装用静态吸湿袋装活性干燥剂通用规范》、GB/T 5048—2017《防潮包装》的相关规定。

③ Q1、Q5类器材防锈用防锈油、气相防锈材料(防锈剂、防锈粉、防锈纸、

防锈膜、防锈棒等)等材料的选用参照 GJB 145A—93《防护包装规范》、GB/T 4879—2016《防锈包装》、GB/T 14188—2008《气相防锈包装材料选用通则》的相关规定。

④ Q2 类器材应采用具有避光性能的镀铝复合材料,其中油料类器材应选用具有高阻隔性能的硬质包装容器。

⑤ Q2 类器材中皮革、纺织品和纸制品等器材应采用具有防蛀性能的杀虫剂或驱虫剂等。

⑥ Q2～Q4 类器材除氧用除氧剂的选用参照 SB/T 10514—2008《食品用脱氧剂》的相关规定。

⑦ Q2、Q4 类器材防霉用材料的选用参照 GB/T 4768—2008《防霉包装》的相关规定。

⑧ Q3 类器材防锈用固体薄膜保护剂的选用应符合 GJB 1300—1991《DJB—823 固体薄膜保护剂》的相关规定。

⑨ Q3、Q4 类器材应采用具有电磁干扰衰减或屏蔽功能的铝塑复合材料、性能参照 GJB 2604—1996《军用电磁屏蔽涂料通用规范》、GJB 2770—1996《军用物资贮存环境要求》的相关规定。

⑩ Q3、Q4 类器材包装材料的防静电性能应符合 GJB 2605—1996《可热封柔韧性防静电阻隔材料规范》和 GJB/Z 86—1997《防静电包装手册》的相关规定。

8.2.3.3 中间包装

中间包装主要有盒装(如木盒、纸盒、泡沫盒、海绵盒、塑料容器等)、军用瓦楞纸箱、缓冲包装、固定等形式,应视器材情况合理选用并满足装箱等级 B 级(关重件满足 A 级)的要求,中间包装材料及工艺参照 GJB 1361A—2009《产品装箱缓冲、固定、支撑和防水要求》的相关规定。

(1)盒装、军用瓦楞纸箱等中间包装箱内装器材必须为同一品种、同一型号规格器材,中间包装箱外表面需要粘贴器材二维条码标签,格式与单品种箱标签相同。

(2)纸盒采用牛皮箱纸板,应符合 GB/T 13024—2016《箱纸板》的相关规定。

(3)军用瓦楞纸箱采用单瓦楞纸板或双瓦楞纸板,应符合 GB/T 6543—2008《运输包装用单瓦楞纸箱和双瓦楞纸箱》的相关规定。

(4)缓冲包装材料应符合 GJB 2271—1995《包装用弹性缓冲材料规范》的相关规定。

8.2.3.4 外包装

器材在整个流通过程中,外包装容器通常采用外包装箱或集装框架两种形式,选材及设计应符合 GB/T 12123—2008《包装设计通用要求》的相关规定,强度应符合 GJB 2711—1995《包装用弹性缓冲材料规范》的相关规定。满足铁路运输、公路运输、水路运输和航空运输等运输环境条件,满足人工作业、机械作业、多式联运转载作业等装卸作业条件,便于搬运、堆码和托盘运载,符合 GJB 2948—1997《运输装载尺寸与重量限值》、GJB 3493—1998《军用物资运输环境条件》的相关规定。

1. 外包装容器选用要求

器材外包装箱按照材质分类,主要包括木质箱(含木箱、塑木箱、刨花板箱等)、金属箱、滚塑箱和瓦楞箱(瓦楞纸箱、钙塑瓦楞箱等)等种类。其中,器材外包装用木质箱按结构主要采用普通木箱、榫接木箱和罩式箱。

(1)金属零部件类器材、非金属类器材和总成部件类器材(装甲底盘发动机等大体积总成部件类器材除外)通常采用普通木箱。

(2)装甲底盘发动机等大体积总成部件类器材通常采用罩式箱、金属箱,推荐采用全金属结构包装箱。

(3)电子电气类器材和光学仪器类器材通常采用榫接木箱、滚塑箱,此两类器材中的贵重器材推荐采用滚塑箱。

(4)滤芯类、溶液类、皮革类、纺织品类器材通常采用普通木箱或瓦楞箱。

(5)主动轮、诱导轮、负重轮、轮胎、履带板、挡泥板、蓄电池等特型器材应采用集装框架。

2. 外包装容器尺寸系列

外包装容器尺寸系列应符合 GJB 182A—2000《军用物资直方体运输包装尺寸系列》的相关规定;如不满足要求,可参照 GB/T 4892—2021《硬质直方体运输包装尺寸系列》的相关规定。

(1)外包装容器尺寸系列是指直方体运输包装的最大外廓平面尺寸。外包装容器尺寸一律采用负公差,其极限偏差符合 GJB 182A—2000《军用物资直方体运输包装尺寸系列》的相关规定。

(2)外包装容器的高度尺寸,通常不大于其宽度尺寸,且应为 50mm 的倍数。

(3)特型器材单件装箱时,当标准尺寸系列不能满足使用要求,可选用特型箱,其长度、宽度尺寸分别应为 100mm、50mm 的整数倍,高度尺寸据实确定。

(4)外包装容器尺寸的设计,应根据器材的性质、形态、体积、质量和防护方法,并结合器材的装卸、运输、储存及常用运输工具的载货尺寸等因素,在包装尺寸系列中选取。

(5)优先选用标准尺寸系列,对已选用的尺寸规格,应尽可能扩大使用范围,减少包装容器尺寸规格。

(6)同一品种、同一型号规格器材应选用同一包装容器尺寸规格。

3. 外包装容器结构

(1)外包装容器应坚固、方正,表面应平整,不允许有影响储运作业安全的缺陷,结构强度应与器材的包装等级相适应。

(2)外包容器应开闭方便,一般采用搭扣、合页连接的顶开盖结构或搭扣连接的罩式结构。外包装箱要接缝严密,具有密封性能。

(3)在包装箱箱盖与箱体间用采用防水防潮橡胶条(圈)密封,内表面应覆防潮材料。

4. 外包装容器外表面涂装

(1)外包装容器外表面一般为军车绿,参照 GB/T 3181—2008《漆膜颜色标准》中的颜色 GY06,相当于 GSB05-1426—2001《漆膜颜色标准样卡》的颜色排列顺序号 37。

(2)装甲底盘发动机大型器材全金属结构包装箱外部喷涂防侦视迷彩,参照 GJB 4004—2000《陆军装备变形迷彩图册》;瓦楞纸箱通常为牛皮箱纸板颜色,参照 GB 13024—2016《箱纸板》的相关规定。

(3)滚塑箱外表面采用亚光麻面,其他外包装容器采用喷涂或喷塑等涂装方式,涂层应完全覆盖基材,均匀、平整、光洁,色泽一致,满足运输、储存过程的防护、管理和标志要求,不应出现龟裂、起泡、脱落等破损现象。

5. 其他包装

采用其他材料、结构及尺寸的外包装容器,需符合国标或国军标等有关标准,与内装器材相容并确实证明能够满足使用要求,经陆军装备部业务主管部门批准后,方可选用。

8.2.4　包装标志要求

器材包装应有完整的文字标志、图示标志和信息化标志,文字标志和信息化标志统型为陆军装备维修器材二维条码标志,图示标志主要用于外包装容器。外包装容器上的器材二维条码标志应置于外包装容器前侧面(正面)以及相邻右端面,便于识读。

8.3 科学制定技术标准

8.3.1 内包装技术标准

8.3.1.1 金属零部件类器材

1. 通用内包装方法

(1) 气相封存。器材清洗干燥后,涂覆稀释的置换型防锈油,沥干,用气相防锈纸包裹,装入透明真空包装膜包装袋内,放入规定量的硅胶干燥剂,抽真空密封。

(2) 防锈油封存。器材清洗干燥后,涂覆封存油,沥干,用塑料薄膜(或中性石蜡纸)、中性牛皮纸包裹,装入透明真空包装膜包装袋内,放入规定量的硅胶干燥剂,抽真空密封。

2. 长杆类器材

清洗干燥后,对脱漆部位进行补漆处理;拉杆两端加工表面涂覆稀释的置换型防锈油,沥干,用气相防锈纸包裹,然后整体用气相防锈拉伸缠绕膜缠绕捆扎。

3. 长管类器材

清洗干燥后,向管内涂覆稀释的置换型防锈油,沥干,将气相防锈棒或定量的气相防锈粉置入管内,两端用气相防锈纸包裹或用塞子堵住,然后整体用气相防锈拉伸缠绕膜缠绕捆扎。

4. 油箱、水箱类器材

清洗干燥后,向箱内置入定量的气相防锈粉;进、出口涂覆稀释的置换型防锈油,沥干,用气相防锈纸包裹,用气相防锈拉伸缠绕膜缠绕捆扎;整体装入透明增厚真空包装膜封套内,放入规定量的硅胶干燥剂,排出封套内多余空气后封口密封。

5. 履带板类器材

(1) 金属履带板。清洗干燥后,涂覆沥青漆。

(2) 挂胶履带板。清洗干燥后,橡胶部分涂覆橡胶抗老化剂或滑石粉;金属部分涂覆稀释的置换型防锈油后,用气相防锈纸包裹,然后用气相防锈拉伸缠绕膜缠绕捆扎。

(3) 履带板连接部件。内包装符合通用内包装方法要求。

6. 履带车辆负重轮、主动轮、诱导轮类器材及轮式车辆轮胎总成类器材

(1) 清洗干燥后,用封存油涂覆轮毂内侧、键齿及螺纹孔等部位,轮毂两端垫上气相防锈纸、聚乙烯塑料薄膜后用夹板固定;脱漆部位进行补漆处理。

(2) 负重轮、轮胎。橡胶部分涂覆滑石粉或橡胶抗老化剂,整体用塑料薄膜包裹,放入定量的除氧剂,用气相防锈拉伸缠绕膜缠绕捆扎。

(3) 主动轮、诱导轮。整体用多金属气相防锈纸、塑料薄膜包裹,然后用气相防锈拉伸缠绕膜缠绕捆扎。

7. 枪械类器材

清洗干燥后,枪管内表面涂覆稀释的置换型防锈油,沥干,将相应规格的气相防锈棒插入枪膛内,密封枪管两端;整体用气相防锈纸包裹,装入透明真空包装膜包装袋内,放入规定量的硅胶干燥剂,抽真空密封。

8. 火炮类器材

(1) 火炮身管炮膛内部。清洗干燥后,炮膛内表面涂覆稀释的置换型防锈油,沥干,将相应规格的气相防锈棒连接并装入火炮身管炮膛内,用密封塞密封火炮身管两端。

(2) 火炮身管外部。火炮外部漆层脱落处需进行补漆处理;外部未涂漆部位涂覆稀释的置换型防锈油,沥干,用气相防锈纸包裹,用气相防锈拉伸缠绕膜缠绕捆扎。

(3) 炮闩、抽气装置各部件。清洗干燥后,涂覆稀释的置换型防锈油,沥干,用气相防锈纸包裹,用气相防锈拉伸缠绕膜缠绕捆扎。

(4) 组件、部件、零件以及随机备品、附件和工具的内包装参照通用内包装方法的要求。

9. 油料类器材

(1) 油料类器材应采用钢质、铁质或塑料材质的筒状或盒状硬质包装容器进行内包装,包装容器材质及性能应符合 GJB 4131—2000《军队油料包装通用规范》的相关规定。

(2) 液体油料的容量系列、脂类油料的容积系列、包装容器的结构要求应符合 GJB 3670—1999《军械油料包装通用规范》的相关规定。

(3) 包装容器的结构应易于密封,便于开启,方便取用和倒尽油料。除依一次用量包装外,封口形成应易于再次封口。

▶ **8.3.1.2 非金属类器材**

1. 橡胶、塑料制品

清洁干燥后,橡胶制品表面涂覆滑石粉或橡胶抗老化剂(塑料制品不涂);

整体用平纹包装纸包裹,装入镀铝包装膜包装袋内,放入除氧剂,排出多余空气后封口密封。

2. 毛毡制品

清洁干燥后,用平纹包装纸包裹,装入透明真空包装膜包装袋内,放入适量樟脑丸,排出多余空气后封口密封。

3. 帆布制品

清洁干燥后,用平纹包装纸包裹,装入透明真空包装膜包装袋内,放入规定量的樟脑丸、硅胶干燥剂,排出多余的空气后封口密封。

4. 皮革制品

清洁干燥后,涂皮革油,用平纹包装纸包裹,装入透明真空包装膜包装袋内,放入规定量的除氧剂,排出多余空气后封口密封。

5. 玻璃制品

清洁干燥后,用脱脂棉、平纹包装纸包裹,装入透明真空包装膜包装袋内,放入规定量的硅胶干燥剂,排出多余的空气后封口密封。

8.3.1.3 电子电气类器材

1. 电子元器件及电子仪器设备类器材

清洁干燥后,整体用平纹包装纸、聚乙烯塑料薄膜包裹(电路板用平纹包装纸、软泡沫塑料包裹后捆扎并固定),装入电磁屏蔽包装膜封套内,放入规定量的硅胶干燥剂、除氧剂,排出封套内多余空气后封口密封。

2. 电动机、发电机、蓄电池等电气类器材

清洁干燥后,外部螺栓、螺帽等金属部位涂硬膜防锈油;整体用平纹包装纸、聚乙烯塑料薄膜包裹,装入透明增厚真空包装膜包装袋内,放入硅胶干燥剂、除氧剂,排出多余空气后封口密封。

3. 照明灯、指示灯及电报警器类器材

清洁干燥后,用平纹包装纸、聚乙烯塑料薄膜包裹,放入纸盒,装入透明真空包装膜包装袋内,放入硅胶干燥剂、除氧剂,排出多余空气后封口密封。

8.3.1.4 光学仪器类器材

1. 内腔充氮气封存

由充氮气封存要求的光学仪器,内腔按照出厂技术要求,进行氮气冲洗及封存。

2. 整体内包装

清洁干燥后,整体用平纹包装纸、聚乙烯塑料薄膜包裹,装入电磁屏蔽包装膜封套内,放入硅胶干燥剂、除氧剂、防霉剂(放置于光学仪器镜片处),排出封套内多余空气后封口密封。

▶ 8.3.1.5 总成部件类器材

1. 体积大于 $1m^3$ 的总成部件类器材

采用高阻隔复合封套包装,主要分为上封套、下封套、湿度和氧气浓度观察窗、抽气装置、密封装置、封口工具和修补材料等,符合 GJB 2682—1996《包装封套通用规范》的相关规定。

(1) 外表面部位防护。清洗干燥后,外部裸露的曲轴头、传动轴和齿轮等部位,用气相防锈拉伸缠绕膜缠绕捆扎(或涂覆封存油后,用聚乙烯塑料薄膜、中性牛皮纸包裹)后,用板条或专用塑料套固定;外部螺栓、油管等部位涂覆硬膜防锈油;橡胶管外部涂覆滑石粉或橡胶抗老化剂,用聚乙烯塑料薄膜捆扎。

(2) 整体内包装。将下封套展铺在包装箱底座支架上,在总成部件与底座固定处衬垫橡胶垫等保护材料,将封存好的总成部件器材吊装到包装箱底座支架上并固定;在总成部件周围均匀放置规定量的气相防锈粉、硅胶干燥剂、除氧剂;总成部件整体用塑料薄膜包裹,罩上上封套,将湿度、氧气浓度指示卡放入湿度和氧气浓度观察窗后旋紧视窗盖;排出封套内多余空气后,利用密封装置将上、下封套封口密封;将吸尘器抽气管与封套抽气装置连接,抽气直至封套贴至总成部件表面后,拔下吸尘器抽气管,盖合抽气装置。

2. 体积在 $0.5\sim1m^3$ 的总成部件类器材

清洗干燥后,外部裸露的传动轴、齿轮等部位,用气相防锈拉伸缠绕膜缠绕捆扎(或涂覆封存油后,用聚乙烯塑料薄膜、中性牛皮纸包裹)后,用板条或专用塑料套固定;外部螺栓、油管等部位涂覆硬膜防锈油;用塑料薄膜包裹,装入增强型真空包装膜封套内,均匀放置规定量的气相防锈粉、硅胶干燥剂、除氧剂,以及湿度、氧气浓度指示卡,排出多余空气后封口密封。

3. 体积小于 $0.5m^3$ 的总成部件类器材

清洗干燥后,外部涂覆稀释的置换型防锈油,沥干,整体用气相防锈纸包裹,装入增强型真空包装膜封套内,均匀放置规定量的气相防锈粉、硅胶干燥剂、除氧剂,以及湿度、氧气浓度指示卡,排出多余空气后封口密封。

8.3.2 中间包装技术标准

中间包装技术标准如下:

(1) 对于单件(项)装箱的金属零部件类器材、总成部件类器材以及采用框架集装的器材,采用螺栓固定或捆扎固定的中间包装方式。

(2)对于单件(项)或多件装箱的脆性非金属类器材、电子电气类器材、光学仪器类器材,均应在内包件6面(重点是底面)用泡沫塑料、泡沫衬垫或发泡材料等作为缓冲防震材料,填充内包装件与中间包装箱或与外包装箱之间的空隙。

(3)对于多件装箱器材,应采用相应的中间缓冲包装。

① 对非单件装箱的易碎、怕震器材应采用单件盒装中间包装。

② 对于单边尺寸均小于5cm、单件价值在100元以下的非易碎、非怕震小件器材(密封环、弹簧、销轴、垫片、螺栓、螺帽、保险丝、毡垫等),可多件内包装并采用多件盒装的中间包装方式,内包装及盒装数量为5或10的倍数,且最多不超过50件。

③ 其他多件装箱器材,均应在包装件、层之间采用泡沫塑料或泡沫衬垫隔离。

④ 对于尖角锐边的器材,应对尖角锐边采用保护性中间包装。

(4)对于符合以下加装条件的非单件装箱器材、非框架集装器材、非盒装小件器材,应视情加装军用瓦楞纸箱作为中间包装,之后放入外包装箱。内包装件需要与纸箱内部各面紧密贴合或采用泡沫塑料、泡沫衬垫、瓦楞纸板等缓冲材料填充固定。军用瓦楞纸箱应符合GJB 1109A—1999《军用瓦楞纸箱》的相关规定。

① 金属零部件类器材、总成部件类器材。质量小于2kg的器材可5件装箱,质量在2~5kg的器材可2件装箱、质量大于5kg的器材单件装箱、质量大于25kg的器材可不加装。

② 电子电气类器材、光学仪器类器材。设备及单边尺寸大于20cm的元器件单件装箱,其他尺寸元器件可视情5件或10件装箱。

③ 非金属类器材。单边尺寸大于20cm的器材单件装箱,其他尺寸器材可视情5件或10件装箱,其中,纯胶管、帆布、毛毡制品等可弯曲、折叠且弯曲折叠后不影响性能的器材,折叠、盘绕后视情单件或5件加装;夹布胶管、棉线编制胶管等不可弯曲且长度不大于100cm的器材单件加装,长度大于100cm的器材可不采用缓冲包装纸箱。

8.3.3 外包装技术标准

8.3.3.1 木质箱

木质箱选用的木材一般为一、二等红松、白松,也可使用落叶松、冷杉、云杉、椴木、榆木,或使用强度相当或更高的木材,应符合GB/T 153—2019《针叶树锯材》的相关规定,木材含水率一般不大于20%,允许的缺陷限度应符合GJB

1764—1993《军用木箱通用规范》的相关规定。

木质箱应采用密封箱(不采用花格箱),四方体结构,分为顶面、侧面(前侧面、后侧面)、端面(左端面、右端面)、底箱等箱板。木质箱通用技术条件参照GB/T 9174—2008《一般货物运输包装通用技术条件》、GJB 1764—1993《军用木箱通用规范》的相关规定。

1. 普通木箱

箱板厚度通常不小于20mm,制造箱板的单块板宽度应不小于50mm;质量不超过30kg、外型尺寸小于550mm×550mm 的包装件,可选用不小于15mm 厚的箱板;体积、质量大的器材所用的木箱,箱板厚度可根据实际需要设计。普通木箱的外表面粗糙度 Ra 应不大于 $12.5\mu m$,内表面粗糙度 Ra 应不大于 $50\mu m$。

普通木箱为箱档加强并装有手提板,各面木板间采用压边拼接,用合页、搭扣连接,箱体面板间用金属护角(护棱)加强的直方体结构。箱盖与箱体之间应安装限制开启的帆布绳带,开启角度为105°~110°,合页与箱体用螺栓紧固并锁紧。底面金属护角(护棱)安装应紧靠立档的外侧。包装件质量大于60kg 或尺寸超过1000mm 时,在底面与侧面间增加铁护棱,视情增加箱档,其数量与箱体尺寸相适应,且立档的高度应与顶面上平面平齐。普通木箱长度超过1100mm 时,应采用四搭扣连接。合页、搭扣、护角、护棱、箱档的数量应与箱体尺寸及包装件质量相适应。普通木箱如图8-1 所示。

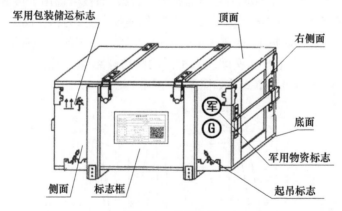

图8-1 普通木箱

2. 榫接木箱

箱板厚度通常不小于15mm,制造箱板的单块板宽度应不小于50mm;板面也可选用厚度为9~12mm 的一、二等胶合板,符合 GB/T 9846—2015《普通胶合板》的相关规定。

榫接木箱为箱档加强并在端面安装有手提扣(环)，各面板间榫接并胶接，木板间榫槽拼接并胶接，用合页、搭扣连接，箱体面板间用金属护角(护棱)加强的直方体结构，底面金属护角(护棱)安装应紧靠立档的外侧。合页、搭扣、护角、护棱等箱件的尺寸和强度，应与包装件的质量相适应。榫接木箱的箱挡和金属护角(护棱)的要求可参照普通木箱执行。榫接木箱如图8-2所示。

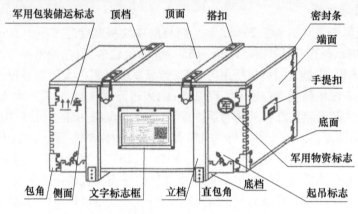

图8-2 榫接木箱

3. 罩式箱

底板厚度应不小于30mm，箱罩通常为钢骨架，面板可选用木板或者竹编胶合板，竹编胶合板符合GB/T 13123—2003《竹编胶合板》的相关规定。

器材应固定在底板上，底座为钢骨架托盘结构，便于起吊和机械装运作业。箱罩应设计吊环，箱罩与底座间应有可靠的防位移结构，用搭扣和定位销连接并用橡胶密封条密封。罩式箱如图8-3所示。

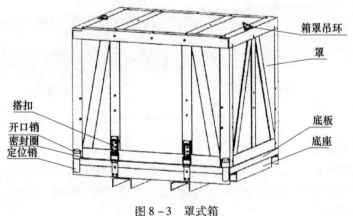

图8-3 罩式箱

▶ 8.3.3.2 金属箱

金属箱主体可采用 Q195 钢、Q235 钢、20#钢等碳素结构钢,通过切削、钣金、焊接等工艺制造。用材及加工制造质量应符合国家有关标准规定。金属箱各部件之间采用螺纹连接,装配基准明确,便于装拆。零件均采用镀锌或氧化处理,保证外观质量及防腐效果。

常用的金属箱为发动机全金属结构包装箱,整体由上箱体、底部托盘总成(底部托盘、发动机固定支架)等组成。其总体结构如图 8-4 所示。

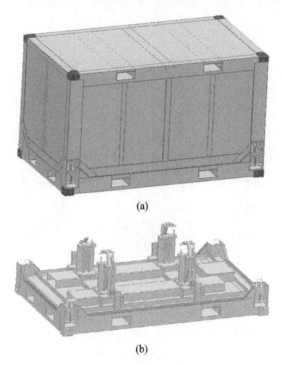

(a)

(b)

图 8-4 发动机全金属结构包装箱总体结构

▶ 8.3.3.3 滚塑箱

滚塑箱箱体一般采用线性低密度聚乙烯(LLDPE)粉料,通过滚塑成型制造而成。能够在 -50~50℃ 的温度环境范围、在不同地域和气候环境条件下,满足电子电气类器材、光学仪器类器材在储存工况下的密封阻隔等封存防护技术要求、运输工况下的冲击震动等外包装防护技术要求。滚塑箱可实现吊装、插装、手动搬运、组合堆码等功能,具有系列化与标准化程度高、环境适用性好、防护可靠性好、可循环使用等特点。其结构及堆码如图 8-5 和图 8-6 所示。

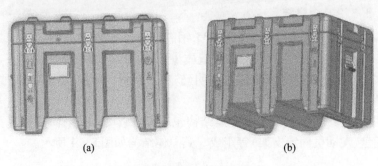

图 8-5　滚塑箱外形结构

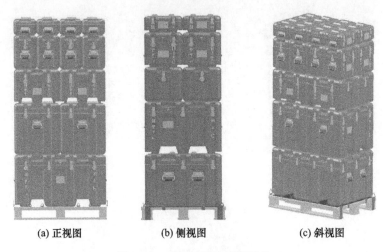

图 8-6　滚塑箱混合堆码结构

8.3.3.4　瓦楞箱

瓦楞箱分为瓦楞纸箱和钙塑瓦楞箱两种,根据内装物的质量和箱体的内综合尺寸选用瓦楞箱的种类。瓦楞箱由瓦楞纸板或钙塑板经开槽、压痕、钉合后,箱体上、下的两个顶面,各有 4 片摇盖,短边为内摇盖,长边为外摇盖,要求外摇盖为闭合式对接。瓦楞箱结构如图 8-7 所示。

(1)瓦楞纸箱应符合 GJB 1109A—1999《军用瓦楞纸箱》的规定,瓦楞纸板应符合 GJB 1110A—1999《军用瓦楞纸板》的规定。瓦楞纸箱应做防潮处理,保证在相对湿度≥90%的环境中储存 1 年,瓦楞纸箱在内装器材的条件下不受潮变形,参照 GJB 5270—2005《防潮瓦楞纸箱规范》的相关规定。

(2)钙塑瓦楞箱的箱型和结构应符合 GJB 1109A—1999《军用瓦楞纸箱》的相关规定。

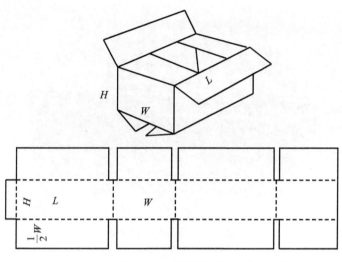

图8-7 瓦楞箱结构

8.3.3.5 集装框架

集装框架采用轧制型材、冷弯型材制作,底座应采用托盘结构,用材应符合国家有关标准规定。

集装框架应为可折叠结构,折叠后架体外形规整,便于堆垛存放、搬移和运输;折叠或展开操作简便、快捷,无阻卡现象。集装框架可拆解部件应设有与架体紧固联结的装置,便于操作和检查;拆解后的部件,应能完整地成组存放;可拆解零部件应具有良好的互换性。集装框架应具有堆垛功能,设有堆垛定位装置,便于堆垛操作,在规定许可的码垛层数下,应稳定牢固、安全可靠。集装框架应满足特型器材集装运输需要,结构设计便于吊装及叉车作业。其典型结构如图8-8和图8-9所示。

图8-8 蓄电池集装框架

图 8-9 履带板集装框架

8.3.4 包装标志技术标准

8.3.4.1 器材二维条码标志

1. 器材二维条码标签分类及内容

器材二维条码标签分为内包装标签、单品种箱标签和混装箱标签三种。其中内包装标签用于器材内包装上,单品种箱标签和混装箱标签用于器材外包装容器(如有中间包装容器,则同时用于中间包装容器)上。

标签上的自动识别标识采用快速响应码(Quick Response,QR)码制。器材二维条码标签数据结构定义见表 8-2。

表 8-2 器材二维条码标签数据结构定义

标签类型	标识符	数 据
内包装标签	J1	适用范围:用于器材内包装或器材最小发付单元
		数据单元:有1个数据单元。数据单元1的数据记录共有14个数据项
单品种箱标签	K1	适用范围:用于外包装容器(如有中间包装容器,则同时用于中间包装容器)上,且包装容器内为同一品种器材(数量可以多个)
		数据单元:有2个数据单元。数据单元1的数据记录共有18个数据项;数据单元2的数据记录共有9个数据项。当数据单元2的数据记录多于5条时,二维条码只包含前5条数据记录

第8章 装备零部件包装防护技术标准研究

(续表)

标签类型	标识符	数据
混装箱标签	L1	适用范围:部队、仓库器材分发时使用,用于外包装容器(如有中间包装容器,则同时用于中间包装容器)上,且包装容器原则上为同一型号装备的不同品种器材(不得超过5个品种,数量可以多个)
		数据单元:有2个数据单元。数据单元1的数据记录共有15个数据项;数据单元2的数据记录共有11个数据项。当数据单元2的数据记录多于5条时,二维条码只包含前5条数据记录

(1)内包装标签。内包装标签的格式内容如图8-10所示,当器材有单品编号时,则把单品编号打印在条码下方。内包装标签数据单元的数据记录项顺序和名称见表8-3。

维修器材标签	
装备名称	GLM120A型重型机械化路面
器材代码	35068003
器材名称	管接头
型号规格	GB 3737.1—83
批次号	LJZ2017-GCQ101
单 价	20.56元
数 质 量	20件(新品)
生产单位	神舟机械有限公司
生产日期	2018-03-28

(a)

维修器材标签	
装备名称	GLM120A型重型机械化路面
器材代码	35068002
器材名称	油杯
型号规格	GB 1152—89
批次号	LJZ2017-GCQ101
单 价	1.46元
数 质 量	80件(新品)
生产单位	神舟机械有限公司
生产日期	2018-03-28

12345678

(b)

图8-10 内包装标签图示

表8-3 内包装标签(J1)数据单元1的数据记录项顺序和名称

序号	数据项名称	有关说明	序号	数据项名称	有关说明
1	装备名称		8	批次号	一般为合同号
2	器材代码		9	单价	元,两位小数
3	器材名称		10	数量	
4	型号规格		11	生产单位	生产该器材单位名称
5	图号	信息存储于在二维条码内,打印不可见	12	生产日期	格式 YYYYMMDD
6	计量单位		13	有效期限	月。信息存储于在二维条码内,打印不可见
7	质量等级	0 新品、1 堪用品、2 待修品、3 废品	14	单品编号	器材唯一标志

(2)单品种箱标签。单品种箱标签的格式内容如图8-11所示。单品种箱标签数据单元的数据项顺序和名称见表8-4和表8-5。

维修器材(单品种箱)标签	
装备名称	GLM120A型重型机械化路面
器材名称	灯泡
器材代码	35060033
型号规格	配21CP.24
批次号	LJZ2017-GCQ101
单价	5.88元
装箱数量	24只(堪用品等)
生产单位	神舟机械有限公司
防护等级	A/A
体积	1000mm×800mm×400mm
总质量	240.00kg

图8-11 单品种箱标签图示

表8-4 单品种箱标签(K1)数据单元1的数据项顺序和名称

序号	数据项名称	有关说明	序号	数据项名称	有关说明
1	装备名称		10	装箱数量	
2	器材代码		11	生产单位	生产该器材的单位名称,当有多个生产单位时,填写示例:国营六一七厂等三个单位
3	器材名称		12	包装等级	
4	型号规格		13	装箱等级	
5	图号		14	整箱长	mm
6	计量单位		15	整箱宽	mm
7	质量等级	新品、堪用品、待修品、废品,当箱内存在多个品种时,填写示例:新品等	16	整箱高	mm
8	批次号	一般为合同号。当有多个批次号时,填写批次的数量,如共3批次	17	总质量	kg
9	单价	元,两位小数	18	包装标志	包装箱或集装箱的唯一标志

表8-5 单品种箱标签(K1)数据单元2的数据项顺序和名称

序号	数据项名称	有关说明	序号	数据项名称	有关说明
1	序号		6	生产单位	生产该器材的单位名称,可使用代号或简称
2	质量等级	0 新品、1 堪用品、2 待修品、3 废品	7	生产日期	格式 YYYYMMDD
3	批次号	一般为合同号	8	有效期限	月
4	单价	元,两位小数	9	单品编号	器材唯一标志
5	数量				

(3)混装箱标签。混装箱标签如图8-12所示。混装箱标签数据单元的数据项顺序和名称见表8-6和表8-7。

维修器材(混装箱)标签	
器材名称	GLM120A型重型机械化路面维修器材
装箱数量	3项，195件(新品)
批次号	LJZ2017-GCQ101
生产单位	神舟机械有限公司
防护等级	A/A
体　积	1000mm×800mm×400mm
总质量	240.00kg

图8-12　混装箱标签图示

表8-6　混装箱标签(L1)数据单元1的数据项顺序和名称

序号	数据项名称	有关说明	序号	数据项名称	有关说明
1	装备名称		9	包装等级	
2	器材名称	填写"维修器材"	10	装箱等级	
3	质量等级	新品、堪用品、待修品、废品，当箱内存在多个品种时，填写示例:新品等	11	整箱长	mm
4	批次号	一般为合同号。如果有多个批次号，填写批次的数量，如共3批次	12	整箱宽	mm
5	项数	包装内器材品种数	13	整箱高	mm
6	件数		14	总质量	kg
7	价值	元	15	包装标志	包装箱或集装箱的唯一标志
8	生产单位	生产该器材的单位名称，当有多个生产单位时，填写示例:国营六一七厂等三个单位			

第8章 装备零部件包装防护技术标准研究

表8-7 混装箱标签(L1)数据单元2的数据项顺序和名称

序号	数据项名称	有关说明	序号	数据项名称	有关说明
1	序号		7	数量	
2	器材代码		8	生产单位	
3	图号		9	生产日期	格式 YYYYMMDD
4	质量等级	0 新品、1 堪用品、2 待修品、3 废品	10	有效期限	月
5	批次号	一般为合同号	11	单品编号	器材唯一标志
6	单价	元,两位小数			

2. 器材二维条码标签规格及材质

(1)器材二维条码标签规格。器材二维条码标签采用宽100mm、高70mm的规格,标签内的黑色框宽90mm,高60mm,如图8-13所示。

图8-13 器材二维条码标签规格

(2)器材二维条码标签材质。为了保证牢固粘贴和有效识读,标签主要采用以下三类材质印制。

① 不干胶连续条码打印纸。材质为PET纸或铜版纸,如图8-14所示。配合条码打印机使用,可连续打印标签,适合工业级快速生产需要,可粘贴于无油污的器材外包装表面,但需要用专用条码打印机打印。

② 采用A4纸大小的已分成8张标签的不干胶打印纸。材质为PET纸或

铜版纸,如图 8-15 所示。采用普通的激光打印机打印。此类打印纸与连续不干胶打印纸性能基本相同,不需要专门的条码打印机,适用于数量较小的标签打印。

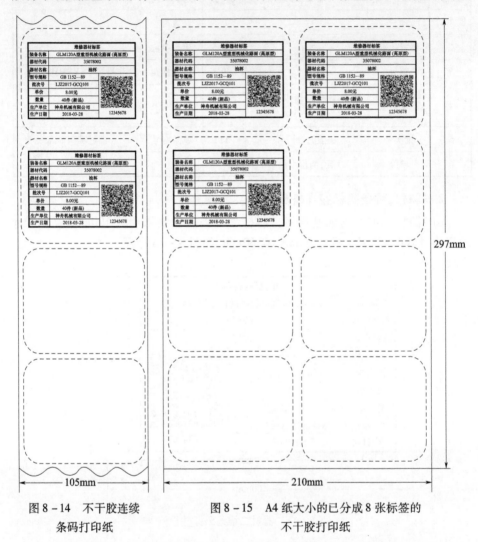

图 8-14　不干胶连续条码打印纸

图 8-15　A4 纸大小的已分成 8 张标签的不干胶打印纸

③ 塑封的标签。塑封的标签主要用于包装容器上。采用普通激光打印机、普通打印纸打印(一般采用 A4 纸),需进行塑封和切割,不具有粘贴功能,只能插入标签框内或采用其他方式固定在器材或包装容器上。制作和粘贴效率低,但标签耐磨抗污性好,识读方便,适合无内包装的器材标签、器材包装容器标签。

3. 器材二维条码标签粘贴或悬挂方法

器材二维条码标签的粘贴或悬挂,应保证其条码部分平整、完整,便于有效识读,同时,要确保标签在严酷的温度、湿度、化学气体环境中和搬运过程的接触碰撞条件下都能粘贴可靠,保证器材原始数据随器材的连续传递。

1)包装容器用器材二维条码标签

(1)直方体包装箱。利用激光打印机将器材二维条码标签打印在普通打印纸上,并采用无色透明薄膜塑封后,将标签插于包装箱文字标志框内,并用图钉或小钉将标签固定于框内,注意不得将图钉等固定物钉在标签上的条码区,防止无法识读,如图8-16所示。

图8-16 直方体包装箱器材二维条码标签固定样图

(2)框架集装。采用框架集装方式包装的器材(如:主动轮、诱导轮、负重轮、轮胎等大件器材等),不易于粘贴条码标签时,器材二维条码标签应采用塑封形式,采取捆绑、胶带粘贴、打孔栓系等方法将标签固定牢靠。器材二维条码标签固定位置应方便识读且不易脱落,如图8-17所示。

(a)   (b)

图8-17 框架集装器材二维条码标签固定样图

2)内包装用器材二维条码标签

由于器材形状、尺寸、材质多样,器材二维条码标签粘贴位置各不相同,一般是将不干胶打印纸的器材二维条码标签粘贴于最外层包装表面,且便于条码识读机能够有效识读。

(1)平整面较大的器材。将器材二维条码标签粘贴于器材的平整面中心位置,如图8-18所示。

(2)平整面较小的器材。当器材可贴二维条码标签的平整面比标签小时,将条码部分平直贴好,文字部分可弯折后粘贴于包装背面,如图8-19所示。

图8-18 平整面较大的器材　　　　图8-19 平整面较小的器材
二维条码标签粘贴样图　　　　　　二维条码标签粘贴样图

(3)真空包装的器材。器材真空包装后,要在相对平整的表面粘贴器材二维条码标签。无平整面时,标签应采用塑封的形式,粘贴于包装袋上,如图8-20所示。

(4)较细圆管状的器材。此类器材包装后,无完整可贴面,粘贴标签时,把器材二维条码标签没有条码部分的背胶撕去,将已露背胶位置粘贴于器材包装的合适部位上;保留条码部分的背胶,不要粘贴到器材上,使条码部分能平整展开,保证标签条码部分能被有效识读,如图8-21所示。

 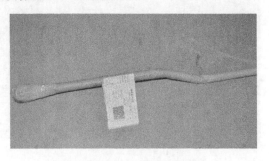

图8-20 真空包装的器材　　　　图8-21 较细圆管状的器材
二维条码标签粘贴样图　　　　　　二维条码标签粘贴样图

第 8 章 装备零部件包装防护技术标准研究

（5）较粗圆管状的器材。此类器材包装后，为圆管状无平整面形态，可将器材二维条码标签按条码长度方向沿圆管状的轴向贴好，如图 8-22 所示。

图 8-22 较粗圆管状的器材二维条码标签粘贴样图

8.3.4.2 外包装容器图示标志

器材外包装容器图示标志种类主要分为军用物资图示标志、贵重器材图示标志和军用包装储运图示标志三种，在包装容器上按规定的项目标打图示标志的内容，不宜标打项目名称。

1. 图示标志种类

（1）军用物资图示标志。在所有器材外包装容器上，均应标打军用物资图示标示，如图 8-23 所示。

（2）贵重器材图示标志。在贵重器材外包装容器上，均应标打贵重器材图示标志，如图 8-24 所示。

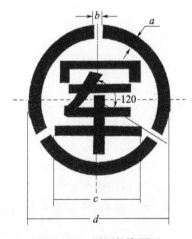

图 8-23 军用物资图示

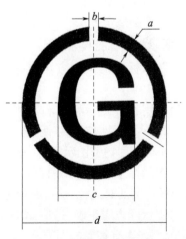

图 8-24 贵重器材图示

(3)军用包装储运图示标志。器材在运输、装卸、储存和使用中,根据器材防护包装与装箱等级的需要,应在外包装容器上标打相应的军用包装储运图示标志。常用的军用包装储运图示标志有易碎物品、向上、怕晒、怕雨、由此吊起、堆码层数极限、堆码质量极限等,参照 GJB 1765A—2008《军用物资包装标志》、GB/T 191—2008《包装储运图示标志》的相关规定。

2. 图示标志标打位置

(1)军用物资图示标志标打在包装容器正面右上角处,如图 8 – 25 所示。

(2)贵重器材图示标志标打在军用物资图示标志下方(25 ± 5)mm 处,见图 8 – 25。

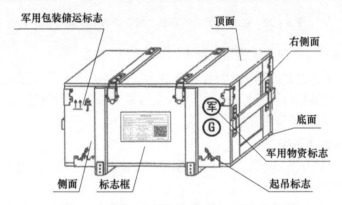

图 8 – 25　外包装容器图示标志标打位置示意图

(3)军用包装储运图示标志标打位置,符合 GJB 1765A—2008《军用物资包装标志》的相关规定。

3. 图示标志标打要求

(1)图示标志由承制方负责标打,直接标打在外包装容器上,不得手写、手画。

(2)军用物资图示标志和军用包装储运图示标志的尺寸,符合符合 GJB 1765A—2008《军用物资包装标志》的相关规定;贵重器材图示标志的"G"应为黑体,尺寸与军用物资图示标志一致。

(3)图示标志一般采用白色;如因器材外包装容器颜色原因不宜采用白色时,可选择适当的对比色;除另有规定外,不应使用红色或橙色。

(4)图示标志应正确、完整、清晰、易读、不脱落、不退色,不应对包装容器的寿命和使用产生有害影响。

参考文献

[1] 赵茹,郭建喜,刘立洁.美军装备防腐蚀技术保障给我军的启示[C].第十一届军事海洋战略与发展论坛.2014.

[2] 鞠国良.高技术战争对军品包装的影响及对策[J].中国包装,2001,(06):7-8.

[3] 特稿中国包装联合会.军民融合运输集装化服务系统总体建设研讨会在京召开[J].中国包装,2015,(8):1.

[4] 王一临.美国军备协会包装、装卸、运输分会85年春季会议简况[J].防腐与包装.1985:62.

[5] 王晓红,徐革玲.现代物流标准化与包装标准化[J].包装工程.2005:3.

[6] 莫森.基于物流包装尺寸标准化的集合包装优化系统研究[D].重庆大学,2008.

[7] 林高松,李巧兰.美军军品包装技术标准体系建设研究[J].包装工程,2015,36(9):4.

[8] 马宏亮,郭宝华.美军军用包装发展趋势[J].中国包装,2003,(4):98-100.

[9] 王治平.对美军标的分析及建立我国军用包装标准体系的建议[J].航空标准化与质量,1991,(6):4.

[10] 郭宝华.美军军用包装标准化[J].中国新包装,2003,(3):1.

[11] 梁志杰.装甲装备器材保养封存实用技术问答[M].北京:国防工业出版社,2008.

[12] 梁志杰.装甲装备器材保养封存与包装[M].北京:国防工业出版社,2003.

[13] 赵火应.装甲装备器材保养封存与包装[M].北京:国防工业出版社,2008

[14] 梁志杰.现代表面涂覆技术[M].北京:国防工业出版社,2005.

[15] 尹章伟.包装概论(第2版)[M].北京:化学工业出版社,2008.

[16] 徐自芬,郑百哲.中国包装工程手册[M].北京:机械工业出版社,1996.

[17] 中国标准出版社第一编辑室.包装国家标准汇编.[S]北京:中国标准出版社,1986.

[18] 张康夫,王秀容,陈孟成,等.机电产品防锈、包装手册[M].北京:航空工业出版社,1990.

[19] 刘珍.化验员读本(第4版)[M].北京:化学工业再版社,2006.

[20] 钱俊,王武林,余喜,等.特种包装技术[M].北京:化学工业出版社,2004.

[21] 周祥兴.软质塑料包装技术[M].北京:化学工业出版社,2002.

[22] 金国斌.塑料包装容器设计[M].北京:化学工业出版社,2003.

[23] 陈旭俊.工业清洗剂及清洗技术[M].北京:化学工业出版社,2003.

[24] 韩永生. 包装管理、标准与法规[M]. 北京:化学工业出版社,2003.
[25] 中国标准出版社第一编辑室、中国包装技术协会信息中心. 中国包装标准汇编 术语卷[J]. 北京:中国标准出版社,2006.
[26] 中国标准出版社第一编辑室、中国包装技术协会信息中心,中国包装标准汇编 通用基础卷[J]. 北京:中国标准出版社,2006.
[27] 中国标准出版社第一编辑室、中国包装技术协会信息中心,中国包装标准汇编 塑料包装卷[J]. 北京:中国标准出版社,2006.
[28] 索黎,张雷,纪红任,等. 包装性工程. 北京:兵器出版社,2008
[29] 中国人民解放军总后勤部司令部. 装备封存技术[M]. 北京:海洋出版社,1990.